KB072628

독자의 1초를
아껴주는 정성을
만나보세요!

세상이 아무리 바쁘게 돌아가더라도 책까지 아무렇게나 빨리 만들 수는 없습니다.

인스턴트 식품 같은 책보다 오래 익힌 술이나 장맛이 밴 책을 만들고 싶습니다.

땀 흘리며 일하는 당신을 위해 한 권 한 권 마음을 다해 만들겠습니다.

마지막 페이지에서 만날 새로운 당신을 위해 더 나은 길을 준비하겠습니다.

 길벗 IT 도서 열람 서비스

도서 일부 또는 전체 콘텐츠를 확인하고 읽어볼 수 있습니다.
길벗만의 차별화된 독자 서비스를 만나보세요.

더북(TheBook) ▶ https://thebook.io

더북은 (주)도서출판 길벗에서 제공하는 IT 도서 열람 서비스입니다.

캐글 메달리스트가 알려주는 캐글 노하우

Know-how from Kaggle medalists

초판 발행 · 2023년 7월 25일

지은이 · 김태진, 권순환, 김연민, 김현우, 명대우, 안수빈, 이유한, 정성훈
발행인 · 이종원
발행처 · (주)도서출판 길벗
출판사 등록일 · 1990년 12월 24일
주소 · 서울시 마포구 월드컵로 10길 56(서교동)
대표 전화 · 02)332-0931 | **팩스** · 02)323-0586
홈페이지 · www.gilbut.co.kr | **이메일** · gilbut@gilbut.co.kr

기획 및 책임편집 · 이원휘(wh@gilbut.co.kr) | **디자인** · 송민우 | **제작** · 이준호, 손일순, 이진혁, 김우식
마케팅 · 임태호, 전선하, 차명환, 박민영, 지운집, 박성용 | **영업관리** · 김명자 | **독자지원** · 윤정아, 최희창

교정교열 · 이미연 | **전산편집** · 박진희 | **출력 및 인쇄** · 금강인쇄 | **제본** · 금강제본

▸ 잘못 만든 책은 구입한 서점에서 바꿔 드립니다.

▸ 이 책은 저작권법에 따라 보호받는 저작물이므로 무단전재와 무단복제를 금합니다. 이 책의 전부 또는 일부를 이용하려면
반드시 사전에 저작권자(ⓒ김태진 외 7인, 2023)와 (주)도서출판 길벗의 서면 동의를 받아야 합니다.

ISBN 979-11-407-0529-0 93000 (길벗 도서번호 080254)
정가 34,000원

독자의 1초를 아껴주는 정성 길벗출판사

(주)도서출판 길벗 | IT교육서, IT단행본, 경제경영서, 어학&실용서, 인문교양서, 자녀교육서 www.gilbut.co.kr
길벗스쿨 | 국어학습, 수학학습, 어린이교양, 주니어 어학학습, 학습단행본 www.gilbutschool.co.kr

페이스북 · www.facebook.com/gbitbook

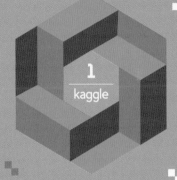

KNOW-HOW
FROM KAGGLE
MEDALISTS

1
kaggle

캐글
메달리스트가
알려주는
캐글 노하우

김태진 외 7인 지음

만약 캐글이 대학이라면, 이 책은 전공 선배가 후배한테 물려주는 생생한 경험담과 각종 팁이 담겨 있는 핵심 노트와 같다. 단지 이론에 기반한 설명만 제공하는 것이 아니라, 경진대회에 애써 참여하며 얻은 풍부한 지식과 경험을 공유하기 위해 선별하여 구성되었다. 이 책의 각 페이지는 중요한 결론 위주로 작성되어 있지만, 그 안에서 녹아 있는 과정을 상상하며 읽어나간다면, 마치 캐글의 선배가 놓아둔 발자취를 따라가는 듯한 즐거움을 느낄 수 있을 것이다.

김태영 / (주)인공지능팩토리 대표 / 캐글코리아 운영진 / 개발자

다른 캐글 책들과 달리, 해당 대회를 진행했던 랭커 분들이 직접 솔루션을 해설하고 경험을 공유한 부분이 정말 도움이 많이 되었습니다. 캐글에서 갈피를 못 잡고 있는 분들께 엄청나게 도움이 많이 될 거라고 확신합니다. 또한, 여러 대회를 하나씩 따로따로 구성하고 있어서 연관성이 있는 대회 내용을 참고할 때 굉장히 도움이 많이 될 것 같습니다.

김용담 / 패스트캠퍼스 / 4년 차 데이터사이언스 분야 강사

캐글 전문가인 저자들의 노하우와 꿀팁을 얻을 수 있는 책입니다. 머신러닝, 딥러닝 실력 향상에 유용한 길라잡이가 되는 책이라고 생각합니다. 고급 테크닉이나 방법론, 돌파구가 필요할 때 보기 좋은 책입니다. 캐글 필사로 공부하려는 분들께도 더할 나위 없이 적합합니다. 코드 묶음마다 설명하면서 진행하는 구성이 보기에 편했습니다.

신백균 / 한국생산성본부 / 교육 컨설턴트, 〈머신러닝 · 딥러닝 문제해결 전략〉 저자

졸업과 취업, 앞으로의 방향에 대해 고민하던 대학교 3학년 즈음, '앞으로 어떤 일을 하면서 살지', '어떤 일을 마음에 두어야 할지' 등 스스로에 대한 생각이 많았습니다. 세상에서 할 수 있는 다양한 일들 가운데 한 가지를 선택해야 하는 중요한 기로 위에서 '섣부른 결정을 내리는 것은 아닐까' 하는 의구심이 들었습니다. 이 고민을 해결하기 위해 제가 선택한 방법은 IT 공모전, 해커톤, 스터디 등 외부 활동에 최대한 많이 나가보는 것이었습니다. 외부 활동으로 학교에서 잠시 벗어나 다양한 사람들의 아이디어를 경험할 수 있다고 생각했고, 실제로도 값진 경험이 되었습니다.

당시는 데이터 사이언스, 인공지능 같은 키워드가 심심치 않게 들리고, 공모전 및 해커톤에서도 관련 아이디어가 조금씩 나오던 때였습니다. 무언가 할 수 있을 것 같은데, 실제로 무엇을 할 수 있다는 것인지 솔직히 감이 잘 오지 않았습니다. 그런 내용들을 알 수 있는 기회가 있다면 좋겠다는 생각만 가지고 있었습니다. 그런 와중에 대학교 커뮤니티에서 '캐글 스터디'를 모집한다는 글을 보게 되었고 그때 처음으로 캐글이란 것을 접하게 되었습니다. 무엇인지도 모른 채 그저 모집 글에 '데이터 사이언스', '딥러닝'이라는 글자가 있는 것을 보고 무작정 스터디를 신청했습니다.

매회 모임을 진행하면서 캐글을 배워나갔지만 여전히 모르는 것의 양은 변하지 않는 듯했습니다. 하나를 이해하면 열 개, 스무 개의 질문을 다시 던지는 듯한 느낌이 들었습니다. 그도 그럴 것이 어떤 문제를 해결하려면 문제가 발생된 배경과 도메인을 이해해야 하고, 필요한 개념 하나를 이해하면 컴퓨터 위에서 실행하기 위해 프로그래밍 코드를 짜야 했습니다. 파이썬 프로그래밍은 익히 알고 있었지만, 데이터 사이언스 영역에서의 파이썬은 지금까지 알던 프로그래밍과는 사뭇 다른, 완전히 새로운 것을 다루는 듯한 느낌이었습니다.

제 눈에는 그토록 어렵기만 했던 개념과 코드를 자유분방하게 다루고 있는 사람들이 즐비했고, 범접할 수 없는 데이터 사이언스 고수들의 파티에 초대받지 않은 손님이 된 느낌이었습니다. 그러다가 팀원들과 여러 컴페티션에 참가하고 점점 캐글 속으로 들어가면서 겉으로는 보이지 않았던 많은 장점이 캐글에 숨어 있음을 알게 되었습니다.

캐글 컴페티션은 전 세계 곳곳에서 일어나는 데이터 사이언스 문제들을 제시합니다. 여기서 제시하는 문제는 꽤 어렵고 도전적인 경우가 많아서, 사람들에게 해결이 필요한 이유와 목적, 배경을 분명히 전달하고자 노력합니다. 이는 컴페티션에 참가하는 사람들에게 문제 해결에 대한 동기를 부여합니다.

또한, 사람들은 높은 순위를 달성하기 위해 전 세계 참가자들과 경쟁해야 합니다. 재미있게도 순위와 경쟁을 목적으로 만들어진 컴페티션인데도 참가자들은 문제를 해결하기 위한 방법을 함께 고민하고 토론합니다. 예를 들면 사람들에게 잘 알려져 있지 않은 생소한 도메인의 문제인 경우, 관련 지식이 있는 사람이 난해한 용어를 직접 설명해주거나 이해하는 데 도움이 되는 논문을 리서치하여 소개해줍니다. 이것을 프로그래밍에 자신이 있는 사람이 보고 손쉽게 데이터를 처리할 수 있는 코드를 짜서 사람들에게 공유합니다. 또 누군가는 한눈에 보기 어려운 데이터를 보기 쉽게 시각화해서 인사이트를 공유해주기도 합니다. 컴페티션 막바지에는 공정한 경쟁을 위해 잠시 공유를 멈추었다가 컴페티션이 끝나고 나면 약속이라도 한 듯 모든 결과를 디스커션에 공유하고 결과에 대한 토론이 이어집니다. 비록 높은 순위에 오르지 못했다 하더라도 참가한 모든 사람이 숙련자들의 문제 정의 방식과 성능 개선 과정을 학습할 수 있습니다. 이러한 경험은 앞으로 비슷한 문제를 해결할 때 도움이 많이 됩니다.

이처럼 그저 상금과 순위만이 목적이 아닌 어려운 문제가 더 좋은 방향으로 해결되었으면 하는 사람들, 스스로 더욱 성장하고 싶은 사람들이 모여 지금의 캐글 문화가 만들어질 수 있었습니다. 캐글은 지금도 끊임없이 사람들에게 문제를 제시합니다. 다양한 문제와 사례, 함께 성장하려는 문화는 스스로 무엇을 할 수 있고, 무엇을 하고 싶은지 힌트를 얻고 공부해 나갈 수 있도록 동기를 부여합니다.

이 책에서는 캐글이 추구하는 철학과 더불어 캐글 플랫폼이 제공하는 다양한 기능을 활용하는 방법, 그리고 컴페티션에 참가한 경험이 있는 국내 캐글러들이 자신이 참가한 대회에서 얻은 경험과 팁을 소개합니다. 이 책을 통해 캐글에 대해 가지고 있던 어렵고 낯선 이미지를 떨쳐낼 수 있기를 희망합니다. 궁극적으로는 지금과 같이 빠르게 변화하는 시대에 스스로 길을 찾아나가는 여정에서 캐글이 큰 힘이 될 수 있도록, 이 책이 길잡이 역할을 할 수 있다면 더할 나위 없이 좋겠습니다.

김태진

이 책은 캐글을 처음 시작하는 사람들, 캐글을 알고 있지만 어떻게 활용해야 할지 몰라 뛰어들지 못한 사람들이 캐글에 조금 더 가까워질 수 있도록 도움을 주고자 만들었습니다.

1장: Kaggle

1장에서는 캐글이 무엇이고, 어떤 구성 요소와 기능이 있는지, 이 요소들의 특징과 활용 방법은 무엇인지 자세히 소개합니다.

처음 이 책을 볼 때는 1장을 꼭 한번 훑은 뒤에 컴페티션 솔루션 장을 볼 것을 권장합니다. 1장은 캐글에서 제공하는 대부분의 기능과 활용 방법을 소개하므로, 이 책에서 소개하는 솔루션을 이해하는 데는 물론 앞으로 본격적으로 캐글을 활용할 때 도움이 될 것입니다.

2~7장: 솔루션 장

1장 이후 솔루션 장에서는 저자들이 직접 참가했던 캐글 컴페티션에 대해 소개합니다. 컴페티션의 목적과 배경을 소개하고, 주어진 데이터의 특징과 함께 문제를 풀어나가는 과정에 대해 저자의 경험을 토대로 설명합니다. 여기에 저자가 컴페티션에 참가하면서 느꼈던 점, 추가로 알았으면 하는 팁, 인상 깊게 보았던 다른 캐글러의 솔루션 등도 포함합니다.

솔루션 장은 총 6개로 이루어져 있으며, 순서에 상관없이 원하는 장을 골라 볼 수 있습니다. 솔루션 장은 컴페티션을 간단히 요약한 표로 시작하여, 컴페티션을 소개하는 Overview 절이 뒤를 따릅니다. 이 둘을 참고하면 관심 가는 문제 및 데이터를 다루는 장을 빠르게 파악할 수 있습니다.

각 컴페티션 솔루션은 컴페티션 진행 과정을 파이썬 코드와 함께 설명합니다. 파이썬 코드에서는 주로 컴페티션 데이터와 딥러닝, 머신러닝 모델을 다루기 때문에 파이썬 프로그래밍 언어와 다음 라이브러리에 대한 사전 지식이 필요합니다.

- 머신러닝 프레임워크
    - 파이토치(PyTorch), 텐서플로(Tensorflow), 사이킷런(Scikit-learn)
- 데이터셋 라이브러리
    - 판다스(Pandas), 넘파이(Numpy)

- 시각화 라이브러리
  - 맷플롯립(Matplotlib), 시본(Seaborn), 플롯나인(Plotnine)

8장: 캐글 노트북을 위한 팁(부록)

마지막으로 8장은 부록 성격으로, 캐글 노트북을 작성하는 데 필요한 간단한 팁을 정리했습니다. 주로 어떤 유형의 노트북이 공유되는지 소개하고, 각 유형별 특징에 대해 알아봅니다. 또한, 좋은 노트북을 쓰기 위해서는 무엇이 필요한지 간단한 가이드라인도 제공합니다.

예제 파일 및 참고 사항

1장을 제외한 각 솔루션 장은 본문에 예제 코드가 포함되어 있습니다. 각 장의 전체 코드는 캐글 노트북 또는 깃허브 코드로 제공합니다.

캐글 노트북

2장, 4장, 7장은 캐글 노트북 형태로 예제 코드를 제공합니다. 캐글 노트북 URL에 접속하면 캐글 노트북 뷰어(Viewer)가 열립니다. 각 노트북은 저자가 직접 작성한 것이므로 수정할 수 없습니다. 따라서 자신이 직접 수정하거나 실행하려면 오른쪽 상단의 **Edit My Copy** 버튼을 눌러 노트북 전체를 새로운 노트북으로 복사해서 사용해야 합니다. 노트북 뷰어를 'Edit My Copy'하면 해당 노트북이 과거 라이브러리 버전으로 고정되므로 실습 시 참고해주세요. 캐글 노트북을 활용하는 것에 더 궁금한 점이 있다면 1장 Kaggle의 내용을 참고하기 바랍니다.

깃허브

3장, 5장은 깃허브 코드로 예제 코드를 제공합니다. 깃허브 주소에 있는 노트북(Notebook) 파일을 다운로드하고, 해당 캐글 컴페티션 페이지에서 데이터를 다운로드합니다. 컴페티션 데이터는 컴페티션 페이지의 'Data' 탭에서 다운로드할 수 있습니다. 깃허브 코드를 실행하는 자세한 방법은 각 장의 첫 번째 절인 '들어가기 전에'를 참고해주세요.

참고 사항

솔루션 장마다 제공하는 자료가 다릅니다. 각 장의 앞부분에 다음 내용들을 기재했으니 참고하기 바랍니다.

- 예제 코드 URL
- 데이터셋 위치
- 실행에 필요한 참고 사항

2018년부터 캐글 코리아 커뮤니티를 운영하고, 수많은 스터디를 진행하면서 항상 어려웠던 건 스터디원이나 커뮤니티 멤버들에게 캐글 컴페티션 프로세스를 이해시키고 체화시키는 부분이었습니다. 또한, 지금까지 여러 책이 캐글을 주제로 다루었지만, 대부분 파이썬 프로그래밍 방법이나 특정 대회를 풀이하는 방법에 초점을 맞추었기 때문에 좀 아쉬웠습니다.

이 책은 초반부에 초보 캐글러를 위한 입문 가이드를 제공하여 좋았습니다. 뿐만 아니라 캐글 플랫폼에서 제공하는 각 기능들을 상세하게 설명하고 사용 예시를 스크린샷으로 확인할 수 있어 실제 캐글을 입문하려는 분들께 도움이 많이 될 것입니다.

강천성 / 컨택스츠아이오 / 5년 차 머신러닝 엔지니어

데이터 과학이 어려운 이유는 알 수 없는 것들이 너무 많기 때문입니다. 데이터에 대한 지식이 부족한 채 업무를 시작해야 하거나 이 문제를 푸는 데 이 데이터가 적절한지 알 수 없기도 합니다. 또한, 내 실력이 어느 정도인지, 이 문제를 풀 수 있는지도 알기 어렵습니다. 다행히 캐글처럼 같은 데이터를 놓고 경쟁하며 코드를 공유하는 플랫폼이 있어 그나마 숨통이 트입니다.

이 책에서는 캐글에서 잔뼈가 굵은 여러 캐글러들이 본인의 노하우를 아낌없이, 밤을 새웠을 예제를 들어 공유해주고 있습니다. 수많은 기법들이 어디에 어떻게 사용되는지, 어떤 고민을 했는지 당시의 기쁨과 괴로움을 모두 나눠준 책입니다. 현업이 바빠서, 가정을 돌봐야 해서, 캐글 컴페티션에 뛰어들지 못하는 분들도 캐글의 효용을 체감할 수 있을 것입니다.

이제현 / 한국에너지기술연구원 / 데이터 사이언티스트

머신러닝의 기본 개념을 배운 후 캐글처럼 실전 문제에 적용하고 싶은 사람에게 좋은 노하우를 제시해주는 책입니다. 특히 캐글 플랫폼에 대한 자세한 설명과 tabular, computer vision, medical image, NLP 등 다양한 도메인에서 사용하는 기본 방식을 알 수 있으며, 기본적인 EDA부터 앙상블까지 따라 하며 실제 현업에서 적용할 수 있는 경험을 제시해줍니다. 또한, 다양한 프레임워크와 다른 상위권 팀의 노하우도 같이 공유하여 한 문제에 대한 다양한 접근법과 새로운 인사이트를 얻을 수 있는 점이 도움이 되었습니다. 다양한 방면에서 딥러닝의 기술을 익히고 싶은 사람에게 추천하며, 관심 분야로 파고들 수 있는 참고서가 되리라 생각합니다.

코드는 캐글 노트북이나 깃허브로 제공해주어 쉽게 실습할 수 있었으며 본문 코드의 경우 readability가 뛰어나 쉽게 코드를 공부할 수 있습니다.

박찬민 / VUNO / 2년 차 데이터 사이언티스트

어떠한 분야에서든 입문자가 실력을 빠르고 효과적으로 상승시킬 수 있는 강력한 방법이 있습니다. (1) 대가들의 결과물을 반복해서 소비하고 연구하면서 (2) 그 결과물을 만들 당시 대가들의 생각과 느낌을 재현, 흉내내 보고 (3) 이 반복 과정을 통해 대가들의 기술과 감각을 나만의 방식으로 해석, 습득하는 것입니다.

캐글은 위와 같은 트레이닝을 하기에 최적화된 플랫폼이고, 이 책은 다양한 사례와 시행착오를 담고 있습니다. 즉, 이 책은 데이터 분석 입문자가 효과적으로 실력을 향상시킬 최적의 플랫폼과 방법의 조합을 소개하는 책이라고 할 수 있습니다.

김보찬 / AO Labs / 4년 차 백엔드 개발자

저는 비전공자 대학생으로, 작년부터 빅데이터와 인공지능에 관심이 많아졌습니다. 이 책은 이에 대한 지식과 경험을 보다 확장해주는 데 큰 도움이 되었습니다. 각 대회마다 초기 데이터 분석(EDA)부터 토론과 해결 과정까지, 실제 캐글 대회에 참여하는 경험을 간접적으로 느낄 수 있었습니다. 특히 실제 대회에 참가하면서 겪게 될 고민과 해결 방법을 미리 경험하고, 캐글 대회에 대한 접근 방법을 구체적으로 알 수 있었다는 점에서 큰 도움이 되었습니다.

저는 특히 의료 영상 분야에 큰 관심을 갖고 있어, SIIM-ACR Pneumothorax Segmentation 대회 내용을 매우 주의 깊게 읽었습니다. 기본 지식이 거의 없는 상태에서 무작정 데이콘에서 열린 해커톤 대회에 참가해봤지만, 수많은 난관에 부딪혔던 경험이 있습니다. 이 책에는 의료 영상 대회에 대한 내용이 체계적으로 잘 정리되어 있어서 매우 만족스러웠습니다.

이 책의 실질적인 가이드라인과 실전 노하우는 캐글 입문자나 향후 캐글에 도전하려는 이들에게 매우 유용할 것입니다. 또한, 책에서 주제별로 잘 정리된 내용은 관심 분야에 따라 선택적으로 읽을 수 있어서 더욱 좋았습니다. 실습 환경 설정은 쉽고 편리했습니다. 코드의 세부 사항들이 잘 설명되어 있어서, 새로운 개념이나 알고리즘을 이해하는 데 큰 도움이 되었습니다. 전반적으로, 이 책의 실습은 캐글에 처음 도전하는 사람에게는 가이드로, 경험이 있는 사람에게는 새로운 기법을 배울 기회로 매우 유용할 것입니다.

유승완 / 대학생

이 책은 캐글을 다방면으로 경험한 캐글러들의 경험을 자세하게 담고 있습니다. 전 세계 캐글러를 대상으로 진행되는 대회에서 메달을 획득하기까지의 고민을, 정리된 코드와 시각화 자료로 배울 수 있습니다. 특히 코드가 효율적으로 구현되어 코드를 직관적으로 이해하기 쉬웠고, 평소 생각하지 못한 접근 방식을 배울 수 있었습니다.

평소 캐글에 진입 장벽을 느낀 초심자부터 순위권을 목표로 했지만 등수를 올리기 어려웠던 캐글러에게 이 책을 추천합니다. 책에 정리된 메달리스트들의 코드를 하루에 한번 필사하는 것을 추천합니다. 필사하다 보면 대회 목적에 맞는 본인만의 코드를 구현할 수 있을 것입니다.

김지은 / 고려대학교 산업경영공학과 석사 졸업 / 데이터 직무 준비 중 캐글을 이용하여 데이터 과학에 입문하는 사람부터 중수(중급) 이상을 노리는 사람까지, 실력 편차 없이 각자 얻어갈 부분이 많은 책이라 느꼈습니다. 데이터 과학을 공부하는 초보자에게는 캐글 플랫폼 내부의 디테일한 부분까지 설명해주어 나침반 역할을 해줍니다. 또한, 캐글 노트북을 어떻게 작성하고 어느 부분을 강조하는 것이 좋은지, 다른 사람에게 본인이 직접 분석한 내용을 표현과 논리적으로 설명할 수 있는 실력을 길러줍니다.

데이터 과학 분야를 공부했거나 현업으로 일하고 있는 사람이라면 Tabular Data부터 image, text 등 다양한 기술 분야와 도메인(산업군)을 살펴볼 수 있습니다. 제일 만족스러웠 부분은 데이터가 큰 경우에 대해 Train, Submission을 용이하게 하는 노하우와 디테일을 설명해주고 Note, Discussion 부분에 대해 조언해준 부분입니다. 이는 실제 현업에서 적용하고 응용할 아이디어를 안겨줬습니다.

우리 몸에 익숙한 공부 방식은 Bottom-up 방식으로 'Academic'한 부분 위주로 수행해왔습니다. 하지만 이 책의 강점은 캐글의 컴페티션을 기준으로 실제 Real-world Data를 Top-down 방식으로 'Practical'한 영역을 다룬다는 점입니다. 따라서 옆에 나만의 사수(길잡이)가 있는 것처럼 문제 해결을 위해 어떤 방식으로 접근하며, 왜 이 방법을 사용했는지 등 디테일한 부분을 익힐 수 있습니다. 캐글 대회를 하나라도 참여해본 분들은 참가 전후로 성장했다는 경험과 감정을 가지고 있습니다. 이 책에서 다양한 솔루션 사례를 익히고 추후 캐글 대회에서 본인의 상황에 맞게 응용한다면, 성취감과 성장 속도에 촉매제 역할을 할 것입니다.

정호영 / 프리랜서 / 5년 차 데이터 사이언티스트

캐글 노트북의 디스크 제한량 등 디테일한 사용법을 알려주어 실전에서 사용하는 데 도움이 되었습니다. 또한, 평소에 관심이 많았던 이슈인 고용량 데이터를 분할 압축하여 데이터 제너레이터로 나눠서 입력 데이터로 사용할 수 있는 방법을 알 수 있어서 좋았습니다.

그리고 저자들의 솔루션 말고도 다른 상위권의 솔루션, 아이디어를 얻었던 솔루션도 같이 소개하였기에 다양한 방식을 고찰할 수 있었습니다. 특히 IEEE-CIS Fraud Detection 1위 솔루션에서 적대적 유효성 검사의 특성을 이용해서 검사가 주로 쓰이는 방식이 아닌 다른 방식으로 활용하는 인사이트가 인상적이었습니다. 캐글 등 데이터 분석 대회 참여하고 싶으나 지식의 장벽 때문에 망설이시는 분들께 일독을 추천합니다.

한원배 / 동국대학교 / AI 개발자 취업 준비 중

캐글이 중요하다는 걸 알지만 어떻게 시작해야 할지 모르는 초보 개발자가 읽으면 좋을 것 같습니다. 실습도 다양하고 실습 관련 해설도 잘 돼 있어서 초보 개발자가 캐글에 도전하기 전에 꼭 읽어봐야 할 책입니다. 실습은 아무것도 모르는 사람이 읽을 정도로 난이도가 낮은 책은 아니지만 개발 공부를 어느 정도 해본 사람이라면 잘 따라갈 수 있을 것입니다. 책을 보기 전에는 데이터나 그래프를 보면 어떻게 해석해야 하나 고민될 때가 많았는데 책에 해설이 잘 돼 있어서 100% 이해는 못 했어도 '이런 지표가 이런 걸 알려주는구나!'라는 걸 배우고, 데이터와 그래프를 보는 방법 등에 친숙해진 것 같아서 만족합니다.

신기훈 / 취업준비생 / 개발자 취업 준비 중

1장 내용이 캐글에 대한 표면적인 소개에 그치는 것이 아니라, 캐글을 통해 어떻게 성장할 수 있는지를 알려주는 느낌이라 좋았습니다. 특히, '1,2,3절 컴페티션 점수에 대한 생각'에 담겨 있는 내용은 캐글을 어느 정도 경험해본 사람이라면 다 공감할 이야기인 것 같습니다. 1년 전에 개발 학회에서 반년 정도 캐글 스터디를 진행했는데, 1장 내용으로 OT를 구성했으면 좋지 않았을까 생각이 들었습니다.

솔루션 또한 굉장히 자세하게 서술되어 있어 (초심자라면 한번에 이해하기 어려울 수도 있지만) 많은 인사이트를 얻어갈 수 있습니다. 머신러닝 이론을 공부할 때, '그래서 이걸 어떻게 써먹는 거지? 왜 이런 방법이 필요한 거지?'라는 의문이 든 경험이 다들 있을 텐데, 이 책은 머신러닝으로 풀려는 문제가 먼저 주어지고 그 문제를 어떻게 접근했는지 디테일한 방식을 엿볼 수 있기에 공부하는 데 큰 도움이 될 것입니다.

백승윤 / 코르카 / 3년 차 머신러닝 엔지니어

8장   캐글 노트북 작성을 위한 팁 · · · · 355

1^장

Kaggle

캐글(Kaggle)은 세계에서 가장 큰 데이터 사이언스 커뮤니티이자 플랫폼입니다. 캐글은 다음 질문에서 출발했습니다.

세계 각지에서 발생하는 다양한 문제를 데이터 사이언스로 해결할 수 없을까?

캐글이 주변에서 흔히 볼 수 있는 간단한 문제부터 산업 전반에 걸쳐 발생하는 문제까지 다양한 도메인에서 발생하는 데이터를 공개하고 이와 관련한 문제(Problem)와 도전과제(Challenge)를 제시하면, 데이터 사이언스를 좋아하는 많은 사람이 주어진 데이터를 분석하고 제시된 문제를 함께 토론하고 해결해 나갑니다. 자연스럽게 수많은 분석 자료와 솔루션이 생겨나고, 이 귀중한 자료들은 누구든지 캐글 플랫폼 안에서 자유롭게 참고하고 사용할 수 있도록 공유합니다.

2010년부터 약 930만 명의 캐글러(Kaggler: 캐글하는 사람을 지칭)가 활동하고 있으며, 그동안 약 5만 개 데이터셋과 40만 개 분석 및 솔루션 코드가 공유되었습니다. 이 숫자는 갈수록 늘어나는 중입니다.

▼ 그림 1-1 캐글 로고 & 캐글 메인 홈페이지 소개글

kaggle Inside Kaggle you'll find all the code & data you need to do your data science work. Use over 50,000 public datasets and 400,000 public notebooks to conquer any analysis in no time.

캐글은 어떻게 세계적인 데이터 사이언스 플랫폼으로 거듭날 수 있었을까요? 지금의 캐글을 있게 한 많은 요소 가운데 중요한 네 가지를 꼽으라면 다음과 같습니다.

1. 컴페티션(Competition)
2. 코드(노트북)(Code(Notebook))
3. 데이터셋(Dataset)
4. 디스커션(Discussion)

캐글에 없어서는 안 되는 네 가지 요소의 역할과 의의를 소개하면서 이 책을 시작하겠습니다. 캐글에 익숙하지 않은 사람은 알기 어려운, 각 요소에 숨겨진 다양한 기능과 의의를 하나하나 짚어 볼 것입니다. 이를 바탕으로 캐글이 데이터 사이언스 플랫폼으로서 추구하려는 문화와 더불어 캐글을 최대한 활용할 수 있는 팁을 함께 소개하겠습니다.

1.1 컴페티션

캐글에서 컴페티션(Competition)이란 간단히 말해 'Data Science Challenge(데이터 사이언스 도전과제)'를 놓고 참가자들과 경쟁하는 대회를 말합니다.

'Data Science Challenge'란 실생활은 물론 산업, 의료, 자연과학 등 우리 주위 또는 산업 전반에서 발생할 수 있는 여러 문제가 주어지고, 이와 관련한 데이터를 바탕으로 데이터 사이언스 스킬을 활용해 문제를 해결하는 과제를 말합니다. 컴페티션 주최 측은 해결하고 싶은 문제의 구체적인 설명과 배경을 소개하고 그와 관련한 데이터를 참가자에게 제공합니다. 참가자는 정해진 기간 동안 주최 측이 제공한 데이터를 분석하고, 주어진 문제를 해결하는 솔루션을 만들어 제출합니다. 참가자 가운데 가장 탁월한 솔루션을 만들어낸 사람이 해당 컴페티션의 우승자가 됩니다.

캐글은 과거부터 컴페티션을 꾸준히 개최해왔습니다. 대부분의 사람들이 캐글을 컴페티션을 모아놓은 사이트로 알고 있을 정도로, 컴페티션은 캐글 플랫폼 안에서 매우 중요한 역할을 담당하고 있는 요소이고 실제로 그렇습니다. 캐글을 그림 그리기에 비유한다면 "무엇을 그릴 것인가?"라는 질문을 던지는 것이 컴페티션의 역할입니다. 즉, 캐글이라는 플랫폼에서 활동하는 사람, 즉 캐글러에게 'Data Science Challenge'에 대한 목적성을 제공한다는 점에서 큰 의의가 있습니다.

이 절에서는 캐글의 컴페티션에 대해 설명하면서, 컴페티션을 처음부터 끝까지 진행한 경험을 토대로 알게 된, 겉으로 드러나지 않는 컴페티션의 여러 기능과 그 의미를 짚어보겠습니다.

1.1.1 컴페티션 파악

캐글 홈페이지에서 Competitions 탭에 들어가면 진행 중인 컴페티션 및 과거에 진행했던 대회를 모두 확인할 수 있습니다. 지금까지 여러 산업계 및 연구기관에서 컴페티션을 개최하였기 때문에 주제, 데이터 타입, 데이터 출처가 가지각색입니다.

▼ 그림 1-2 캐글 홈페이지 > Competitions

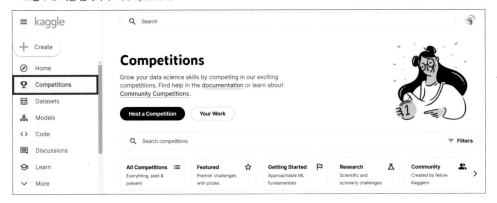

Competitions 탭에 들어가면 컴페티션과 관련한 정보가 담긴 카탈로그 형식의 카드가 나열되고, 이 카드를 통해 컴페티션의 정보를 한눈에 파악할 수 있습니다. 카드에는 컴페티션 제목과 부제, 컴페티션의 성격과 제출 방식에 따른 종류, 보상, 종료까지 남은 시간 등의 정보가 들어 있습니다.

▼ 그림 1-3 Competition 카드

카드를 클릭해 들어가면 컴페티션 페이지가 나오고, 해당 컴페티션에 대한 더 상세한 정보와 프로세스를 확인할 수 있습니다. 그러면 컴페티션을 하나 골라 컴페티션에서 제공하는 기능들을 간단히 살펴보겠습니다.

컴페티션 중 하나를 클릭해서 들어가 보면 해당 컴페티션의 메인 페이지가 열리면서 카탈로그 이미지와 함께 소개 페이지가 나타납니다.

▼ 그림 1-4 Competition 메인 페이지의 카탈로그

카탈로그 아래의 탭 영역에 컴페티션에서 제공하는 여러 기능이 있습니다. 모두 컴페티션을 진행하는 데 필요한 것들이므로, 하나하나 살펴보겠습니다.

참고로 이후 설명은 특정 컴페티션을 예로 들어 내용을 소개하는 것이 아니라, 전반적인 개념을 설명하는 것입니다. 따라서 그림 1-4의 컴페티션을 찾을 필요는 없습니다. 또한, 대체로 내용이 길어서 지면 관계상 이미지 자료를 따로 첨부하지 않았으니, 마음에 드는 캐글 컴페티션을 골라 각 섹션의 페이지를 살펴보면서 다음 설명을 읽으면 한결 수월하게 이해할 수 있습니다.

Overview

컴페티션의 첫 번째 페이지인 만큼 컴페티션을 진행하는 데 필요한 기본 내용을 담고 있습니다. 컴페티션 소개부터 문제의 배경, 평가 방식(Evaluation), 시작과 종료를 알리는 타임라인, 상품 및 상금, 결과물 제출 방식까지 컴페티션 진행에 필요한 내용을 소개하기 때문에 여기 있는 하나하나가 모두 중요합니다. 그중에서도 특히 중요한 것을 하나 꼽으라면, 바로 Description입니다.

Description에서는 컴페티션에서 제시한 문제가 어떻게 발생했고, 왜 이 문제를 해결해야 하는지, 주최 측이 컴페티션으로 얻으려는 것이 무엇인지 설명합니다. 컴페티션의 문제는 간단한 기준으로 분류했을 때 다음과 같이 표현할 수 있습니다.

어떠한 형태(Format)의 데이터를 사용해 원하는 작업(Task/분류, 회귀 등)을 한다.

이때 형태와 작업이 같은 컴페티션이라도 각 Description에서 정의한 문제가 다르면 문제의 내용과 풀어가야 할 방향이 완전히 달라질 수 있습니다. 캐글에서 주최하는 컴페티션의 Description을 살펴보면 대부분 내용이 상당히 길고 자세합니다. 즉, Description으로 전달하는 내용을 매우 중요하게 생각하고 있음을 알 수 있습니다.

Overview에서는 Description의 주제 설명 말고도 컴페티션에 대한 다양한 정보를 제공합니다. '랭킹 포인트 적용 여부'도 꼭 확인해야 할 부분입니다.

캐글은 캐글 활동을 장려하기 위한 몇 가지 시스템을 만들었는데, 그중 하나가 바로 메달(Medal)이라는 보상 시스템입니다. 컴페티션 최종 순위에 따라 컴페티션에 대한 메달을 획득할 수 있고, 이 메달들로 캐글 플랫폼 안에서 그 사람의 랭킹(Ranking)과 티어(Tier)가 결정됩니다.

하지만 모든 컴페티션에서 메달을 획득할 수는 없습니다. 같은 종류의 컴페티션이라고 해도 메달을 얻을 수 있는 것과 없는 것이 있기 때문에 혼란스러울 수 있습니다. 내가 참가한 컴페티션에서 메달을 획득할 수 있는지 알 수 있는 정확한 방법은 Overview 하단에서 메달과 랭킹 등 보상에 대한 표시를 확인하는 것입니다.

그림 1-5처럼 랭킹과 티어에 반영된다는 표시가 있는 컴페티션에 한해서 메달을 획득할 수 있습니다. Overview 페이지 맨 아래에 있다 보니 자세히 읽지 않으면 대부분 지나치기 쉬우므로 꼭 확인하기 바랍니다.

▼ 그림 1-5 Overview 페이지의 참가 팀 수와 랭킹 포인트 적용 여부

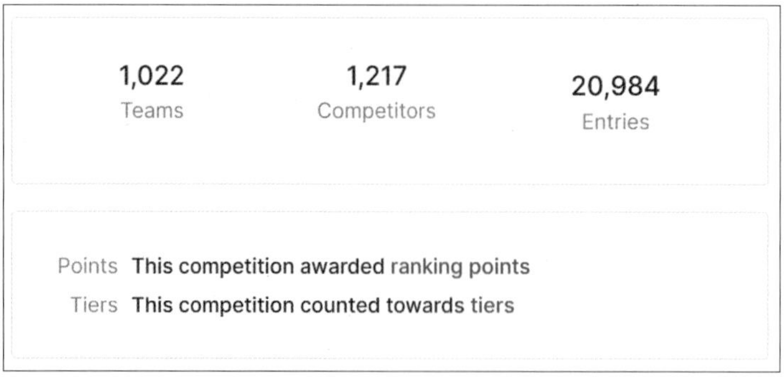

1,022	1,217	20,984
Teams	Competitors	Entries

Points	This competition awarded ranking points
Tiers	This competition counted towards tiers

참고로 참가 팀 수에 따라 메달 여부가 바뀌기도 하는데, 랭킹과 티어에 관한 더 자세한 내용은 1.6.1절에서 소개하겠습니다.

Data

컴페티션에서 사용할 데이터에 대해 소개하는 페이지입니다. Overview의 Description에서는 어떤 문제를 해결하고 싶은지 소개했다면, 여기서는 문제 해결과 관련한 데이터가 주어집니다.

Data 페이지는 주최 측에서 직접 입력하는 것이기 때문에 데이터에 대해 잘 아는 사람이 정보를 알려준다는 점에서 의의가 있습니다. 보통 해당 데이터에 대한 설명, 출처, 수집 방법 등을 설명하고, 정형 데이터가 포함된 경우 각 열(Column)의 의미를 풀어서 소개합니다. Data Explorer에서는 데이터셋의 파일 구조와 각 데이터 파일의 포맷 및 샘플을 간단히 확인할 수 있고, 원한다면 바로 다운로드할 수 있습니다.

Code

Code 페이지의 **New Notebook** 버튼을 누르면 캐글 클라우드 환경에서 노트북 코드를 만들 수 있습니다. 여기에서 컴페티션 참가자들은 주어진 데이터를 분석하고, 캐글 플랫폼 내에서 정답을 예측하는 머신러닝 모델을 만들어 학습 및 추론합니다. 또한, 다른 캐글러들이 컴페티션 데이터셋을 사용하여 만든 코드들도 있으므로, 다른 사람의 코드를 분석하거나 코드를 복사해 자신이 원하는 대로 수정한 뒤 실행해볼 수도 있습니다.

New Notebook 버튼을 눌러 새롭게 만든 코드는 공개로 설정하지 않는 이상 다른 캐글러들이 볼 수 없습니다. 이전에 자신이 만들었던 노트북 코드를 다시 작업하고 싶다면 노트북 목록 상단에 **Your Work** 탭을 누르면 자신의 노트북 코드를 확인할 수 있습니다.

캐글에서 제공하는 클라우드 환경 및 노트북을 활용하고 공유하는 방법에 대해서는 1.3절에서 더 자세히 다루도록 하겠습니다.

Discussion

컴페티션과 관련한 공지사항 및 참가자들의 커뮤니케이션이 이루어지는 곳입니다. 주로 데이터를 분석해 얻은 인사이트나 컴페티션 주제와 관련한 참고 자료를 공유합니다. 컴페티션이 끝난 후 각자 만든 솔루션을 공유하면서 잘한 점과 개선할 점에 대해 토론하기도 합니다. 이러한 과정을 통해 참가자들은 자신이 만든 결과물 이상으로 많은 지식을 얻을 수 있습니다.

Leaderboard

컴페티션 참가자들이 테스트 셋을 예측해서 만든 제출 결과, 즉 서브미션(Submission)의 점수를 실시간으로 집계해서 표시해주는 곳입니다. 점수는 Overview 페이지에 있는 평가 방식대로 점수를 계산합니다.

캐글 컴페티션에서 점수를 계산하는 방식은 조금 독특합니다. 일반적으로 컴페티션 주최 측은 테스트 셋을 임의로 정한 비율에 따라 두 집합으로 나누어 놓습니다. 각각 공개(Public), 비공개(Private) 테스트 셋이라고 하며 참가자가 결과를 제출하면 각 집합에 따라 점수가 두 개 나옵니다. 대회가 진행 중일 때는 공개 점수로 집계된 리더보드가 표시되며, 대회가 종료된 후에는 비공개 점수로 집계된 리더보드가 표시됩니다. 비공개 점수는 대회가 종료될 때까지 누구에게도 공개되지 않으며 제출한 당사자조차 확인할 수 없습니다. 최종 순위는 비공개 점수에 대한 리더보드의 순위로 결정됩니다.

이렇게 설계한 이유는 테스트 데이터에 과적합(Overfitting)된 결과가 만들어지는 것을 방지하기 위함입니다. 좋은 솔루션은 어떤 테스트 데이터라도 올바르게 예측할 수 있어야 하며, 이를 일반화가 잘 되었다고 표현합니다. 대회가 진행되는 동안 참가자가 점수를 확인하기 위해 결과를 여러 번 제출할 수 있는데 만약 테스트 데이터의 전체 점수가 공개되면 이 점수에 너무 적합시킨 나머지 일반화에 실패하는 경우가 생길 수 있습니다. 이러한 결과는 좋은 솔루션이라고 보기 어렵습니다. 간혹 공개 점수와 비공개 점수 차이가 심해 종료 후 순위가 급격히 바뀌는 현상(Shake up)이 발생하기도 합니다. 참가자들 사이에서는 종료 직전까지 이러한 현상이 발생하지 않기를 기도하는 모습을 종종 볼 수 있습니다.

Rules

컴페티션을 진행하는 데 지켜야 할 규칙을 모아놓은 페이지입니다. 만약 규칙을 지키지 않으면 제재가 가해질 수 있으니 대회를 시작하기 전에 숙지하는 것이 좋습니다. Rules 페이지에서 확인해야 할 중요 항목을 간단히 요약하면 다음과 같습니다.

1. **계정 여러 개 사용 금지**

   뒤에서 또 설명하겠지만 보통 컴페티션마다 서브미션을 제출하는 횟수에 제한이 있습니다. 하지만 계정을 여러 개 사용하면 그만큼 많이 제출할 수 있기 때문에 공정성을 위해서 이를 금지합니다. (여러 계정 사용은 블럭 사유)

2. **다른 팀과 사적으로 공유 금지**

   번뜩이는 아이디어가 있다면 자신의 팀 내에서만 공유해야 하며, 만약 공유하고 싶다면 모든 참가자가 알 수 있도록 공개해야 합니다. 이를 막지 않는다면 소위 캐글 VIP 클럽 같은 것이 생길지도 모릅니다. 특정 단체에 가입한 사람만 정보를 누릴 수 있는 불공정이 생기지 않게 이를 금지합니다.

3. **팀 구성 시 인원 수 제한 및 서브미션 제출 횟수 제한**

   컴페티션마다 팀원 수 및 서브미션 제출 횟수에 제한이 있습니다. 이를 잘 숙지해서 제출 계획을 세우는 것이 좋습니다. 일반적으로 팀의 최대 규모는 5명, 하루 제출 횟수는 5번으로 제한합니다.

4. **라이선스**

   생각보다 많은 사람이 간과하고 넘어가는 부분입니다. 컴페티션에서 제공하는 데이터는 주최 측에서 생산, 관리하고 있는 데이터이기 때문에 수정 및 배포 권한은 주최 측에 있습니다. 만약 데이터를 허가된 목적이 아닌 다른 용도로 사용하게 되면 추후에 문제가 발생할 수 있으므로 반드시 사전에 확인해야 합니다.

5. **외부 데이터**(External Data)

컴페티션에서 제공하는 데이터 외에 다른 출처의 데이터를 사용하거나 사전 학습된 모델을 사용해야 하는 경우가 종종 있습니다. 이럴 때 컴페티션마다 규칙이 다를 수 있으니 꼭 확인해야 합니다. 이 내용에 대한 이야기는 주로 디스커션에서 오고갑니다.

Note ☰ | **Competition Rules와 라이선스**

어떤 컴페티션 페이지에 최초로 들어간 경우, 데이터셋을 확인하려고 하면 해당 부분이 가려져 있습니다(그림 1-6 왼쪽 참고)

▼ 그림 1-6 Competition Rules와 라이선스

Competition Rules

To see this data you need to agree to the <u>competition rules</u>.
By clicking "I understand and agree" you agree to be bound to these rules.

I understand and agree

A. *Data Access and Use.* For the purposes of the competition, you may access and use the Competition Data <u>for non-commercial purposes only</u>, including for participating in the Competition and on Kaggle.com forums, and for academic research and education.

영리적 이용 금지

A. *Data Access and Use.* You may access and use the Competition Data <u>for any purpose</u>, whether commercial or non-commercial, including for participating in the Competition and on Kaggle.com forums, and for academic research and education.

영리적 이용 가능

이 경우 데이터를 확인하고 싶다면 'Competition Rules'를 확인하고 동의하는 절차를 먼저 진행해야 합니다. 아마 대부분 무심코 동의를 누를 텐데, 앞서 Rules를 설명할 때 라이선스 부분에서도 언급했듯이, 컴페티션에서 사용하는 데이터셋 대부분은 주최 측의 자산이므로 개인이 상업 목적으로 사용하거나 수정 및 배포할 수 없는 것이 원칙입니다. 컴페티션에 들어올 때 이 동의 절차를 최우선으로 요청하는 이유는 주어진 데이터를 사용하는 개인에게 데이터를 다룰 수 있는 권한을 올바르게 숙지시키고, 문제가 발생했을 때 전적으로 개인에게 책임을 물을 수 있다는 것을 알리기 위함입니다. 컴페티션에 참가하는 행위도 주최 측의 데이터 자산을 활용하는 것이므로 컴페티션을 참가하기 위해서는 사전에 이 동의 절차가 필수입니다.

다만, Rules 페이지에서 컴페티션 데이터에 대해 어떤 목적으로든 사용 가능하다고 명시되어 있다면 개인이 자유롭게 사용해도 무방합니다. 참고로 이 책에 나오는 솔루션의 데이터셋은 모두 상업적으로 이용하더라도 라이선스 규칙에 문제가 없는 것들로만 구성되어 있습니다.

Note ☰ | **Join Competition**

본문에서 설명 부분이 잘 보이지 않는다면 컴페티션이 활성화 상태인지 확인합니다. 컴페티션 페이지에 최초로 들어간 경우 Join Competition을 눌러 컴페티션을 활성화할 수 있습니다. Data 탭에서 이미 Competition Rules에 동의한 경우라면 이미 활성화 상태일 것입니다. 활성화하면 이전에 보이지 않았던, 컴페티션 진행에 필요한 기능들이 해금됩니다.

Submit Predictions

컴페티션의 목표는 주어진 데이터를 활용해 컴페티션에서 요구하는 정답을 예측하는 것입니다. 예측한 결과를 컴페티션에서 정한 제출물의 형태로 만들어 컴페티션 시스템에 제출해야 합니다. 컴페티션에 제출하는 제출물을 서브미션이라고 합니다.

Submit Predictions 버튼을 눌러 컴페티션에 서브미션을 제출할 수 있는 창을 열 수 있습니다. 단, 이미 종료된 컴페티션은 Late Submission이라고 버튼 이름이 변경되어, 연습 목적의 제출이라는 점을 명시합니다.

서브미션을 만드는 방법은 컴페티션에서 정한 제출 방식에 따라, 단순히 정답 파일만 업로드하는 방식부터 조금 복잡한 사전 과정을 거쳐야 하는 방식까지 다양합니다. 컴페티션의 제출 방식에 대해서는 1.1.2절에서 더 자세히 소개합니다.

Team

컴페티션은 보통 팀 단위(개인은 1인 팀)로 진행됩니다. 만약 컴페티션을 같이하고 싶은 팀(개인)이 있다면 Team 페이지에서 멤버 요청을 주고받을 수 있습니다. 팀을 맺기 전에 다음 사항에 유의하세요.

첫째, 서브미션의 제출 횟수 제한은 팀별로 적용되므로 팀원이 늘어난다고 해서 하루에 제출할 수 있는 횟수가 늘어나지는 않습니다. 팀원이 많다고 해서 제출할 수 있는 기회를 더 많이 주는 것은 공정하지 않기 때문입니다.

둘째, 하나로 합칠 팀의 제출 횟수 총합이 1개 팀이 컴페티션 시작부터 합치는 시점까지 제출할 수 있는 최대 횟수를 넘을 수 없습니다. 그러므로 팀을 맺기 위해서는 기존 멤버 및 새로운 맴버의 제출 횟수를 합산한 결과가 필요합니다. 예를 들어 컴페티션이 시작된 지 14일이 지났고 팀별 하루에 최대 5개를 제출할 수 있다고 가정하면, 이 시점까지 1개 팀의 최대 제출 횟수는 70회가 됩니다. 이때 팀을 맺으려는 모든 멤버의 총 제출 횟수가 이미 70이 넘었다면 팀을 맺을 수 없습니다. 이럴 때는 시간이 지나 최대 제출 횟수가 팀 맺기가 가능한 수준으로 올라갈 때까지 모든 멤버가 제출을 멈춰야 합니다.

셋째, 컴페티션마다 팀 마감 기한(Deadline)이 있습니다. 컴페티션 진행 중에는 언제든지 팀을 합칠 수 있으나 마감 기한이 지나면 어떻게 해도 불가능하다는 점을 명심해야 합니다. 마감 기한은 컴페티션마다 다를 수 있지만, 보통 컴페티션 종료 1주일 전입니다.

Submissions

이 페이지에서는 지금까지 제출했던 기록과 제출 점수를 확인할 수 있습니다. 각 팀은 컴페티션 종료 전까지 최종 제출에 사용할 제출 결과를 선택해야 합니다. 고를 수 있는 제출물 수는 Rules 에 정한 횟수를 따르는데, 보통 2개를 선택할 수 있습니다. 컴페티션 종료 후 선택한 제출물 가운데 비공개 점수(Private Score)가 높은 것이 리더보드에 나타나며 해당 리더보드의 순위가 컴페티션의 최종 순위가 됩니다.

❤ 그림 1-7 Submissions 예시

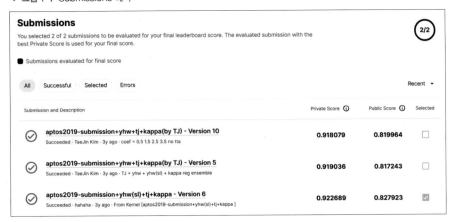

1.1.2 컴페티션 선택

캐글은 그동안 컴페티션을 개최하면서 다양한 형태의 컴페티션을 시도하고 많은 시행착오를 거쳤습니다. 그 결과 개최되는 컴페티션의 종류가 매우 다양해져서 이 중 어떤 컴페티션을 선택해야 할지가 고민일 수 있습니다. 컴페티션은 크게 제출 방식, 유형, 보상에 따라 나눌 수 있습니다. 분류 기준별로 컴페티션의 특징을 이해하면 컴페티션을 선택할 때 한결 수월할 것입니다.

제출 방식에 따라

컴페티션의 목표를 달성하기 위해 주어진 문제에 대한 서브미션을 만들어야 합니다. 이때 컴페티션에서 정한 방식을 따라야 하는데, 제출 방식에 따라 어떤 프로세스로 서브미션을 만들어야 하는지 살펴보겠습니다.

(1) Simple Competition

Simple Competition은 캐글에서 사용하는 가장 기본적인 제출 방식이며 그림 1-8처럼 창이 열리고, 여기에 정답이 적힌 csv 파일 등을 참가자가 직접 업로드해서 서브미션을 만드는 방식입니다.

컴페티션 주최 측이 정한 포맷에 따라 정답 파일을 만들어 업로드하면 플랫폼 내부의 컴퓨터가 자동으로 점수를 계산하여 리더보드에 업데이트합니다. 제출 방식이 무척 쉽고 간단하기 때문에 현재도 많이 사용합니다. 컴페티션 카드에서 제출 방식에 아무런 표시가 없다면 Simple Competition에 해당합니다.

▼ 그림 1-8 Simple Competition 제출 화면

(2) Code Competition

Simple Competition이 정답이 적힌 파일을 직접 제출하는 방식이라면, Code Competition은 '정답 파일이 만들어지는 캐글 노트북'을 제출하는 방식입니다. 제출한 노트북은 캐글 플랫폼 내부의 컴퓨터에서 다시 실행되며 그 결과로 만들어지는 정답 파일을 채점합니다.

컴페티션 페이지에서 **Submit Prediction**을 누르면 그림 1-9처럼 창이 열리는데, 여기서 원하는 노트북을 선택하고 제출하고 싶은 버전과 정답에 해당하는 파일을 선택해 제출합니다. Simple Competition과 Code Competition의 차이는, Code의 제출 코드는 반드시 캐글 내부 컴퓨터에서만 실행되어야 한다는 점입니다. 정답에 해당하는 파일을 선택하는 이유는 제출 코드의 결과로 정답에 해당하는 파일'만' 만들어지면 괜찮으나, 그렇지 않은 상황이 더 많아 어떤 파일이 정답 파일인지 선택하는 과정이 필요하기 때문입니다.

제출할 노트북은 정답 파일이 Output으로 만들어져야 함은 물론, 반드시 버전이 우선 만들어져야 합니다. 이를 위해 '노트북(Notebook)', '노트북 버전(Version)'에 대한 사전 지식이 필요합니다. 따라서 Code Competition에 참가하려면 1.3.3절과 1.3.4절에서 소개하는 내용을 우선 숙지하는 것이 좋습니다.

▼ 그림 1-9 Code Competition 제출 화면

Code Competition은 Simple Competition과 비교했을 때 몇 가지 장점이 있습니다.

첫째, 점수 계산에 사용될 테스트 셋을 참가자에게 공개하지 않고 컴페티션을 진행할 수 있습니다. 정답 파일을 만들기 위해서는 테스트 셋에 대한 예측이 필요하기 때문에 일반적으로는 정답을 제외한 테스트 셋을 참가자들에게 공개합니다. 다만, 이 과정에서 테스트 셋의 정보를 모델 생성에 활용하거나 테스트 셋의 분포를 미리 파악해 테스트 셋에 적합한 솔루션을 만들 수 있습니다. 이러면 테스트 셋에 대한 점수는 높게 나올지 몰라도 일반화(Generalization) 측면에서 좋지 못한 솔루션이 만들어질 수 있으므로 결코 좋은 솔루션이라고 볼 수 없습니다. 이런 일을 방지하기 위해 Code Competition에서는 서브미션 제출 시 내부 컴퓨터에서 점수를 계산할 때 테스트 셋을 비공개 데이터로 교체합니다. 이렇게 하면 테스트 셋을 공개하지 않고도 테스트 셋에 대한 예측을 만들 수 있습니다.

둘째, 제출한 코드의 전체 수행 시간에 제한을 둘 수 있습니다. 문제의 정답을 잘 맞히는 것도 중요하지만, 실제 환경에 적용하기 위해서는 솔루션의 수행 시간 효율도 매우 중요합니다. Simple Competition은 단지 정답 파일만 제출하면 되므로 그 정답 파일이 만들어지기까지 전체 예측 시간이 얼마가 소요되든지 상관이 없습니다. 반면, Code Competition은 제출한 노트북의 런타임에 제한을 걸 수 있으며, 만약 제출한 노트북의 실행 시간이 제한 시간을 넘긴다면 그 제출은 서브미션으로 인정되지 않습니다. 참고로 제한 시간은 컴페티션마다 다를 수 있으므로 각 컴페티션 페이지의 **Overview > Code Requirements**에 있는 정보를 확인해야 합니다.

이러한 장점으로 Code Competition은 최근 높은 비중으로 채택되고 있습니다. 다만 참가자 입장에서는 제출 난이도가 상승한 셈입니다. 코드를 작성할 때는 새로운 테스트 셋이 적용된다는 것을 감안해서 에러가 나지 않도록 고려해야 함은 물론 제한 시간을 넘지 않도록 유의해야 합니다. 무엇보다도 제출한 노트북에 새로운 테스트 셋을 적용하여 재계산하므로 계산이 끝날 때까지 결과를 확인할 수 없다는 단점이 있습니다.

> Note ≡ **인터넷 연결 주의**
>
> Code Competition은 간단히 정답 파일을 제출하는 방식에 비해 새로운 테스트 셋을 적용하고 제출하는 시간을 고려해야 하므로 난이도가 높은 편입니다. 심지어 부정행위 방지를 위해 제출한 캐글 노트북 환경은 인터넷 연결이 불가능하도록 기본 설정됩니다. 만약 제출한 코드에 인터넷을 연결해야 하는 경우, 예컨대 사전 훈련 모델(Pretrained Model)을 사용하는 코드 등이 있다면 사용할 수 없습니다.
>
> 하지만 이를 해결할 방법이 전혀 없는 것은 아닙니다. 숙련된 캐글러들은 인터넷 연결 없이 캐글 플랫폼의 기능을 활용해 이 문제를 해결하고 있습니다. 이 방법을 사용하기 위해서는 캐글의 노트북과 데이터셋에 대해 어느 정도 이해하고 있어야 하므로 1.4.3절에서 자세히 다루겠습니다.

(3) Simulation Competition

Simulation Competition은 일종의 시뮬레이션 게임과 같은 환경을 제공하며, 참가자는 해당 환경에서 점수를 가장 높일 수 있는 방법을 제시해야 합니다. 그런 의미에서 해당 컴페티션은 강화학습과 관련이 깊습니다. 일반적인 컴페티션과 다르게 규칙과 제출 방식이 복잡하므로 사전에 이를 유심히 살펴봐야 합니다. 보통 주최 측에서 혼란을 방지하기 위해 캐글 노트북으로 시뮬레이션 해볼 수 있는 예시 코드를 제공합니다. 참가자는 컴페티션 룰에 따라 최적의 시뮬레이션할 수 있는 함수를 짜고 그 코드를 저장한 파이썬 파일을 업로드하여 서브미션을 생성합니다. 제출된 파이썬 파일은 내부 컴퓨터에서 한 번 더 시뮬레이션을 진행하고, 그에 해당하는 결과 점수가 리더보드에 기록됩니다.

한 가지 아쉬운 점은, 보통의 컴페티션은 종료 후 연습 목적으로 제출(Late Submission)해볼 수 있도록 허용해주는데 Simulation Competition은 튜토리얼 성격의 일부 컴페티션을 제외하고는 연습 제출을 할 수 없습니다(왜 그런지는 정확한 이유를 밝히지 않아 알 수 없습니다. 아마 캐글에서도 몇 번 시도되지 않은 방식이라 아직까지는 실험적으로 프로세스를 시도해보는 단계인 듯합니다).

유형에 따라

컴페티션은 처음 만들어질 때 일종의 유형(Type)이 정해집니다. 유형이 정해지는 기준은 '컴페티션을 통해 추구하려는 목적성'입니다. 쉽게 말해, 어떤 용도로 사용하기 위한 컴페티션인가, 또는 어떤 대상(참가자)을 위한 컴페티션인가에 따라 분류된다는 뜻입니다. 이러한 유형별 특징을 이해하고 있다면, 컴페티션을 고를 때 도움이 많이 될 것입니다.

그림 1-10과 같은 유형이 있으며, 각 유형에 대해 하나씩 알아보겠습니다.

▼ 그림 1-10 여러 Competition 유형들

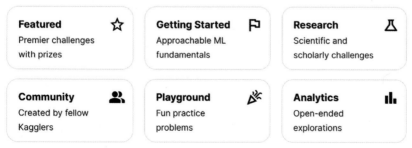

(1) Featured

가장 일반적인 컴페티션으로 캐글에서 열리는 대부분의 대회에 적용되는 유형입니다. 다양한 산업군에서 발생하는 데이터 사이언스 문제부터 사람들에게 익숙하지 않은 도메인과 관련한 문제, 해결책이 쉽게 생각나지 않는 어려운 문제 등 나름 도전적인 문제들로 가득합니다.

전 세계 기업 중에서 어떤 데이터 사이언스 문제에 직면해 그에 대한 솔루션이 필요한 경우가 있을 것입니다. 예를 들면 의료 영상(Medical Imaging) 분야를 다루는 기업은 CT/MRI 이미지상 질병을 예측하는 솔루션, 온라인 쇼핑몰을 운영하는 기업은 클릭률이 높은 상품 추천 모델에 대한 솔루션이 필요할 수 있습니다. 이럴 때 캐글의 Featured 대회로부터 문제 해결에 대한 실마리를 얻을 수 있습니다.

▼ 그림 1-11 Featured Competition

	Ubiquant Market Prediction	$100,000
	Make predictions against future market data	
	Featured · Code Competition · 2893 Teams · 3 months ago	•••
	Feedback Prize - Evaluating Student Writing	$160,000
	Analyze argumentative writing elements from students grade 6-12	
	Featured · Code Competition · 2058 Teams · 7 months ago	•••

실제 현장에서 해결해야 하는 문제를 다루다 보니 각 분야에서 최근 관심을 가지는 문제를 제시하는 경우가 많습니다. 따라서 이 유형의 컴페티션에 참가하면 데이터 및 머신러닝으로 해결하고 싶은 문제에 대한 전 세계의 최신 트렌드를 알 수 있습니다. 또한, 다른 유형에 비해 상금이 높은 편에 속하기 때문에 많은 캐글러가 관심을 가지고 참가합니다.

하지만 상금이 걸려 있어도 데이터 용량이 너무 크거나 상대적으로 생소한 도메인의 데이터인 경우에는 참가자들이 많이 모이지 않습니다. 적당한 난이도이면서 상금이 평균보다 높은 경우에는 가히 축제를 방불케 할 정도로 엄청난 수의 팀이 참가하는 모습을 볼 수 있습니다.

(2) Research

Research는 Featured 다음으로 캐글에서 많이 볼 수 있는 유형입니다. Research 유형의 컴페티션을 주최하는 곳은 대게 연구 목적으로 만들어진 단체가 많습니다. 그러다 보니 Featured에 비해 조금 더 실험적이고, 그만큼 도메인이 생소하거나 문제 해결 과정이 복잡하고 어려운 경우가 더러 있습니다. 또한, Featured와 다르게 상금이 아예 없는 경우도 있기 때문에 사전에 잘 확인해야 합니다. 생소한 도메인의 데이터로 도전적인 문제를 경험해볼 수 있다는 측면에서 많은 캐글러에게 나름 사랑받는 컴페티션 유형입니다.

▼ 그림 1-12 Research Competition

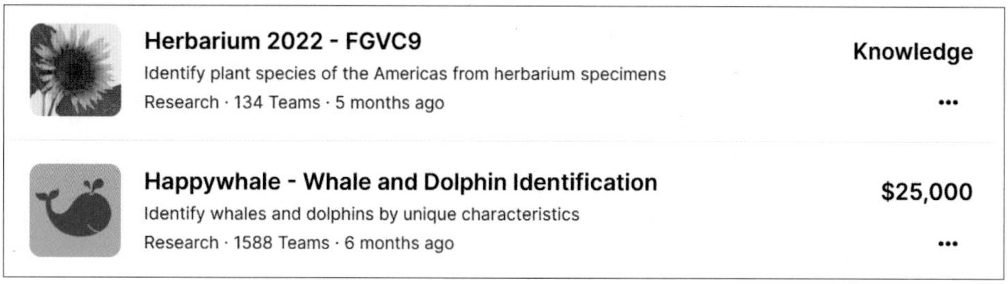

	Herbarium 2022 - FGVC9	Knowledge
	Identify plant species of the Americas from herbarium specimens	
	Research · 134 Teams · 5 months ago	•••
	Happywhale - Whale and Dolphin Identification	$25,000
	Identify whales and dolphins by unique characteristics	
	Research · 1588 Teams · 6 months ago	•••

(3) Analytics

Analytics 유형은 일반적인 컴페티션과는 사뭇 다른 특이한 유형입니다. 보통은 문제가 주어지고 예측해야 할 목적 변수(Target Variable)를 얼마나 유사하게 맞추는지 경쟁하는데, Analytics는 제공된 데이터를 자유롭게 분석한 노트북을 제출하고 이것을 평가합니다. 다시 말해 참가자의 데이터 분석 능력, 시각화 능력, 짜임새 있는 설득 과정, 인사이트 발굴 능력 등을 종합적으로 심사하고 이에 대한 평가를 점수로 환산한 후 순위를 매기는 방식입니다.

▼ 그림 1-13 Analytics Competition

	NFL Big Data Bowl 2023	$100,000
	Help evaluate linemen on pass plays	
	Analytics · 0 Teams · 2 months to go	•••
	2022 Kaggle Machine Learning & Data Science Survey	$30,000
	The most comprehensive dataset available on the state of ML and data science	
	Analytics · 0 Teams · a month to go	•••

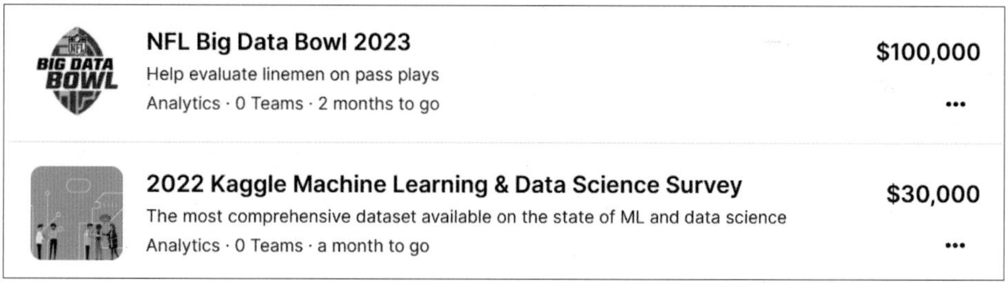

주최 측은 노트북을 어떻게 채점할 것인지 기준을 정해서 사전에 공지합니다. 조건은 주최 및 대회마다 다른데, 종합적으로 정리하면 보통 표 1-1과 같은 채점 기준이 적용됩니다.

▼ 표 1-1 Analytics 평가 항목 예시

평가 항목	예시
Innovation(혁신성)	• 새로운 시각에서 데이터를 보았는가? • 기존 방식과 다르게 도전적인 접근을 시도했는가?
Accuracy(정확성)	• 결과물은 정확한가? • 주어진 목적 및 조건을 정확히 만족했는가?
Relevance(관련성, 연결성)	• 실제 상황은 물론 향후 연구에서도 활용할 수 있는 결과물인가? • 실제 현업 종사자가 납득할 수 있을 만한 결론인가?
Clarity(명확성)	• 제시한 문제에 대해 말하려는 바(결론)를 명확히 했는가? • 분석한 결과는 명확히 재현할 수 있는가?
Presentation(표현력)	• 누구와도 토론할 수 있도록 적절히 시각화했는가? • 시각화와, 그것을 분석한 내용에 대해 설명했는가?

Analytics 유형의 가장 중요한 특징은 바로 정답이 없다는 것입니다. 그래서 점수를 표시하는 리더보드가 필요 없습니다. 또한, 정답이 없다는 특징 때문에 난해하고 혼란스럽게 다가올 수밖에 없습니다.

목적 변수를 따로 정하지 않았다는 건 어떤 목적을 표현해야 할지 참가자가 스스로 정의해야 한다는 뜻입니다. 뿐만 아니라 정답이 있는 컴페티션이라면 정답과 관련한 데이터를 주최 측에서 선별해서 제공할 수 있지만, Analytics 유형은 굳이 그럴 필요가 없습니다. 오히려 다양한 정답이 만들어질 수 있는 환경에 방해가 되기 때문에 주최 측은 데이터 특성(Feature)의 종류를 굉장히 다양하게 제공합니다. 따라서 다양한 데이터 특성 사이에서 문제를 스스로 정의하기 위한 도메인의 이해도, 그리고 그것을 표현하고 설명할 수 있는 능력이 있어야만 주도적으로 컴페티션을 헤쳐나갈 수 있습니다.

Analytics 대회는 테스트 셋 예측이라는 지금까지의 컴페티션 경쟁 방식의 전통을 깨고, 완전히 새로운 방식을 시도했다는 점에서 그 의미가 무척이나 큽니다. 수많은 데이터 특성 가운데 내가 말하고 싶은 내용을 코드로 잘 표현할 수 있는지, 중요한 인사이트를 찾아 문제를 잘 설정하고 분석할 수 있는지, 시각적으로 쉽게 표현하고 스토리텔링을 깔끔하게 설계하여 다른 사람을 잘 이해시킬 수 있는지를 확인하는, 그야말로 종합선물세트 같은 컴페티션 유형입니다. 쉽게 다가가기 어려운 유형이지만, 여기서 만들어지는 분석 자료와 수상작들의 가치가 얼마나 높을지는 쉽게 가늠하기 어렵습니다.

(4) Getting Started

캐글에 이제 막 발을 내딛은 초심자의 경우, 캐글의 컴페티션 프로세스 및 플랫폼의 다양한 기능을 활용하는 데 어려움을 느낄 수 있습니다. Getting Started는 제목에서 알 수 있듯이, 시작하는 사람들을 위해 만들어진 튜토리얼 성격의, 비교적 쉬운 난이도의 대회 유형입니다. 캐글러라면 누구나 한 번쯤은 경험해봤을 'Titanic' 대회가 대표적입니다.

▼ 그림 1-14 Getting Started Competition

Titanic - Machine Learning from Disaster   **Knowledge**
Start here! Predict survival on the Titanic and get familiar with ML basics
Getting Started · 14529 Teams · Ongoing   •••

House Prices - Advanced Regression Techniques   **Knowledge**
Predict sales prices and practice feature engineering, RFs, and gradient boosting
Getting Started · 3956 Teams · Ongoing   •••

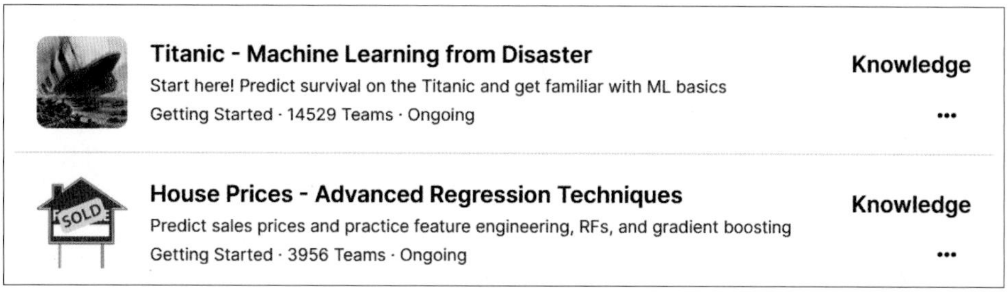

또는 캐글에서 새로운 유형이나 제출 방식을 시도할 때 캐글러들이 새로운 방식에 익숙해질 수 있도록 체험 기회를 제공하는 측면에서, 새로운 방식에 대한 튜토리얼의 컴페티션을 구성하기도 합니다. 대표적으로 Simulation Competition이나 최근 캐글에서 새롭게 지원하는 딥러닝 가속기인 TPU(Tensor Process Unit)[1]를 사용하는 컴페티션 등이 있습니다.

참고로 Getting Started 유형 중 남은 시간이 'Ongoing'이라고 표시된 경우가 있습니다. 이 표시의 의미는 해당 컴페티션의 종료 시점(Deadline)이 없다는 뜻입니다. 이 경우 해당 컴페티션에 제출한 기록들 가운데 최근 2개월간에 한해서만 리더보드에 집계되고 나머지 기록은 표시되지 않습니다. 이 유형은 아무래도 튜토리얼 성격의 대회이다 보니 당연히 많은 참가자가 이 대회를 공부했을 것이고 솔루션도 여러 번 제출했을 것입니다. 이미 제출 결과가 많이 기록된 리더보드를 그대로 두면 이제 막 시작하는 캐글러가 순위를 조금씩 올려가며 성장하는 재미를 경험하기는 힘들 것이므로, 최근 기록만 남겨두는 것입니다.

(5) Playground

재미와 연습을 목적으로 만들어진 컴페티션 유형이며 Getting Started보다는 조금 난이도가 있습니다. Getting Started에 있는 Ongoing 형태가 아닌 시작과 종료 시점이 있고, 일반적인 컴페티션과 같은 프로세스 및 환경에서 진행된다는 점이 특징입니다.

---

1 구글(Google)에서 자체적으로 개발한 딥러닝 가속기이며 1.3.2절에서 간단히 소개합니다.

▼ 그림 1-15 Playground Competition

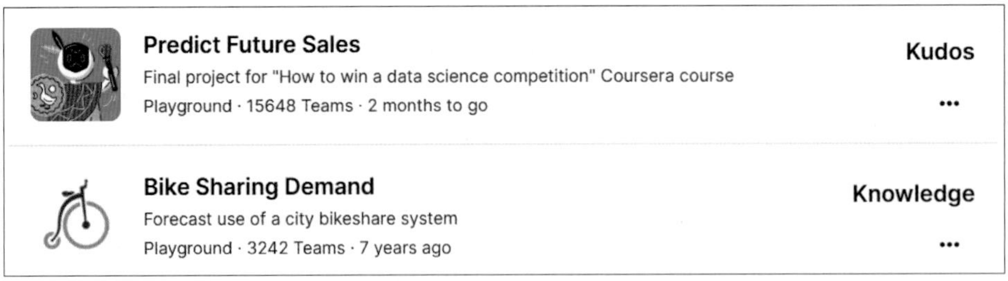

Predict Future Sales
Final project for "How to win a data science competition" Coursera course
Playground · 15648 Teams · 2 months to go

Kudos
···

Bike Sharing Demand
Forecast use of a city bikeshare system
Playground · 3242 Teams · 7 years ago

Knowledge
···

Playground 유형의 장점은 Active 형태의 컴페티션을 연습해볼 수 있다는 것입니다. Ongoing 형태의 컴페티션은 종료 시점이 따로 없기 때문에 참가하는 사람들에게 동기 부여하기가 쉽지 않습니다. 반면 Active 형태의 컴페티션은 참가한 사람들과 같이 일정 기간 소통하며 컴페티션을 진행할 수 있고, 종료 시점이 도래했을 때 점수 경쟁을 경험해볼 수 있어서 훨씬 재미있게 할 수 있습니다.

이를 위해서는 매 시점 새로운 컴페티션이 만들어져야 하는데, 캐글에서 자체적으로 매월 'Tabular Playground Series'라는 이름으로 Playground 대회를 꾸준히 개최하고 있습니다. 그래서 때마다 Active 형태의 컴페티션에 도전해볼 수 있습니다. Featured나 Research 유형으로 넘어가기 전에 가벼운 마음으로 연습해보면 좋은 유형입니다.

(6) Community(In-class)

캐글에서는 컴페티션에 참가하는 것뿐만 아니라 캐글러 스스로가 컴페티션을 직접 만들어 운영해볼 수 있는데, 이를 Community(또는 In-class) 유형이라고 합니다. Community 유형은 캐글러라면 누구나 무료로 만들 수 있고 보통의 컴페티션에서 제공하는 기능 대부분을 사용할 수 있습니다.

▼ 그림 1-16 Community Competition

2019 3rd ML month with KaKR
자동차 이미지 데이터셋을 이용한 자동차 차종 분류
Community · 153 Teams · 3 years ago

Kudos
···

How good is your Medium article?
Predict the number of recommendations for a Medium article
Community · 1132 Teams · 3 years ago

Kudos
···

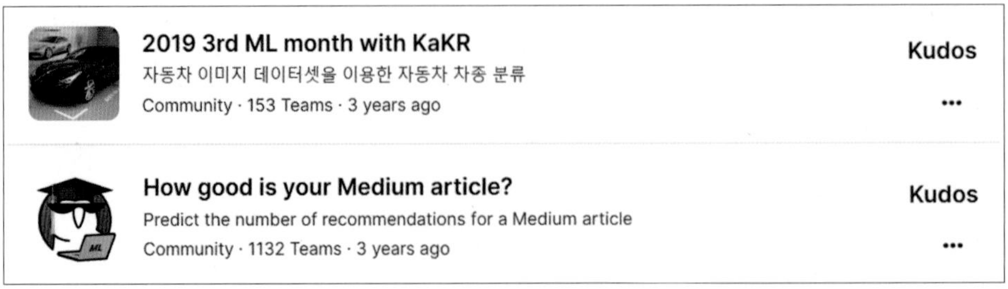

Community 유형을 생성할 때는 몇 가지 유의할 점이 있습니다.

첫째, Community 유형으로 만들 수 있는 컴페티션의 제출 방식의 형태는 Simple Competition 으로 한정되며, 그 외 다른 제출 방식은 선택할 수 없습니다.

둘째, 컴페티션에 제출된 서브미션을 평가할 때 사용자 임의로 평가 지표(Evaluation Metric)를 설정 할 수 없고, 기본으로 제공하는 것들 가운데 선택해야 합니다. 하지만 제공되는 평가 지표들이 일 반적으로 많이 사용되는 것들이라 웬만한 문제는 충분히 다룰 수 있습니다.

셋째, Community 유형의 대회는 교육 목적으로만 사용할 수 있고 마케팅, 비즈니스 등 상업 목 적으로 이용하는 것은 금지합니다. 뿐만 아니라 컴페티션 우승자에게 상금을 주는 행위도 불가능 합니다. 만약 이러한 목적으로 컴페티션을 개최하고 싶다면 캐글 측에 문의해서 비용을 지불하고 Featured 컴페티션을 신청해야 합니다.

Community 대회는 캐글러가 직접 만들고 설정해야 하는 만큼 컴페티션에 대한 사전 지식은 물 론 제시할 문제 설정, 데이터셋 구축 및 설명 등 준비할 것들이 있습니다. 캐글에서 Community 대회에 대한 셋업 가이드[2]를 배포하고 있으니 해당 자료를 보면 도움이 많이 될 것입니다.

보상에 따라

캐글 컴페티션에서 일정 순위 안에 들면 보상으로 걸려 있는 상금 및 상품을 얻을 수 있습니다. 상 금 및 상품의 종류는 대회 목록의 카탈로그나 해당 대회의 Overview 페이지에서 확인할 수 있으 며, 간단히 정리하면 다음과 같습니다.

(1) Cash Prize

대회 주최 측에서 지정한 순위를 달성했을 때 그에 해당하는 상금이 현금(달러)으로 지급합니다. 대부분 Featured 유형과 몇몇 Research 유형에서 볼 수 있으며 당연히 캐글러에게 가장 인기가 많습니다.

(2) Swag, Prizes

순위 보상이 특정 상품(굿즈(Goods) 등) 형태입니다. 주로 대회 주최 측과 관련한 마크가 새겨져 있는 티셔츠, 머그컵이나 텀블러, 스티커 등을 받을 수 있습니다. 그림 1-17은 Swag 컴페티션에 참가해서 받은 캐글 굿즈를 자랑한 포스트입니다.

---

2 https://www.kaggle.com/community-competitions-setup-guide

▼ 그림 1-17 캐글 Swag Discussion 포스트[3]

(3) Knowledge, Kudos

이 표시가 있는 대회는 특정 상금이나 상품이 없습니다. 상금이 따로 있지 않은 Research, 그리고 Getting Started, Community 같이 스터디 또는 참가에 의미를 두는 대회에 주로 표시됩니다. 이 유형 중 간혹 유명한 학회 컨퍼런스에서 워크숍 형태로 주최하는 경우가 있는데, 높은 순위의 참가 팀에게 해당 워크숍에서 발표할 수 있는 기회를 제공하기도 합니다.

1.1.3 컴페티션 종료

컴페티션은 Overview > Timeline에 표시된 일정에 따라 진행되며 최종 제출 기한(Final submission deadline)이 지나면 컴페티션은 종료됩니다. 컴페티션이 종료된 후에는 숨겨져 있던 비공개(Private) 점수가 공개되며, 이 비공개 점수로 컴페티션의 최종 순위가 결정됩니다. 하지만 종료 직후 공개된 비공개 점수가 곧바로 최종 점수로 반영되지는 않습니다. 캐글 운영팀에서 전체 서브미션에 대한 검증을 완료한 다음 비로소 최종 점수로 반영됩니다. 검증은 보통 며칠이 걸릴 수 있으며, 검증 과정에서 계산상 오류 또는 부정행위를 색출해냅니다. 부정행위자는 Rules에 의거하여 실격 처리되며 이때 순위 변동이 발생할 수 있으므로, 검증이 완료된 이후에 최종 리더보드가 업데이트됩니다.

---

3   https://www.kaggle.com/discussions/getting-started/99068

특정 보상이 걸려 있는 컴페티션의 경우 캐글 운영팀이 따로 수상자들과 사용한 솔루션 코드 및 보상에 대해 논의합니다. 보상에 관한 내용은 캐글에서 가이드[4]를 만들어 배포하고 있으므로 이를 참고하기 바랍니다. 그리고 랭킹 포인트에 반영되는 컴페티션이라면 랭킹 포인트와 메달이 자신의 프로필에 기록됩니다. 이러한 과정이 모두 끝나면 비로소 컴페티션은 막을 내립니다.

▼ 그림 1-18 컴페티션 종료 후 리더보드

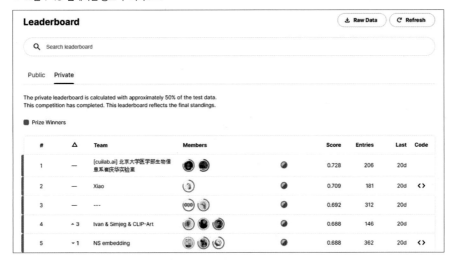

Note ≡ **Spoiler Alert**[5]

컴페티션 종료가 임박한 시점(보통 종료까지 2주 정도 남았을 때)에는 제출 시 높은 점수를 얻을 수 있는 솔루션 코드를 공개적으로 공유하면 안 된다는 암묵적인 규칙이 있습니다.

공개된 솔루션 코드는 누구나 자신의 것으로 복사해 컴페티션에 제출해볼 수 있습니다. 컴페티션 시작 초기이거나 한창 진행 중일 때 공개된 코드가 있으면 다른 캐글러들이 베이스라인으로 활용해 실험해볼 수 있는 여유가 있으므로 점점 발전해나갈 수 있습니다. 이는 문제가 되기보다 오히려 전체 결과의 품질을 높일 수 있다는 점에서 긍정적 효과가 있습니다.

하지만 컴페티션 종료가 얼마 남지 않은 상황에서는 문제가 될 수 있습니다. 과거에 컴페티션이 얼마 남지 않은 상황에서 높은 점수를 낼 수 있는 솔루션 코드가 공개된 적이 있었는데, 모든 사람이 저마다 한 번씩 제출해보는 바람에 리더보드의 중간 순위가 모두 같은 점수로 도배가 되는 상황이 발생했습니다. 그간 랭킹과 메달을 위해 노력했던 많은 캐글러가 이 사건으로 하루아침에 메달 후보에서 멀어지게 되었습니다.

---

4 https://www.kaggle.com/WinningModelDocumentationGuidelines
5 https://www.kaggle.com/spoiler-alert

이후로 캐글에서는 컴페티션 종료가 임박했을 때 컴페티션 툴바 아래에 그림 1-19와 같은 메시지를 표시합니다. 경고 메시지가 나오지 않더라도 종료가 얼마 남지 않았다면 순위에 엄청난 영향을 줄 수 있는 정보나 코드는 공유를 자제했다가 컴페티션이 끝난 다음에 공유합시다.

▼ 그림 1-19 Spoiler Alert 메시지

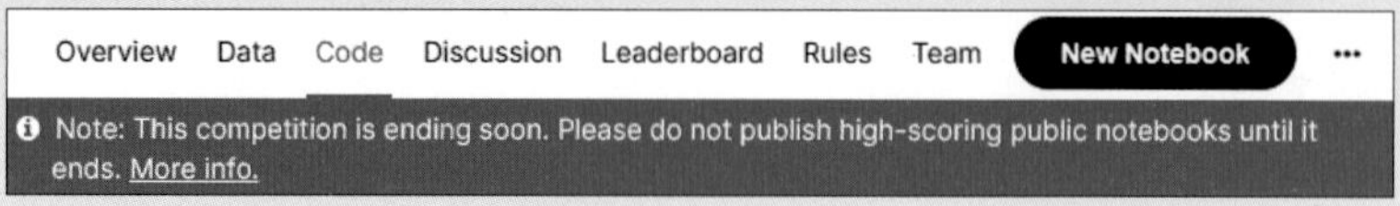

| Overview | Data | Code | Discussion | Leaderboard | Rules | Team | | New Notebook | ··· |

ⓘ Note: This competition is ending soon. Please do not publish high-scoring public notebooks until it ends. More info.

1.2 초보 캐글러를 위한 컴페티션 시작 팁

캐글에는 여러 기능과 요소가 있지만 그중에서도 가장 비중이 높고 중요한 요소는 역시 컴페티션입니다. 눈치가 빠른 분은 이미 알아차리셨겠지만, 컴페티션마다 구현되어 있는 'Dataset', 'Code', 'Discussion'은 앞서 캐글을 구성하는 중요한 요소로 소개했던 것들입니다. 다시 말해 컴페티션은 캐글 플랫폼을 마치 작은 단위로 축소해 놓은 것과 같으며 여기에 참가하는 것만으로도 자연스럽게 캐글의 기능 대부분을 사용하게 됩니다. 그야말로 컴페티션은 캐글의 메인 테마이자 정체성과 같다고도 볼 수 있습니다. 그러다 보니 캐글은 많은 사람에게 컴페티션 플랫폼으로 알려지게 되고, 처음 발을 들인 사람들은 누가 말하지 않아도 컴페티션을 시작으로 캐글을 경험하는 것이 당연해졌습니다.

1.2.1 컴페티션이 어려운 이유

하지만 컴페티션은 생각보다 어렵습니다. 우선 앞서 소개한 것처럼 다양한 기능과 제출 방식이 있기 때문에 이에 익숙해지기 위해 노력해야 합니다. 그래서 캐글에서도 초심자를 위한, 예컨대 사람들에게 잘 알려져 있는 'Titanic' 같은 튜토리얼 성격의 대회를 마련했습니다. 하지만 애석하게도 Titanic 튜토리얼에서 빠져나오지 못하는 사람들이 적지 않습니다. 공부할 때 책의 앞부분만 너덜너덜해지는 것처럼 말입니다. 용기 내어 다른 컴페티션에 도전했더라도 꾸준히 컴페티션 도전을 이어나가는 사람은 그리 많지 않습니다. 캐글의 정체성과도 같은 컴페티션이 일부 초심자에게는 왜 높은 허들로 여겨지는 걸까요? 다음과 같은 이유를 생각해볼 수 있습니다.

첫째, 컴페티션의 경쟁 시스템은 참가하는 사람에게 생각보다 부담을 많이 줍니다. 캐글의 컴페티션은 대부분 상금이 걸려 있는 Featured 유형이며, 솔루션을 얻기 위해 기업에서 많은 돈을 지불하고 개최하는 만큼 일반적으로 초심자를 대상으로 하지 않습니다. 실제로 전문성이 있는 많은 사람이 참가해 경쟁하며, 이 가운데 실력이 좋은 사람들끼리는 서로 팀을 이루어 높은 점수를 위해 도전합니다. 숙련된 이들이 만들어내는 실험과 서브미션의 수는 상상을 초월하며 그로 인해 쉴 새 없이 업데이트되는 리더보드를 보고 있노라면 범접할 수 없는 벽이 느껴질 수밖에 없습니다. 처음 컴페티션에 도전하는 사람이라면 더더욱 이러한 경쟁 관계가 부담스러울 수밖에 없습니다.

둘째, 컴퓨터 사양에 따라 퍼포먼스가 달라질 수 있습니다. 컴페티션을 진행하는 다른 캐글러의 솔루션을 보면 계산이 오래 걸리는 모델을 사용하고 심지어 여러 모델을 앙상블하여 솔루션을 만드는 경우도 더러 있습니다. 아주 약간의 차이로 순위가 결정되는 경쟁이다 보니 최대한 많은 실험을 토대로 적절히 앙상블할수록 높은 순위에 도달할 확률이 높아집니다. 그에 따라 많이 실험하고 제출하기 위한 컴퓨터 자원을 가진 사람이 우세할 수밖에 없습니다.

셋째, 파이썬 코드나 머신러닝, 딥러닝 관련 라이브러리의 코드를 이해하고 다루는 게 아직 익숙하지 않은 경우 컴페티션을 따라가기 어렵습니다. 컴페티션에는 많은 코드와 자료가 공유되지만 정작 자신이 그 코드를 이해할 수 없다면 당연히 활용할 수도 없습니다. 특히 컴페티션을 목적으로 만든 노트북 자료들이므로 나에게 부족한 점을 가르쳐줄 친절한 코드가 아닐 확률이 높습니다.

마지막으로, 가장 중요한 문제는 처음 컴페티션을 맞닥뜨렸을 때 무엇을 해야 할지, 어떻게 시작해야 할지 잘 모르는 경우가 많다는 것입니다. 누구나 처음에는 다른 캐글러의 코드를 필사해보다가 한번 제출하는 데까지는 시도할 수 있습니다. 하지만 여기에 계속 얽매여 있다 보면 시간이 지날수록 동기 부여가 되지 않고, 결국 남는 게 없이 잊혀지는 경우가 허다합니다.

이러한 이유로 초보 캐글러 대부분은 애써 컴페티션에 참가해도 시간을 투자한 만큼 자신에게 좋은 공부가 되었다거나 실력 향상에 도움이 되는 등 좋은 경험을 하는 경우가 생각보다 많지 않습니다. 과연 초심자에게 컴페티션은 정말로 아무런 도움도 안 되는 것일까요? 여기에 대한 나름의 팁을 소개합니다.

1.2.2 컴페티션 시작

앞에서 설명한 이유들로 초심자 입장에서 보통의 컴페티션은 매우 어려운 것이 사실입니다. 그렇다면 처음에 어떻게 시작하면 좋을까요? 물론 여러 방법과 단계가 있을 테지만, 정말 중요하고 필수인 몇몇 과정에 대해 짚어보려고 합니다. 이 토대 위에 원하는 단계를 추가하는 등 자신만의 컴페티션 프로세스를 완성해보는 것도 좋습니다.

컴페티션의 프로세스는 크게 두 단계로 나눌 수 있으며, 각각 나누어 설명하겠습니다.

- 문제 정의 및 이해
- 개발 및 실험

▼ 그림 1-20 컴페티션 프로세스

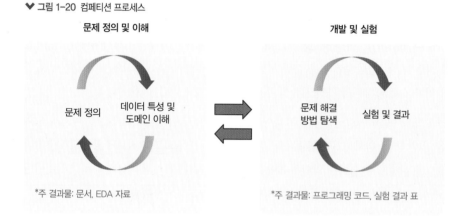

문제 정의 및 이해

컴페티션에서 제시한 문제가 무엇인지, 주어진 데이터와 도메인 지식(Domain Knowledge)을 바탕으로 내가 풀려는 문제를 정의하는 단계입니다. 더 구체적으로 이야기하면 '문제를 정의한다는 것'은 다음을 뜻합니다.

표면적으로 드러나는 목적을 달성하기 위해,
도메인 지식과 데이터를 보고 이해한 것을 바탕으로
개발 방향을 스스로 결정하는 과정

간단한 예를 하나 들어보겠습니다. 한자(漢字)의 글씨체를 자동으로 인식하는 시스템을 개발해야 한다고 생각해봅시다. 이에 대해 다음과 같이 조금 막연하게 문제를 정의해볼 수 있습니다.

글씨체 이미지를 정답 클래스로 예측하는 머신러닝 모델을 개발한다.

이 문제 정의로는 그저 필체 인식을 위한 딥러닝 모델 구조를 구성하고 주어진 데이터로 학습시키도록 설계하기만 해도 본래 목적을 어느 정도 달성한 것으로 볼 수 있습니다. 그런데 한자의 글자 수가 워낙 다양하고 많다 보니 특정 글자는 글씨체 데이터가 충분하지 않을 수 있다고 유추해볼 수 있습니다. 이런 아이디어와 질문은 보통 자신이 평소에 알고 있던 지식과 경험, 그리고 데이터 분석 과정에서 자연스럽게 떠오르는 생각으로부터 출발합니다. 앞서 정의했던 문제에 유추한 생각을 더해 다음과 같이 문제를 더 구체적으로 정의해볼 수 있습니다.

글씨체의 견본이 부족한 글자도 잘 예측할 수 있는 모델을 만들어야 한다.

이 문제 정의로는 '글씨체의 견본이 부족한 클래스'를 해결하기 위한 방안을 마련해야 하며, 모델을 평가할 때도 정의한 조건에 맞게 결과에 잘 반영되었는지 확인하기 위한 평가 방식을 구성해야 할 것입니다.

문제 정의가 중요한 이유는, 위 경우처럼 글자를 잘 분류해야 한다는 목적은 동일하지만 더 나은 결과를 위해 내가 데이터를 보고 이해한 내용을 바탕으로 문제를 정의함으로써 그에 따라 해결 방향을 정하는 데 도움을 주기 때문입니다.

그렇다면 문제 정의는 구체적으로 어떤 과정으로 이루어지는 것이 좋을까요? 간단히 살펴보겠습니다.

(1) 문제 해결이 필요하게 된 배경은 무엇인가?

컴페티션의 문제가 발생한 배경(Background)을 이해하는 것이 문제 정의를 위한 근거를 찾는 데 도움이 됩니다. 이 과정을 진행하면서 자연스럽게 문제와 관련한 도메인 지식을 공부하게 됩니다. 문제 정의를 잘 하기 위해서는 도메인에 대해 이해하고, 데이터의 특성을 잘 파악하는 것이 무엇보다 중요합니다.

EDA(Exploratory Data Analysis: 탐색적 데이터 분석)를 하는 이유는 이를 파악하고 문제 정의 내용이 합당한 것인가를 확인하려는 목적이 큽니다. EDA와 문제 정의를 반복하면서 내가 풀어야 할 문제를 점점 구체화할 수 있습니다.

배경 정보를 가장 잘 설명하는 곳이 바로 Overview 페이지입니다. Overview의 내용을 토대로 도메인 지식과 관련한 정보를 수집하고 컴페티션을 전체적으로 이해하는 과정을 거치면서 문제를 정의할 기반을 만드는 것이 이 단계에서 해야 할 일입니다.

(2) 무엇을 만들어야 하는가?

문제 발생 배경을 이해하면서 컴페티션이 제시하는 목적을 알았다면, 다음으로는 그 목적에 부합하도록 무엇을 만들어야 하는지 구체적으로 설정해야 합니다. Overview의 'Evaluation' 페이지와 Data의 'Description' 페이지를 보면 이 컴페티션에서 최종적으로 어떤 결과를 만들어야 하는지 명시하고 있습니다. 이렇게 표면적으로 드러난 문제를 두고, 도메인 지식과 EDA를 바탕으로 문제를 해결하기 위한 방법 및 방향을 설정합니다.

예를 들면 다음과 같이 표현할 수 있습니다.

- 데이터의 ~의 피처(Feature)를 사용해서 ~을 해결하는 ~라는 결과를 만들겠다.
- ~의 과정에서 ~을 개선할 수 있는 ~을 만들겠다.

방금 전에도 언급했지만 자신의 경험과 도메인 지식에 따라, EDA에서 관찰한 결과를 토대로 구체적으로 설정한 문제에 따라, 표면적으로 고정된 문제의 해결 방법이 다양한 루트로 갈라질 수 있습니다.

(3) 필요한 것과 얻을 수 있는 것은 무엇인가?

현재 자신의 힘으로 만들 수 있는 것과 아직 잘 모르는 것을 구분하는 일도 매우 중요합니다. 공부해야 하는 부분과 그렇지 않은 부분을 헷갈리지 않게 표시해두면 일의 우선순위를 정할 수 있고 일정 관리에도 도움이 됩니다.

이를 잘 정리했다면, 앞으로 컴페티션을 선택할 때 각 컴페티션이 현재 자신에게 어느 정도 난이도인지 전보다 수월하게 가늠할 수 있습니다. 만약 예상 난이도가 높다면, 컴페티션에 투자하는 시간에 공부 시간을 추가할 수 있습니다. 약간 색다르게 생각해본다면, 애당초 달성하고 싶은 목적을 축소하거나 원하는 요소를 선택할 수도 있습니다. 예컨대 목표를 꼭 리더보드 순위로 설정하는 것이 아니라,

- 선택한 컴페티션에서 사용하는 데이터 도메인을 원하는 대로 분석해보겠다.
- 여기서 사용할 딥러닝 라이브러리를 아직 잘 모르니 한번 경험해보겠다.

라는 식으로 말입니다. 이렇게 자신이 얻을 수 있는 것을 확실히 결정하는 것도 중요합니다.

정리하면, 데이터 및 도메인에 대한 이해도가 높을수록 문제를 올바르게 설정할 확률이 높아지며 좋은 결과로 이어질 확률도 높아집니다. 또한, 컴페티션을 진행하는 도중에 다른 캐글러로부터 새로운 힌트를 얻을 수도 있습니다. 이런 과정을 거치면서 자신이 맨 처음에 정의했던 문제가 어느

순간 점점 다양한 가짓수로 불어날 것입니다. 이를 잘 관리하여 개발 단계에서 다양하게 실험할 수 있게끔 가꾸어나가는 것이 컴페티션 문제 해결의 핵심입니다.

Note ☰ | 잘못된 필사

필사(筆寫)란 다른 사람의 코드를 한 줄씩 따라 해보면서 자료의 내용을 공부하는 과정을 말합니다. 캐글에 익숙하지 않은 사람은 필사를 통해 캐글 플랫폼의 여러 기능과 컴페티션 프로세스를 간단히 경험할 수 있습니다. 캐글 플랫폼에는 컴페티션 하나에도 다수의 코드 자료가 공유되기 때문에 공부할 콘텐츠가 정말 많습니다. 그러다 보니 캐글 컴페티션이 처음인 사람은 자연스럽게 다른 캐글러가 만든 인기 노트북을 필사하는 일을 가장 먼저 하게 되지요.

하지만 아이러니하게도 필사하면 할수록 점점 캐글과 멀어지는 심각한 부작용이 나타나기도 합니다. 흔히 하는 필사인데 오히려 캐글과 친해질 수 없게 되어버리는 이유는 무엇일까요?

근본적인 이유는, 간단히 말해 공부에 흥미를 잃게 만들기 때문입니다. 다른 사람이 만든 자료는 작성자 나름의 생각과 목적을 표현한 결과물입니다. 아무리 인기가 많은 자료라고 해도 보는 사람의 마음을 읽어 그에게 의미 있는 것만 골라 친절하게 알려줄 수는 없습니다. 간혹 하나부터 열까지 설명을 기가 막히게 해주는 자료가 공유되기도 하지만 그런 자료는 손에 꼽을 만큼 찾기 힘듭니다. 일반적으로는 큰 틀만 전달하고 대부분의 과정과 설명은 생략한 채 공유되는 경향이 짙습니다. 이로 인해 초심자는 자신도 모르게 필사하는 자료의 의미보다는 자료의 결과만 좇게 됩니다. 결국 자신의 입장에서는 이해되지 않는 자료를 그저 맹목적으로 따라만 하게 됩니다. 이런 필사는 작성자의 의도에 전혀 공감할 수 없을뿐더러 배우는 재미도 점점 잃게 됩니다. 무엇보다 심각한 부작용은, 새로운 문제에 맞닥뜨렸을 때 자신의 생각을 표현할 수 있는 능력이 중요한데 이를 연습할 수 없다는 것입니다.

그렇다면 어떻게 해야 필사를 제대로 할 수 있을까요?

첫째, 다른 사람의 코드나 자료를 공부할 때는 무엇을 얻기 위함인지 그 목적을 명확히 정하고 시작합니다. 여기서 중요한 것은 처음부터 크고 추상적인 목적을 생각하는 것이 아니라 풀기 쉬운 간단한 하위 문제로 쪼개는 것입니다. 이를 위해서는 자신이 현재 무엇을 할 수 있고 무엇을 모르는지 알고 있어야 합니다. 앞서 예시로 언급했던 '한자 글씨체를 인식하는 문제'를 놓고 생각해보겠습니다.

한자 글씨체 이미지를 딥러닝 모델을 사용해 인식기를 만든다.

이처럼 하나의 큰 목적으로 설정하지 말고, 간단한 하위 문제로 쪼갭니다.

- 데이터셋의 이미지를 불러와 확인하는 방법은 무엇일까?
- 이미지 사이즈가 너무 큰데, 작게 만들어서 관리할 방법은 없을까? etc.

경험이 적을수록 낮은 난이도의 하위 문제들이 많이 만들어질 것이고, 점차 숙련될수록 익숙해진 하위 문제들이 간단한 구성으로 압축될 것입니다.

둘째, 필사를 하다가 불현듯 떠오르는 의심과 질문이 있다면 이상한 내용이라도 상관없으니 버리지 말고 가감 없이 드러냅니다. 필사 코드에 따로 설명되지는 않았지만 코드를 보면서 추가로 조사해보고 싶은 피처(Feature)가 떠오를 수도 있고 분석 내용이 처음에 예상했던 것과 다르게 나타날 수도 있습니다. 예를 들면,

- 견본 데이터가 아예 없는 클래스도 있지 않을까?
- 혹시 정답이 틀린 클래스는 없을까?
- 이미지 확장자가 여러 가지로 되어 있는데, 이미지를 읽을 때 문제가 생기지 않을까? etc.

이처럼 문제를 다양한 관점에서 살필 수 있고 문제 해결의 힌트도 얻을 수 있습니다. 처음이라 잘 생각나지 않는다면 코드를 잠시 멀리하고 종이와 펜을 꺼내 마인드맵을 그려보는 것도 좋습니다.

이렇게 함으로써 내가 필사하는 코드는 내가 공부해야 할 목적이 아니라 활용해야 할 재료로 그 성격이 바뀌게 됩니다. 단순히 처음 보는 코드를 이해하는 것을 넘어서 다음에는 내 손으로 직접 이렇게 멋진 코드 자료를 만들고 싶다고 생각하면서 말입니다. 자신의 질문으로 만들어낸 문제를 해결해나가는 경험은, 재미는 물론 점점 발전할 수 있는 계기가 되어줄 것입니다. 이는 앞서 소개한 '문제 정의 및 이해' 단계에서 해야 하는 내용과 다를 게 없습니다.

궁극적으로 우리가 추구해야 할 목표는 자신이 공감할 수 있는 문제를 스스로 설정할 수 있고, 이를 설명하고 코드로 표현하는 데 자유로우며, 새로운 데이터셋과 도메인을 마주하더라도 지금까지 배운 것을 활용해 스스로 결과물을 만들어낼 수 있도록 자신의 능력을 가꾸는 일입니다.

개발 및 실험

'문제 정의 및 이해' 단계에서 무엇을 할지 정했다면, 다음은 이를 구현해 결과를 만드는 '개발 및 실험' 단계입니다. 만약 '개발 및 실험' 단계를 시작할 때 어디서부터 시작해야 할지 감이 오지 않는다면 반드시 이전 단계로 되돌아가야 합니다. 이전 단계에서 무엇을 개발해야 할지 제대로 구체화하지 못했다는 뜻이기 때문입니다. 문제 정의의 내용이 너무 크고 추상적으로 설정된 경우에도 비슷한 문제가 발생할 수 있습니다. 앞서 설명한 대로 현재 나에게 부족한 점을 정리하고, 간단한 하위 문제로 작게 쪼개서 정리해보면 구현하는 데 도움이 많이 될 것입니다.

이제 문제 해결 방법을 찾고 이를 실제로 구현하여 결과를 만들어봅니다. 이 과정에서 갈림길이 여러 번 등장하는데, 이때도 '문제 정의 및 이해' 단계에서 정한 내용들이 필요합니다.

앞서 예시로 들었던 한자 인식기를 생각해보면, 특정 클래스의 데이터가 부족하니 데이터 증강(Augmentation) 관점에서 어떤 것을 선택할지 생각하게 됩니다. 예를 들어 한자 입력이 가능한 폰트를 여러 개 활용해서 이미지를 만드는 방법을 생각하는 식입니다. 뿐만 아니라 EDA에서 확인했을 때 주어진 데이터의 이미지가 약간 회전된 경우가 있다거나, 이미지의 배경 색깔이 여러 가지로 분포한다는 등의 사실이 있다면 이에 따른 데이터 증강 기법을 적용해볼 수 있습니다.

이 단계에서 해야 할 가장 중요한 일은 이전 단계에서 정의한 문제에 대한 결론을 내리는 것입니다.

- ~을 구현했고 그 결과는 ~로 나왔다.
- ~의 사용은 ~을 개선하는 데 영향을 주지 않는다.

이와 같이 생각한 대로 결과가 나왔거나 그렇지 않았거나, 또는 새로운 방향이 떠오를 수도 있습니다. 이를 종합적으로 판단해서 문제를 결론 짓고 다음 의사 결정에 사용합니다. 때로는 이전 단계로 돌아가 문제 정의 및 EDA를 새로 하게 될 수도 있습니다.

이렇게 개발한 내용을 테스트(제출)하고 개선할 점을 찾고 시도하는 작업을 컴페티션 종료까지 반복합니다. 어떻게 하면 점수를 올릴 수 있을까 고민하면서 다른 사람의 공유 코드를 참고해 힌트를 얻거나 나의 관점에서 해석한 다음 내 코드에 활용할 수도 있습니다.

여기까지의 과정을 거쳐 컴페티션을 마무리하고 스스로를 돌아보면 많이 성장했음을 느낄 수 있습니다. 물론 리더보드의 성적이 항상 좋을 수는 없겠으나, 스스로 문제를 정의하고 해결하는 과정을 처음부터 끝까지 해낸 것만으로도 무엇보다 값진 경험이 될 것입니다.

1.2.3 컴페티션 점수에 대한 생각

캐글 컴페티션에서 높은 순위를 달성하기 위해서는 다른 사람보다 높은 점수를 얻어야 합니다. 컴페티션의 점수는 평가 방식에 나와 있는 계산식으로 만들어지며 참가자의 솔루션 성능을 나타내는 지표가 됩니다. 참가자들은 많은 실험과 연구를 반복하며 점수를 올리기 위한 다양한 방법을 배우고 시도할 수 있습니다. 컴페티션 점수는 참가자들로 하여금 꾸준히 성능을 높일 수 있도록 동기 부여하는 역할인 셈입니다.

하지만 점수로 순위를 경쟁하는 시스템에 좋은 면만 있지는 않습니다. 점수를 높이기 위해 수단과 방법을 가리지 않는 식의 경쟁은 여러 부작용을 낳을 수 있습니다.

첫째, 참가자에게 많은 스트레스를 줍니다. 컴페티션이 종료된 후 리더보드를 보면 아주 미미한 점수 차이로 순위가 바뀌는 모습을 흔히 볼 수 있습니다. 어쩌면 의미를 찾기 어려울 정도로 자그마한 점수 상승을 위해 끝도 없이 실험하고 노력하는 과정을 반복하는 것입니다. 그저 점수가 올라가는 데 재미를 느끼는 사람도 있겠습니다만, 웬만한 사람은 쉽게 지쳐버립니다. 얼마 차이 나지 않는 점수로 순위와 상금이 바뀌는 광경을 보고 있노라면 더욱 그럴 것입니다.

둘째, 캐글 초심자가 잘못된 길로 들어서는 원인이 될 수 있습니다. 점수가 높을수록 컴페티션 순위가 올라가는 것은 캐글이 처음인 사람이라도 쉽게 알 수 있습니다. 여기서 문제가 되는 부분은 자칫 '점수를 올리는 것만이 컴페티션의 목표'라는 인식을 심어줄 수 있다는 점입니다. 다시 말해 몇몇 초심자 입장에서는 문제 설정 및 개발의 앞뒤 준비 과정을 모두 생략하고 오로지 '점수를 올리려면 어떻게 해야 할까?'부터 떠올리게 됩니다. 어느 정도 데이터 사이언스에 숙련된 사람이라면 자신만의 기준으로 이에 휘둘리지 않을 수 있습니다. 하지만 경험이 부족한 경우라면 그저 추상적으로 정의된 목표 달성을 위해 결과만 좇으려고 할 것이고, 결국 앞서 소개한 '잘못된 필사'로 빠질 가능성이 높아집니다.

이와 같이 컴페티션의 점수 시스템은 캐글러를 때로는 응원하기도 하고 때로는 실망시키기도 하는 양면성을 지닙니다.

그렇다면 컴페티션에 어떤 자세로 임해야 할까요?

누군가에게는 그저 심심풀이 문제일 수 있겠으나, 저는 캐글 컴페티션에서 주어진 문제가 해결이 필요한 배경과 목적을 지니고 있다는 것, 전 세계 수많은 문제 가운데 데이터 사이언스를 활용할 수 있는 문제의 예시를 제공한다는 것에 그 의의가 있다고 생각합니다. 전 세계 사람들이 관심을 가지는 문제와 그것을 풀어볼 수 있는 경험, 그리고 "이런 문제에도 데이터 사이언스를 활용할 수 있다."라는 사례를 통해서 우리의 견문을 넓히도록 도와줍니다.

단순히 "점수 경쟁을 지양하자."라고 말하고 싶은 것이 아닙니다. 비록 컴페티션에서 순위가 높지 않았다 해도, 심지어 경험이 부족해 서브미션조차 만들지 못했다고 해도, 지금까지 또는 앞으로 살면서 조금도 경험할 기회가 없을 법한 도메인 지식을 내 손으로 다뤄보고 코드로 표현해볼 수 있는 기회를 얻었다는 것만으로도 컴페티션 참가는 나에게 충분히 의미가 되어줄 것입니다.

1.3 / 코드

코드(Code)란 캐글 플랫폼에서 만들어지는 모든 분석 자료와 솔루션, 그리고 그것을 작성하고 실행할 수 있는 클라우드 컴퓨팅 환경을 통틀어 가리킵니다. 캐글은 과거부터 여러 컴페티션을 개최해오면서 다양한 데이터셋을 구축했고, 컴페티션에 참가한 캐글러들은 자신들의 데이터 사이언스 스킬을 활용해 다양한 분석 자료와 솔루션을 만들었습니다. 이 자료들은 일종의 '프로그래밍 코드' 형태로 저장되어 다른 이에게 공유됩니다. 공유된 자료들은 누구나 캐글 클라우드 환경에서 실행해볼 수 있고, 직접 수정 보완하는 것도 가능하기 때문에 데이터 사이언스를 공부하는 많은 캐글러에게 좋은 스터디 자료로 활용되었습니다. 캐글러들은 여기에 더해서 자신이 공부하여 얻은 것을 바탕으로 다른 컴페티션과 새로운 데이터에도 적용하기 시작했습니다. 그 결과, 분석 자료 및 솔루션이 지속해서 만들어질 수 있는 생태계가 생기면서 캐글이 지금처럼 거대한 데이터 사이언스 플랫폼으로 거듭나게 되었습니다.

이 절에서는 보물 같은 자료들이 모여 있는 캐글의 코드에 대해 자세히 알아보겠습니다. 캐글에서 프로그래밍 코드를 작성하고 실행할 때 주로 사용되는 노트북에 대한 내용, 캐글 코드에서 사용할 수 있는 클라우드 컴퓨팅 환경에 대한 소개, 노트북 버전을 만드는 방법, 마지막으로 코드 자료가 다른 캐글러에게 공유되기까지의 과정에 대해서 알아보겠습니다.

1.3.1 노트북

노트북(Notebook)이란 실행하고 싶은 프로그래밍 코드를 셀(Cell)이라는 블록 단위로 실행하고, 각 블록마다 실행 결과를 바로 확인할 수 있는 컴퓨팅 환경을 말합니다. 코드 셀을 실행하면 결과가 바로 나타나는 모습이 마치 블록을 사이에 두고 컴퓨터와 대화하는 것처럼 보여서 대화형 컴퓨팅 플랫폼(Interactive Computing Platform)이라고 부르기도 합니다.

노트북은 데이터를 분석하고 다룰 때 굉장히 유용합니다. 노트북의 특징을 몇 가지 살펴보겠습니다.

첫째, 이전 셀에서 실행한 작업의 결과물이 메모리에 자동으로 저장되기 때문에 다른 셀에서도 재사용할 수 있습니다. 용량이 큰 데이터를 읽고 처리해야 하거나 시간이 비교적 오래 걸리는 전처리 작업이 필요할 때, 이전 셀에서 미리 실행해두면 다음 셀부터는 이를 다시 반복하지 않아도 되기 때문에 시간을 많이 절약할 수 있습니다.

둘째, 코드를 셀 단위로 쪼개서 실행할 수 있기 때문에 의도하지 않았던 실수나 문제를 빠르게 발견할 수 있습니다. 예를 들어 코드를 작성하고 결과를 확인했는데, 간혹 의도한 결과가 나오지 않을 수 있습니다. 이럴 때 셀을 여러 개로 쪼개서 의심이 되는 코드를 하나씩 실행하면서 중간 결과를 확인할 수 있습니다.

셋째, 코드를 잘 이해하도록 표현하기에 용이합니다(그림 1-21). 노트북의 각 셀을 실행하면 실행 결과가 바로 아래에 출력됩니다. 이때 데이터 샘플을 간단히 보여주거나, 데이터의 통계치를 테이블로 표시하거나, 데이터에 NULL 값이 얼마나 분포해 있는지 한눈에 볼 수 있도록 시각화(Visualization)하는 등을 작업할 수 있습니다.

▼ 그림 1-21 코드와 함께 실행 결과를 보여주는 노트북 환경

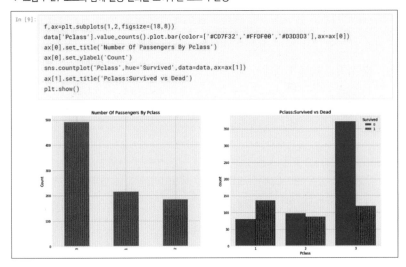

그러면 데이터를 분석하는 사람은 빠르게 데이터를 확인하고 분석할 수 있습니다. 또한, 자료를 공유받는 사람은 단순히 코드만 보는 것보다 저자의 의도를 쉽게 이해할 수 있습니다. 그래서 대부분의 사람들이 데이터 분석을 할 때 노트북 환경을 사용하며, 캐글에서도 대부분의 코드 체계는 노트북을 기본으로 사용합니다.

이후부터 설명할 내용은 대부분 노트북과 관련되기 때문에, 코드라는 표현보다는 노트북이라는 표현을 더 많이 사용하겠습니다.

Note ≡ **노트북 주의 사항**

노트북에서는 셀을 만들고 지우고 실행하는 것이 매우 자유롭습니다. 앞에서 설명했듯이 노트북을 사용할 때 셀을 실행하면 그 셀에서 실행했던 변수, 데이터를 재사용할 수 있어 편리합니다. 하지만 이 특징 때문에 간혹 의도하지 않은 실수를 저지르기도 합니다. 만약 어떤 셀을 실행한 후 필요 없다고 생각해 삭제해버렸다면 어떻게 될까요? 당시에는 정상적으로 동작할 것입니다. 셀이 한 번 실행된 후라서 그 셀을 삭제하더라도 다른 코드 셀에서 변수나 데이터를 재사용할 수 있습니다. 하지만 노트북 환경을 재시작한 후 실행하면 삭제한 코드 셀을 실행하지 않으므로 에러가 발생할 것입니다. 어제는 분명히 잘 돌아갔던 코드가 오늘 새로 실행하니 에러가 나더라 하는 경우가 대부분 이러한 문제 때문일 가능성이 큽니다.

이런 에러는 어떻게 줄일 수 있을까요?

첫째, 변수 이름을 지을 때 그 용도를 잘 내포하도록 자세히 씁니다. 변수 이름이 매우 간단하면 다른 셀에서 비슷한 역할을 하는 변수와 이름이 겹치는 실수를 할 확률이 높아집니다.

둘째, 셀이 실행되는 순서를 잘 이해하고 셀을 만들고 지우는 것에 유의합니다. 셀을 중간에 끼워 넣어 실행하거나 위의 경우처럼 셀을 실행한 후 삭제한다면 이러한 일이 비일비재로 발생합니다. 따라서 코드 셀을 만들고 지울 때는 전후 셀에서 실행되는 코드를 잘 확인하고 처리합니다.

Note ≡ 이름의 변천사

캐글의 '코드(Code)'라는 이름은 많은 변화가 있었습니다. 캐글이 만들어진 초창기에는 커널(Kernel)이라는 이름으로 불렀습니다. 커널은 리눅스 같은 운영체제에서 시스템을 통제할 수 있는 핵심이 되는 프로그램을 뜻합니다. 당시 이런 이름을 지었던 이유는, 캐글이 코드뿐만 아니라 코드를 실행할 수 있는 환경까지 공유하는 플랫폼을 지향했기 때문이라고 추측합니다. 하지만 커널이 사람들에게 그다지 친숙한 표현이 아니었기 때문에 중간에 '노트북(Notebook)' 이라는 이름으로 변경했다가 현재에 이르러 '코드'라는 이름으로 정착했습니다. 캐글의 코드 콘텐츠가 대부분 노트북 형태이기 때문에 사실 노트북이 더 어울리는 것 같지만, 코드가 좀 더 일반화된 표현이기 때문에 최종 채택된 것이라고 생각합니다. 앞에서도 밝혔듯이 이 책에서는 이해하기 쉽게 코드라는 표현보다는 노트북이라는 표현을 더 많이 사용합니다.

1.3.2 클라우드 노트북

아무리 질 좋은 데이터가 있고, 그것을 분석할 수 있는 스킬이 있다 하더라도 정작 그 데이터를 불러와 다룰 수 있는 컴퓨팅 환경이 없으면 아무것도 할 수 없습니다. 하지만 데이터 분석을 위한 컴퓨터를 구입하거나 빌리는 것에는 적지 않은 비용이 들고, 컴퓨터를 구했다 하더라도 파이썬 또는 R언어를 실행할 수 있는 환경과 판다스 같은 데이터 분석에 필요한 라이브러리 등의 환경을 설정하는 작업도 선행되어야 합니다. 이런 작업에 익숙하지 않은 사람이라면 데이터 사이언스를 처음 시작하는 것이 매우 버겁게 느껴질 것입니다.

캐글에서는 이런 걱정을 할 필요 없이 캐글 플랫폼 내부에서 데이터를 분석하고 모델링할 수 있는 클라우드(Cloud) 환경을 제공합니다. 여기서 클라우드 환경이란 캐글이 관리하는 원격 서버로부터 일부 자원을 빌려 개인 컴퓨터에서 원격으로 사용할 수 있도록 구성한 환경을 말합니다. 프로그래밍 코드를 개인 컴퓨터에서 실행하는 것이 아니기 때문에 자신의 컴퓨터 사양이 좋지 않아도 충분히 사용할 수 있습니다. 또한, 데이터 사이언스에 자주 사용하는 라이브러리가 대부분 설치되어 있고 데이터 분석에 편리한 노트북 환경이 기본으로 설정되어 있어서 별다른 설정을 할 필요가 없습니다. 더 나아가 머신러닝, 딥러닝 모델 학습을 위해 연산 능력이 높은 장치가 필요할 수도 있는데, 캐글에서는 특수한 연산 능력을 가진 가속기(Accelerator)를 지원하기 때문에 계산량이 많은 모델 학습 시 추가하여 사용할 수 있습니다.

그러면 캐글에서 클라우드 노트북(Cloud Notebook)을 어떻게 만들고 활용하는지 알아보겠습니다.

첫 번째 방법으로, 캐글 홈페이지의 **Code** 탭에서 **New Notebook**을 누르면 새로운 노트북을 생성할 수 있습니다. 두 번째 방법이자 가장 간단한 방법은 왼쪽 캐글 툴바에서 **+ Create** 버튼을 누르는 것입니다. 세 번째 방법으로, 만약 참가하고 있는 컴페티션이 있다면 컴페티션 페이지의 **Code**

탭에서도 노트북을 만들 수 있습니다. 두 번째 방법은 컴페티션의 데이터가 노트북 환경에 자동으로 연결되기 때문에 따로 추가할 필요가 없어 편리합니다.

▼ 그림 1-22 노트북 생성 방법

캐글 노트북을 만들면 프로그래밍 코드를 실행할 수 있는 노트북 편집기(Editor) 환경이 열립니다 (그림 1-23). 프로그래밍 언어는 파이썬(Python)으로 기본 설정되어 있으며 Settings에서 파이썬과 R언어 중 선택할 수 있습니다. 이 환경에서 여러 코드를 입력, 실행해보고 데이터셋에 이것저 것 적용해보면서 답을 찾아가는 과정을 그리게 됩니다. 일종의 코드 연습장처럼 사용한다는 의미로, 편집기에서 수정하는 노트북 코드 자체를 다른 말로 Draft(초안)라고 일컫습니다.

▼ 그림 1-23 노트북 편집기

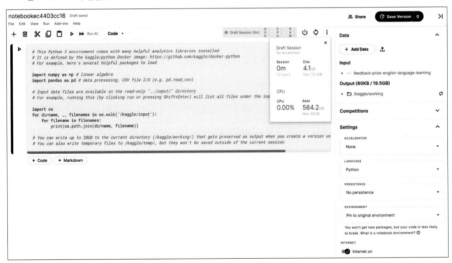

노트북 편집기는 데이터를 효과적으로 다루는 데 필요한 여러 기능을 내장하고 있습니다. 편집기의 갖가지 기능과 요소에 대해 살펴보겠습니다.

Draft Session

노트북 편집기와 클라우드 컴퓨터가 연결된 상태를 세션(Session)이라고 합니다. 캐글 Draft 노트북과 클라우드 컴퓨터가 연결된 것을 Draft 세션이라고 합니다. Draft 세션은 처음 노트북을 만들었을 때는 비활성화 상태이지만, 전원 버튼을 클릭하거나 편집기에 있는 코드 셀을 한 번 실행하면 자동으로 연결됩니다.

▼ 그림 1-24 Draft 세션 비활성화 / 활성화

세션 영역에 표시된 정보는 노트북과 연결된 클라우드 컴퓨터의 상태를 나타냅니다. 연결된 클라우드 컴퓨터의 현재 CPU, 메모리(RAM), 디스크 사용량을 실시간으로 나타냅니다. 데이터를 분석하다 간혹 메모리나 디스크가 부족해지는 경우가 발생하는데, 그 전에 미리 사용량을 파악하고 대비할 수 있습니다.

Draft 세션이 활성화된 상태에서만 편집기의 코드가 실행되며, 실행된 결과와 변수가 사라지지 않고 보존됩니다. 만약 세션이 종료되거나 재시작되면 이전에 실행했던 결과 및 변수는 모두 사라지므로 맨 처음 셀부터 다시 실행해야 합니다. 20분 동안 코드 수정이나 실행 등 아무 행동이 없는 경우에도 마찬가지로 세션이 초기화되니 유의해야 합니다.

Data

Data 영역은 Input과 Output으로 구분됩니다.

Input에는 노트북에 연결된 캐글 데이터셋이 있습니다. 데이터셋을 추가하고 싶다면 'Add Data' 버튼을 누르면 됩니다. 원하는 데이터셋을 찾기 어렵다면 검색란에 데이터셋 URL을 직접 입력하거나, 원하는 데이터셋 페이지 또는 컴페티션 페이지에서 노트북을 생성합니다. 해당 페이지에서 노트북을 생성하면 자동으로 데이터셋을 등록할 수 있기 때문입니다. 또한, 검색란 오른쪽의 필터 기능을 이용하면 캐글의 다양한 데이터를 설정한 기준에 따라 찾을 수 있어 매우 편리합니다.

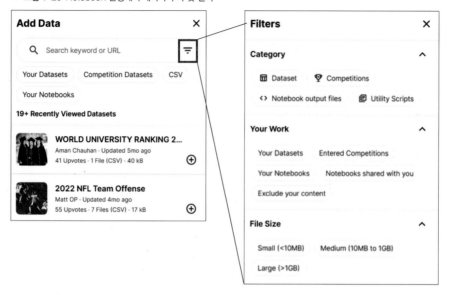

Input에 추가한 데이터셋은 "/kaggle/input" 디렉터리에서 찾을 수 있습니다. 파이썬의 os 표준 라이브러리나 pathlib 라이브러리를 사용해서 해당 디렉터리에 있는 데이터셋 폴더를 찾아 필요한 데이터를 읽어 사용하면 됩니다. 그림 1-26처럼 처음 노트북을 생성하면 맨 처음 코드 셀에 시작 코드가 적혀 있는데, 이 코드가 노트북에 연결된 캐글 데이터셋의 파일들을 확인하는 코드입니다(다음 코드를 실행하면 "/kaggle/input"에 있는 모든 파일의 경로를 출력합니다).

▼ 그림 1-26 노트북에 연결된 캐글 데이터셋 파일 확인

```python
# This Python 3 environment comes with many helpful analytics libraries installed
# It is defined by the kaggle/python Docker image: https://github.com/kaggle/docker-python
# For example, here's several helpful packages to load

import numpy as np # linear algebra
import pandas as pd # data processing, CSV file I/O (e.g. pd.read_csv)

# Input data files are available in the read-only "../input/" directory
# For example, running this (by clicking run or pressing Shift+Enter) will list all files under the in

import os
for dirname, _, filenames in os.walk('/kaggle/input'):
    for filename in filenames:
        print(os.path.join(dirname, filename))

# You can write up to 20GB to the current directory (/kaggle/working/) that gets preserved as output w
# You can also write temporary files to /kaggle/temp/, but they won't be saved outside of the current
```

Output은 노트북의 코드를 실행하여 특정 파일을 생성한 경우 그 파일들이 표시되는 곳입니다. 정확히 말하면, 노트북에서 만든 데이터를 저장할 때 "/kaggle/working" 경로에 저장하면 Output

에 그 파일이 나타납니다. 사실 캐글 노트북은 이 경로가 기본 저장 경로로 설정되어 있기 때문에 경로를 따로 추가할 필요 없이 파일 이름만 입력하여 저장하면 해당 경로로 파일을 저장합니다.

Output의 경로에 저장할 수 있는 파일들의 총합은 최대 20GB를 넘을 수 없습니다. 그 이상 저장 하려 하면 에러가 발생하니 유의해야 합니다. Output에 만들어진 파일들은 필요한 경우 자신의 컴퓨터로 직접 다운로드할 수 있습니다. 무엇보다도 Output은 Code Competition의 서브미션 을 만드는 데 중요한 역할을 합니다. 이는 노트북 버전(Version)에 대한 지식이 필요하므로 1.3.3 절에서 자세히 소개하겠습니다.

> Note ≡ **노트북의 디스크 용량**
>
> "/kaggle/working"에 최대로 저장할 수 있는 데이터가 총 20GB라고 했는데, 눈썰미가 좋은 분들은 세션 상태 창 에서 확인할 수 있는 노트북의 디스크 제한량이 약 73GB로 표시된 것을 보았을 것입니다. 나머지 53GB의 용량은 어떻게 쓸 수 있는 걸까요?
>
> "/kaggle/working" 경로를 제외한 다른 곳에 파일을 저장하면 가능합니다. 예를 들면 "/kaggle/temp" 디렉터리 를 새로 생성해서 이 경로에 20GB 이상의 파일을 저장할 수 있습니다. 디스크 용량을 조금 더 사용해야 하는데, 이 데이터는 굳이 Output에 표시하지 않아도 된다면 이와 같이 사용하면 됩니다.

Settings

Settings에서는 노트북 환경에 필요한 것들을 설정할 수 있습니다. 여기에서는 중요한 설정 위주 로 소개하겠습니다.

Accelerator(가속기)

캐글 노트북은 딥러닝 학습 같은 특수한 계산을 위해 Accelerator(가속기)를 사용할 수 있는 환 경을 제공합니다. Accelerator는 계산이 오래 걸리는 모델 학습 및 데이터 처리를 빨리 해야 하 는 곳에 활용할 수 있습니다. 정리하면, 캐글은 노트북을 생성할 때 가장 기본으로 할당되는 None(CPU)과 딥러닝 학습을 위한 Accelerator인 GPU와 TPU, 이렇게 총 세 가지 환경을 무료 로 사용할 수 있습니다.

None(CPU) / GPU / TPU

단, 한정된 자원으로 캐글러 모두에게 무한정 제공할 수는 없으므로, 캐글은 각 환경을 사용하는 것에 대해 계정당 사용 시간 제한량을 두어 관리합니다. 위 세 가지 환경은 각각 연속 사용 시간, 주간 사용 시간 제한량, 컴퓨터의 사양 측면에서 조금씩 차이가 있습니다. 자세히 정리해보겠습 니다.

(1) None (Only CPU)

노트북을 생성하면 기본적으로는 아무런 Accelerator가 연결되어 있지 않고, 4개의 논리 코어를 가진 CPU와 30GB 메모리를 가진 컴퓨팅 리소스가 할당됩니다. 할당된 컴퓨터는 사용 시간에 제약이 없기 때문에 부담 없이 사용할 수 있습니다. 하지만 하나의 세션을 끊지 않고 연속으로 사용할 수 있는 시간은 12시간 이하로 제한되어 있습니다. 만약 이 이상 걸리는 작업을 한 번에 실행한다면 실행 도중에 세션이 만료되어 작업을 완료하지 못합니다. 그래서 보통 데이터셋 분석 및 시각화, 간단한 전처리를 할 때 주로 사용합니다.

(2) GPU (Graphical Process Unit)

GPU는 이름에서도 드러나다시피 본래 그래픽 연산을 빠르게 처리할 목적으로 만들어진 장치이나 높은 연산 성능이 있어 복잡한 연산이 필요한 딥러닝 학습에 주로 사용합니다. 캐글은 GPU를 사용할 수 있는 세션을 무료로 제공하는데, CPU 세션과 비교했을 때 다소 차이가 있습니다. 컴퓨터 사양은 2개의 CPU 코어와 13GB 메모리로 약간 감소했으나 Tesla P100 GPU와 Tesla T4 x2 옵션을 선택할 수 있습니다.[6] 한 세션에서 연속으로 사용할 수 있는 시간은 12시간으로 동일합니다.

GPU는 특히 주간 사용 시간 제한량(Quota)이 있습니다. 계정당 1주일간 사용할 수 있는 시간이 있고, 제한량을 모두 사용하면 1주일 뒤 리셋될 때까지 사용할 수 없습니다. 제한량을 절약하기 위해 보통 CPU 환경에서 코드를 작성한 후 에러가 발생하는지 여부만 판단한 뒤에 GPU를 할당받고 실행합니다. GPU 세션을 유지하는 동안은 제한량이 계속 소모되므로, 사용하지 않을 때는 세션을 종료하는 것이 좋습니다.

(3) TPU (Tensor Process Unit)

TPU는 구글 클라우드 플랫폼(GCP)에서 서비스하는 Cloud TPU를 말하며, 최근 캐글 노트북에 추가되었습니다. 아마 직접 사용해본 사람이 그렇게 많지 않을, 생소한 장치일 것입니다. TPU를 제대로 사용하기 위해서는 TPU 장치에 대한 이해와 구동을 위한 사전 준비 및 특별한 코드가 필요합니다. 따라서 이 장에서는 이런 게 있다고 간단히 소개만 하고, 6장 Toxic의 TPU 솔루션에서 더 자세하게 설명하겠습니다.

---

6 2022년 10월 20일 기준

Note ☰ **Accelerator별 컴퓨터 사양 및 사용 시간**

2022년 10월 20일자로 캐글의 컴퓨터 사양이 업그레이드되었습니다. 원래 CPU 노트북의 메모리 용량은 16GB였으나 30GB로 증가했습니다. 또한, 기존에는 Tesla P100 GPU만 선택할 수 있었는데 Tesla T4를 2개 사용할 수 있는 옵션이 추가되었습니다.

각 노트북 옵션에 따라 주간 사용 시간 제한량이 다르며, 캐글의 전체 사용량에 따라 매주 변동될 수 있습니다. 자신의 남은 제한량(Quota)을 잘 확인해서 사용하는 것이 좋습니다.

Accelerator별 컴퓨터 사양 및 사용 시간을 정리하면 표 1-2와 같습니다.

❤ 표 1-2 Accelerator별 컴퓨터 사양 및 사용 시간

구분	CPU 코어 수	메모리 용량(GB)	가속기 (Accelerator)	연속 사용 시간	주간 사용 시간 제한량(Quota)
None (CPU)	4	30	–	12시간	–
GPU	2	13	Tesla P100 Tesla T4 x2	12시간	30~40시간
TPU	4	16	TPU v3-8	9시간	20시간

Note ☰ **복수 계정 주의**

캐글에서 딥러닝 학습을 위해 GPU와 TPU를 제공해주기는 하지만 주간 제한량이 있기 때문에 이것만으로는 학습하기에 많이 부족합니다. 궁여지책으로 Google Colab 같은 캐글 노트북과 흡사한 구독 서비스를 같이 사용하는 캐글러도 많습니다. 실제로 캐글 고득점자들은 대부분 개인적으로 사용할 수 있는 고사양 컴퓨터를 가지고 있습니다. 자신이 가진 자원으로 다양한 모델을 시도해 높은 성능의 모델을 찾을 수 있고, 앙상블로 높은 성능을 이끌어내는 데 유리하기 때문입니다.

하지만 혹여 자원이 부족하다는 이유로 여러 계정을 사용하려 한다면 절대로 추천하지 않습니다. 캐글은 이를 엄연히 부정행위로 간주하고 있으며, 실제로 컴페티션에서 복수 계정을 사용한 사람을 찾아내 제재를 가한 적도 있습니다. 자칫 잘못했다가는 캐글의 세계로 영영 돌아오지 못할 수 있습니다.

캐글도 이 문제에 대해 이전부터 많이 고민해왔습니다. 점수 경쟁이 아닌 분석 결과로 순위를 가르는 방식을 만들고(Analytics), 최근에 들어서는 Accelerator를 사용하지 않고, 전체 수행 시간을 고려해 최종 점수를 측정하는 방식(Efficiency Track)을 포함하는 컴페티션도 등장하고 있습니다. 아무쪼록 많은 사람이 좋은 방향으로 경쟁할 수 있도록 다양한 시도가 이루어졌으면 하는 바람입니다.

Internet

노트북에 할당된 컴퓨터의 인터넷 연결을 허용하는지 여부를 설정할 수 있는 옵션입니다. 기본적으로는 인터넷 연결을 허용하는 것으로 설정되어 있습니다. 그래서 사전 학습 모델(Pretrained

Model)을 다운로드하거나, pip 명령[7]으로 사용하고 싶은 라이브러리를 설치하는 등 외부 데이터가 필요할 때 인터넷을 통해 다운로드할 수 있습니다.

하지만 인터넷 연결이 허용되지 않는 경우가 하나 있는데, 바로 Code Competition에 참가할 경우입니다. 튜토리얼 성격의 컴페티션을 제외하고 대부분의 Code Competition은 부정행위를 방지하기 위해 서브미션을 위한 노트북에 인터넷 연결을 금지합니다. 실제로 인터넷 연결을 허용해서 만든 노트북은 인터넷 금지 조항이 있는 컴페티션에 제출조차 할 수 없도록 만들어져 있습니다.

그렇다면 인터넷이 금지된 컴페티션은 사전 학습 모델이나 새로운 라이브러리를 사용할 수 없는 걸까요? 이런 경우에는 조금 특별한 방법을 사용해야 합니다. 이는 1.4.3절에서 더 자세히 다루겠습니다.

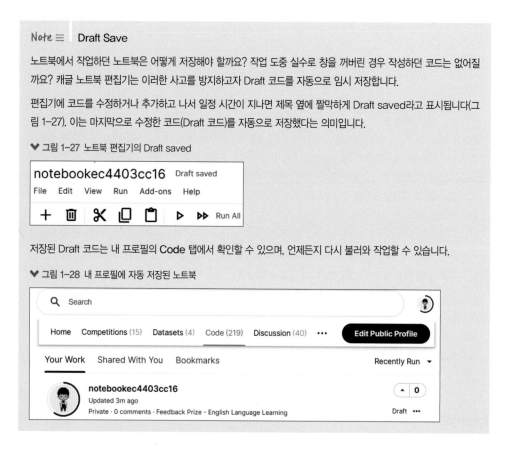

Note ≡ **Draft Save**

노트북에서 작업하던 노트북은 어떻게 저장해야 할까요? 작업 도중 실수로 창을 꺼버린 경우 작성하던 코드는 없어질까요? 캐글 노트북 편집기는 이러한 사고를 방지하고자 Draft 코드를 자동으로 임시 저장합니다.

편집기에 코드를 수정하거나 추가하고 나서 일정 시간이 지나면 제목 옆에 짤막하게 Draft saved라고 표시됩니다(그림 1-27). 이는 마지막으로 수정한 코드(Draft 코드)를 자동으로 저장했다는 의미입니다.

▼ 그림 1-27 노트북 편집기의 Draft saved

▼ 그림 1-28 내 프로필에 자동 저장된 노트북

저장된 Draft 코드는 내 프로필의 Code 탭에서 확인할 수 있으며, 언제든지 다시 불러와 작업할 수 있습니다.

---

7 Notebook의 코드 셀에서 느낌표(!)를 앞에 붙이면 pip 또는 리눅스 명령어를 실행할 수 있습니다.
  ex) "!pip install ⟨라이브러리 이름⟩" 또는 "ls –alt"

1.3.3 Save Version

Save Version을 만드는 방법

이제 노트북 편집기를 사용해 자유롭게 코드를 수정하고 실행해서 테스트해볼 수 있는 환경이 갖춰졌습니다. 하지만 중간 과정과 변경 기록이 저장되지 않고 수정할 때마다 변화하는 코드(Draft 노트북)는 다른 사람뿐만 아니라 만든 본인에게도 개발의 방향성에 혼란을 줄 수 있습니다. 그래서 캐글은 Draft 상태의 노트북을 버전(Version)이라는 고정 형태로 기록할 수 있는 기능을 만들어 뒀습니다. 노트북 편집기 오른쪽 위에 **Save Version** 버튼으로 버전을 기록할 수 있습니다.

▼ 그림 1-29 Save Version

노트북의 버전을 만들면 편집기에 입력한 코드가 그대로 저장됩니다. 이후에 코드를 수정해서 저장할 때마다 새로운 버전이 만들어집니다. 버전을 만드는 방법은 두 가지가 있는데, 버전을 만든다는 점에서는 동일하지만 의미와 용도가 다르기 때문에 미리 알아두는 것이 좋습니다.

(1) Save & Run All (Commit)

Save & Run All은 내가 작성한 Draft 노트북의 전체 코드를 처음부터 끝까지 한 번 재실행한 후 이 결과를 고정해 버전으로 만드는 것으로, 가장 많이 쓰는 방식입니다. 코드 재실행 과정은 코드의 재현성을 보장한다는 것에 그 의의가 있습니다.

노트북은 특성상 코드 셀의 실행 순서를 자기 마음대로 할 수 있고, 사용한 변수를 다른 셀에서 재사용할 수 있습니다. 그러다 보니 코드를 작성할 당시에는 문제없이 실행되던 코드가 다른 사람이 처음부터 다시 실행하면 에러가 발생해 결과가 재현되지 않을 수 있습니다. 재현되지 않는 코드는 결과가 제대로 나오지 않으므로 사용 가치가 떨어집니다.

Save & Run All을 실행하면 외부 개입 없이 그저 코드 셀을 처음부터 끝까지 순서대로 실행하므로, 데이터가 바뀌거나 코드 내부에 랜덤성이 있지 않는 이상 언제 실행하더라도 결과가 재현될 수 있습니다. 이렇게 만들어진 노트북 버전은 그렇지 않은 코드에 비해 신뢰도가 높으며, 코드를 공개적으로 공유했을 때 에러에 대한 커뮤니케이션 비용이 줄어 스트레스를 덜 받게 됩니다. 따라서 올바른 코드 저장을 위해서 에러가 나지 않도록 노트북을 잘 설계해야 합니다. 이런 이유로 Save & Run All은 코드를 짜는 사람에게 좋은 코드를 설계하도록 감독하는 역할을 하기도 합니다.

그리고 전체 코드를 처음부터 실행하므로 만약 Output으로 어떤 결과 파일을 만들도록 코드를 설계했다면 코드가 Version이 된 이후 Output의 데이터도 같이 저장되어 다운로드할 수 있습니다. 이와 같이 Output 파일이 필요한 경우에는 꼭 Save & Run All을 실행해야 하는데, 그 경우 중 하나가 바로 Code Competition입니다. Code Competition에 제출할 때 사용하는 서브미션은 반드시 Save & Run All로 만든 버전이어야 합니다.

(2) Quick Save

데이터 크기가 크거나 학습에 시간이 오래 걸리는 머신러닝 코드는 Save & Run All을 선택하면 버전을 만드는 시간도 오래 걸릴 수 있습니다. 실행 결과를 당장 다른 사람에게 공유하고 싶은데 시간이 너무 오래 걸려 걱정이라면 Quick Save가 대안이 될 수 있습니다.

Quick Save는 재실행하는 과정을 건너뛰고 현재까지 수정한 코드와 저장을 누른 시점까지 실행한 출력만 저장하는 기능입니다. 보통 노트북을 새로 만든 다음, 테스트 실행 없이 모든 코드를 한번에 써 내려가는 사람은 거의 없을 것입니다. 대부분 Draft 노트북은 잘 정리되지 않아 거칠긴 해도 코드와 테스트를 실행해본 흔적은 남아 있습니다. 테스트로 실행한 결과는 있지만 다시 처음부터 재실행하는 것이 시간상 꺼려지는 경우, 그저 형태 저장만이 목적이라면 Quick Save를 선택하면 됩니다.

물론 단순히 코드 저장을 목적으로 사용해도 좋습니다. Draft Save로 자동 임시 저장이 되더라도 실수로 수정해버릴 가능성이 있습니다. 따라서 수정 불가능한 형태를 저장해둔다는 목적으로 Quick Save를 사용할 수도 있습니다. 단, 이렇게 만들어진 버전은 처음부터 재실행되지 않았으므로 재현 가능성이 보장되지 않고 실행 결과 파일(Output)도 만들어지지 않기 때문에, 컴페티션의 서브미션을 만드는 노트북으로는 활용할 수 없습니다.

두 가지 방법을 정리하면 다음과 같습니다.

▼ 표 1-3 노트북 저장 방식별 차이

구분	Save & Run All	Quick Save
노트북 버전 생성	O	O
전체 재실행	O	X
셀 출력 저장	O	저장 시점에 실행해둔 셀
노트북 Output 생성	O	X
서브미션 활용	O	X
공유(Share)	O	O

Save Version의 기능

버전을 만드는 작업은 단순히 코드 및 데이터를 보존하기 위한 목적 외에도 캐글 활동에 필요한 여러 기능을 내포하고 있습니다. 최초로 버전을 만든 이후부터 다음과 같은 작업을 할 수 있습니다.

(1) 뷰어 활성화

버전을 최초로 생성한 이후부터는 해당 노트북의 뷰어(Viewer) 페이지가 활성화됩니다. 내 프로필에서 노트북 페이지로 들어갈 때 기존 Draft 상태에서는 노트북 편집기가 바로 켜지지만, 버전이만들어진 이후부터는 다른 캐글러가 노트북을 공유해줬을 때처럼 뷰어 페이지가 오픈됩니다. 마찬가지로 내 노트북을 다른 캐글러에게 공개하기 위해서는 뷰어가 만들어지도록 버전을 먼저 생성해야 합니다. 노트북 공유에 대해서는 1.3.4절에서 자세히 소개하겠습니다.

▼ 그림 1-30 노트북 뷰어 페이지

(2) 서브미션 생성

컴페티션에 참가하고 있다면, 캐글 노트북으로 제출을 위한 서브미션을 만들어 활용할 수 있습니다. Simple Competition에서는 굳이 캐글 노트북으로 만들지 않아도 상관없지만 Code Competition에 제출할 서브미션을 만들기 위해서는 캐글 노트북이 꼭 필요합니다. 서브미션을만들기 위해서는 해당 노트북이 반드시 컴페티션에서 정한 형태의 정답 파일을 생성하도록 만들어져야 합니다. 즉, 정답 파일이 반드시 Output에 나타나도록 해야 정상적으로 제출할 수 있습니다.

코드 설계를 완료한 뒤 노트북으로 서브미션을 만드는 방법은 크게 두 가지로 나눌 수 있습니다.

첫째, 노트북을 저장해 버전을 먼저 만든 뒤, 그 버전을 컴페티션에 제출하는 방법입니다. Code Competition에 제출하기 위해서는 일단 Save & Run All을 통해 만들어진 노트북이어야 합니다. Save 작업을 선행하면 제출할 코드가 올바르게 실행되었는지 확인할 수 있습니다. 코드에 미처 발견하지 못한 실수가 있어 에러를 일으켰다면 코드를 수정하고 다시 만들면 됩니다.

둘째, Draft 노트북에서 버전을 만드는 것과 동시에 그 결과를 제출까지 해버리는 방법입니다. Draft 노트북에 컴페티션 데이터셋을 추가하면 오른쪽 툴바에 'Submit'이라는 영역이 나타납니다. 이 Submit 기능 하나로 현재 수정하고 있는 Draft 노트북을 버전화하고 곧바로 제출 프로세스로 계산하도록 할 수 있습니다. 보기에는 상당히 편리해 보이지만, 치명적인 단점이 있습니다. 만약 코드에 에러가 있어서 제출 실패해도 컴페티션 제출 횟수가 차감된다는 것입니다. 대부분 컴페티션은 하루 제출 횟수에 제한이 있기 때문에 제출 실패는 꽤 큰 손해로 이어질 수 있습니다.

코드가 정상적으로 돌아간다고 확신하는 상황이 아니라면 첫 번째 방법으로 버전을 먼저 만들어서 에러가 없는지 확인한 뒤에 제출하는 것이 좋습니다.

▼ 그림 1-31 버전 생성 후 제출(왼쪽) & 편집기에서 제출(오른쪽)

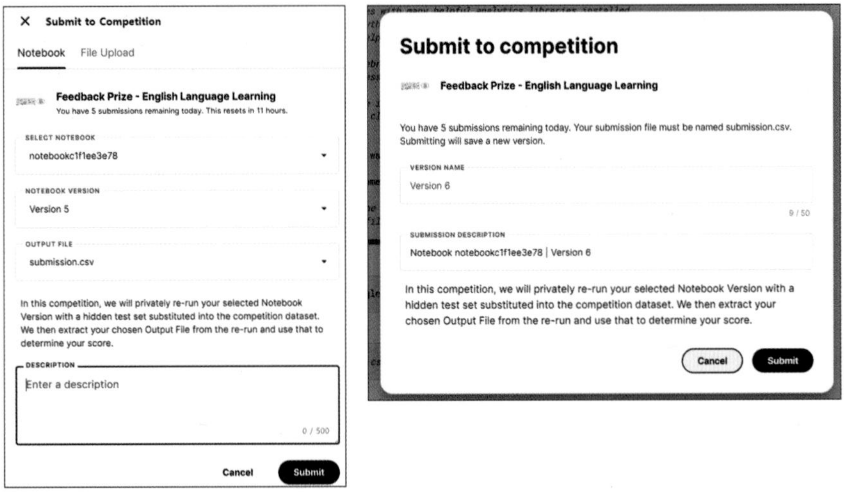

(3) 이전 Version으로 되돌리기

버전을 만드는 것은 노트북 작업 히스토리에 체크포인트를 생성하는 것과 같습니다. 현재 버전에 에러가 있거나 잘못된 방향으로 코드를 설계했음을 깨달았을 때 이전에 만들어둔 버전으로 되돌아갈 수 있습니다(Version Revert).

편집기에서 버전을 기록하는 페이지를 통해 되돌아가길 원하는 버전으로 노트북을 초기화하면 됩니다. Save Version 버튼 옆에 숫자를 누르면 지금까지의 버전 목록이 나옵니다. 여기서 원하는 버전을 선택해 Revert to Version(버전 원복)을 누르면 Draft 노트북의 내용이 해당 버전을 실행했던 코드로 덮어 씌워집니다. 만약 편집기에서 수정하고 있던 코드가 있다면 버전 원복 시 모두 사라지므로, 필요하다면 따로 백업해두거나 간단히 Quick Save를 통해 코드만 저장하고 원복을 시도하는 것이 좋습니다.

▼ 그림 1-32 버전 되돌리기

1.3.4 공유

많은 사람이 처음에는 누군가가 공유한 노트북을 보고 공부를 시작합니다. 그리고 새로운 데이터를 보고 원하는 대로 표현할 수 있을 정도로 숙련되면 노트북을 직접 만들고 공유하는 캐글러로 성장합니다. 이렇게 좋은 영향을 주고받는 순환 구조는 공유에서 시작합니다.

노트북을 공유하기 위해서는 먼저 버전을 만들어야 합니다. Save & Run All, Quick Save 중 어느 것을 선택해도 공유할 수 있습니다. 버전이 만들어지고 뷰어가 활성화되었다면 이제 노트북을 공개적으로 공유할 수 있습니다. 처음 버전을 생성하면 노트북은 기본적으로 자신 외에 다른 사람은 볼 수 없는 비공개(Private) 상태입니다. 해당 버전을 공개적으로 공유하고 싶다면 뷰어의 Settings 탭에서 공개(Public) 상태로 전환합니다.

▼ 그림 1-33 노트북 공유

혹시 공개로 전환했다가 문제가 있어 다시 비공개로 돌리고 싶다면, 언제든지 전환할 수 있으니 걱정하지 않아도 됩니다. 비공개로 전환하는 방법도 공개로 전환할 때와 같습니다.

공개로 전환된 노트북은 이제 다른 캐글러가 볼 수 있으며, 마지막으로 실행된 버전의 뷰어가 공개됩니다. 만약 다른 버전의 내용을 고정으로 표시하고 싶다면 Settings의 'Pin Version' 항목에서 원하는 버전으로 고정하도록 선택할 수 있습니다.

공유하기 전에 꼭 알아야 할 중요한 내용이 있습니다. 캐글 플랫폼은 많은 사람이 다양한 코드로 공부하고 활용할 수 있도록, 캐글에 공개적으로 공유된 모든 코드에 아파치(Apache) 2.0 라이선스를 기본으로 적용합니다. 이 라이선스에서 모든 코드는 2차 가공 및 상업적 이용이 가능하기 때문에, 해당 라이선스에 허용되지 않는 코드를 업로드하지 않도록 주의해야 합니다. 아파치 2.0 라이선스에 대한 자세한 내용은 공식 홈페이지[8]를 참고하기 바랍니다.

---

8 https://www.apache.org/licenses/LICENSE-2.0

Note ≡ | Collaborator (Sharing)

보통 노트북을 공개로 전환하기 전에는 작성자 외에 다른 사람은 볼 수 없는 상태입니다. 하지만 하나의 노트북을 여러 사람이 편집해야 하는 상황(예를 들어 컴페티션을 팀으로 참가하고 있는 경우)이 발생하기도 합니다. 이럴 때 노트북에 민감한 정보가 있어 공개로 전환하기 애매한 경우 Collaborator 기능을 활용할 수 있습니다. 어떤 노트북의 Collaborator에 등록된 사용자는 해당 노트북이 비공개 상태여도 작성자가 허용한 기능을 사용할 수 있습니다. 특히 이 기능은 버전을 생성하지 않은 Draft 상태에서도 가능합니다. 노트북 편집기에서 오른쪽 상단에 있는 Share 버튼으로 Collaborator를 추가하거나 뷰어의 Settings에서 설정할 수 있습니다.

이렇게 공유된 노트북은 다른 캐글러들이 보고 결과를 확인하거나 노트북을 복사(Copy)해 직접 실행해보기도 합니다. 이 과정에서 코드를 보고 도움을 받은 캐글러가 그 자료에 대한 감사의 표시로 Upvote를 누를 수 있습니다. Upvote 버튼은 뷰어 상단에 있으며 다른 캐글러가 누를 때마다 누적되어 올라갑니다. Upvote 숫자가 일정 기준을 만족하면 작성자는 노트북에 대한 메달을 받게 되고, 메달은 작성자의 노트북 랭킹과 티어(Tier)에 기여하게 됩니다. 랭킹과 티어에 대해서는 1.6.1절 Progression System에서 그 의미를 다루겠습니다.

뿐만 아니라, 캐글러와 작성자 사이에 코드에 대한 커뮤니케이션이 오고 갑니다. 가령 코드를 공유해준 것에 대한 감사의 표시나 코드에 대한 궁금증을 댓글(Comment)에 남길 수 있습니다. 댓글은 뷰어 맨 아래에 있고, 각 댓글에도 Upvote를 누를 수 있습니다. 해당 코드에 대해 수정해야 할 오류를 알려주었거나 고칠 점을 수정해주는 등 도움이 된 댓글에 누구나 자유롭게 감사의 표시로 Upvote를 눌러줄 수 있습니다. 댓글은 캐글 디스커션(Discussion) 속성으로 분류되며 자세한 내용은 1.5절에서 다루겠습니다.

한 가지 재미있는 점은, 작성자가 노트북을 공유할 때 어떤 특정한 영역에 직접 등록하는 게 아니라 단지 공개 여부만 바꿨을 뿐인데, 해당 노트북이 필요한 캐글러에게 자동으로 전달된다는 것입니다. 이 원리의 비밀은 노트북에 추가한 캐글 데이터셋에 있습니다. 노트북은 추가한 데이터셋에 따라 그 영역에 자동으로 분류되어 표시됩니다. 가령 컴페티션 데이터셋을 추가했다면 그 컴페티션의 Code 탭에 표시가 되고, 캐글러들이 직접 만든 데이터셋 또한 마찬가지로 해당 데이터셋의 Code 탭에 자동으로 표시됩니다. 이로써 노트북 작성자는 게시할 영역을 따로 고려할 필요가 없고, 특정 데이터에 관심이 있는 사람에게 자연스럽게 많은 코드가 공유되는 편리한 환경이 만들어집니다.

Note ≡　코드 공유

사실 나의 코드를 누군가에게 공유한다는 것은 부담이 큰 일이기에 생각만큼 쉽지 않습니다. 혹시 잘못된 코드를 공유해 좋지 않은 평을 듣지 않을까 걱정도 되고, 아직 본인의 실력이 그에 미치지 못한다고 생각해 공유를 꺼릴 수도 있습니다.

하지만 코드를 공유하는 데 엄청난 실력이 필요한 것은 아닙니다. 공유하는 내용이 꼭 복잡하고 어려운 내용일 필요가 없습니다. 간단한 내용도, 어떤 것을 편리하게 바꿔주는 내용도 모두 가능합니다.

한 가지 예를 들어보면, 다음 캐글 노트북은 제가 만든 것입니다(그림 1-34). 캐글 노트북에서 matplotlib 라이브러리를 사용할 때 특정 언어에 대해 폰트가 깨지는 문제가 발생하는데, 깨지는 폰트를 없애고 새로운 폰트를 추가하는 간단한 노트북입니다.

❤ 그림 1-34 코드 공유 예[9]

보기에는 정말 간단하지만, 실제로 이를 불편해하는 사람들이 있었고, 이 코드가 필요했던 캐글러들이 댓글로 감사를 표하기도 했습니다.

처음부터 무리하게 코드를 신경 써서 올리기보다, 내가 할 수 있는 것 중에서 작은 것부터 공유하면 됩니다. 그러다 보면 나의 코드 스킬과 노트북 작성 능력도 올라갈뿐더러, 다른 사람들에게 좋은 피드백을 받을 수 있습니다. 그러니 기회가 된다면 어떤 코드라도 좋으니 한번 공유해보는 것을 추천합니다.

9　https://www.kaggle.com/code/fulrose/how-to-apply-new-font-to-matplotlib-easily

1.4 데이터셋

데이터 사이언스에서 데이터가 중요하다는 사실은 두말하면 입 아플 정도로 당연한 이야기입니다. 캐글은 지금까지 많은 컴페티션을 치러오면서 다양한 데이터셋(Dataset)을 구축해왔으며, 캐글러라면 누구나 이 데이터셋을 가져와 분석 및 공부에 활용할 수 있습니다. 또한, 라이선스 룰을 위반하지 않는 데이터에 대해 캐글러가 직접 캐글 데이터셋을 구축한 다음 다른 사람에게 공유할 수도 있습니다. 더 나아가, 숙련된 캐글러는 단지 데이터를 저장하기 위한 용도뿐 아니라 조금 특별한 목적으로 데이터셋을 활용하기도 합니다.

이 절에서는 캐글 데이터셋의 특징과 캐글러가 데이터셋을 200% 활용하는 방법에 대해 다뤄보겠습니다.

1.4.1 캐글 데이터셋

캐글 데이터셋(Kaggle Dataset)은 크게 두 종류로 나눌 수 있습니다.

첫째, 모두가 잘 알고 있는 컴페티션을 위한 데이터셋입니다.

둘째, 캐글러가 직접 만들고 업로드한 데이터셋입니다.

캐글러가 직접 만든 데이터셋은 캐글 메인 홈페이지의 'Datasets'에 모여 있으며 컴페티션에 비해 다양하고 재미있는 데이터들로 이루어져 있습니다. 여기에 공개된 데이터셋으로 마음대로 분석해보거나, 예측하고 싶은 변수를 정하고 이 변수를 예측하기 위한 모델을 만들어볼 수 있습니다.

캐글 데이터셋은 캐글 노트북에 연결해 사용하면 편리합니다. 데이터 분석을 하기 위해서는 일단 데이터를 다운로드해야 합니다. 자신이 소유한 컴퓨터라면 디스크에 한 번만 다운로드하면 되지만, 캐글 노트북은 세션이 만료되면 초기화되는 클라우드 컴퓨터이기 때문에 사용할 때마다 다운로드해야 합니다. 설상가상으로 데이터 크기가 큰 경우라면 다운로드에 시간이 많이 걸릴 것이므로 매우 불편합니다. 하지만 캐글 데이터셋은 용량이 큰 데이터라도 굉장히 빠른 속도로 캐글 노트북에 연결해 사용할 수 있습니다. 필요한 경우 다른 데이터셋도 원하는 대로 추가할 수 있어 편리합니다.

Note ≡   캐글 노트북 세션에 연결된 캐글 데이터셋

노트북의 Draft 세션이 종료되면 연결된 컴퓨터가 초기화되므로 그간 만든 변수나 데이터도 모두 사라지고 초기 상태로 돌아갑니다. 하지만 세션을 계속 종료하고 다시 실행해도 데이터셋은 그대로 있습니다. 뿐만 아니라, 캐글 노트북의 디스크는 매우 적은 데 반해 큰 용량의 데이터셋을 아무렇지 않게 사용할 수 있습니다.

이게 가능한 이유는 데이터셋과 노트북 세션이 사설 네트워크(Private Network)로 연결되어 있기 때문입니다. 캐글 노트북 세션에 마운트(Mount)된 디스크 정보를 보면(그림 1-35) '/kaggle/input/~'에 해당하는 캐글 데이터셋이 '192.168.xxx.xxx'로 시작하는 사설 네트워크의 위치에 연결되어 있습니다. 즉, 할당된 세션의 컴퓨터에 저장된 데이터가 아니라 다른 위치에 데이터가 있고, 이를 가져와 사용하는 것입니다.

❤ 그림 1-35 캐글 노트북 세션에 연결된 캐글 데이터셋

```
!df -h

Filesystem                                                      Size  Used Avail Use% Mounted on
overlay                                                         4.0T  3.9T   67G  99% /
tmpfs                                                            64M     0   64M   0% /dev
shm                                                              14G     0   14G   0% /dev/shm
/dev/loop1                                                       20G   60K   20G   1% /kaggle/lib
192.168.7.2:/data/kagglesdsdata/competitions/38321/4196674/cmjjuiolzcvs  60T   37T   24T  62% /kaggle/input/fee
dback-prize-english-language-learning
/dev/mapper/snap                                                4.0T  3.9T   67G  99% /home/jupyter
tmpfs                                                            16G     0   16G   0% /proc/acpi
tmpfs                                                            16G     0   16G   0% /proc/scsi
tmpfs                                                            16G     0   16G   0% /sys/firmware
```

데이터셋이 만들어지면 데이터셋의 인터페이스가 새롭게 만들어집니다(그림 1-36). 데이터셋에 대한 소개 글, 데이터 설명, 출처 등 관련 정보가 표시됩니다. 제목 아래 탭에는 'Data Card', 'Code', 'Discussion'이라는 항목이 있습니다.

- **Data Card**: 데이터셋에 대한 정보(설명, 데이터 예시, 라이선스, 출처, 인용 등)를 확인할 수 있습니다.
- **Code**: 이 데이터셋을 사용한 모든 캐글 노트북이 모입니다.
- **Discussion**: 데이터셋에 대한 질문이나 개선 사항을 적거나 다른 캐글러와 소통할 수 있습니다.

▼ 그림 1-36 캐글 데이터셋 인터페이스

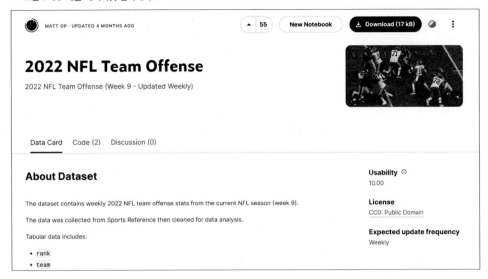

컴페티션과 마찬가지로 캐글 데이터셋에도 'Code(노트북)'와 'Discussion'이 구성 요소로 자리하고 있습니다. 이로 비추어 볼 때 캐글은 데이터셋이라는 재료를 중심으로 분석 및 설계하는 활동, 그리고 다른 사람과 소통을 장려하는 구조로 플랫폼을 만들어나가고 있습니다. 그래서 캐글 데이터셋이 많이 만들어질수록 자연스럽게 그와 관련한 분석 코드와 다양한 지식 또한 빠른 속도로 불어납니다.

1.4.2 데이터셋 생성

이제 캐글에서 사용할 데이터셋을 직접 만들어보겠습니다. 데이터셋은 캐글 메인 홈페이지의 Datasets 탭에서 New Dataset 버튼을 눌러 생성하거나, 노트북을 만들 때와 마찬가지로 **+ Create** 버튼으로 생성할 수 있습니다.

버튼을 누르면 업로드 창이 열리고, 데이터셋에 들어갈 데이터를 여러 방법으로 업로드할 수 있습니다(그림 1-37). 업로드 창의 왼쪽 툴바에 데이터를 업로드할 수 있는 방법들이 나열되어 있는데, 각 방법에 대해 간단히 살펴보겠습니다.

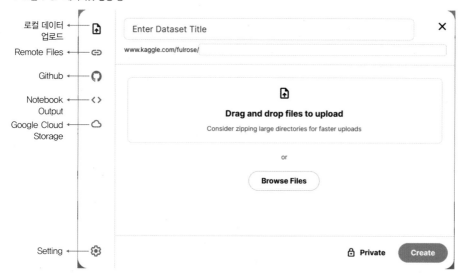

❤ 그림 1-37 데이터셋 생성 창

먼저 외부 저장소를 이용하지 않고 직접 업로드하는 방법을 먼저 살펴보겠습니다.

(1) 로컬 데이터 업로드

로컬 데이터를 데이터셋으로 만듭니다. 업로드하고 싶은 파일을 선택하거나 드래그해서 끌어다 놓으면 파일이 업로드 대기열에 등록됩니다. 업로드 게이지가 모두 찬 후 데이터셋 제목을 입력하고 **Create**를 누르면 데이터셋을 생성할 수 있습니다. 업로드한 데이터 용량에 따라 만들어지기까지 시간이 조금 소요되는데, 백그라운드 컴퓨터에서 실행되므로 브라우저를 종료하더라도 계속 진행됩니다. 시간이 지난 뒤 다 만들어진 데이터셋은 내 프로필의 데이터셋에서 확인할 수 있습니다. 간단하게는 'Datasets' 페이지에서 **Your Work**를 누르면 바로 내 프로필의 데이터셋으로 이동할 수 있습니다.

(2) Notebook Output

캐글 노트북을 버전으로 저장한 뒤에 만들어지는 Output을 데이터셋으로 생성할 수 있습니다. 자신이 만든 노트북은 물론 다른 캐글러가 만든 공개된 노트북도 가능합니다. 원하는 노트북을 선택하면 그 노트북의 Output으로 만들어진 데이터가 모두 선택되고 데이터셋으로 만들 수 있습니다. 한 가지 불편한 점은, Notebook Output은 경우에 따라 여러 파일이 만들어질 수 있는데 이 가운데 필요한 파일만 선택해서 데이터셋을 만들 수는 없다는 점입니다.

Notebook Output 방법은 조금 뒤 1.4.3절 데이터셋 활용에서 소개할 Code Competition에서 거의 필수라 할 수 있을 정도로 매우 중요하므로 반드시 기억하고 있어야 합니다.

Note ☰ | **Output 데이터 용량**

Notebook Output 데이터는 매번 노트북을 재실행하지 않고도 결과 파일을 다운로드할 수 있어야 합니다. 그러다 보니 Output 데이터를 효율적으로 불러올 수 있는 어떤 조치가 필요할 것이고, 아마 Output 데이터는 내부적으로 '캐글 데이터셋'과 비슷한 형태로 저장 및 관리되고 있을 가능성이 높습니다. 앞서 1.3.2절에서 Output 경로인 "/kaggle/working"에는 파일을 최대 20GB 저장할 수 있다고 설명했습니다. Output 용량에 제한을 둔 이유도 캐글 데이터셋으로 유지 및 관리해야 하기에 비용 절감을 위한 조치라고 추측할 수 있습니다.

다음으로 다른 외부 저장소(Github, Remote Files, Google Cloud Storage(GCS))에 위치한 데이터로 데이터셋을 만드는 방법입니다.

(3) Remote Files

데이터셋 파일을 다운로드할 수 있는 URL을 통해 캐글 데이터셋을 생성하는 방식입니다. 일반적으로는 다운로드 URL이 주어질 때 이를 로컬에 다운로드한 다음 다시 캐글에 업로드해야 하지만, 그렇게 할 필요 없이 다운로드 URL만 등록하면 캐글 데이터셋 서버가 이를 직접 다운로드하여 곧바로 데이터셋으로 생성합니다. 이 방식은 URL로 주어진 데이터가 비교적 큰 용량이거나, 현재 자신이 사용하는 네트워크 속도가 느린 경우 유용합니다. 다운로드 URL은 실행 시 파일 다운로드로 연결되는 URL이면 대부분 사용할 수 있습니다. 해당 URL을 캐글 데이터셋 생성 창에 넣으면 등록 가능 여부를 알려줍니다.

(4) Github

Github 리포지터리 주소를 등록해두면 리포지터리 안에 있는 데이터를 추가할 수 있습니다. 다만 Github가 본래 코드 버전 관리와 협업을 위한 용도로 만들어진 것이기 때문에, 애당초 데이터셋의 용도로 만들어진 리포지터리는 그렇게 많지 않습니다. 또한, Github는 효율적인 버전 관리를 위해 기본적으로 파일 용량에 제한을 두기 때문에 다양한 데이터를 다룰 수 없다는 단점이 있습니다.

(5) Google Cloud Storage

구글 클라우드 플랫폼의 클라우드 스토리지(GCS) 경로로 데이터셋을 만들 수 있습니다. 사실 캐글 플랫폼에서 사용하는 서버와 저장소는 구글 클라우드 플랫폼으로 이루어져 있습니다. 같은 클라우드 환경을 사용하기 때문에 구글 클라우드 경로를 데이터셋으로 만드는 기능을 제공합니다. 단, 캐글 플랫폼이 직접 데이터를 다운로드할 수 있어야 하므로 GCS의 파일의 권한은 공개(Public) 상태여야 합니다. 이미 공개된 데이터의 GCS 경로를 사용하는 것은 상관없지만, 만약 자신이 관리하는 구글 클라우드 스토리지의 데이터를 추가하고 싶다면 버킷의 권한 설정을 공개로 변경해야 합니다.[10] 또한, 해당 버킷은 인터넷에 공개로 오픈되므로 보안상 문제가 없는지 확인해야 합니다.

외부 저장소로 만들어진 데이터셋은 직접 업로드한 데이터에는 없는 특별한 기능이 하나 있습니다. 바로 외부 저장소로부터 주기적으로 한 번씩 데이터를 갱신(Update)해주는 기능입니다. 외부 저장소로 만들어진 데이터셋 인터페이스에서 **더 보기** 버튼을 눌렀을 때 다른 데이터셋에서는 볼 수 없었던 **Update**라는 버튼이 나타나는데(그림 1-38), 이를 클릭하면 외부 저장소 경로에서 데이터를 다시 다운로드해 업데이트합니다. 뿐만 아니라 데이터셋 인터페이스에서 맨 아래로 내려가면 'Metadata'의 'Update Frequency'라는 항목이 있습니다. 여기서는 얼마나 자주 업데이트할지를 설정할 수 있습니다. 이로써 외부 저장소 데이터가 변경되더라도 자동으로 갱신하여 수고를 덜 수 있습니다.

▼ 그림 1-38 외부 저장소 데이터셋 업데이트

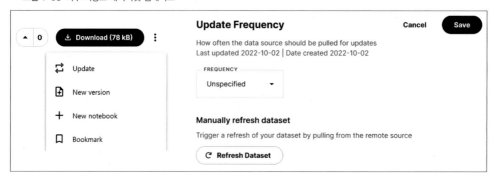

1.4.3 데이터셋 활용

캐글 활동에 숙련된 캐글러는 데이터셋을 다양한 곳에 효율적으로 활용합니다. 어떤 방법이 있는지 캐글러가 데이터셋을 활용하는 방식과 팁에 대해 간단히 살펴보겠습니다.

공개 데이터 공유

세상에는 정말 많은 데이터가 존재합니다. 그중 주위에서 간단히 수집할 수 있고, 자유롭게 사용할 수 있는 데이터들도 굉장히 많습니다. 데이터를 분석하고 답을 찾는 과정이 반드시 컴페티션

---

10 구글 클라우드 버킷을 공개로 변경하는 방법: https://cloud.google.com/storage/docs/access-control/making-data-public

형태로만 수행되어야 할 이유는 없습니다. 컴페티션은 만들어지기까지 꽤 복잡한 절차가 필요하지만, 누구나 주위에서 관찰할 수 있고 쉽게 관심을 가질 수 있는 주제로 만들어진 데이터셋은 만드는 데 따로 절차가 필요하지 않고 컴페티션보다 접근성이 훨씬 뛰어납니다. 캐글에서는 캐글러들이 직접 데이터셋을 구성하여 공유하도록 장려하고 있습니다. 데이터셋마다 캐글 코드와 디스커션을 연결하여 다양한 콘텐츠가 만들어지고 원활한 소통이 이루어지도록 지원하고 있습니다.

▼ 그림 1-39 캐글에 공개된 데이터셋

외부 데이터

컴페티션은 주최 측이 제시한 문제와 관련한 데이터를 가지고 문제를 해결해나갑니다. 주최 측이 제공한 데이터 외에 다른 출처의 데이터를 가져와 사용하는 경우, 이를 외부 데이터(External Data)라고 합니다. 컴페티션의 외부 데이터 규정은 Rules 페이지에 명시되어 있습니다.

> C. External Data. You may use data other than the Competition Data ("External Data") to develop and test your Submissions. However, you will ensure the External Data is publicly available and equally accessible to use by all participants of the Competition for purposes of the competition at no cost to the other participants.

간단히 요약하면, 외부 데이터는 누구나 공개적으로 접근할 수 있어야 하고 컴페티션에 참가한 모든 사람이 아무런 비용 지불 없이 사용할 수 있는 데이터셋이어야 합니다. 가장 많이 사용하는 외부 데이터는 과거에 개최했던 컴페티션 자료입니다. 캐글에서는 같은 기관이 정기적으로 비슷한 주제의 컴페티션을 개최하기도 합니다.[11] 풀어야 하는 문제는 다르지만, 비슷한 도메인의 데이터이기 때문에 활용할 수 있는 여지는 많습니다.

---

11 Jigsaw, RSNA 컴페티션이 대표적인 예입니다.

외부 데이터에 관한 이야기는 대부분 디스커션에서 주고받습니다. 주최 측에서 외부 데이터 공유에 관한 디스커션을 직접 열기도 하고, 과거에 비슷한 컴페티션 경험이 있는 캐글러가 직접 공유해주기도 합니다.

Code Competition

Code Competition은 정답을 예측할 수 있는 서브미션 코드를 제출하고 코드를 재실행해 점수를 계산하는 방식으로 진행됩니다. Code Competition은 대부분 다음과 같이 서브미션 코드에 대한 조건(Code Requirements)을 내걸고 있습니다.

- CPU, GPU 런타임 시간 제한
- 인터넷 사용 불가
- 공개적으로 사용 가능한 외부 데이터 허용
- 사전 훈련 모델(Pretrained Model) 허용

서브미션 코드에 인터넷 사용을 금지하는 것은 부정행위를 방지하기 위해서입니다. 하지만 인터넷을 사용할 수 없으면 공개적으로 사용할 수 있는 유명한 사전 훈련 모델이나 다른 컴퓨터에서 학습한 모델을 불러와 사용할 수 없습니다.

여기서 중요한 점은 제출에 사용할 코드에만 인터넷 사용이 제한된다는 것입니다. 다시 말해 주어진 데이터로 머신러닝 모델을 훈련하는 것은 제한 시간이나 인터넷 연결 여부와 상관이 없다는 뜻입니다. 그래서 보통 Code Competition을 할 때는 훈련용 코드와 제출용 코드를 따로 만들어 사용합니다. 모델을 훈련할 때는 캐글 노트북을 활용할 수도, 또는 자신이 사용할 수 있는 컴퓨터 자원을 활용할 수도 있습니다.

남은 문제는 '제출을 위한 코드에 어떻게 학습된 모델을 추가하는가'인데, 이 문제는 캐글 데이터 셋을 활용해 해결할 수 있습니다. 먼저 만들어둔 사전 훈련 모델을 캐글에 업로드해 데이터셋으로 생성합니다(생성하는 방법은 1.3.2절 참고). 그런 다음 제출용 노트북에 인터넷 설정을 제거하고 방금 전에 만든 데이터셋을 추가하면 모델 체크포인트를 불러올 수 있습니다. 이렇게 하면 조건을 만족하는 Code Competition용 제출 노트북이 완성됩니다. 물론 제출용 코드에는 수행 시간 제한이 있기 때문에 전처리 작업이 오래 걸리거나 너무 많은 모델 체크포인트를 앙상블하는 경우는 제출이 실패할 수 있습니다. 뿐만 아니라 Code Competition은 새로운 테스트 셋으로 점수가 계산되므로 이에 대비해 에러가 나지 않도록 잘 설계해야 합니다.

> **Note ☰ 서브미션 노트북에 Notebook output 추가**
>
> 캐글 노트북의 Output 데이터를 캐글 데이터셋으로 만들지 않고 캐글 노트북에 바로 추가할 수 있는 기능이 있습니다(캐글 노트북의 'Add Data'에서 'Notebook Output' 필터 적용, 그림 1-25 참고). 이 방법은 간단히 사용할 때는 무척 편리하지만, Code Competition의 서브미션 노트북을 만들 때는 사용하면 안 됩니다. 캐글 데이터셋으로 만들어진 것이 아닌 캐글 노트북 Output을 그대로 가져온 경우 다음과 같은 에러 메시지가 출력되고 제출할 수 없습니다(그림 1-40). 따라서 불편하더라도 서브미션을 만들 때는 캐글 데이터셋으로 생성하는 절차를 거쳐야 합니다.
>
> ❤ 그림 1-40 서브미션 노트북에 Notebook output 추가 시 에러
>
> > ⚠ **Cannot submit**
> > Your Notebook cannot use notebook outputs as a data
> > source in this competition.

데이터 전처리

최근 개최되는 컴페티션에 주어지는 데이터셋을 보면 갈수록 크기가 커지고 형태가 새로워지고 있습니다. 일반적으로 쓰는 형태가 아닌 데이터는 사용하기 전에 사용 가능한 형태로 전처리해 줘야 합니다. 하지만 데이터 크기가 크고 수가 많은 경우, 전처리 작업만으로도 상당히 많은 시간을 사용해야 합니다. 이럴 때 데이터셋을 미리 전처리해서 데이터셋으로 저장해두면 무척 편리합니다.

컴페티션에 참가하면 높은 점수를 위해 실험을 많이 할텐데, 미리 데이터셋을 전처리해두면 매번 동일한 전처리를 반복하며 낭비하는 시간을 절약할 수 있습니다. 무엇보다 시간 제한이 있는 Accelerator로 머신러닝 모델을 학습시킬 때 활용하면 좋습니다. 또한, TPU를 사용할 때는 TFRecord 포맷을 사용하는 것을 권장하는데, 사용할 데이터셋을 TFRecord로 미리 변환해뒀다가 TPU 학습에 사용하면 됩니다.[12]

단, Code Competition인 경우 한 가지 유의할 점이 있습니다. 모델을 학습할 때는 위와 같은 방법으로 해도 상관없으나, 서브미션을 만들 때는 테스트 셋이 공개되지 않기 때문에 테스트 셋을 미리 전처리해두는 방법을 사용할 수 없습니다. 머신러닝 모델 학습 때만 시간 절약을 위해 이렇게 사용하고, 서브미션 코드에는 처음부터 데이터를 읽어 전처리하는 과정을 모두 추가해야 합니다.

---

12 6장 Toxic 솔루션에서 해당 방법으로 TPU를 사용한 예제가 있으니 참고하기 바랍니다.

라이브러리

캐글 노트북 환경에는 데이터 사이언스, 머신러닝에 사용되는 거의 모든 라이브러리가 이미 설치되어 있습니다. 하지만 간혹 설치되어 있지 않은 라이브러리를 사용해야 하거나 최신 버전의 라이브러리가 필요한 경우가 있습니다. 캐글 노트북의 코드 셀에 "!pip install ~"을 실행하면 원하는 라이브러리를 설치할 수 있습니다. 그러나 인터넷 사용이 금지된 컴페티션이라면 해당 명령은 동작하지 않습니다.

이럴 때 캐글 데이터셋을 이용할 수 있습니다. 자신의 로컬 환경이나, 인터넷 옵션을 켠 노트북 환경에서 파이썬 라이브러리 패키지를 wheel 파일로 저장한 다음, 캐글 데이터셋으로 만들고 인터넷이 되지 않는 노트북에 추가하여 해당 라이브러리를 설치합니다.

대부분의 컴페티션이 공개적으로 사용할 수 있는 라이브러리 사용을 제한하지는 않지만, 혹시나 애매한 경우라면(라이선스 등) 사용하기 전 컴페티션의 디스커션에 질문하여 확인하는 것이 좋습니다.

1.4.4 공유

앞서 설명한 노트북과 마찬가지로, 데이터셋을 만들면 처음에는 나를 제외한 다른 사람은 보거나 사용할 수 없는 비공개(Private) 상태입니다. 내가 만든 데이터셋을 다른 캐글러에게 공유하고 싶다면 공개(Public)로 전환해야 합니다. 데이터셋을 생성할 때 'Private/Public'을 선택하거나, 만들고 난 다음 Settings에서 공유 여부를 변경할 수 있습니다. 단, 데이터셋은 노트북과 달리 한 번 공개로 전환하면 다시 비공개로 되돌릴 수 없습니다. 공개하면 안 되는 데이터를 실수로 공개로 전환해버린 경우 바로 삭제해야 합니다.

사람들이 관심을 가질 만한 데이터를 공개 목적으로 공유하고 싶어 데이터셋으로 만들었다면, 다른 캐글러의 흥미를 끌 수 있도록 데이터셋을 사용하기 좋게 관리하는 것이 무엇보다 중요합니다. 데이터가 명확히 설명되어 있는지도 중요하고, 데이터 갱신 주기나 출처 및 라이선스 등이 정확히 표시되어 있으면 데이터셋의 신뢰도가 높아지고 사용성도 좋아집니다. 캐글에서는 이를 종합적으로 판단하여 데이터셋마다 자동으로 점수를 부여하는데, 이를 Usability(사용성)라고 합니다. Usability가 높은 데이터셋은 위와 같은 정보들이 잘 설명되어 있다는 의미입니다. 그만큼 다른 캐글러가 많이 사용하고, 관련한 노트북 및 디스커션이 활발히 만들어질 것입니다.

캐글은 Usability를 높일 수 있는 가이드를 제공합니다. 내 데이터셋 인터페이스의 'Pending Actions' 부분에 가이드가 있습니다. 이를 잘 따라만 해도 Usability가 높아지므로 누구나 좋은 데이터셋을 만들 수 있습니다.

▼ 그림 1-41 Pending Actions

공개 데이터셋을 제외하면, 데이터셋을 만드는 것은 대부분 컴페티션과 관련이 깊습니다. 앞서 소개한 것과 같이 컴페티션 제출에 필요한 모델 체크포인트를 저장하는 용도나 학습을 위해 전처리 데이터를 저장해 놓는 것 등입니다. 컴페티션이 진행 중일 때는 이러한 민감한 자료들이 유출되지 않도록 비공개 상태로 두어 관리하는 것이 좋습니다. 만약 컴페티션을 팀으로 참가하고 있다면 노트북에서 설명한 방법으로, Settings에서 자신이 허락하는 일부 사람에게만 접근 권한을 추가할 수 있습니다.

컴페티션에 참가하다 보면 자연스레 비공개로 만들어지는 데이터셋이 많아집니다. 가능하다면 무한정으로 데이터셋을 만들면 좋겠지만 아쉽게도 그럴 수는 없습니다. 계정당 생성할 수 있는 데이터셋의 총 용량은 공개, 비공개 각각 100GB 정도로 제한되어 있습니다. 그렇기 때문에 비공개 데이터셋이 제한량(100GB)에 가까워졌다면 이전에 만든 데이터셋을 삭제하거나 공개로 전환해야 합니다. 현재 자신의 계정에 남은 제한량은 데이터셋 생성 창의 설정(톱니바퀴 아이콘)에서 확인할 수 있습니다.

> Note ≡ **동일한 데이터 업로드 시 에러**
>
> 캐글 플랫폼은 데이터셋을 업로드할 때 혹시라도 완전히 똑같은 데이터가 이미 공개되어 있지 않은지 중복 검사를 진행합니다. 만약 어떤 파일이 다른 캐글러에 의해 이미 공개 데이터셋으로 만들어졌다면 해당 파일은 데이터셋으로 만들 수 없습니다. 이럴 때는 중복 파일만 제외한 채 데이터셋을 생성한 뒤, 캐글 노트북 화면에서 이미 만들어져 있는 그 데이터셋을 추가해 사용하는 방법이 있습니다. 또 다른 방법으로 조금 요령을 피워보면 해당 파일을 압축 파일로 만들면 중복되더라도 업로드할 수 있습니다.
>
> 언뜻 보기에는 다소 불편하지만, 혹시라도 용량이 큰 데이터셋을 만들어야 할 때 이미 누군가가 만들어 놓은 데이터가 있다면 그 데이터를 노트북에 추가해 사용할 수 있으므로 새로 만들지 않아도 됩니다. 이 경우 내 데이터셋 생성 할당량을 절약할 수 있다는 장점이 있습니다. 데이터셋을 생성하기 전에, 혹시라도 누군가가 올려 놓은 데이터가 있는지 먼저 체크해볼 것을 권장합니다.

▼ 그림 1-42 동일한 데이터 업로드 시 에러

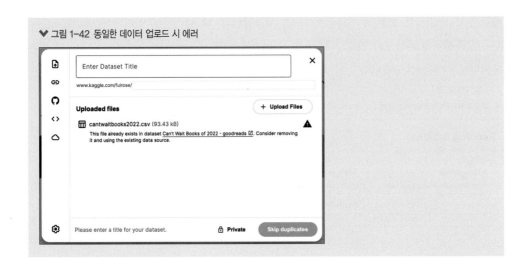

▼ 그림 1-42 동일한 데이터 업로드 시 에러

1.5 디스커션

캐글은 컴페티션 플랫폼이면서 동시에 데이터 사이언스 커뮤니티이기도 합니다. 데이터 사이언스와 관련한 주제에 대해 누구나 자유롭게 대화의 장을 만들 수 있습니다. 예를 들어 참신한 시각화 방식을 표현한 코드에 찬사를 보내거나, 참가한 컴페티션 데이터의 몇몇 필드에 질문을 남기기도 하고, 도메인 지식이 필요한 컴페티션과 관련한 논문을 공유할 수도 있고, 캐글에서 공부하여 마침내 취업에 성공했다는 반가운 소식을 전하기도 합니다.

이렇게 캐글러들이 소통하는 창구 역할을 하는 곳이 바로 앞으로 소개할 디스커션(Discussion)입니다. 이 절에서는 디스커션의 종류와 역할에 대해 소개합니다.

1.5.1 디스커션 종류와 역할

디스커션은 크게 포스트(게시글)와 댓글로 구분할 수 있습니다.

포스트

포스트(Post)는 어떤 주제 및 목적성을 가지고 게시하는 글을 말합니다. 포스트를 쓸 수 있는 디스커션 영역은 크게 세 가지로 나뉩니다.

▼ 그림 1-43 디스커션 포스트

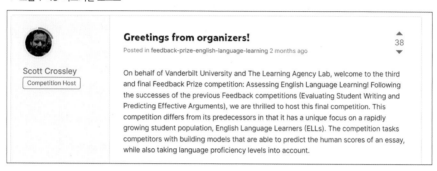

(1) 컴페티션

가장 많은 부분을 차지하는 곳은 역시 컴페티션입니다. 컴페티션이 캐글에서 가장 활발한 영역이다 보니 컴페티션 관련 데이터부터 시작해서 데이터의 도메인, EDA를 통한 인사이트, 사용하는 모델, 관련 논문, 컴페티션 프로세스 등 정말 많은 디스커션이 이루어집니다. 컴페티션이 끝나기 전까지 많은 이야기가 오가므로, 컴페티션에 참가하지 않고 디스커션에 올라오는 글만 봐도 많은 지식을 얻을 수 있습니다.

(2) 데이터셋

공개된 데이터셋에도 디스커션 탭을 활용해 포스트를 쓸 수 있습니다. 데이터셋에 대한 의견, 잘못된 부분 등을 게시합니다.

(3) 메인 페이지

캐글 메인 페이지의 디스커션 탭에는 캐글 플랫폼에 관한 질문이나 일반적인 대화 주제로 포스트를 게시할 수 있습니다. 성격에 따라 총 네 영역으로 구분됩니다.

- General: 아무거나 게시할 수 있는 자유게시판
- Getting Started: 캐글이 처음인 사람들이 할 수 있는 질문
- Product Feedback: 캐글 플랫폼에서 제공하는 기능을 사용하면서 건의하고 싶은 것
- Question & Answers: Getting Started보다는 좀 더 난이도 있는 질문이나 기술 조언을 얻고 싶은 경우

댓글

댓글(Comment)은 캐글 노트북이나 포스트 아래에 남길 수 있는 짤막한 글을 의미합니다. 공개된 노트북 코드나 누군가가 게시한 포스트에 누구나 댓글을 달 수 있는데, 보통 해당 콘텐츠에 대한 토의나 대화를 이어나가고 싶을 때 사용합니다. 예를 들어 컴페티션 데이터를 분석한 EDA 자료를 공유해준 사람에게 감사를 표하거나 코드에 대해 궁금한 점을 질문하기도 합니다. 또는 누군가가 컴페티션을 진행하면서 얻은 인사이트나 느낀 점을 포스트로 게시한 경우, 그에 대해 자신의 생각이나 질답을 댓글로 주고받기도 합니다.

▼ 그림 1-44 디스커션 댓글

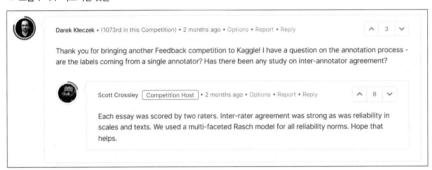

정리하면, 포스트가 어떤 화두를 던지는 역할이라면, 댓글은 그 주제에 관해 꼬리를 무는 형태로 커뮤니케이션을 확장하는 역할을 합니다. 이 과정이 활발할수록 건강한 커뮤니티로 발전할 수 있습니다.

커뮤니티 활성화 목적이 최우선이기 때문에 디스커션이 반드시 데이터 사이언스와 관련 있어야 할 필요는 없습니다. 특정 티어를 달성해 자랑하거나 새로운 직장에 취직한 것에 감사를 표시하는 포스트도 볼 수 있습니다(그림 1-45). 뿐만 아니라 캐글 운영진이 캐글 플랫폼에서 사용하는 기능이나 캐글에 업데이트된 내용에 대해 직접 포스트를 올리기도 합니다.

▼ 그림 1-45 디스커션에서 볼 수 있는 다양한 포스트

1.5.2 Thanks for sharing!

"Thanks for sharing!"은 캐글의 디스커션 댓글로 가장 많이 쓰는 글귀입니다. 캐글에서 누군가가 나에게 도움이 되는 코드 및 정보를 공유해줬을 때, 해당 콘텐츠에 이 문장을 댓글로 남기는 것이 언제부터인가 관행이 되었습니다. 이러한 댓글이 자주 쓰인다는 건 그만큼 캐글러들 사이에서 콘텐츠가 활발히 공유되고 있다는 것을 시사합니다.

❤ 그림 1-46 Thanks for sharing!

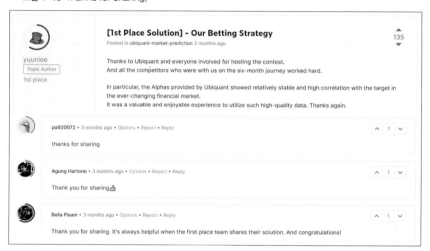

캐글러들은 누가 시킨 것도 아닌데, 왜 콘텐츠를 계속 공유할까요? 사실 표면적인 이유는 자신의 랭킹을 올리기 위함입니다. 콘텐츠를 공유해서 사람들에게 좋은 평가를 받을수록 자신의 캐글 랭킹이 올라가기 때문이죠. 하지만 대부분의 캐글러가 오로지 랭킹 하나만을 위해 이렇게까지 수고를 한다고는 볼 수 없습니다. 아마도 콘텐츠를 공유함으로써 랭킹 외에 자신이 얻는 다른 무언가가 있음을 몸소 느꼈기 때문이 아닐까요.

콘텐츠를 공유함으로써 얻는 것은 무엇일까요? 콘텐츠를 공유하면 전달하려고 했던 정보와 함께 자신의 생각이나 의견도 사람들 앞에 공개적으로 드러나게 됩니다. 그로 인해 자신의 행동이 누군가에게 도움이 된다는 보람을 얻음과 동시에, 만들어낸 콘텐츠에 대한 책임도 갖게 됩니다. 세상에는 정말 다양한 경우의 수가 있고, 그중에는 자신이 미처 생각하지 못한 것도 있기 마련입니다. 불완전한 생각을 밖으로 던져 놓으면 사람들로부터 많은 이견을 받을 수도 있습니다. 콘텐츠를 만든 사람은 이러한 커뮤니케이션 과정을 통해 굉장히 많은 공부를 하게 되고 자연스럽게 성장하게 됩니다. 랭킹과 메달은 그것에 따라오는 보너스 같은 것이지요.

공유 문화가 꾸준히 유지될 수 있는 데는 디스커션의 역할이 매우 중요합니다. 디스커션이 활발한 커뮤니케이션 환경을 만들어내지 못하면 콘텐츠 공유는 물론이고 간단한 질문과 답변도 오고 가지 않을 것입니다. 반대로 커뮤니케이션이 활발한 곳에서는 매번 새로운 콘텐츠가 만들어지고 그에 대해 토론이 이루어지며, 또 이를 계기로 또 다른 새로운 콘텐츠가 만들어지는 장관이 펼쳐집니다.

데이터 사이언스 세계에서 데이터 도메인은 너무나 다양하고, 알아야 할 것은 엄청나게 많고, 이 모든 것을 다 잘할 수 있는 사람은 극히 적습니다. 처음부터 양질의 콘텐츠를 만들어야 하고, 전문성 있게 답변해야 할 필요는 없습니다. 간단한 리액션("Thanks for sharing!")부터 시작해 질문하기도 하고, 답변하기도 하고, 자신이 알고 있는 지식으로 간단한 정보를 공유하기도 할 수 있습니다. 스스로가 거대한 커뮤니케이션 속에서 다른 사람과 좋은 영향을 주고받으며 함께 성장한다면 더할 나위 없이 좋은 경험이 될 것입니다.

1.6 More

이 절에서는 앞에서 네 가지 요소를 설명하는 동안 미처 다루지 못했던 내용들을 간단히 정리하려고 합니다. 이미 설명한 것들만큼이나 중요한, 앞으로의 캐글 활동을 더욱 재미있게 만들어줄 요소들을 간단히 소개하겠습니다.

1.6.1 Progression System

캐글러의 동기 부여와 점진적인 실력 향상을 위해 캐글에서는 각 분야(컴페티션, 노트북(코드), 데이터셋, 디스커션)별로 랭킹과 티어를 만들었습니다. 랭킹과 티어를 올리는 조건은 각 분야에서 메달을 획득하는 것입니다. 각 분야의 메달은 '금, 은, 동' 세 등급으로 나뉘며, 왼쪽으로 갈수록 메달 획득을 위해 더 높은 기준이 필요합니다.

메달을 획득하기 위해 각 분야에서 달성해야 하는 조건을 간단히 정리하면 다음과 같습니다.

▼ 표 1-4 참가 팀 수에 따른 Competition 메달 획득 기준(상위 순위)

구분	0 ~ 99	100 ~249	250 ~ 999	1000+
동메달(Bronze)	Top 40%	Top 40%	Top 100	Top 10%
은메달(Silver)	Top 20%	Top 20%	Top 50	Top 5%
금메달(Gold)	Top 10%	Top 10	Top 10+0.2%	Top 10+0.2%

컴페티션은 랭킹 포인트와 티어에 반영되는 것에 한하여[13] 일정 순위를 달성한 경우, 메달을 줍니다. 단, Getting Started, Playground 등 튜토리얼이나 연습을 목적으로 만들어진 컴페티션은 메달 획득에서 제외됩니다.

또한, 컴페티션의 경우는 참가한 팀의 수에 따라 총 메달의 수가 달라집니다. 참가자 수가 적다면 경쟁자가 적은 대신 메달을 획득할 수 있는 최대 순위가 그만큼 줄어들고, 참가자 수가 많다면 메달 획득의 기회가 커지지만 그만큼 많은 사람과 경쟁해야 합니다.

▼ 표 1-5 Dataset, Notebook, Discussion 메달 획득 기준(Upvote 수)

구분	Dataset	Notebook	Discussion
동메달(Bronze)	5 Votes	5 Votes	1 Votes
은메달(Silver)	20 Votes	20 Votes	5 Votes
금메달(Gold)	50 Votes	50 Votes	10 Votes

그 외에 데이터셋, 노트북(코드), 디스커션은 해당 콘텐츠의 Upvote 숫자로 메달을 획득합니다. 캐글의 노트북, 데이터셋, 디스커션의 콘텐츠는 다른 캐글러가 좋고 나쁨을 평가할 수 있는 Vote 기능이 있습니다. 좋은 평가를 받을수록 Upvote 수가 높아지고, 그 수가 일정 수치를 넘어서면 해당 콘텐츠에 대한 메달을 획득할 수 있습니다. 메달을 위해서는 다른 캐글러의 Upvote가 필요하므로 콘텐츠는 공개(Public)로 공유된 것이어야 합니다.

각 분야에서 특정 등급의 메달과 수 조건을 만족하면 곧바로 그 분야의 티어(Tier)가 상승합니다. 티어란 캐글러의 등급을 나타내는 체계입니다. 티어가 높을수록 캐글 플랫폼에서 많은 업적을 달성했다는 것을 의미하므로, 캐글러들 사이에서 선망의 대상이 되기도 합니다.

---

13 이에 대한 정확한 정보는 컴페티션 Overview 페이지 맨 아래의 표시를 확인해야 합니다(1.1.1절 그림 1-5 참고).

▼ 표 1-6 각 티어별 필요 조건

표시					
등급	Novice	Contributor	Expert	Master	Grand Master
컴페티션	처음 가입 시 등급	컴페티션 1회 제출 노트북 1회 실행 댓글 1개 달기 업보트 1번 누르기	동메달 2	금메달 1 은메달 2	금메달 5 1인 금메달 1
데이터셋			동메달 3	금메달 1 은메달 4	금메달 5 은메달 5
노트북			동메달 5	은메달 10	금메달 15
디스커션			동메달 50	은메달 50 전체 메달 200	금메달 50 전체 메달 500

캐글에 맨 처음 가입하면 Novice 등급입니다. 몇 가지 간단한 미션을 완료하면 Contributor로 올라갈 수 있습니다. Expert 이상부터는 각 분야별로 필요한 메달 등급과 수를 획득해야 합니다. 티어가 상승하면 자신의 프로필 아이콘을 두르고 있는 띠의 색깔이 바뀌는데, 자신의 티어 중 가장 높은 등급으로 적용됩니다.

캐글의 모든 활동 및 메달, 티어는 모두 프로필에 자동 기록됩니다. 프로필 하나로 캐글에서 활동하고 달성한 업적을 한눈에 확인할 수 있으므로 취업 활동 시 자신을 표현할 수 있는 일종의 포트폴리오로 많이 활용합니다.

▼ 그림 1-47 캐글 프로필 예

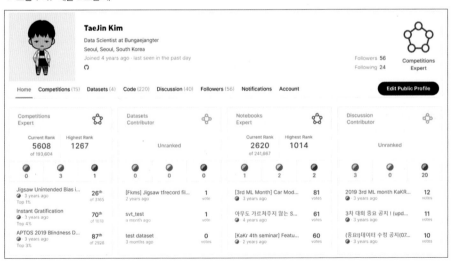

Note ☰ **Upvote의 중요성**

Upvote는 캐글 생태계에서 매우 중요한 역할을 합니다. 캐글에서 만들어지는 모든 콘텐츠는 Upvote로 그 가치를 평가합니다. 콘텐츠의 Upvote 숫자에 따라 작성자의 랭킹과 티어가 올라가므로 좋은 콘텐츠에 Upvote를 눌러주는 관례가 활성화될수록, 캐글러들은 양질의 콘텐츠를 공유하기 위해 노력하고 다양한 콘텐츠를 생성하며 공유가 활발해져 플랫폼에 좋은 영향을 끼칠 것입니다.

과거 캐글러들 사이에 공유된 노트북 대부분이 사용할 목적으로 복사(Copy)된 숫자보다 Upvote 숫자가 현저히 적은 것을 두고 개선이 필요하다고 강조했던 사례가 있었습니다. 물론 나에게 도움이 되지 않았거나, 썩 좋지 않은 코드인데 Upvote를 남발하라는 것은 절대 아닙니다. 다른 일에 열중하다 보면 Upvote 클릭을 잊어버리는 경우가 많습니다. 해당 콘텐츠가 나에게 도움이 되었다면 Upvote를 잊지 말고 누르는 습관을 가지는 것이 좋습니다.

1.6.2 Learn

캐글에 익숙해지는 가장 빠른 방법은 컴페티션에 직접 참가해보는 것입니다. 노트북을 실행 및 공유하고 디스커션에서 사람들과 소통하며 문제를 해결해나가는 등 캐글에서 할 수 있는 대부분을 경험할 수 있기 때문입니다. 하지만 아직 파이썬 코드를 작성하거나 머신러닝 라이브러리를 사용하는 게 익숙하지 않아 다른 사람의 코드를 보는 데도 도통 이해가 가질 않는다면 캐글의 Learn을 활용하는 것을 추천합니다.

캐글 메인 홈페이지에서 Learn을 클릭하면 배움 코스 페이지로 들어갈 수 있습니다(그림 1-48). 캐글은 많은 예제 데이터를 활용해 처음 접하는 사람도 천천히 따라 할 수 있도록 여러 학습 과정을 만들어뒀습니다. 캐글 플랫폼 활용뿐만 아니라, 데이터 사이언스를 하는 데 필요한 여러 기술을 연습할 수 있는 과정도 있습니다. 모두 캐글의 노트북 환경에서 실행해볼 수 있기 때문에 쉽게 따라 할 수 있고, 캐글 노트북 환경을 다루는 데도 익숙해질 수 있습니다.

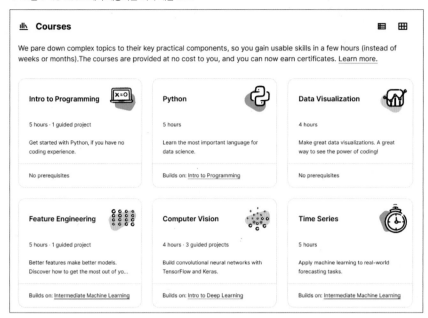

1.7 / 이제 캐글의 세계로

지금까지 캐글 플랫폼을 이루는 컴페티션, 코드, 데이터셋, 디스커션에 대해 알아봤습니다. 간단히 요약하면 캐글은,

- **컴페티션**으로 분석 동기와 목적을 일으키고,
- 이와 관련한 **데이터셋**을 안정적으로 제공하며,
- **코드**를 통해 분석하고, 표현하고, 공유하며,
- **디스커션**으로 다양한 사람들과 활발히 토론할 수 있는 플랫폼이자 커뮤니티입니다.

캐글은 각 요소를 활용해 만들고 싶은 문화와 철학이 있습니다. 이를 바탕으로 많은 캐글러가 서로에게 좋은 영향을 전파하고 있습니다. 뿐만 아니라 캐글에서 관찰할 수 있는 공유 문화는 캐글이 단순히 컴페티션 입상을 위해 경쟁만을 추구하는 플랫폼이 아닌, 참가하는 모두가 같이 성장하는 발판이 될 수 있도록 만들어줍니다.

다음 장부터는 캐글 컴페티션에서 메달 또는 입상 경험이 있는 국내 캐글러들이 각자 해당 컴페티션에 어떻게 참가했고, 어떤 방법으로 문제를 풀어나갔는지 소개합니다. 거기에 더해서 컴페티션을 진행하며 얻은 것, 느낀 점, 갖가지 팁을 공유할 것입니다.

솔루션에서 이야기하는 것을 단순히 처음부터 끝까지 따라 하고, 그 내용과 결과를 맹신하는 것은 추천하지 않습니다. 누군가가 풀어간 경험으로 내가 풀고 싶은 문제의 힌트를 얻고, 이후에 새로운 문제에 직면하더라도 해결할 수 있도록 경험과 역량을 쌓는 것이 더 중요합니다.

앞으로 나올 솔루션이 많으므로 간단히 교통 정리하면 다음과 같이 요약해볼 수 있습니다.

- 캐글 컴페티션이 처음이며, 아직 컴페티션 데이터의 도메인 지식을 이해하며 문제를 푸는 것이 부담스럽고 Code Competition을 간단하게 경험해보고 싶다면,

  → 2장 Instant Gratification

- 사기 거래 탐지라는 도메인 데이터를 풀어나가는 정형 데이터에 관심이 있다면,

  → 3장 IEEE-CIS Fraud Detection

- 이미지 데이터를 사용한 컴페티션을 경험해보고 싶다면,

  → 4장 Quick, Draw! Doodle Recognition

     5장 Bengali.AI Handwritten Grapheme Classification

     6장 SIIM-ACR Pneumothorax Segmentation

- 텍스트 데이터를 활용해 자연어 처리 과정을 경험해볼 뿐만 아니라 캐글의 TPU를 사용해 데이터 생성부터 학습, 제출까지 전 과정을 진행해보고 싶다면,

  → 7장 Jigsaw Unintended Bias in Toxicity Classification

2^장

Instant
Gratification

2.1 들어가기 전에

2.1.1 캐글 프로필: 김연민

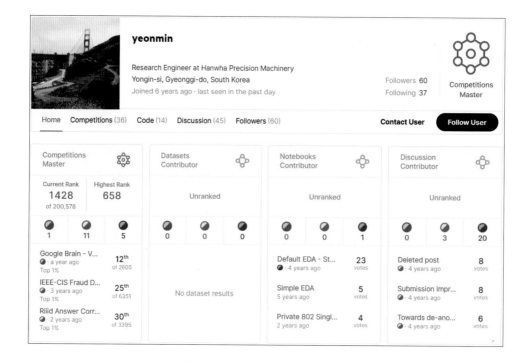

2.1.2 코드

현재 컴페티션의 데이터가 변경됨에 따라, 대회 개최 당시의 데이터셋을 적용한 새로운 Community 컴페티션을 생성했습니다. 새 컴페티션 주소는 코드 URL 경로로 들어가서 확인할 수 있습니다. 새 컴페티션 페이지에서 본인만의 노하우를 공유하면서 대회를 즐겨도 좋을 듯합니다.

컴페티션 페이지 https://www.kaggle.com/c/instant-gratification

코드 URL https://www.kaggle.com/code/yeonmin/solution

2.2 Overview

Instant Gratification 대회는 2019년 6월 캐글에서 자체적으로 주최했습니다. Code Competition 방식을 새롭게 적용하기에 앞서 대회가 원활하게 진행되는지 테스트하고, 참가하는 사람들의 피드백을 얻기 위해 만들어진 대회입니다.

▼ 그림 2-1 Instant Gratification 대회

▼ 표 2-1 대회 요약

주제	Code Competition 피드백
대회 유형	Featured
제출 방식	Code Competition
주최	Kaggle
총 상금	$5,000
문제 유형	이진 분류(Binary Classification)
데이터 타입	정형(Tabular)
평가 지표	AUC(Area Under the Curve)
대회 참가 팀	1,832팀
대회 시작 일시	2019년 6월

2.2.1 대회 목적

캐글은 2015년부터 커널(Kernel)이라는 클라우드 환경 및 코드 공유 방식을 도입했습니다. 경쟁을 위한 공간에 코드를 공유할 수 있는 시스템을 도입하는 것에 대해 당시 캐글러 사이에서는 논란이 좀 있었습니다. 하지만 캐글 운영팀은 캐글을 좋은 코드와 솔루션이 지속해서 공유될 수 있

는 열린 공간으로 만드는 것이 무엇보다 중요하다고 판단했습니다. 그 결과, 커널은 공유가 캐글의 고유 문화로 자리잡게 하는 발판이 되었고, 많은 캐글러가 편리하게 코드를 공부할 수 있는 환경을 만들어줬습니다. 지금은 '커널'이란 이름이 우리가 잘 알고 있는 '코드'(Code) 또는 '노트북'(Notebook)이라는 이름으로 변경되어 널리 알려져 있습니다.

캐글은 제공하는 노트북 클라우드 환경에 갖가지 기능을 추가하면서 점점 제 모습을 갖춰나갔고, 이 노트북 환경을 활용해서 이전에는 할 수 없었던 다양한 방식의 컴페티션을 시도하기 시작했습니다. 그중 하나가 2단계 컴페티션(Two-Stage Competition)이라고 부르는 방식입니다. 2단계 컴페티션의 기본은 컴페티션 테스트 검증 과정을 두 단계로 나눠, 첫 번째 단계에서는 공개(Public) 테스트 셋, 두 번째 단계에서는 비공개(Private) 테스트 셋으로 점수를 계산해 컴페티션 순위를 결정하는 방식입니다. 여기서 실제 점수 계산이 이루어지는 비공개 테스트 셋은 캐글러에게 일절 공개되지 않은 채(Unseen) 컴페티션을 진행한다는 점이 2단계 컴페티션 방식의 가장 중요한 부분이자 핵심입니다.

하지만 초기에 이 방식은 몇 가지 불편한 점이 있었습니다. 하나는 두 번째 단계에 대한 검증을 진행하는 동안 캐글 운영팀에서 시간과 자원을 사용해야 하고 검증이 끝날 때까지 참가자들은 결과를 확인할 수 없다는 것, 다른 하나는 참가자들이 제출한 서브미션 코드가 제대로 작동하지 않는 경우가 많아 채점이 쉽지 않다는 점입니다.

캐글에서는 이러한 문제점을 해결하고자, 현재 Code Competition 방식의 기반이라고 할 수 있는 'Synchronous Kernel-only Competition'이라는 새로운 방식의 컴페티션을 제안했습니다 (그림 2-2 참고).

▼ 그림 2-2 Public vs Private

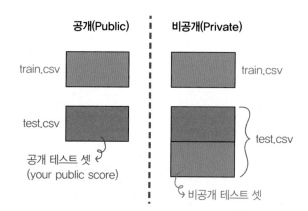

컴페티션 기간 중에 노트북을 제출하면 공개 테스트 셋과 비공개 테스트 셋에 대해 모두 실시간으로 코드를 실행하여 점수를 계산합니다. 대회 중에는 공개 테스트 셋 결과만 참가자에게 공개합니다. 이로 인해 다음과 같은 장점을 얻을 수 있습니다.

- 대회가 종료되면 비공개 테스트 셋을 계산한 점수를 참가자가 바로 확인할 수 있습니다.
- 서브미션을 제출하면 그 즉시 모든 테스트 셋에 대한 계산이 이루어지므로, 만약 서브미션이 실패하면 참가자가 대회 진행 도중에도 코드를 수정할 수 있습니다.
- 이전에는 대회 Rules에서 정한 만큼의, 점수 계산이 반영되는 최종 서브미션만 선택할 수 있었고, 선택한 서브미션의 점수만 알려줬습니다. 그러나 이 방식은 선택한 서브미션뿐만 아니라 모든 서브미션에 대한 점수를 알려주어, 제출한 모든 서브미션 코드를 참가자가 회고할 수 있습니다.

캐글은 이 방식을 다른 컴페티션에 도입하기 전에, 혹시 모를 부작용을 테스트해야 했습니다. 그래서 캐글 자체적으로 새로운 방식의 컴페티션을 진행하고 그에 대한 캐글러들의 피드백을 구하고자 이 대회를 개최하게 되었습니다.

2.2.2 평가 지표

이 대회의 평가 지표는 AUC(Area Under the Curve)입니다. AUC는 이진 분류 대회, 그리고 평가 함수로 타깃 분포가 불균형한 경우 많이 사용합니다. AUC를 이해하기 위해서는 먼저 ROC 곡선에 대해 이해해야 합니다.

ROC 곡선은 그림 2-3과 같이 x축이 False Positive Rate, y축이 True Positive Rate로 구성된 곡선 그래프(그림의 빨간색 점선)입니다.

- **False Positive Rate**: 실제 False인 데이터 중 모델이 True라고 예측한 비율(1 – False인 데이터 중 모델이 False라고 예측한 비율)
- **True Positive Rate**: 실제 True인 데이터 중 모델이 True라고 예측한 비율

즉, True를 True로, False를 False로 얼마나 잘 맞추는지 비교하여 모델의 성능을 평가합니다.

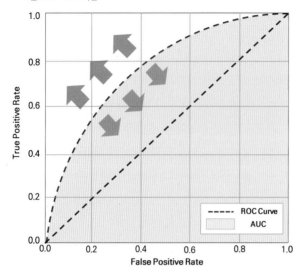

✔ 그림 2-3 ROC 곡선

ROC 곡선의 각 포인트는 특정 임곗값에서 분류 모델의 성능을 의미합니다. 다시 말해 모든 임계 값에서의 성능이 모여 ROC 곡선을 이룹니다. 하지만 이러한 곡선 분포를 명확한 수치로 비교하기는 어렵습니다. 따라서 AUC라는 값을 도입해서 성능을 수치화합니다. AUC는 ROC 곡선의 밑면적(그림의 분홍색 면적)을 의미합니다. 예측을 잘할 경우 곡선은 빨간색 화살표 방향으로 올라가며 1에 가까워지고, 예측을 잘하지 못할 경우 곡선은 회색 화살표 방향으로 이동하며 0.5에 가까워집니다.

2.2.3 데이터 소개

이진 분류(Binary Classification) 문제로, 열의 의미가 익명화되어 있는 캐글에서 생성한 가상 데이터입니다.

- 훈련 데이터 수: 262,144
- 공개(Public) 테스트 데이터 수: 131,073
- 열(Column) 수: 258
- 정답 열: Target(1과 0으로 구성되어 있는 이진 분류 문제)

캐글에서는 병에 담긴 USB에서 이 데이터를 발견했으며, 명세서는 없고 다음과 같은 시가 들어 있다고 재미있게 표현했습니다.[1]

> Silly column names abound,
>
> but the test set is a mystery.
>
> Careful how you pick and slice,
>
> or be left behind by history.

데이터를 보면 행 이름이 매우 독특한데 '-'로 나누었을 때 4개 부분으로 구분되며 의미를 알 수 없는 뜻으로 되어 있습니다. 여담이지만 이런 특이한 이름 때문에 대회 초반에 이름을 이용한 피처 엔지니어링(Feature Engineering)도 시도됐습니다.

▼ 그림 2-4 데이터 소개

	muggy-smalt-axolotl-pembus	dorky-peach-sheepdog-ordinal	slimy-seashell-cassowary-goose	snazzy-harlequin-chicken-distraction	frumpy-smalt-mau-ordinal	stealthy-beige-pinscher-golden	chummy-cream-tarantula-entropy	hazy-emerald-cuttlefish-unsorted	nerdy-indigo-wolfhound-sorted	target
0	-2.070654	1.018160	0.228643	0.857221	0.052271	0.230303	-6.385090	0.439369	-0.721946	0
1	-0.491702	0.082645	-0.011193	1.071266	-0.346347	-0.082209	0.110579	-0.382374	-0.229620	0
2	-1.680473	0.860529	-1.076195	0.740124	3.678445	0.288558	0.515875	0.920590	-1.223277	1
3	0.183774	0.919134	-0.946958	0.918492	0.862278	1.155287	0.911106	0.562598	-1.349685	0
4	-0.203933	-0.177252	0.368074	-0.701320	-1.104391	0.735760	0.894273	-1.375826	-5.144946	0

캐글에서는 데이터가 어떻게 만들어졌고 공개 및 비공개 테스트 데이터가 어떻게 분포되어 있는 지 파악하는 것이 매우 중요합니다. 데이터를 만든 방법을 알게 되면 역으로 데이터를 생성해볼 수 있고 교차 검증(Cross Validation)을 시도하는 전략을 세울 수 있습니다. 이 대회의 데이터는 캐글에서 생성한 가상 데이터였기 때문에, 데이터를 만들기 위한 방법이 많이 공유됐습니다. 데이터 생성 방법에 대한 논의와 이를 대회에서 어떻게 활용했는지 다음 절인 솔루션 소개에서 설명하겠습니다.

---

1 시의 번역은 일부러 넣지 않았습니다. 무슨 뜻인지 직접 대조하면서 컴페티션의 의미와 비교해보는 것을 권합니다.

2.3 / 솔루션 소개

GOLD라는 팀(한국인 5명)으로 참가하여 공개 리더보드 19등, 비공개 리더보드 70등(상위 4%)을 기록했습니다. 팀원들과 협업하면서 배운 한 달간의 여정을 자세히 풀어보겠습니다.

공개 리더보드 기준 상위 20팀(TOP 20)의 점수 변화 그래프입니다. 진한 파란색으로 표시한 선이 GOLD 팀의 점수 변화를 나타낸 것입니다.

▼ 그림 2-5 대회 기간 중 GOLD팀 공개(Public) 리더보드 순위

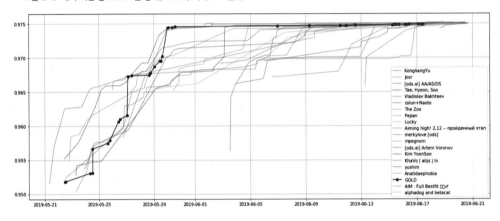

대회 특성상 정말 많은 것을 시도해봤고, 대회 중에 공부하거나 대회가 끝나고 다시 공부한 것도 많습니다. 지면 관계상 여기서는 알고리즘 하나하나를 세세하게 설명하기보다는 알고리즘의 특성과 문제 풀이 과정에 주안점을 두고 추후 비슷한 상황에서 응용할 수 있게 하는 것을 목표로 하겠습니다. 그럼 솔루션 소개로 들어가 보겠습니다.

2.3.1 Overview

솔루션을 요약하면 그림 2-6과 같습니다.

▼ 그림 2-6 솔루션 요약

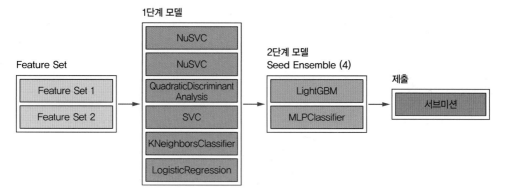

이 대회에서는 사이킷런(Scikit-learn)의 거의 모든 기능을 사용해봤습니다. 최종 제출물에는 매직 피처(Magic Feature)라는 방법을 사용하고, 전처리에 KernelPCA, Gaussian Mixture Model, Hist 피처를 사용했습니다. 이를 바탕으로 1단계 모델에는 NuSVC, QuadraticDiscriminant Analysis, SVC, KNeighborsClassifier, LogisticRegression을 사용하고, 2단계 모델에는 1단계에서 사용한, 총 6개 모델(NuSVC 모델 2개 포함)을 두 가지 방법으로 스태킹(Stacking)하여 앙상블(Ensemble)했습니다(스태킹은 2.3.3절 참고). 스태킹에 사용한 모델은 LightGBM과 사이킷런에서 제공하는 MLPClassifier(Neural Network Model) 모델이었습니다. 하나하나 자세히 살펴보겠습니다.

2.3.2 EDA

다양한 각도에서 데이터를 관찰하고 이해하는 과정을 EDA(Exploratory Data Analysis)라고 부릅니다. 많은 대회에 참가해 다양한 형태의 데이터를 보았지만 같은 형태는 한 번도 없었습니다. 그래서 데이터를 이해하는 과정이 필요합니다. 데이터를 받아보면 매번 막막합니다. 기본 EDA 과정을 통해 이런 막막한 감정을 조금씩 줄여나갈 수 있습니다.

EDA는 데이터를 받은 맨 처음에만 수행하는 것이 아니라 대회 내내 반복해야 하는 과정입니다. 이제부터 기본 EDA 과정을 천천히 따라 해보면서 데이터와 친해지는 시간을 보내보겠습니다. 언어는 파이썬(Python)을 사용하고 EDA 환경은 캐글 노트북을 사용합니다.

EDA 과정에서 사용할 모듈은 다음과 같습니다.

```
import pandas as pd
import numpy as np
import matplotlib.pyplot as plt
import seaborn as sns
import datetime
```

제공된 데이터가 CSV(쉼표로 구분되는 데이터) 형태이므로 판다스(pandas) 라이브러리로 데이터를 불러옵니다.

```
train = pd.read_csv("input/train.csv")
test = pd.read_csv("input/test.csv")
submission = pd.read_csv("input/sample_submission.csv")
```

일단 훈련(train), 테스트(test) 데이터의 개수를 살펴봅니다. 코드를 직접 따라 해보기 바랍니다(판다스의 head 명령어로 데이터의 형태를 관찰해도 좋습니다).

```
>>> print(train.shape)
(262144, 258)

>>> print(test.shape)
(131073, 257)
```

훈련 데이터는 262,144개, 테스트 데이터는 131,073개로 2배 정도 차이가 납니다. 열 개수는 Target, ID 열을 제외하면 256개입니다. 열 개수가 256개라니 가상으로 생성한 느낌이 듭니다.

정답 값의 비율도 살펴봅니다. value_counts()는 매우 많이 사용하는 기능이기 때문에 꼭 기억해 두기 바랍니다. 다음 결과처럼 항목별 개수를 나타냅니다.

```
>>> print(train["target"].value_counts())
1    131131
0    131013
Name: target, dtype: int64
```

정답 값의 불균형 문제는 걱정하지 않아도 될 것 같습니다. 정답 값이 불균형하지 않은 것만으로도 매우 고마울 따름입니다.

그리고 누출(Leak)이 있는지 살펴봅니다. 여기서 말하는 누출이란 훈련 데이터가 잘 섞여 있는지, 혹시 어느 부분에서 정답 값(1)이 많이 분포하는 것은 아닌지 확인하는 것입니다. 정답 값 누출은 정답 값 누적 합 그래프를 그려서 살펴봅니다. 만약 누출이 있다면 그래프가 휘어져 보일 것입니다.

```
train["target"].cumsum().plot()
```

▼ 그림 2-7 정답 값 누적 합 그래프

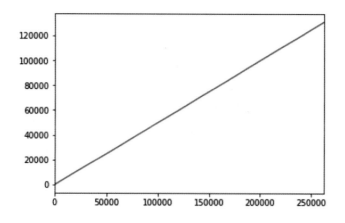

매우 매끄러운 일직선입니다. 정답 값도 잘 섞여 있는 것을 볼 수 있습니다. 만약 잘 섞이지 않았다면 ID 같은 열이 학습에 사용될 수도 있습니다.

각 항목별로 NULL 값이 얼마나 존재하는지도 확인해봅니다. 열의 NULL 값 유무가 중요한 의미를 가질 수 있고, NULL 값이 많을 경우 열을 삭제하거나 알고리즘에 따라 NULL 값을 적절한 값으로 채워줘야 하는 경우가 있으므로 초반에 파악하는 것이 중요합니다. 판다스의 isnull과 sum 기능을 활용하면 전체적으로 NULL 값이 존재하는지 쉽고 빠르게 판단할 수 있습니다. 만약 NULL 값이 존재한다면 열별로 자세히 살펴봐야 합니다.

확인해보니 가상으로 생성한 이 데이터는 NULL 값이 존재하지 않았습니다. 데이터 분석 시에는 NULL 값이 존재하지 않는다는 것이 아주 큰 축복입니다.

```
train.isnull().sum().sum()
```

만약 NULL 값이 존재하지 않더라도 값을 관찰했을 때 다음과 같이 어느 한 값이 많이 관찰되면 의심해봐야 합니다(아래 그래프는 설명을 위해서 임의로 생성한 것으로 대회와는 관련이 없습니다). 데이터를 제공하는 측에서 NULL을 임의의 값으로 채웠을 수도 있기 때문입니다.

▼ 그림 2-8 NULL 값이 채워진 분포 예

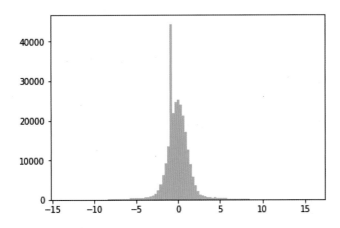

이제 각 항목을 살펴봅니다. 범주형 변수(Categorical Variable)와 수치형 변수(Numerical Variable)를 분리해서 살펴봐야 하는데, 먼저 범주형 변수가 있는지 살펴봅니다.

```
>>> train.dtypes.value_counts()
float64    255
int64        2
object       1
dtype: int64
```

데이터 명세를 제공해주는 대회도 있지만 익명화되어 있거나 불분명하게 제공해주는 대회도 많습니다. 이 대회의 데이터는 모든 열이 익명화되어 있으므로 상대적으로 적은 object, int형 열부터 살펴봅니다.

```
train.select_dtypes(include=["object", "int64"]).head()
```

▼ 표 2-2 object와 int형 데이터

	id	wheezy-copper-turtle-magic	target
0	707b395ecdcbb4dc2eabea00e4d1b179	99	0
1	5880c03c6582a7b42248668e56b4bdec	52	0
2	4ccbcb3d13e5072ff1d9c61afe2c4f77	230	1
3	e350f17a357f12a1941f0837afb7eb8d	78	0
4	a8f910ea6075b6376af079055965ff68	497	0

wheezy-copper-turtle-magic이라는 열만 int64의 자료형이고 나머지는 모두 float64 형태입니다. 혹시 모르니 nunique 함수를 사용해서 중복되지 않는 값의 개수를 살펴봅니다. 참고로 지금 설명하는 판다스 기능은 데이터 분석에서 정말 많이 사용하니 꼭 익혀두기 바랍니다.

```
# id, target을 제외한 train의 열 선택
train_columns = [c for c in train.columns if c not in ["id", "target"]]

# 열별로 unique한 개수 계산
>>> train[train_columns].nunique()
muggy-smalt-axolotl-pembus          254322
frumpy-smalt-mau-ordinal            254330
                                       ...
blurry-buff-hyena-entropy           254345
bluesy-chocolate-kudu-fepid         254329
gamy-white-monster-expert           254192
Length: 256, dtype: int64
```

거의 모든 열에서 고유한 데이터의 개수가 25만 개 이상으로 보입니다. 하지만 혹시라도 25만보다 적은 열이 있지는 않을지 알아보는 것이 좋겠습니다.

```
# 판다스를 주로 사용하더라도 넘파이를 적재적소에 활용하면
# 매우 빠르고 효율적으로 탐색할 수 있습니다.
>>> print(np.where(train[train_columns].nunique() < 250000))
(array([146], dtype=int64),) # unique한 개수가 250000보다 작은 Index를 Return

>>> print(train_columns[146])
wheezy-copper-turtle-magic # 위 146번 Index의 열 이름은 wheezy-copper-turtle-magic
```

```
>>> train["wheezy-copper-turtle-magic"].nunique()
512
```

확인 결과 위에서 찾은 wheezy-copper-turtle-magic 열은 가지고 있는 고유한 값이 단 512개로, 다른 열에 비해 매우 작으며 인위적인 느낌이 듭니다. 다시 wheezy-copper-turtle-magic 열의 값별로 데이터가 몇 개인지 살펴봅니다(표 2-3 참고).

```
>>> print(train["wheezy-copper-turtle-magic"].value_counts().mean())
512.0

train["wheezy-copper-turtle-magic"].value_counts().rename_axis(
    "wheezy-copper-turtle-magic"
).reset_index(name="counts")
```

▼ 표 2-3 wheezy-copper-turtle-magic의 값별 개수

	wheezy-copper-turtle-magic	counts
0	51	570
1	489	556
2	298	554
3	135	554
4	245	553
...	...	...

표를 해석하면 wheezy-copper-turtle-magic 열에서 51 값을 가지는 항목은 570개, 489 값을 가지는 항목은 556개가 있다는 것입니다. 여기서 표를 다 나열하지는 못했지만, 이러한 항목별 개수는 평균 512를 기준으로 정규 분포를 이룬다고 볼 수 있습니다. 다시 말해 wheezy-copper-turtle-magic 열은 512개의 고유한 값을 가지는데 이 고유한 각 항목마다 512개 정도의 데이터를 가진다고 볼 수 있습니다. 이 부분은 기억해뒀다가 나중에 더 활용하겠습니다.

여기서 주의할 점은, 고유한 값이 작다고 무조건 범주형 변수로 취급하면 안 된다는 것입니다. 데이터가 익명화되어 있기 때문에 이러한 방법을 사용했는데, 주로 주최 측에서 제공한 데이터 명세서를 활용하거나 알고리즘에 범주형 변수로 사용했을 때 성능 비교 등을 통해서 결정합니다.

다음은 수치형인 float형 변수들을 살펴보겠습니다. 판다스의 describe 기능을 이용하면 mean, std 등 기본적인 통계 값을 확인할 수 있습니다. 이상치가 존재하는지 데이터의 분포가 어떻게 되는지 확인합니다. 열의 수가 많기 때문에 일부만 가져왔습니다. 표에 색을 넣으면 더 쉽게 파악할 수 있습니다(그림 2-9 참고).

```
train_columns = [
    c
    for c in train.columns
    if c not in ["id", "target", "wheezy-copper-turtle-magic"]
]
describe_train = train[train_columns].describe().T.drop("count", axis=1)
cmap = sns.diverging_palette(5, 250, as_cmap=True)
describe_train.T.style.background_gradient(cmap, axis=1).set_precision(2)
```

▼ 그림 2-9 float형 변수들의 판다스 describe 결과

	muggy-smalt-axolotl-pembus	dorky-peach-sheepdog-ordinal	slimy-seashell-cassowary-goose	snazzy-harlequin-chicken-distraction	frumpy-smalt-mau-ordinal	stealthy-beige-pinscher-golden	chummy-cream-tarantula-entropy	hazy-emerald-cuttlefish-unsorted	nerdy-indigo-wolfhound-sorted
mean	0.0059	0.00094	-0.013	-0.0057	0.0016	0.0079	-0.0035	-0.0059	0.0027
std	1.7	1.7	1.7	1.9	1.7	1.7	1.7	1.7	1.9
min	-16	-16	-15	-16	-17	-15	-16	-16	-17
25%	-0.77	-0.77	-0.78	-0.8	-0.77	-0.77	-0.77	-0.76	-0.8
50%	0.0021	0.0035	-0.0058	-0.0035	0.00087	0.0028	0.0013	-0.0037	0.0049
75%	0.77	0.77	0.76	0.8	0.77	0.78	0.77	0.75	0.8
max	16	19	17	17	17	17	15	17	19

그리고 각 항목마다 정답 값 0, 1에 대하여 히스토그램을 그려보면서 정답 값에 따라서 분포가 달라지는 열이 있는지 살펴봅니다. 역시 책에는 일부만 가져왔지만 직접 그려보면서 확연하게 분포가 달라지는 열이 있는지 확인하는 것이 좋습니다. 이러한 열은 경험상 중요한 피처(Feature)가 될 확률이 높았습니다(그림 2-10 참고).

```
train_columns = [c for c in train.columns if c not in ["id", "target"]]
target_0_df = train.loc[train["target"] == 0]
target_1_df = train.loc[train["target"] == 1]

plt.figure(figsize=(16, 12))
for index, name in enumerate(train_columns[:25]):
```

```
    plt.subplot(5, 5, index + 1)
    sns.distplot(target_0_df[name])
    sns.distplot(target_1_df[name])
    plt.title(name)
    plt.xlabel("")
    plt.legend(["0", "1"])

plt.tight_layout()
plt.show()
```

❤ 그림 2-10 정답별 열 분포

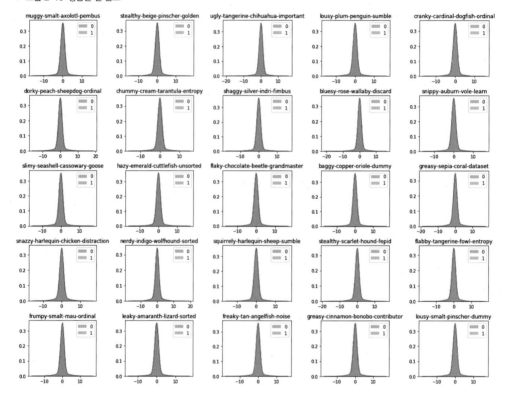

지금까지 기본적인 EDA 과정을 설명했습니다. 시간이 오래 걸려 지루할 수 있지만 EDA는 대회를 진행하면서 계속 수행해야 하는, 멈추면 안 되는 과정입니다. 다음 장에서는 확인한 정보를 바탕으로 베이스 라인을 빠르게 만들고 개선해보겠습니다.

EDA 과정을 요약하면 다음과 같습니다.

- 데이터가 어떤 형식으로 이루어졌는지 살펴봅니다. 이 대회의 데이터는 열 안에 List나 Json 형태의 데이터가 없지만, 이런 정보가 들어 있다면 이 안에서 어떤 정보를 추출할 수 있는지 나열해보는 것도 좋습니다.
- 정답 값의 비율을 확인합니다. 정답의 불균형 여부를 확인한 뒤 추후 이 점을 고려하여 모델을 구성해야 합니다.
- 정답 값에 누출이 없는지 확인합니다. 캐글에서는 주최자가 의도하지 않은, 문제에 발생한 누출은 암묵적으로 공유하고 있습니다. 이러한 것을 빠르게 캐치한다면 디스커션이나 노트북에서 좋은 메달을 받을 수 있습니다.
- NULL 값을 확인합니다. 알고리즘에 따라 NULL 값을 필수로 채워야 할 수도 있습니다. NULL 값은 단순히 평균, −999 같은 값으로 채우기보다는 이 NULL이 왜 생성됐고, 어떤 의미인지 먼저 파악하는 것이 좋습니다. 때로는 NULL 값의 유무가 좋은 정보가 될 수도 있습니다.
- 범주형 변수와 수치형 변수를 나누어서 생각합니다. 각 특성에 따라 전처리하는 방법이 다르기 때문에 EDA 단계에서 구분하는 것이 좋습니다.
- 피처는 정답 값과 연관 지어 생각하는 것이 좋습니다. 특정 범주형 변수에 정답 값의 분포가 몰려 있거나, 수치형 변수의 분포를 살펴봤을 때 정답 값별로 분포가 다르면 좋은 변수가 될 가능성이 크기 때문입니다.

2.3.3 스태킹

스태킹(Stacking)이란 여러 알고리즘이 예측한 결과를 입력으로 받아 재학습하여 결과를 도출하는 방법입니다. 그림 2-11처럼 학습에 필요한 데이터를 구성하고 그 데이터를 모델에 넣어 예측 값을 얻습니다. 만약 3 폴드(Fold)로 검증을 수행한다고 가정했을 때 첫 번째 폴드에서 2/3의 데이터는 학습에 사용하고, 남은 1/3의 데이터는 테스트에 사용합니다. 이때 테스트에 사용한 데이터로 예측한 결과를 폴드마다 저장하여 전체 학습에 해당하는 예측 결과를 만듭니다. 테스트 데이터도 마찬가지로 예측 값을 만들어서 이 두 가지 예측 값 결과(학습, 테스트)를 2단계 모델의 입력으로 사용합니다. 자세한 내용은 코드를 보면서 설명하겠습니다.

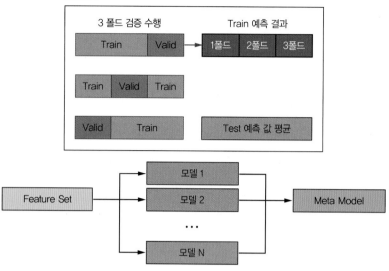

❤ 그림 2-11 스태킹

다음은 스태킹의 입력 데이터를 만드는 예제 코드입니다. 코드는 다음과 같은 순서로 진행합니다. OOF라는 이름은 Out of Fold라는 뜻으로, 사이킷런의 KFold를 사용할 때 K값에 따라 여러 폴드가 만들어지는데 이를 예측한 결과를 말합니다. 팀으로 대회를 진행할 때 OOF 결과를 모아달라고 하기도 하는데 이때는 학습, 테스트 예측 결과를 전달해달라는 뜻입니다.

1. 훈련, 테스트 데이터에 대한 결과를 담을 변수를 준비합니다. 다음 코드에서는 oof_train과 oof_test입니다.

2. 교차 검증(Cross Validation) 방법을 정의하고 예측을 수행합니다.

3. 학습이 완료된 후 검증 데이터로 예측을 수행하고 그 값을 oof_train 변수에 담습니다.

4. 테스트 데이터도 마찬가지로 예측을 수행하고 oof_test 변수에 담습니다. 이때 폴드 수만큼 나눠줍니다(평균).

```
from sklearn.model_selection import KFold

# 훈련, 테스트 데이터 결과를 담을 변수 준비
oof_train = np.zeros((len(train), 1))
oof_test = np.zeros((len(test), 1))

fold = KFold(n_splits=3, random_state=42)
```

```
for trn_idx, val_idx in fold.split(train):
    x_tr, y_tr = train[trn_idx], target[trn_idx]
    x_val, y_val = train[val_idx], target[val_idx]
    model.fit(x_tr, y_tr)

    # 검증 데이터 예측, val_idx로 선택하여 1/3 Fold 데이터만 변수에 저장
    oof_train[val_idx] = model.predict(x_val)

    # 학습된 모델로 테스트 데이터도 예측 수행,
    # 3으로 나누는 이유는 3번 예측을 수행하기 때문에 평균을 내기 위함
    oof_test += model.predict(test) / 3
```

위와 같이 예측 값들을 모델 1부터 모델 N까지 준비하여 그 값들을 2단계 모델의 입력으로 사용합니다. 이때 스태킹을 수행할 모델은 그래디언트 부스팅(Gradient Boosting) 계열 알고리즘이나 간단한 신경망(Neural Network) 알고리즘을 주로 사용합니다. 2단계 모델의 파라미터는 너무 깊지 않게 조절하여 과적합(Overfitting)을 방지합니다.

다음은 2단계 모델을 만드는 예제 코드입니다. 1단계 모델 4개를 사용한다고 가정했을 때 다음과 같이 2단계 인풋을 만들면 됩니다. 다음은 스태킹이 이루어지는 과정을 설명한 코드이고, 실제 대회에서 사용한 코드는 2.3.4절 솔루션 상세 내용에서 설명하겠습니다.

```
# 모델 4개를 사용했다고 가정했을 때 다음과 같이 4개의 결과를 합쳐서
# 하나의 2단계 입력 값을 만듭니다.
train_2nd_input = np.concatenate(
    (oof_train_model1, oof_train_model2, oof_train_model3, oof_train_model4), axis=1
)
test_2nd_input = np.concatenate(
    (oof_test_model1, oof_test_model2, oof_test_model3, oof_test_model4), axis=1
)

# 2단계 예측 결과를 담을 변수를 만듭니다.
oof_train_2nd = np.zeros((len(train_2nd_input), 1))
oof_test_2nd = np.zeros((len(test_2nd_input), 1))

fold = KFold(n_splits=3, random_state=42)
for trn_idx, val_idx in fold.split(train):
    x_tr, y_tr = train_2nd_input[trn_idx], target[trn_idx]
    x_val, y_val = train_2nd_input[val_idx], target[val_idx]
    model.fit(x_tr, y_tr)
```

```
# 마찬가지로 예측을 수행하고 결과를 저장합니다.
oof_train_2nd[val_idx] = model.predict(x_val)
test_2nd_input += model.predict(test_2nd_input) / 3
```

스태킹의 성능을 올리는 방법은 다음과 같습니다. 반드시 성능이 올라간다고 보장할 수 없지만 주로 다음 방법을 사용합니다. 주 목적은 다양성을 추가하는 것입니다.

- 모델에 들어가는 피처를 다르게 하여 다양성을 추가합니다.
- 같은 모델이더라도 파라미터를 다르게 합니다.
- 다양한 모델을 추가합니다. 트리(Tree) 기반의 모델뿐만 아니라 K-최근접이웃(KNN), 신경망, 선형 모델(Linear Model) 등과 같은 여러 모델을 사용합니다.
- 2단계 모델의 입력에는 1단계 모델의 예측 값뿐만 아니라 원본 피처의 일부를 추가할 수 있습니다.
- 2단계 모델을 다양하게 시도해보고 여러 모델의 결과를 다시 스태킹하거나 평균 값을 취할 수 있습니다.

2.3.4 솔루션 상세

스태킹에 대해 공부했으니 이제 다시 솔루션에 대해 알아보겠습니다. 솔루션은 2단계로 구성했고, 그중 1단계 모델은 총 6가지를 사용했습니다.

모델의 파라미터는 'Hyperopt'를 활용하여 찾았습니다. 'Hyperopt'란 머신러닝 모델의 파라미터를 튜닝할 수 있는 라이브러리입니다. 무작위 검색 및 TPE(Tree of Parzen Estimators, Bayesian 방법)라는 두 가지 튜닝 알고리즘을 제공합니다. 사용법이 비교적 간단해서 쉽게 사용할 수 있으나, 파라미터 탐색 범위를 지정할 때 파라미터 특성에 대해 자세히 모르면 잘못된 형태나 범위를 지정하여 에러를 발생시킬 수 있습니다.

```
svnu_params = {
    "probability": True,
    "kernel": "poly",
    "degree": 4,
    "gamma": "auto",
    "nu": 0.4,
```

```
    "coef0": 0.08,
    "random_state": 4,
}
svnu2_params = {
    "probability": True,
    "kernel": "poly",
    "degree": 2,
    "gamma": "auto",
    "nu": 0.4,
    "coef0": 0.08,
    "random_state": 4,
}
qda_params = {"reg_param": 0.111}
svc_params = {
    "probability": True,
    "kernel": "poly",
    "degree": 4,
    "gamma": "auto",
    "random_state": 4,
}
neighbor_params = {"n_neighbors": 16}
lr_params = {"solver": "liblinear", "penalty": "l1", "C": 0.05, "random_state": 42}
```

위와 같이 파라미터를 정의하고 알고리즘에 파라미터 값을 넣어서 사용할 모델을 만듭니다. 그 후 모델 List를 만들고 run_model이라는 미리 정의한 함수에 모델 List와 학습, 테스트, random_seed, Gaussian Mixture Model의 init_params 값을 전달했습니다. run_model은 중복되는 부분을 함수화한 것으로 실제 학습은 이 함수 안에서 발생합니다.

그 후 위에서 정의한 model_list의 개수만큼 학습의 예측 값과 테스트의 예측 값을 반환합니다.

```
from sklearn import svm
from sklearn.discriminant_analysis import QuadraticDiscriminantAnalysis
from sklearn import neighbors
from sklearn import linear_model
```

```python
def run_model(clf_list, train, test, random_state, gmm_init_params="kmeans"):
    MODEL_COUNT = len(clf_list)
    oof_train = np.zeros((len(train), MODEL_COUNT))
    oof_test = np.zeros((len(test), MODEL_COUNT))

nusvc_model = svm.NuSVC(**svnu_params)
nusvc2_model = svm.NuSVC(**svnu2_params)
qda_model = QuadraticDiscriminantAnalysis(**qda_params)
svc_model = svm.SVC(**svc_params)
knn_model = neighbors.KNeighborsClassifier(**neighbor_params)
lr_model = linear_model.LogisticRegression(**lr_params)

model_list = [nusvc_model, nusvc2_model, qda_model, svc_model, knn_model, lr_model]
oof_train_kmeans_seed1, oof_test_kmeans_seed1 = run_model(model_list, train, test, 1)
oof_train_kmeans_seed2, oof_test_kmeans_seed2 = run_model(model_list, train, test, 2)
oof_train_random_seed1, oof_test_random_seed1 = run_model(
    model_list, train, test, 1, "random"
)
oof_train_random_seed2, oof_test_random_seed2 = run_model(
    model_list, train, test, 2, "random"
)
```

솔루션의 핵심 기능인 run_model은 넘겨받은 모델의 개수를 정의하고 예측 값을 담을 변수를 만듭니다. id, target, wheezy-copper-turtle-magic을 제외한 실제 피처로 사용할 열을 선택하고, 0부터 511까지 반복하면서 wheezy-copper-turtle-magic 값별로 데이터를 선택합니다.

tqdm은 반복의 경과를 볼 수 있는 라이브러리입니다. 훈련 데이터와 테스트 데이터의 인덱스를 기억해두고 각 열별 표준편차를 구합니다. 그 후 넘파이의 where 함수를 이용하여 표준편차가 2보다 큰 인덱스를 선택하여 리스트를 만듭니다. 아래 결과에서 리스트는 결국 열이기 때문에 표준편차가 2보다 큰 열을 선택하는 것입니다.

그럼 왜 갑자기 0~511까지 반복하면서 wheezy-copper-turtle-magic별로 모델을 만들어주는지, 왜 표준편차가 2보다 큰 열만 선택하는지 살펴보겠습니다.

```python
from tqdm.auto import tqdm

train_columns = [
    c for c in train.columns if c not in [
        "id", "target", "wheezy-copper-turtle-magic"
    ]
```

```
    ]

for i in tqdm(range(512)):
    x_train = train[train["wheezy-copper-turtle-magic"] == i]
    x_test = test[test["wheezy-copper-turtle-magic"] == i]

    train_idx_origin = x_train.index
    test_idx_origin = x_test.index

    train_std = x_train[train_columns].std()
    cols = list(train_std.index.values[np.where(train_std > 2)])
```

대회를 진행하다 보면 디스커션과 노트북이 많이 올라오고, 대회 중에도 좋은 정보들이 공유됩니다. 대회 초반 고전을 면치 못하고 있을 때 Chris Deotte의 'Logistic Regression(로지스틱 회귀)' 노트북[2]이 공유됐습니다. 단순한 로지스틱 회귀만으로 점수가 0.5대에서 0.8로 향상됐다는 노트북을 보면서, 흔히 강력한 모델이라고 알려진 LightGBM만이 답이 아니라는 것을 깨달았습니다. 이처럼 대회에 참가하면서 디스커션과 노트북을 항상 모니터링하고 정리하는 것도 매우 중요합니다.

위 노트북을 참고한 뒤 wheezy-copper-turtle-magic의 범주형 값에 따라 모델을 512개로 나눴습니다. 앞서 EDA에서 이 변수는 다른 피처와 다르게 512개로 구성되어 있어서 이상하다고 생각했는데, 이렇게 별도 모델을 만드니 점수가 크게 개선되는 것을 확인할 수 있었습니다. 처음에는 이 변수를 카테고리 변수로 놓거나 원-핫 인코딩(One-Hot Encoding)하여 사용했지만 512개로 나눠서 모델링을 수행하니 점수가 크게 향상됐던 것입니다. 영향력이 매우 강력한 카테고리 변수를 별도 모델로 분리하여 모델링하면 점수가 오를 때가 종종 있습니다. 애초에 이 대회처럼 데이터가 가상으로 만들어진 경우 wheezy-copper-turtle-magic 값이 데이터 생성 집합의 키 값 같은 피처라면 별도로 분리하여 모델링하는 것이 합리적일 수 있습니다.

또한, wheezy-copper-turtle-magic이 0일 때 전체 피처를 살펴보면 값의 범위가 -10~10, -2~2라는 두 가지 패턴으로 나뉘는 것을 볼 수 있었습니다.

---

2 https://www.kaggle.com/cdeotte/logistic-regression-0-800

❤ 그림 2-12 wheezy-copper-turtle-magic이 0일 때 Target별 변수 분포

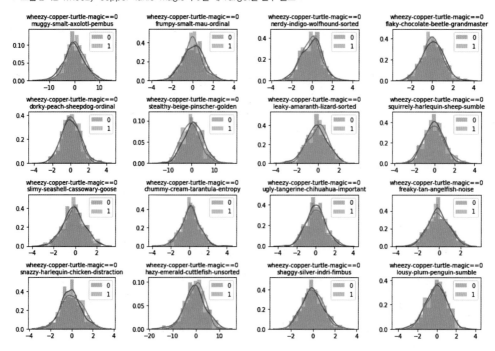

다음은 wheezy-copper-turtle-magic의 값이 0일 때 훈련 데이터의 표준편차를 나타낸 그래프입니다. 표준편차가 1과 3~4 형태로 분포합니다. 2를 기준으로 나누면 정확하게 두 가지 그룹으로 분류할 수 있습니다. 이렇게 열 간에 눈에 띄는 표준편차 특징을 확인한 뒤 사람들은 실험적으로 표준편차가 2보다 작은 열만 남기고 알고리즘을 수행해보고, 2보다 큰 열만 남기고 수행해봅니다.

❤ 그림 2-13 wheezy-copper-turtle-magic이 0일 때 훈련 데이터의 표준편차

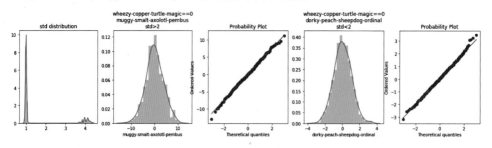

전체 열 사용

```
>>> linear_model.LogisticRegression(C=0.05)
0.7549767488424005
```

표준편차가 2보다 작은 열만 사용

```
>>> linear_model.LogisticRegression(C=0.05)
0.4971797754803439
```

표준편차가 2보다 큰 열만 사용

```
>>> linear_model.LogisticRegression(C=0.05)
0.9411021963446836
```

다음은 그룹 내 표준편차가 2보다 큰 피처가 다른 그룹 내 유용한 피처와 얼마나 겹치는지 그린 히트맵(Heatmap)입니다. 각 그룹 내에서 표준편차가 2보다 큰 피처가 유용한 피처라고 위 실험에서 증명했습니다. 하지만 wheezy-copper-turtle-magic 그룹별로 이 피처들이 유사한지 살펴봤을 때 어두운 보라색을 띠어 대부분 16개 이하로 겹치는 것을 확인할 수 있었습니다. wheezy-copper-turtle-magic의 값이 달라졌을 때 열별로 유용한 피처가 겹치는 패턴이 존재하지 않고(색에 패턴이 존재하지 않음), 유용한 피처가 많이 겹치지도 않아 값별로 모델을 만들어야 한다는 것을 다시 한번 확인할 수 있었습니다.

❤ 그림 2-14 wheezy-copper-turtle-magic의 값별 유용한 피처 히트맵

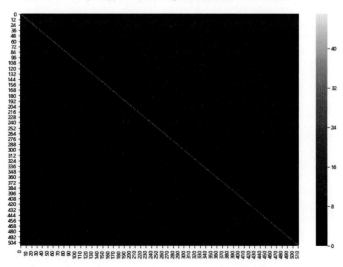

위 내용을 정리하면 다음과 같습니다.

- 데이터는 512개의 `wheezy-copper-turtle-magic`으로 구분되며 각 512개 조합으로 만들어진 것으로 추측됩니다.
- 512개 그룹 안에는 512개 정도의 데이터가 존재하고 이때 열별 표준편차의 분포는 두 가지, 즉 2보다 큰 것과 작은 것으로 나눌 수 있습니다.
- 표준편차가 2보다 작은 그룹만으로 알고리즘을 수행했을 때 점수가 0.5 정도 나오고, 2보다 큰 그룹만으로 알고리즘을 수행했을 때 0.9가 넘는 것으로 봐서 2보다 작은 그룹은 라벨을 구분하는 데 큰 영향을 주지 못하는 것으로 보입니다.
- 유용한 열은 각 그룹마다 다르기 때문에 그룹 내에서 재계산해야 하며 각 그룹별로 겹치는 부분이 작습니다.

위와 같은 결과를 바탕으로 512개 모델과 표준편차가 2보다 큰 열만 선택했습니다.

그 후 성능을 올릴 수 있는 여러 피처를 추가했습니다. 대부분의 피처는 실험을 통해 추가했고, 다음에서 사용한 KernelPCA 또한 디스커션에 공유됐던 PCA 피처를 변형한 것입니다. kernel은 cosine, poly, rbf 등 여러 가지를 실험해보면서 'cosine'으로 결정했습니다. 보통 PCA는 차원을 줄이는 목적으로 사용하지만 여기서는 데이터를 cosine kernel에 맞게 변형하는 데 사용했습니다.

```
from sklearn.decomposition import KernelPCA

all_data = KernelPCA(
    n_components=len(cols), kernel="cosine", random_state=random_state
).fit_transform(all_data)
```

GOLD 팀이 대회 초반에 상위권에 있었던 이유는 GMM(Gaussian Mixture Model)을 빠르게 사용했기 때문입니다. 이 방법을 사용한 이유는 데이터의 라벨이 각각 다른 정규 분포를 이루고 있다고 생각했기 때문입니다. 추후 이 방법이 디스커션에 공개되어 순위가 많이 내려갔는데 대부분의 금메달 솔루션이 GMM을 사용했습니다.

GMM은 여러 개의 정규 분포가 혼합되어 있다고 가정합니다. 그림 2-15를 하나의 분포라고 생각하는 것보다 여러 정규 분포가 합쳐진 형태라고 생각하는 것이 이해하기 쉬울 것입니다. 즉, 전체 분포에서 하위 분포가 존재하고, 데이터가 모수를 갖는 여러 분포에서 생성됐다고 가정합니다. GMM에서 추정해야 할 모수는 데이터가 어느 정규 분포에 속할 것인지를 나타내는 Mixing

Coefficient 값(확률)과 각 개별 정규 분포의 평균과 분산입니다. 모수의 추정은 EM(Expectation and Maximization) 방법을 적용하는데, 이 책에서는 생략하겠습니다.

❤ 그림 2-15 Gaussian Mixture Model

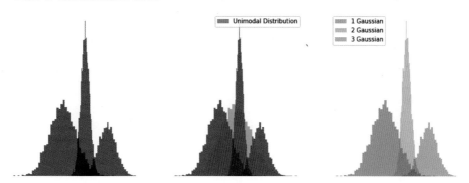

사이킷런에서 제공하는 GMM 기능을 사용했고, 파라미터는 실험적으로 찾았습니다.

- n_components: 혼합된 분포의 개수를 나타냅니다.
- random_state: 파라미터를 초기화할 때 사용하는 시드(Seed) 값입니다.
- Init_param: 모수를 초기화할 때 사용하는 방법으로 'kmeans'와 'random' 중에 선택해야 합니다. 스태킹 시 이 파라미터를 다르게 하여 다양성을 추가했습니다.
- Max_iter: EM의 반복 횟수입니다.
- Predict_proba: 이 결과는 각 분포에 속할 확률을 예측합니다.
- Predict: 속하는 분포의 라벨 값을 예측합니다.
- Score_samples: 이 결과는 가중치가 적용된 Log 확률을 계산합니다.

```python
from sklearn.mixture import GaussianMixture as GMM

gmm = GMM(
    n_components=5,
    random_state=random_state,
    max_iter=1000,
    init_params=gmm_init_params,
).fit(all_data)

gmm_pred = gmm.predict_proba(all_data)
gmm_score = gmm.score_samples(all_data).reshape(-1, 1)
gmm_label = gmm.predict(all_data)
```

Hist 피처라는 피처도 추가하여 성능을 약간 향상시켰습니다. 다음은 Histogram 피처를 적용하는 코드입니다. Hist_model 객체를 생성하고 fit 함수를 호출하여 각 열별 도수와 도수 경계를 구합니다. 그 후 predict를 통해서 각 행별로 도수의 평균을 구합니다.

- 연속형 변수를 넘파이 histogram을 사용하여 구간화하고 그 구간별 도수를 저장합니다.
- Predict 시 각 행, 열별 반복문을 수행합니다.
- bin_num = (var > self.bin_edge[i]).argmin()-1로 어느 구간에 속하는지 구하고, self.bin_hight[i, bin_num]으로 그 구간에 속하는 도수를 구합니다.
- 예를 들어 열이 40개면 40개의 도수를 구하고, np.mean(obs_score)로 도수의 평균을 구합니다.

```python
class hist_model(object):
    def __init__(self, bins=50):
        self.bins = bins

    def fit(self, X):
        bin_hight, bin_edge = [], []

        for var in X.T:
            # Numpy Histogram을 사용하여 구간화하고 도숫값과 구간 경곗값을 저장
            bh, bedge = np.histogram(var, bins=self.bins)
            bin_hight.append(bh)
            bin_edge.append(bedge)

        self.bin_hight = np.array(bin_hight)
        self.bin_edge = np.array(bin_edge)

    def predict(self, X):
        scores = []
        for obs in X:
            obs_score = []
            for i, var in enumerate(obs):
                # 값이 어느 구간에 속하는지 계산
                bin_num = (var > self.bin_edge[i]).argmin() - 1
                # 구간에 속하는 도숫값을 저장
                obs_score.append(self.bin_hight[i, bin_num])

            scores.append(np.mean(obs_score))

        return np.array(scores)
```

Histogram 피처는 빈도 수가 정답 값과 연관될 때 좋은 성능을 보입니다. 비슷하게 카테고리 변수들을 빈도 수로 인코딩(Encoding)하는 방법이 있는데, 캐글에서는 이를 빈도 수 기반 인코딩(Frequency Encoding)이라고 부르며 많이 사용합니다. 마찬가지로 빈도 수에 따라 정답이 구분될 때 사용하면 좋습니다.

```
# hist feature
hist = hist_model()
hist.fit(all_data)
hist_pred = hist.predict(all_data).reshape(-1, 1)
```

위에서 수행한 피처를 모두 합치고 사이킷런의 StandardScaler를 사용해 표준화(Standardization)했습니다. 여기서 특이한 것은 gmm_pred와 gmm_score라는 GMM 피처를 여러 번 합친 것입니다. 실수로 2번 추가했을 때 성능이 올라갔고 여러 번 추가했을 때 성능이 더 올라가는 것을 확인했습니다(이는 일반적이지 않은 방법이긴 합니다).

```
from sklearn.preprocessing import StandardScaler

all_data = np.hstack([all_data, gmm_pred, gmm_pred, gmm_pred, gmm_pred, gmm_pred])

# Add Some Features
all_data = np.hstack([all_data, hist_pred, gmm_score, gmm_score, gmm_score])

# STANDARD SCALER
all_data = StandardScaler().fit_transform(all_data)

# new train/test
x_train = all_data[: x_train.shape[0]]
x_test = all_data[x_train.shape[0] :]
```

사이킷런의 StratifiedKFold를 사용하여 교차 검증 전략(Cross Validation)을 구축했습니다. 특별히 Stratified 방법을 사용했는데, 보통 라벨을 넣어 라벨 값을 균일하게 분배하지만 이번에는 GMM 의 라벨 값을 Stratified로 사용했고 성능이 약간 향상됐습니다.

그 후 파라미터로 넘겨받은 모델의 목록을 순회하면서 알고리즘을 수행합니다. 사이킷런 모델들은 대부분 fit 함수로 학습하고 predict 또는 predict_proba를 통하여 예측 결과를 도출하기 때문에 다양한 모델을 학습하더라도 다음과 같이 작성할 수 있습니다.

```
from sklearn.model_selection import StratifiedKFold

fold = StratifiedKFold(n_splits=5, random_state=random_state)
for trn_idx, val_idx in fold.split(x_train, gmm_label[: x_train.shape[0]]):
    for model_index, model in enumerate(model_list):
        model.fit(x_train[trn_idx], y_train[trn_idx])

        oof_train[train_idx_origin[val_idx], model_index] = model.predict_proba(
            x_train[val_idx]
        )[:, 1]
        oof_test[test_idx_origin, model_index] += (
            model.predict_proba(x_test)[:, 1] / fold.n_splits
        )
```

모델의 각 결과는 다음과 같습니다. Logistic Regression 점수가 비교적 낮고, GMM의 init param 파라미터가 랜덤(random)일 때 점수가 다소 낮습니다. 이렇게 점수가 낮은데도 사용한 이유는 다양성을 추가하기 위해서입니다. 때로는 성능이 낮은 모델이라도 도움이 될 수 있습니다.

▼ 그림 2-16 1단계 모델 검증 AUC 점수

GMM	SEED	Model	AUC
kmeans	1	nuSVC	0.968784744
		nuSVC	0.967664324
		QDA	0.971322579
		SVC	0.968443056
		KNN	0.964097697
		LR	0.942085151
	2	nuSVC	0.970162965
		nuSVC	0.969076132
		QDA	0.972095771
		SVC	0.970025314
		KNN	0.96685307
		LR	0.946904036
random	1	nuSVC	0.961908723
		nuSVC	0.96188076
		QDA	0.969849771
		SVC	0.961279368
		KNN	0.951630987
		LR	0.924853782
	2	nuSVC	0.962990642
		nuSVC	0.96288289
		QDA	0.970238292
		SVC	0.962399823
		KNN	0.953190646
		LR	0.928692512

1번째 레이어의 결과를 기반으로 스태킹을 수행하기 위해, 위의 결과를 합쳐서 2번째 레이어의 입력을 만들어줍니다. 단순히 평균을 낸 점수도 AUC를 확인했을 때 0.9750입니다. 단일 모델을 사용했을 때보다 여러 모델을 같이 사용했을 때 성능이 향상된 것을 볼 수 있습니다.

각 모델의 상관관계를 살펴보면 SVC 계열 모델과 다른 모델 간 상관관계가 낮은 것을 볼 수 있는데, 이를 통해 유사도를 확인할 수 있습니다. 상관관계가 낮을수록 모델이 유사하지 않다는 것이고, 앙상블 시 점수가 향상될 가능성이 큽니다. 특히 트리 계열 모델과 딥러닝 기반 모델을 섞을 때 성능이 많이 향상됩니다.

```python
from sklearn.metrics import roc_auc_score

train_second = (
    oof_train_kmeans_seed1
    + oof_train_kmeans_seed2
    + oof_train_random_seed1
    + oof_train_random_seed2
) / 4
test_second = (
    oof_test_kmeans_seed1
    + oof_test_kmeans_seed2
    + oof_test_random_seed1
    + oof_test_random_seed2
) / 4

>>> print("Ensemble", roc_auc_score(train["target"], train_second.mean(1)))
Ensemble 0.9750189404609224
```

▼ 그림 2-17 1단계 모델 상관관계 히트맵

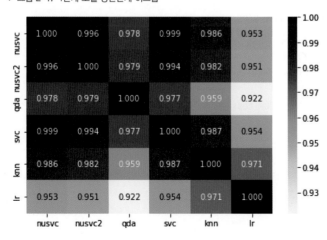

LightGBM과 사이킷런의 NeuralNetwork를 2번째 레이어의 스태킹 모델로 사용합니다. 여기서 시드(Seed) 앙상블이라는 방법을 사용하는데 모델의 무작위 시드 값을 변경하여 다양성을 추가하는 방법입니다. 시드 값을 변경하면 모델이 조금씩 달라져서 비교적 손쉽게 다양성을 확보할 수 있으며, 대회 마지막 단계에서 자주 사용합니다. 시드 값을 크게 하면 다양성을 많이 확보할 수 있지만 그만큼 시간도 오래 걸립니다.

```python
import lightgbm as lgbm

SEED_NUMBER = 4
NFOLD = 5

y_train = train["target"]
oof_lgbm_meta_train = np.zeros((len(train_second), SEED_NUMBER))
oof_lgbm_meta_test = np.zeros((len(test_second), SEED_NUMBER))
oof_mlp_meta_train = np.zeros((len(train_second), SEED_NUMBER))
oof_mlp_meta_test = np.zeros((len(test_second), SEED_NUMBER))

for seed in range(SEED_NUMBER):
    print("SEED Ensemble:", seed)
    mlp16_params["random_state"] = seed
    lgbm_meta_param["seed"] = seed
    folds = StratifiedKFold(n_splits=NFOLD, shuffle=True, random_state=seed)
    for fold_index, (trn_index, val_index) in enumerate(
        folds.split(train_second, y_train), 1
    ):
        print(f"{fold_index} FOLD Start")
        trn_x, trn_y = train_second.iloc[trn_index], y_train.iloc[trn_index]
        val_x, val_y = train_second.iloc[val_index], y_train.iloc[val_index]

        mlp_meta_model = neural_network.MLPClassifier(**mlp16_params)
        mlp_meta_model.fit(trn_x, trn_y)

        oof_mlp_meta_train[val_index, seed] = mlp_meta_model.predict_proba(val_x)[:, 1]
        oof_mlp_meta_test[:, seed] += (
            mlp_meta_model.predict_proba(test_second)[:, 1] / NFOLD
        )
        print(
            "MLP META SCORE: ",
            roc_auc_score(val_y, oof_mlp_meta_train[val_index, seed]),
        )
```

```
        # lgbm meta model
        dtrain = lgbm.Dataset(trn_x, label=trn_y, silent=True)
        dcross = lgbm.Dataset(val_x, label=val_y, silent=True)

        lgbm_meta_model = lgbm.train(
            lgbm_meta_param,
            train_set=dtrain,
            valid_sets=[dtrain, dcross],
            verbose_eval=False,
            early_stopping_rounds=100,
        )

        oof_lgbm_meta_train[val_index, seed] = lgbm_meta_model.predict(val_x)
        oof_lgbm_meta_test[:, seed] += lgbm_meta_model.predict(test_second) / NFOLD
        print(
            "LGBM META SCORE: ",
            roc_auc_score(val_y, oof_lgbm_meta_train[val_index, seed]),
        )
```

보통 2번째 레이어의 스태킹 모델 결과로 제출하지만 이것저것 실험해본 결과, 가장 검증 점수가
좋았던 방법은 1번째 레이어의 결과 값과 2번째 레이어의 LightGBM, NeuralNetwork 결과 값
을 평균 내는 것이었습니다.

```
oof_lgbm_meta_train_df = (
    pd.DataFrame(oof_lgbm_meta_train)
    .mean(axis=1)
    .to_frame()
    .rename(columns={0: "lgbm"})
)
oof_lgbm_meta_test_df = (
    pd.DataFrame(oof_lgbm_meta_test).mean(axis=1).to_frame().rename(columns={0:
"lgbm"})
)
oof_mlp_meta_train_df = (
    pd.DataFrame(oof_mlp_meta_train).mean(axis=1).to_frame().rename(columns={0:
"mlp"})
)
oof_mlp_meta_test_df = (
    pd.DataFrame(oof_mlp_meta_test).mean(axis=1).to_frame().rename(columns={0:
"mlp"})
```

```
    )

oof_train_third = pd.concat(
    [train_second, oof_lgbm_meta_train_df, oof_mlp_meta_train_df], axis=1
)
oof_test_third = pd.concat(
    [test_second, oof_lgbm_meta_test_df, oof_mlp_meta_test_df], axis=1
)

>>> print("Ensemble", roc_auc_score(train["target"], oof_train_third.mean(1)))
Ensemble 0.9750230748937072
```

성능을 올리고 싶은 욕심에 이렇게 깊고 무거운 모델을 만든 것 같습니다. 대회가 끝나고 여러 번 제출해볼 수 있는 시점에서 랜덤 시드 값 42를 사용한 1단계 모델이 비공개(Private) 점수 1등을 한 것을 보고 허무해지기도 했습니다.

대회 막바지에는 성능을 올리고 싶은 욕심으로 점점 더 깊고 무거운 모델이 만들게 됩니다. 이렇게 한번 만들기 시작하면, 비슷한 성능을 내기 위해서는 비슷하게 깊고 무거운 모델을 만들어야 합니다. 이러면 피처를 추가하는 작업부터 모델링까지의 성능을 빠르게 검증하기가 힘들어지므로 비효율적입니다. 따라서 실험할 것들은 최대한 대회 초반에 진행하고, 이를 체계적으로 정리한 뒤 대회 종료 1~2주 전부터 마무리하면서 모델을 깊게 만드는 것을 추천합니다.

2.3.5 제출 전략

솔루션이 복잡했지만 데이터가 특이하여 전형적인 트리 기반 알고리즘뿐만 아니라 다양한 알고리즘과 방법을 시도해볼 수 있었습니다. 다 소개하지는 못했지만 PolynomialFeature를 추가하거나, 다양한 차원 축소 방법들을 비롯해 사이킷런에 있는 거의 모든 모델을 시도해본 것 같습니다.

이렇게 많은 제출물을 만들고 나니 어떻게 두 가지를 선택해야 할지 막막했습니다. 대회에서 두려운 것 중 하나는 상위권을 유지하다가 등수가 떨어지는 것(Shake up)입니다. 몇 달간 열심히 고생한 것을 한순간에 잃어버리는 것이기 때문에 두 가지 제출물은 신중하게 선택해야 합니다.

GOLD 팀은 최종 선택을 잘못하여 금메달권에 들지 못했지만 전략이 특이했기 때문에 여기서 소개하려고 합니다. 다만 이렇게 코드 컴페티션에서 숨겨진 테스트 데이터를 추정하는 것은 바람직하지 못하며 제출 횟수도 소모되기 때문에 추천하지 않습니다.

이 대회의 데이터는 임의로 생성한 것으로 디스커션에는 이와 관련한 추측들이 많았습니다. 그중 다음에 소개할 커널은 사이킷런의 make_classification이라는 기능을 통해 데이터를 생성한 방법을 추측한 것입니다. 이 노트북[3]은 make_classification 기능으로 데이터를 만든 뒤 다른 사람들이 올린 노트북 점수와 생성한 데이터의 점수를 비교한 것입니다. 결과가 매우 비슷했기 때문에 데이터를 make_classification을 사용하여 만든 것이 아닌지 추측한 것입니다. 그럼 데이터 생성 기능에 대해서 자세히 알아보겠습니다.

Make Classification

사이킷런에는 데이터셋들을 불러올 수 있는 기능과 인공적으로 데이터를 생성할 수 있는 기능이 있습니다. 그중 make_classification은 임의로 n개 Class를 가지는 분류 문제를 생성합니다. n_informative 차원의 부분 공간 안에 각 Class별로 정규 분포를 이루는 군집을 만들어내는 기능으로 각 파라미터별로 차이점을 시각화해서 살펴보겠습니다.

```python
from sklearn.datasets import make_classification

X1, Y1 = make_classification(
    n_samples=1000,
    n_features=4,
    n_redundant=0,
    n_informative=2,
    n_clusters_per_class=2,
    flip_y=0.05,
    n_classes=2,
    class_sep=3,
    scale=1,
    shift=0,
    random_state=0,
)
```

- **n_classes**: 분류할 개수를 2로 설정하면 이진 분류 문제가 됩니다.
- **n_clusters_per_classs**: 각 Class별로 군집을 몇 개로 할 것인지 설정합니다. 그림 2-18에서 X: F2, Y: F3 그래프를 보면 노란색 Class와 보라색 Class 군집이 각각 두 개씩 나타납니다.

---

3   https://www.kaggle.com/mhviraf/synthetic-data-for-next-instant-gratification

- **class_sep**: 전체 데이터셋에 곱해지는 값으로 이 값이 크면 Class와 군집이 더 분리되어 분류하기 쉬워집니다.
- **Flip_y**: 0.05만큼 Target Y를 바꿔주는 것입니다. 특이한 점은 유용한 피처와 그렇지 못한 피처의 표준편차가 다르다는 점입니다.

그림 2-18에서 유용한 Feature는 정확하게 Class와 각 Class의 군집을 분리한 F2와 F3입니다.

▼ 그림 2-18 Make Classification 설명

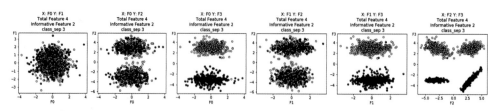

실제 대회가 끝나고 캐글 측에서 데이터를 만들었던 코드를 공개했습니다. 아래 코드가 가상 데이터를 만든 캐글 코드입니다. 예상대로 make_classification으로 만들었고, 캐글러들이 찾아낸 코드와 거의 비슷합니다. random_seed를 찾아내려는 노력도 있었는데 실제 random_seed를 찾아내서 100% 데이터를 재현한 사람은 없었습니다.

```
import random

def create_dataset(random_seed):
    random.seed(3 + random_seed)  # setting a seed for the randint() call below
    X, y = make_classification(
        n_samples=NUM_SAMPLES,
        n_features=NUM_FEATURES,
        n_informative=random.randint(33, 47),
        n_redundant=0,
        n_repeated=0,
        n_classes=2,
        n_clusters_per_class=3,
        weights=None,
        flip_y=0.05,
        class_sep=1.0,
        hypercube=True,
        shift=0.0,
        scale=1.0,
        shuffle=True,
```

```
        random_state=random_seed,
    )
    df = funny_names(X)
    df["wheezy-copper-turtle-magic"] = random_seed
    df = df.sample(
        frac=1, axis=1, random_state=random_seed, replace=False
    )  # Shuffle column order so magic variable isn't last
    df["target"] = y
    return df
```

대회가 끝나고 점수가 나왔을 때 등수가 떨어지면 매우 마음이 아픕니다. 이를 방지하기 위해 모델 검증 전략과 제출 전략을 잘 세워야 합니다.

이 대회의 경우 make_classification으로 데이터를 만들었다는 추측과 이 기능의 flip_y라는 파라미터 때문에 정확하게 라벨을 분류하는 것이 불가능하다는 의견이 있었습니다. flip_y는 라벨을 랜덤하게 설정한 비율만큼 뒤집는 것을 말합니다. 무작위로 정해지기 때문에 모델을 사용하여 분류하기 힘들고, 공개된 테스트 데이터에서 잘 맞추더라도 숨겨진 테스트 데이터에서는 못 맞출 수 있습니다.

그래서 GOLD 팀은 다음과 같은 전략으로 최종 제출을 수행했습니다. 결과적으로 잘 안 되었지만 방법이 특별하여 소개합니다.

1. 숨겨진 테스트 데이터 개수 추정

2. 테스트 개수를 바탕으로 make_classification을 활용하여 다양한 시드의 가상 데이터 확보

3. 가상 데이터셋에서 숨겨진 테스트의 점수가 고르고 높게 나온 제출 선택

각 wheezy-copper-turtle-magic별 숨겨진 테스트 데이터 개수 추정

앞에서 모델을 wheezy-copper-turtle-magic으로 나누었고 유용한 피처도 표준편차가 2 이상인 것을 선택했습니다. EDA를 통해 데이터는 총 512개의 wheezy-copper-turtle-magic 조합으로 표현될 수 있고, wheezy-copper-turtle-magic 값마다 훈련 데이터와 테스트 데이터의 개수가 다른 것을 볼 수 있었습니다. 훈련 데이터의 개수와 공개된 테스트 데이터 개수는 알 수 있었지만, 숨겨진 테스트 데이터의 개수는 알 수 없었습니다. 여기서 하나의 가설을 세우게 됩니다.

숨겨진 테스트 데이터 개수 = 테스트 데이터 개수 – 공개된 테스트 데이터 개수

	wheezy-copper-turtle-magic	테스트 데이터 개수	공개된 테스트 데이터 개수	숨겨진 테스트 데이터 개수
0	0	534	253	281
1	1	510	250	260
...	...	...	...	...
510	510	515	267	248
511	511	502	247	255

이 가설이 맞는다면 make_classification을 통해서 데이터를 만들고 숨겨진 테스트 데이터의 개수만큼 랜덤하게 분리하여 평가할 수 있다고 생각했습니다. 이 가설을 확인하려면 wheezy-copper-turtle-magic 값이 0일 때 실제로 숨겨진 테스트 데이터의 개수가 281개인지 확인해야 합니다.

모델은 wheezy-copper-turtle-magic별 고유한 512개로 구성되는데 0번 모델부터 511번 모델까지 전부 수행해야 0.975 근처의 AUC가 나오는 것을 확인할 수 있었습니다. 만약 0번 모델만 돌려서 결과를 제출하면 0.5 근처의 값이 나올 것이고, 모델의 성능이 모델을 1개 추가할 때마다 약 0.000929씩 선형적으로 증가하기 때문에 0부터 200까지 모델을 돌려 제출하면 0.7의 AUC 점수를 받을 것입니다. 몇 번의 wheezy-copper-turtle-magic까지 돌리는지에 따라 점수가 선형적으로 증가하는 점을 이용하여 wheezy-copper-turtle-magic 값이 0일 때 숨겨진 테스트 데이터의 개수를 추정했습니다.

다음 표에서 보는 것처럼 숨겨진 테스트 데이터의 개수가 280개라고 가정한 경우 510개 모델을 모두 돈다고 설정하면 기대되는 점수는 0.971600입니다. 테스트 데이터 개수가 200이라면 110까지 모델을 돌리도록 설정하고 200부터 281까지의 값은 약 5개씩 차이 나게 설정했습니다. 이렇게 실행한 후 만약 점수가 0.6이 나온다면 숨겨진 테스트 데이터 개수가 200개란 뜻이 됩니다.

▼ 표 2-5 wheezy-copper-turtle-magic 개수에 따른 예상 리더보드 점수

	추정된 숨겨진 테스트 데이터 개수	wheezy-copper-turtle-magic 모델 개수	예상 리더보드 점수
0	200	110	0.600000
1	201	115	0.604645
...	...	...	...
79	279	505	0.966955
80	280	510	0.971600

이렇게 제출 기회를 소모한 끝에 제출 결과는 0.975 근처의 값이 나와 wheezy-copper-turtle-magic이 0일 때 숨겨진 테스트 데이터의 개수가 281이라는 것을 확인할 수 있었습니다. 이를 바탕으로 512개의 테스트 데이터에 대한 가상 데이터를 만들어 평가를 수행했습니다.

가상 데이터 평가

가상 데이터를 평가하기 위한 몇 가지 전제는 다음 두 가지입니다.

- 생성된 가상 데이터가 캐글에서 제공한 데이터 생성 방법과 일치하는가?
- 생성된 데이터로 평가했을 때 공개된 테스트 데이터 점수와 비슷하게 나오는가?

테스트 시 가상 데이터 점수와 공개된 테스트 데이터 점수는 거의 비슷하게 나왔고, 대회 마지막에 해볼 만한 가치가 있을 것 같아 그동안 좋았던 모델을 평가했습니다. 다음 그림처럼 각각 맡아서 가상 데이터 10개를 평가하고, 결과가 가장 좋았던 방법을 선택하여 제출했습니다. 결과는 좋지 않았지만 하나를 제출하기 위해 많은 실험을 한다는 점을 알려드리고 싶었습니다.

▼ 그림 2-19 가상 데이터 평가 표

WONHO: LB 97464 // 0.97534					
seed	cv	pb	pv	pb + pv	cv + pb + pv
0	0.97533	0.97542	0.97462	0.97502	0.97513
1	0.97509	0.97455	0.97554	0.97504	0.97506
2	0.97508	0.97473	0.97521	0.97497	0.97501
3	0.97525	0.97535	0.97434	0.97485	0.97498
4	0.97506	0.97498	0.97516	0.97507	0.97507
5	0.97504	0.97483	0.97515	0.97499	0.97501
6	0.97523	0.97492	0.97510	0.97501	0.97508
7	0.97517	0.97444	0.97538	0.97491	0.97500
8	0.97531	0.97526	0.97469	0.97498	0.97509
9	0.97494	0.97481	0.97533	0.97507	0.97503
mean	0.97515	0.97493	0.97505	0.97499	0.97504
std	0.000129	0.000331	0.000380		

YEONMIN: LB 97490 / 0.97536					
seed	cv	pb	pv	pb + pv	cv + pb + pv
0	0.97540	0.87571	0.97472	0.97522	0.97528
1	0.97543	0.97462	0.97544	0.97503	0.97516
2	0.97553	0.97508	0.97539	0.97523	0.97533
3	0.97562	0.97536	0.97475	0.97506	0.97525
4	0.97523	0.97560	0.97521	0.97541	0.97535
5	0.97538	0.97508	0.97527	0.97517	0.97524
6	0.97545	0.97457	0.97526	0.97491	0.97509
7	0.97517	0.97495	0.97558	0.97526	0.97523
8	0.97535	0.97477	0.97470	0.97473	0.97494
9	0.97550	0.97481	0.97527	0.97504	0.97520
mean	0.97541	0.97506	0.97516	0.97511	0.97521

(Hyun) Stacking (version 1/3)　　　　Succeeded　　0.9749
3 days ago by yeonmin
From Kernel [(Hyun) Stacking] SVC2 ADD // 연민 - 전 이걸 해볼게요!

HYUNWOO: LB 97490 // 0.97533					
seed	cv	pb	pv	pb + pv	cv + pb + pv
0	0.97536	0.97575	0.97472	0.97524	0.97528
1	0.97541	0.97464	0.97542	0.97503	0.97516
2	0.97550	0.97502	0.97542	0.97522	0.97532
3	0.97559	0.97539	0.97470	0.97504	0.97522
4	0.97515	0.97558	0.97519	0.97539	0.97531
5	0.97542	0.97513	0.97529	0.97521	0.97528
6	0.97546	0.97464	0.97529	0.97496	0.97513
7	0.97525	0.97496	0.97571	0.97534	0.97531
8	0.97539	0.97479	0.97478	0.97478	0.97499
9	0.97555	0.97481	0.97536	0.97508	0.97524
mean	0.97541	0.97507	0.97519	0.97513	0.97522
std	0.000132	0.000390	0.000342		

TAEJIN: LB 97484 // 0.97535					
seed	cv	pb	pv	pb + pv	cv + pb + pv
0	0.97561	0.97575	0.97471	0.97523	0.97536
1	0.97542	0.97467	0.97538	0.97502	0.97516
2	0.97536	0.97509	0.97541	0.97525	0.97529
3	0.97561	0.97537	0.97473	0.97505	0.97524
4	0.97532	0.97561	0.97519	0.97540	0.97537
5	0.97539	0.97511	0.97525	0.97518	0.97525
6	0.97556	0.97459	0.97530	0.97494	0.97515
7	0.97514	0.97494	0.97562	0.97528	0.97523
8	0.97533	0.97487	0.97465	0.97476	0.97521
9	0.97548	0.97486	0.97527	0.97507	0.97521
mean	0.97542	0.97509	0.97515	0.97512	0.97522
std	0.000149	0.000386	0.000334		

2.4 디스커션

GOLD 팀이 했던 것을 돌아보니 금메달을 받기 위해 정말 열심히 했다는 생각이 들면서도 많이 아쉽습니다. 다음 순위표에서 볼 수 있듯이 이 대회는 종료 후 리더보드가 뒤섞이는 Shake Up 현상이 매우 심했습니다.

▼ 그림 2-20 대회 리더보드

#	△pub	Team Name	Notebook	Team Members	Score	Entries	Last
1	▲63	whoami	v2_all_gmm		0.97598	21	1y
2	▲56	Play like CXK	asdfghjkl		0.97596	91	1y
3	▲40	nosound	Instant Success G...		0.97596	32	1y
4	▲19	Jack (Japan)	GMM with target (p...		0.97596	8	1y
5	▲21	tigers	gaussianmm		0.97595	20	1y
6	▲23	mhviraf			0.97595	135	1y
7	▲14	Chris Deotte	3 Clusters Per Clas...		0.97588	295	1y
8	▲2	merkylove [ods]	Conservative_all_m...		0.97588	103	1y
9	▲42	ProAI	InGr09		0.97587	16	1y
10	▲27	Raghawendra Singh	My Gratification V2		0.97587	124	1y
11	▼5	colun+Naoto			0.97586	100	1y
12	▲54	JTC Kagglers season2			0.97586	122	1y
13	▲28	daishu	GMM_3-3-2		0.97581	34	1y
14	▼1	Kim YoonSoo			0.97581	153	1y
15	▲24	LPJL	testing_pca_no_var...		0.97580	146	1y
16	▲55	Just Me	GaussianMixture		0.97579	67	1y

금메달을 유지한 사람은 2명밖에 없었고 많은 팀이 상위권에서 떨어졌습니다. 비록 목표한 금메달을 획득하지는 못했지만 많은 알고리즘을 적용해보고 다양하게 생각할 수 있어서 좋았습니다.

지금은 이렇게 랜덤성이 큰 대회에 잘 참가하지 않습니다. 하지만 이런 대회 안에서도 순위 방어를 한 팀은 꼭 있기 때문에 그러한 솔루션을 보고 배우는 것이 큰 도움이 됩니다. 참고로 솔루션은 대회에 참가한 뒤 보는 것이 참가하지 않고 보는 것보다 훨씬 도움이 됩니다. 대회에 참가했기 때문에 데이터와 문제에 대해 더 잘 이해하고, 자신이 생각하지 못한 것을 잘 발견할 수 있습니다.

대회에 참가할 때는 단순히 점수를 올리기 위해 LightGBM 또는 딥러닝 모델 등을 돌린다는 마음 가짐보다는 문제를 푼다는 마음가짐으로 접근하기를 권합니다.

- 회사나 기관에서 AI를 활용한 문제를 어떻게 정의했는지
- 문제를 풀기 위해 어떤 데이터를 수집했고 어떻게 구성했는지
- 다양한 AI 모델을 어떤 방식으로 적용하는지

등을 보면서 캐글에 임한다면 더욱 재미있을 것입니다!

3^장

IEEE-CIS
Fraud Detection

3.1 / 들어가기 전에

3.1.1 캐글 프로필: 김현우

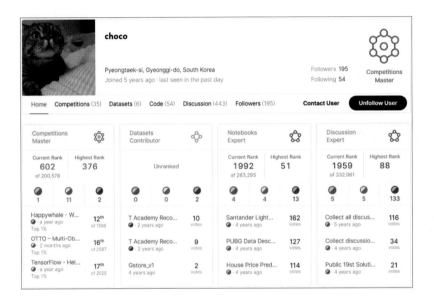

3.1.2 캐글 프로필: 정성훈

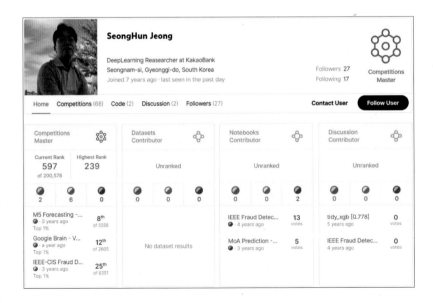

3.1.3 코드

이 장 솔루션에서 소개하는 데이터는 크기가 너무 커서 캐글 노트북에서 실행하기 어렵습니다. 그래서 코드는 github 페이지로 공유합니다.

솔루션의 예제 코드는 솔루션을 담은 Model1.ipynb, Model2.ipynb와 1위 솔루션을 담은 Chris_Solution.ipynb로 나눠져 있습니다. 또한, 본문에서 설명하는 코드와 github 페이지의 코드가 좀 다릅니다. 본문에서는 최대한 핵심 개념의 코드만 담기 위해 수정/축약했고, github 링크는 솔루션의 점수를 최대한 재현하는 데 초점을 맞추었기 때문입니다. Model1과 Model2로 나누어서 각각 성능을 높인 후 마지막에 앙상블하는 전략을 취했습니다. 따라서 책에서 소개하는 순서와 코드의 순서가 일치하지 않을 수 있는 점 양해 부탁드립니다.

컴페티션 페이지 https://www.kaggle.com/c/ieee-fraud-detection
코드 URL https://github.com/choco9966/IEEE-CIS-Fraud-Detection

3.2 Overview

KNOW-HOW FROM KAGGLE MEDALISTS

IEEE-CIS Fraud Detection 대회는 2019년 7월 IEEE Vesta Corporation에서 주최했으며, 카드사에서 이상 거래가 발생했을 때 이를 탐지하는 것이 목표입니다.

▼ 그림 3-1 IEEE-CIS Fraud Detection 대회

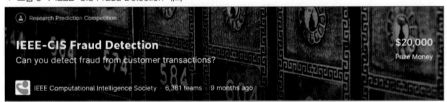

주제	사기 거래 탐지
대회 유형	Research
제출 방식	Simple Competition
주최	IEEE, Vesta Corporation
총 상금	$20,000
문제 유형	이진 분류(Binary Classification)
데이터 타입	정형(Tabular)
평가 지표	AUC(Area Under the Curve)
대회 참가 팀	6,381팀
대회 시작 일시	2019년 7월

3.2.1 대회 목적

대회 주최 배경과 목적을 파악하기 위해서는 지불 거절(Chargeback)이라는 개념을 이해해야 합니다.

1. 먼저 이상 거래가 발생했다고 느낀 고객이 카드사에 문제를 제기합니다. 대표적인 예로 자신이 결제하지 않았는데 물건이 결제된 경우를 들 수 있습니다.

2. 신고를 접수받은 카드사는 카드 결제사(ex. VISA, Master Card 등)에 해당 내용의 진위 파악을 요청합니다.

3. 카드 결제사가 진위 여부를 파악하는 과정에서 시간과 비용이 소요되고, 조사 과정 중에 사기 거래가 계속 일어날 경우 2차, 3차 피해가 발생할 수 있습니다.

▼ 그림 3-2 지불 거절 과정

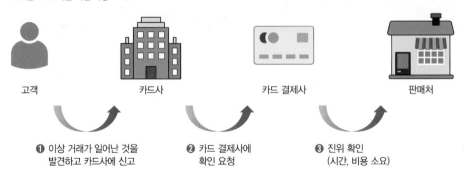

고객   카드사   카드 결제사   판매처

❶ 이상 거래가 일어난 것을 발견하고 카드사에 신고   ❷ 카드 결제사에 확인 요청   ❸ 진위 확인 (시간, 비용 소요)

따라서 결제 단계에서 해당 거래가 사기 거래인지 탐지할 수 있다면 미래에 발생하는 지불 거절을 예방하여 진위 파악에 드는 시간과 비용을 줄일 수 있습니다. 즉, 지불 거절을 줄이기 위해 대회를 주최했다고 유추할 수 있습니다.

3.2.2 평가 지표

이 대회의 평가 지표는 AUC(Area Under the Curve)입니다. AUC에 대해서는 2장 Instant Gratification 대회의 평가 지표에서 설명했으니 이를 참고하기 바라며, 여기서는 넘어가겠습니다.

3.2.3 데이터 소개

데이터는 훈련(Train)과 테스트(Test), 두 개의 데이터셋(transaction, identity)으로 구성되어 있습니다.

- **transaction 데이터셋**: 결제가 일어난 시간, 카드, 주소 등의 변수로 구성(표 3-2)
- **identity 데이터셋**: 결제 당시 네트워크(IP, ISP, Proxy 등), 브라우저, OS 등의 정보로 구성 (표 3-3)

대부분의 변수들이 비식별화된 형태이며, 고객 아이디에 대한 정보는 제공하지 않습니다.

❤ 표 3-2 trainsaction 데이터셋 구성

변수명	내용
TransactionDT	시간(단위: 초)
TransactionAmt	상품 가격(단위: 달러)
ProductCD	상품 코드
card1 ~ card6	카드 정보(카드, 발행 은행, 국가, 타입 등)
addr1, addr2	주소(국가, 지역)
dist1, dist2	거리(ex. Billing address와 IP address 간 차이)
(P_, R_) emaildomain	구매자, 수취자 이메일 도메인
C1 ~ C10	Count 변수(ex. 해당 결제가 일어난 지역에서 거래는 얼마나 이뤄졌는가)
D1 ~ D15	Timedelta 변수 (ex. 이전 거래와의 시간 차이)

◐ 계속

변수명	내용
M1 ~ M8	Matching feature(ex. 구매자 이름과 카드 이름이 매칭되는지 여부)
V1 ~ V339	거래를 바탕으로 Vesta에서 자체적으로 생성한 feature(rank, cumsum 등)
isFraud	사기 여부(0: 정상 거래, 1: 사기)

❤ 표 3-3 identity 데이터셋 구성

변수명	내용
id_01 ~ id_38	네트워크(ex. IP, ISP, Proxy 등)
DeviceType	기기 종류(ex. 모바일, 데스크탑 등)
DeviceInfo	DeviceType별 운영 체제(ex. Windows, iOS 등)

3.3 솔루션 소개

3.3.1 Overview

총 5명(권순환, 김경환, 김연민, 김현우, 정성훈)이 팀으로 참가했으며, 전체 6,381팀 중 25위 (Top 0.4%)를 기록했습니다. 먼저 전체 진행 과정을 간단히 요약하면 다음과 같습니다(그림 3-3).

첫째, EDA를 통해 모델의 학습에 영향을 줄 수 있는 피처(Feature)들을 탐색했습니다. 특히 300개가 넘는 익명화된 피처들의 의미를 파악하는 작업과 변수들의 특이점을 탐지하는 데 집중했습니다.

둘째, 피처 엔지니어링(Feature Engineering, 그림 3-3의 피처 엔지니어링) 과정은 앞선 EDA 단계에서 얻은 인사이트를 바탕으로 다양하게 생성했습니다. Count Encoding, Aggregation을 비롯하여 동일 유저군 추정 등의 피처를 생성했습니다.

셋째, 모델링(Modeling) 단계에서는 크게 두 가지 방식의 모델군을 제작했습니다(그림 3-3의 Model 1, Model 2). 두 모델군은 검증(Validation) 방식도, 사용된 피처도 다르며 모델군별로

lightgbm, catboost, xgboost 모델을 제작했습니다. 최종적으로는 두 가지 방식의 모델(Model 1, Model 2)을 앙상블하여 제작했습니다.

▼ 그림 3-3 IEEE-CIS Fraud Detection Solution Overview

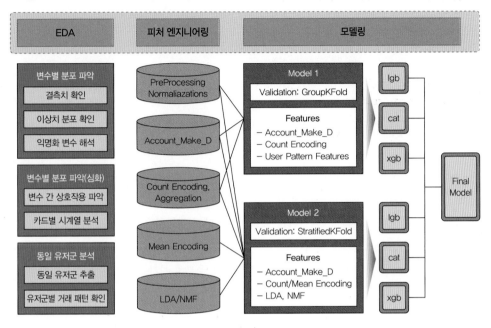

지금부터 각 단계(EDA, 피처 엔지니어링, 모델링)별로 어떤 생각을 바탕으로 데이터를 분석하고, 가공하고, 모델을 만들었는지 코드와 함께 설명하겠습니다. 전체 코드에 대한 상세한 설명을 담아내면 좋겠지만, 지면 사정으로 핵심 내용만 요약하여 정리하겠습니다.

설명에 앞서 앞으로 사용할 필수 패키지와 데이터들을 정의합니다. 훈련 셋, 테스트 셋 각각 transaction 데이터와 identity 데이터를 병합하고, 이후 두 데이터(훈련, 테스트)를 합친 df라는 데이터프레임을 정의합니다.

```python
import pandas as pd
import numpy as np

train_idf = pd.read_csv("train_identity.csv")
train_trans = pd.read_csv("train_transaction.csv")
test_idf = pd.read_csv("test_identity.csv")
test_trans = pd.read_csv("test_transaction.csv")
```

```
test_trans["isFraud"] = -1  # test 값의 isFraud는 -1로 임의 생성

train_trans = train_trans.merge(train_idf, on="TransactionID", how="left")
test_trans = test_trans.merge(test_idf, on="TransactionID", how="left")

train_trans["type"] = "train"
test_trans["type"] = "test"

df = pd.concat([train_trans, test_trans], axis=0)
del train_trans, test_trans
```

3.3.2 EDA

EDA(Exploratory Data Analysis)는 데이터를 다양한 각도에서 관찰하고 이해하는 과정을 말합니다. 데이터에 숨어 있는 의미를 찾아낼 수도 있고, 피처 엔지니어링과 모델링 전략을 수립하는 아이디어를 얻기도 하는 매우 중요한 단계이므로, EDA 과정에 충분히 시간을 들이는 것을 추천합니다.

isFraud 변수

먼저 우리가 예측해야 하는 변수인 isFraud의 분포를 살펴보겠습니다. 정상 거래는 0, 사기 거래는 1이며, 그림 3-4와 같이 사기 거래 비율이 전체 거래 중 매우 적은 비중(약 3.5%)을 차지합니다.

▼ 그림 3-4 isFraud 변수 분포

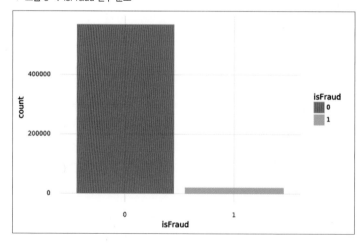

142

모델링 단계에서 클래스의 균형을 맞추기 위해 Up-sampling이나 Under-sampling 기법을 사용할 수 있으며, 검증 전략을 StratifiedKfold 방식으로 사용해볼 수도 있습니다. 저희도 실제로 Model 2는 StratifiedKfold 방식을 검증 전략으로 하여 모델을 생성했습니다. 검증 전략에 대한 설명은 3.3.4절 모델링 부분에서 상세히 설명하겠습니다.

TransactionDT 변수

다음으로 TransactionDT 변수입니다. TransactionDT 변수는 초 단위로 이루어져 있어 사람이 이해하기 쉬운 날짜 형식으로 변환해야 합니다. 날짜 시작일은 제공된 변수 중 OS 버전을 통해 날짜를 유추할 수 있다는 많은 캐글러의 의견을 바탕으로 2017년 12월 1일로 설정했습니다.[1]

```
import datetime

start_date = datetime.datetime.strptime("2017.12.01", "%Y.%m.%d")  # 시작일 설정
df["time"] = df["TransactionDT"].apply(
    lambda x: datetime.timedelta(seconds=x) + start_date
)

>>> print(df["time"].describe())
outputs
count               1097231
unique              1068035
top     2018-03-20 15:53:37
freq                      8
first   2017-12-02 00:00:00
last    2018-12-31 23:59:05
Name: time, dtype: object
```

위와 같이 날짜를 뜻하는 time 변수를 생성했습니다. time 변수를 바탕으로 시간별 거래량 추이를 확인해보겠습니다.

---

1   참고 커널: https://www.kaggle.com/kevinbonnes/transactiondt-starting-at-2017-12-01

❤ 그림 3-5 TransactionDT(시간) 분포

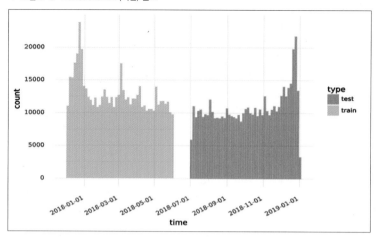

훈련 데이터와 테스트 데이터가 시간상으로 완벽하게 분리되어 있으며, 중간에 30일간 공백이 있습니다. time 변수를 그대로 모델에 사용할 경우 테스트 데이터에는 훈련 데이터에 없는 값이 있으므로 과적합(Overfitting) 위험이 있습니다. 따라서 공백을 제거 또는 변환해야 합니다.

또 한 가지 특이한 점은 12월 한 달간(훈련 데이터의 처음 한 달, 테스트 데이터의 마지막 한 달) 평소보다 거래가 많다는 점입니다. 카드(card1~card6), 상품 코드(ProductCD), 주소(addr1) 등 다른 변수들을 결합하여 12월 거래 패턴을 파악할 필요가 있습니다.

예를 들어보겠습니다. 다음은 상품 코드(ProductCD)별로 거래 추이를 확인한 결과입니다.

❤ 그림 3-6 상품 코드(ProductCD)별 시간 추이 분포

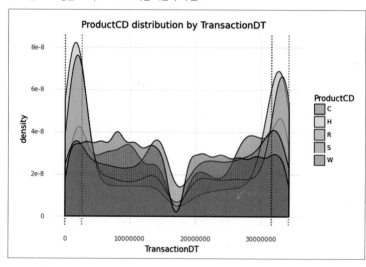

H와 R 상품 코드는 12월에 주로 결제되는 것을 알 수 있습니다. 이와 같이 기간별, 상품 코드별로 거래 패턴이 다르다고 판단하여, 상품 코드별로 각각의 모델을 제작하는 방법을 시도했습니다.

D 변수

다음은 D 변수(D1~D15)입니다. 시간과 관련한 변수라는 정보 외에는 다른 정보가 없어 전체적으로 분포를 확인했습니다.

▼ 표 3-4 D 변수별 unique 개수, NA 비율

변수명	unique 개수	NA 비율
D1	642	0.006
D2	642	0.469
D3	888	0.424
D4	1069	0.223
D5	961	0.486
D6	1076	0.819
D7	905	0.909
D8	17082	0.863
D9	24	0.863
D10	1075	0.080
D11	887	0.415
D12	868	0.877
D13	827	0.831
D14	1036	0.838
D15	1091	0.092

먼저 D9의 unique 개수가 24개인 것을 보고 시간(hour)이라고 추정했습니다. 이를 확인하기 위해 기존에 생성한 time 변수에서 시간을 추출하여 D9 변수와 비교했습니다. 그 결과 NA 값을 제외한 나머지 값이 완벽히 매칭되어서 D9은 시간(hour)이라고 결론지었습니다.

또 D 변수들은 전반적으로 NA 비율이 높은데, D1의 경우 예외적으로 0.6%라는 매우 적은 수치를 보인다는 점에 주목하여 D1의 분포를 파악해봤습니다.

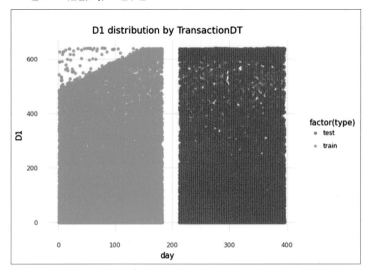

훈련 데이터와 테스트 데이터의 값이 모두 0에서 600까지 균일하지만, 훈련 데이터의 초기 100일의 경우 500 이상을 가지는 D1 값이 적은 것을 확인할 수 있습니다(그래프 왼쪽 윗부분). 이처럼 훈련과 테스트 데이터의 분포가 다르므로 정규화를 통해 모델의 과적합을 방지해야 합니다.

V 변수

마지막으로 V 변수입니다. V 변수는 300개가 넘는 비식별화된 변수로 이루어져 있어 한눈에 분포를 파악하기 어려웠습니다. 변수들 간 관계를 대략적으로 파악하기 위해 히트맵으로 상관관계를 작성했습니다.

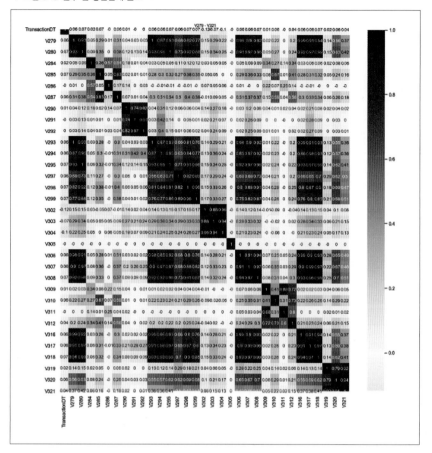

인접한 V 변수 간 상관관계가 매우 높은 것을 확인할 수 있습니다. 인접한 변수들이 비슷한 성질을 가진다고 추정하고 추가로 분석한 결과, 표 3-5와 같이 변수 그룹별로 NA 값들이 같다는 점을 발견했습니다. 즉, 해당 그룹들은 비슷한 성질을 나타내는 변수일 가능성이 큽니다. 따라서 그룹별로 Aggregation한 결괏값으로 대체하거나 PCA를 적용하여 차원 축소를 하는 등 다양한 방법의 변수 선택 전략을 취할 수 있습니다. 실제로 저희 팀도 V 변수들을 NA 개수별로 그룹 지어 Aggregation 피처로 사용했습니다.

▼ 표 3-5 변수 그룹별 NA 개수

변수 그룹	NA 개수
V1~V11	279287
V12~V34	76073
V35~V52	168969
V53~V74	77096
V75~V94	89164
V95~V137	314
V138~V166	508595

(이하 생략)

3.3.3 피처 엔지니어링

피처 엔지니어링(Feature Engineering)은 기존 변수를 변환하거나 새로운 변수를 생성하여 모델이 학습을 더욱 잘할 수 있도록 도와주는 과정입니다. 이 절에서는 대회 중 모델의 점수를 크게 향상시킨 피처 위주로 설명하겠습니다.

Count Encoding

피처 엔지니어링 기법 중 대표적으로 쓰이는 기법 중 하나입니다. 범주형 변수(Categorical Variable)의 요소별 개수를 새로운 변수로 생성해주는 방식입니다. 표 3-6을 보면 데이터의 총 개수가 A는 4개, B는 1개, C는 2개인데, 이 각각의 카운트를 그대로 반영하는 다소 간단한 방법입니다.

▼ 표 3-6 Count Encoding 예시

변수	Count Encoding
A	4
B	1
C	2
A	4
A	4
A	4
C	2

Count Encoding의 효과는 다음과 같습니다.

첫째, 변수의 발생 빈도 수(Frequency)에서 드러나는 패턴을 모델에 학습시킬 수 있습니다. 예를 들어 '사람들이 많이 쓰는 카드일수록 사기 비율이 낮다'는 경향이 있다고 가정하면, Count Encoding을 통해 해당 경향을 학습시킬 수 있습니다.

둘째, 과적합을 방지하는 효과가 있습니다. 예를 들어 표 3-6처럼 훈련 데이터는 변수가 A, B, C로만 이루어져 있지만 테스트 데이터에 새로운 변수 D, E가 등장할 경우 모델 학습 단계에서 경험하지 못한 라벨이 등장하기 때문에 예측력이 낮아질 수 있습니다. Count Encoding은 각 변수별로 빈도 값만 반영하므로 더욱 강건하게 예측할 수 있습니다.

```python
# count encoding
cat_cols = ["ProductCD", "card1"]   ## 피처를 생성할 변수를 담음

for col in cat_cols:  ## 변수를 한 개씩 불러옴
    df[col + "_ce"] = df[col].map(df[col].value_counts(dropna=False))
```

위 코드와 같이 Count Encoding할 변수들을 cat_cols에 담고, value_counts() 함수를 통해 변수별 개수를 셉니다. 이후 map 함수를 통해 해당 개수를 매핑한 뒤, 새로운 변수에 담는 방식입니다.

Aggregation

Count Encoding과 마찬가지로 피처 엔지니어링 단계에서 빠지지 않고 등장하는 기법입니다. 한 개, 또는 여러 개 카테고리 변수들을 그룹화하고, 그룹별로 다른 연속형 변수들의 통곗값(평균, 표준편차, 최솟값, 최댓값 등)을 계산하여 피처를 생성하는 방식입니다.

Count Encoding과 기본 아이디어는 비슷하지만, 변수의 개수만 반영하는 Count Encoding과 달리 다른 연속형 변수들의 여러 통계량을 사용한다는 점에서 그룹별 특성을 더욱 다양하게 표현할 수 있으며, 변수 간 상호작용을 피처로 담을 수 있다는 장점이 있습니다.

```python
# ProductCD별로 TransactionAmt의 평균값과 표준편차를 구해 ex에 담음
ex = df.groupby("ProductCD").agg({"TransactionAmt": ["mean", "std"]})
ex.reset_index(inplace=True)
ex.columns = ["ProductCD", "ProductCD_Amt_mean", "ProductCD_Amt_std"]

# 기존 데이터와 ProductCD를 기준으로 join
df = df.merge(ex, on="ProductCD", how="left")
```

Account_make_D

저희 팀의 모델 퍼포먼스를 가장 상승시킨 피처입니다. 아이디어는 비교적 간단합니다. 결제가 일어난 시점(Time)에서 D 변숫값만큼의 차이를 빼면 동일 유저 식별에 도움이 된다고 가정했습니다.

표 3-7을 보면 실제 데이터셋에 고객 정보(User)는 없습니다. 하지만 D 변수들이 특정일(첫 가입일, 첫 결제일, 이전 결제일 등)로부터의 시간이라고 가정하면, 같은 고객은 시간(Time)에서 D 값을 뺀 값(Account_make_D)이 동일할 것입니다. 이에 근거해 Account_make_D 변수를 생성했으며, 이후 다른 변수들과 조합하여 같은 고객들의 패턴을 모델에 반영했습니다.

❤ 표 3-7 Account_make_D 생성 예시

User	Time	D	Account_make_D
A	2018년 10월 5일	4	2018년 10월 1일
	2018년 10월 7일	6	2018년 10월 1일
	2018년 11월 3일	33	2018년 10월 1일

```python
# Account Start date를 만드는 함수 생성
def account_start_date(val):
    if np.isnan(val):
        return np.NaN
    else:
        days = int(str(val).split(".")[0])
        return pd.Timedelta(str(days) + " days")


# Account_make_Date 변수 생성
for i in ["D1", "D2", "D4", "D8", "D10", "D15"]:
    df["account_start_day"] = df[i].apply(account_start_date)
    # account_make_date 컴퓨터가 인식할 수 있도록 수치형으로 변환
    df["account_make_date"] = (df["time"] - df["account_start_day"]).dt.date
    df["account_make_date_{}".format(i)] = (
        (10000 * pd.to_datetime(df["account_make_date"]).dt.year)
        + (100 * pd.to_datetime(df["account_make_date"]).dt.month)
        + (1 * pd.to_datetime(df["account_make_date"]).dt.day)
    )


# Account make D1을 활용하여 변수들을 aggregation
ex = (
    df.groupby(["card1", "account_make_date_D1", "ProductCD"])
```

```
    .agg({"TransactionAmt": ["mean", "std"]})
    .reset_index()
)
ex.columns = [
    "card1",
    "account_make_date_D1",
    "ProductCD",
    "D1_card_Product_mean",
    "D1_card_Product_std",
]
df = df.merge(ex, on=["card1", "account_make_D1", "ProductCD"], how="left")
```

Prev/Next click, Amt features

사람이 아닌 봇에 의해 사기 거래가 발생할 경우 주기적, 또는 짧은 시간에 여러 번 결제하는 거래 패턴을 보일 것으로 추정하여 만든 피처입니다. 표 3-8과 같이 Id_30, Id_31, Id_33, DeviceType, DeviceInfo 변수는 결제를 진행한 기기들의 정보를 담고 있습니다.

▼ 표 3-8 디바이스 관련 변수들

Id_30	Id_31	Id_33	DevcieType	DeviceInfo
Android 7.0	Samsung Browser 6.2	2220 x 1080	mobile	Samsung SM-G892
Ios 11.1.2	Safari 11.0	1334 x 750	mobile	Ios Device
NaN	chrome	NaN	Desktop	Windows

이와 같이 디바이스 관련 변수를 묶어 같은 기기를 그룹화하고, 각 변수의 이전, 다음 거래까지의 시간을 변수로 생성했습니다.

```
# 같은 기기(id_30, id_31, id_33, DeviceType,
# Deviceinfo# id_30, id_31, id_33, DeviceType, Deviceinfo)별 이전, 다음 클릭
df["device_prev_trans"] = df["TransactionDT"] - df.groupby(
    ["id_30", "id_31", "id_33", "DeviceType", "DeviceInfo"]
)["TransactionDT"].shift(1)
df["device_after_trans"] = df["TransactionDT"] - df.groupby(
    ["id_30", "id_31", "id_33", "DeviceType", "DeviceInfo"]
)["TransactionDT"].shift(-1)
```

LDA

익숙하게 사용되는 임베딩 기법인 LDA를 피처로 사용했습니다. 표 3-9와 같이 두 카테고리 변수 (Card1, Addr1)를 LDA에 넣어 5개의 벡터로 변환합니다.

▼ 표 3-9 Card1, Addr1 변수를 바탕으로 LDA 피처 생성 예

Card1	Addr1	LDA1	LDA2	LDA3	LDA4	LDA5
A	10	0.2878762	0.1680259	0.0155264	0.2673729	0.2611984
B	20	0.0097383	0.3657096	0.2957759	0.2439977	0.0847782

```python
from sklearn.decomposition import LatentDirichletAllocation as LDA
from sklearn.feature_extraction.text import CountVectorizer
import numpy as np

# LDA를 진행할 변수 선정
col1 = "card1"
col2 = "addr1"

temp = df[[col1, col2]]
col1col2_dict = {}

def col1col2(row):
    col1col2_dict.setdefault(row[col1], []).append(str(row[col2]))

temp.apply(lambda row: col1col2(row), axis=1)

col1_keys = list(col1col2_dict.keys())
col1col2_dict_as_sentence = [" ".join(col1col2_dict[c]) for c in col1_keys]

_as_matrix = CountVectorizer().fit_transform(col1col2_dict_as_sentence)
topics_of_col1 = LDA(n_components=5, n_jobs=-1, random_state=0)
topics_of_col1 = topics_of_col1.fit_transform(_as_matrix)
```

3.3.4 모델링

검증

모델을 설명하기 전에 검증(Validation) 방법부터 설명하겠습니다. 검증은 말 그대로 학습한 모델이 얼마나 잘 예측하는지 체크하는 단계입니다. 대표적인 검증 기법을 간단하게 소개한 뒤, 저희 팀이 선택한 방식을 설명하겠습니다.

대표적인 검증 방법은 다음과 같습니다(그림 3-9).

- Kfold: 훈련 데이터를 랜덤하게 폴드(Fold)만큼 분할하여 순차적으로 진행
- Timeseries Split: 데이터를 시간 순서대로 폴드로 나누어 진행, 시계열 데이터 예측에 주로 사용
- GroupKfold: 폴드별로 군집이 중복해서 나오지 않도록 특정 카테고리를 군집으로 사용
- StratifiedKfold: 라벨 분포의 비율만큼 폴드를 나누는 방법

▼ 그림 3-9 주요 검증 방법 소개

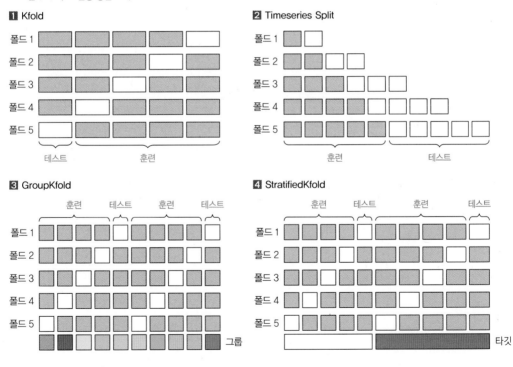

저희 팀이 처음 접근한 방법은 StratifiedKfold였습니다(그림 3-10). 아무래도 타깃(Target) 변수의 분포가 사기 거래보다는 정상 거래 데이터가 많은, 불균형한 분포의 형태였기에 검증 데이터도 타깃 분포가 균등해야 한다고 판단했습니다.

▼ 그림 3-10 Validation 방식 시도

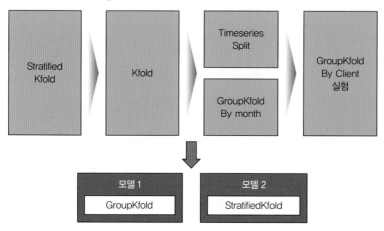

하지만 대회를 진행하면서 두 가지 의문점이 생겼습니다.

첫째, 훈련 데이터와 테스트 데이터가 시간순으로 진행된다는 점입니다. 즉, 훈련 데이터에서 예측된 검증 점수 향상이 테스트 셋에서도 동일하게 적용된다고 장담할 수 없는 상황이었습니다. 따라서 이러한 의문점을 해결하기 위해 TimeSeries Split을 시도했습니다.

둘째, 월별 거래 패턴이 다르다는 점입니다. EDA 파트에서도 잠시 설명한 바와 같이 연말 기간에 거래가 급증하는 경향을 보였으며, 이때 거래 패턴(ProductCD)은 다른 월과 매우 달랐습니다. 특정 월에 대한 거래 패턴에 모델이 영향을 너무 받거나, 또는 너무 받지 않을 수 있었기에 이를 해결하기 위해 월별 GroupKfold를 시도했습니다. 또한, 각 ProductCD별 StratifiedKfold 방식으로 개별 모델을 만드는 방식으로도 접근했습니다.

검증 방법에 대한 고민은 대회 마지막까지 이어졌습니다. 동일 유저라고 판별된 Client 카테고리를 바탕으로 GroupKfold를 시도했으나 큰 효과는 없었습니다. 최종적으로 GroupKfold와 ProductCD별 StratifiedKfold 개별 모델을 생성하는 두 가지 방식을 선정했습니다.

아무래도 TimeSeries Split의 경우 단기간 예측에는 효과가 크지만 이번 대회와 같이 테스트 데이터 기간이 긴 대회에는 적합하지 않고, 특히 훈련 데이터셋과 테스트 데이터셋 사이 30일간 공백 기간이 있어 검증 방법의 신뢰도가 떨어질 것이라고 판단했습니다. 그리고 Client 기반의

GroupKfold의 경우 검증 결과와 실제 공개 리더보드 점수가 낮았기 때문에 최종 검증 방식에서 제외했습니다.

변수 선택

다음은 변수 선택 과정입니다. 앞서 두 모델의 검증 방법을 다르게 취한 것과 마찬가지로, 사용한 변수에도 차이를 두었습니다.

예를 들어 피처 엔지니어링 단계에서 설명한 Prev/Next click, Amt features 피처는 모델 1에서만, LDA는 모델 2에서만 학습시켰습니다. 학습에 변수를 다르게 선정하여 사용한 이유는 모델을 최대한 다양하게 학습시키기 위해서입니다.

모델 학습

검증 방법 전략과 변수를 선택한 뒤에는 모델을 학습시킵니다. 사용한 모델 중 하나인 lightgbm 모델 코드를 통해 설명하겠습니다.

다음은 모델 1의 코드입니다.

```python
# Model 1 lightgbm
from sklearn.model_selection import GroupKFold
import lightgbm as lgb


NFOLD = 6
folds = GroupKFold(n_splits=NFOLD)

x_train = df.loc[df.isFraud != -1]
x_test = df.loc[df.isFraud == -1]

X = x_train[features]  # 학습을 위해 선정한 피처
y = df["isFraud"]  # 예측하려는 변수('isFraud')
test = x_test[features]

split_groups = x_train["DT_M"]  # 월 단위를 group으로 선정

aucs = list()  # validation auc 점수를 저장
preds = np.zeros(len(test_df))  # 예측값을 담을 배열 생성

for fold, (trn_idx, test_idx) in enumerate(folds.split(X, y, groups=split_groups)):
```

```
    print("Training on fold {}".format(fold + 1))

    trn_data = lgb.Dataset(X.iloc[trn_idx], label=y.iloc[trn_idx])
    val_data = lgb.Dataset(X.iloc[test_idx], label=y.iloc[test_idx])
    clf = lgb.train(
        params,
        trn_data,
        10000,
        valid_sets=[trn_data, val_data],
        verbose_eval=500,
        early_stopping_rounds=100,
    )
    preds += clf.predict(test) / NFOLD
    aucs.append(clf.best_score["valid_1"]["auc"])

print("Mean AUC:", np.mean(aucs))
```

먼저 GroupKFold를 폴드 6개로 선언하고, 월(month) 단위 정보를 가지고 있는 DT_M별로 대상 그룹을 정의합니다. 이후 학습에 사용할 변수명을 담아둔 리스트인 features를 훈련 및 테스트 데이터셋에서 불러옵니다. 이후 각 폴드별로 훈련 데이터와 검증 데이터를 나눈 후(trn_data, val_data) 학습을 진행합니다. 학습된 모델(clf)로 테스트 셋 학습도 진행하여 그 결과를 preds에 담습니다.

다음은 모델 2의 코드입니다.

```
# Model 2 lightgbm
from sklearn.model_selection import StratifiedKFold
import lightgbm as lgb

x_train = df.loc[df.isFraud != -1]
x_test = df.loc[df.isFraud == -1]


w_type = [x_train["ProductCD"].value_counts().index[0]]
other_type = list(x_train["ProductCD"].value_counts().index[1:].values)
product_type = list()
product_type.append(w_type)
product_type.append(other_type)
```

```python
for p_type in product_type:
    x_train_type = x_train.loc[x_train["ProductCD"].isin(p_type)]
    y_train_type = x_train_type["isFraud"]
    x_test_type = x_test.loc[x_test["ProductCD"].isin(p_type)]
    test_type = x_test_type[features]

    kfold = StratifiedKFold(n_splits=NFOLD, shuffle=True, random_state=SEED)

    for i, (train_index, cross_index) in enumerate(
        kfold.split(x_train_type, y_train_type), 1
    ):
        print(f"TYPE {p_type} - {i} FOLD Start")
        x_tr = x_train_type.iloc[train_index][features]
        x_cr = x_train_type.iloc[cross_index][features]
        y_tr = y_train_type.iloc[train_index]
        y_cr = y_train_type.iloc[cross_index]
        dtrain = lgb.Dataset(x_tr, label=y_tr, silent=True)
        dcross = lgb.Dataset(x_cr, label=y_cr, silent=True)

        clf = lgb.train(
            param,
            train_set=dtrain,
            num_boost_round=15000,
            valid_sets=[dtrain, dcross],
            early_stopping_rounds=100,
            verbose_eval=500,
            categorical_feature=category_feature,
        )

        preds += clf.predict(test_type) / NFOLD
```

전체 맥락은 모델 1과 비슷합니다. 다른 점은 GroupKfold가 아닌 StratifiedKfold로 검증했다는 점, 학습에 앞서 ProductCD 변수의 각 요소별로 학습을 따로 진행했다는 점입니다.

이와 같이 제작된 Model 1, Model 2 lightgbm과 마찬가지로 catboost, xgboost도 동일한 과정을 거쳐 모델을 제작했습니다. 이후 모델의 파라미터 수정이나 시드 앙상블 등의 과정을 통해 최적값을 찾는 과정을 거쳐, 최종적으로 6개 모델을 앙상블(Ensemble)하여 제출했습니다.

3.4 다른 솔루션 소개

이번 대회에서 최종 1위를 한 FraudSquad 팀의 솔루션을 소개하겠습니다. 캐글러에게는 많이 익숙한 Chris Deotte, Konstantin Yakovlev 두 명으로 구성된 팀이고, 대회 기간 내내 좋은 커널과 디스커션을 올려줘서 인상 깊었던 팀입니다. Chris Deotte는 엔비디아의 데이터 과학자이고, Konstantin Yakovlev는 프리랜서로 활동하고 있습니다.

솔루션 소개에 앞서 저자에게 솔루션 소개에 대한 동의를 받았으며, 대회 종료 후 공유된 디스커션, 커널을 기준으로 번역하되, 일부 구현이 필요한 부분들은 직접 구현했음을 밝힙니다.

▼ 그림 3-11 IEEE-CIS 대회 최종 결과 리더보드

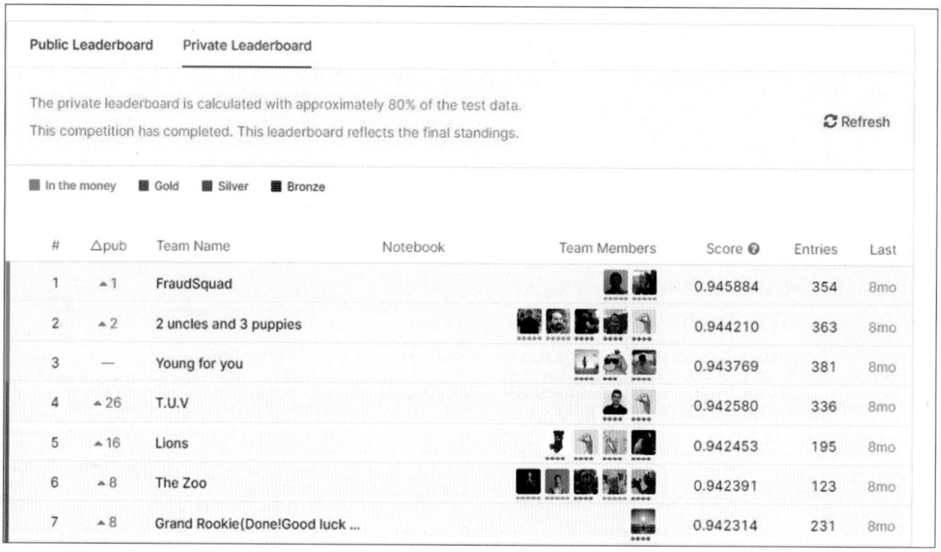

Public Leaderboard Private Leaderboard

The private leaderboard is calculated with approximately 80% of the test data.
This competition has completed. This leaderboard reflects the final standings.

Refresh

In the money Gold Silver Bronze

#	Δpub	Team Name	Notebook	Team Members	Score	Entries	Last
1	▲1	FraudSquad			0.945884	354	8mo
2	▲2	2 uncles and 3 puppies			0.944210	363	8mo
3	—	Young for you			0.943769	381	8mo
4	▲26	T.U.V			0.942580	336	8mo
5	▲16	Lions			0.942453	195	8mo
6	▲8	The Zoo			0.942391	123	8mo
7	▲8	Grand Rookie(Done!Good luck ...			0.942314	231	8mo

3.4.1 Overview

FraudSquad 팀의 전체 분석 과정은 저희 팀과 비슷합니다.

- EDA로 비식별화된 변수의 의미와 동일 유저 파악
- 피처 엔지니어링 및 피처 선택(Feature Selection)으로 성능 향상
- 최종 결과물은 Xgboost, Lightgbm, Catboost 세 개의 모델을 이용한 앙상블

하지만 FraudSquad 팀의 분석 진행 과정에서 크게 다음 세 가지 차이점에 주목하면 좋을 듯합니다.

- 동일 유저를 식별하기 위한 중요한 변수들을 LightGBM 모델로 찾았습니다.
- 모델 스스로 비식별화된 고객을 찾아서 학습하도록 변수들을 설계했습니다.
- 유의미한 변수를 선택하기 위해서 다양한 변수 선택 방법을 도입했습니다.

위 세 가지 차이점을 단계별로 살펴보면서 FraudSquad 팀의 솔루션을 소개하겠습니다.

▼ 그림 3-12 대회 1위(FraudSquad 팀) 솔루션 Overview

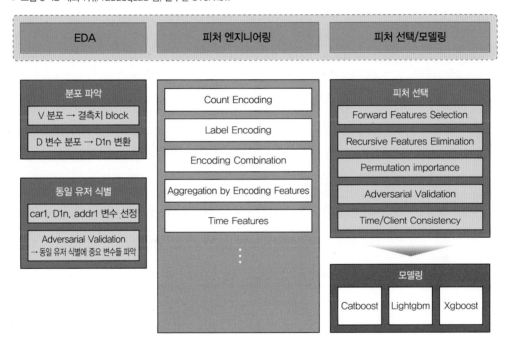

3.4.2 EDA

저희 팀의 솔루션에도 등장한 바와 같이, 동일 유저를 추정하고 묶는 것이 이번 대회에서 가장 중요했습니다. FraudSquad 팀도 마찬가지로 숨겨진 변수의 의미를 파악하고 동일 유저를 추출하여 활용하는 과정에 공을 들였습니다.

FraudSquad 팀은 비식별화된 변수의 의미를 파악하기 위해 같은 고객으로 추정된 데이터들을 먼저 찾았습니다. 이후 이 데이터를 분석할 때 시간의 흐름에 따라 각 변수들이 어떤 형태로 변화하는지 관찰했습니다. 그런데 이와 같은 접근 방법은 "EDA what's behind D features?"[2]라는 노트북에서 이미 논의됐습니다. 해당 커널에서는 card1 = 18383, card2 = 128, card3 = 150, card4 = 'visa', card5 = 226, card6 = 'credit'을 가지는 사람을 같은 고객으로 보고 D 변수들이 가지는 의미를 탐색합니다.

▼ 표 3-10 card1 = 18383, card2 = 128, card3 = 150, card4 = 'visa', card5 = 226, card6 = 'credit'인 값의 예시

index	TransactionID	TransactionDT	D1	D3
232040	3219040	5504516	449.0	24.0
336013	3323013	8275288	481.0	32.0
425671	3412671	10772608	510.0	29.0
511094	3498094	13378525	540.0	30.0

표 3-10을 통해 추정한 바로는, D3는 '이전 거래일로부터의 날짜'를 의미하고 D1은 '최초의 거래일부터의 날짜'를 의미합니다. D3는 481-449=32와 같이 이전 날짜와의 차이이고, D1은 D1에 D3 값이 누적해서 증가하는 것으로 볼 수 있습니다.

이러한 성질은 TransactionDT가 각 D 변수들과 관련해서 발생합니다. D1과 D3를 각각,

$$\text{TransactionDay}(= \text{TransactionDT} / (24 * 60 * 60))$$

에 빼줌으로써 이러한 성질을 더 뚜렷하게 나타낼 수 있습니다. 즉,

$$\text{D1n} = \text{TransactionDay} - \text{D1}, \text{D3n} = \text{TransactionDay} - \text{D3}$$

처럼 만들 수 있습니다. card1이 15775, D1n이 -81인 경우를 통해 변수가 어떤 식으로 바뀌었는지 살펴보겠습니다.

```
train_trans[(train_trans["card1"] == 15775) & (train_trans["D1n"] == -81)][
    [
        "TransactionID",
        "isFraud",
        "TransactionAmt",
```

2   https://www.kaggle.com/akasyanama13/eda-what-s-behind-d-features

```
            "card1",
            "addr1",
            "D1n",
            "TransactionDay",
            "D3n",
            "dist1",
            "P_emaildomain",
        ]
    ]
```

표 3-11을 보면 TransactionDay, D1n, D3n의 관계가 더 명확히 보입니다. D1n은 동일 유저일 때 값이 동일하고, D3n은 이전 거래의 TransactionDay 값을 가지고 있습니다.

▼ 표 3-11 card1=15775, D1n = −81 인 값의 예시

isFraud	TransactionAmt	Card1	Addr1	D1n	TransactionDay	D3n	P_emaildomain
1	240	15775	251	−81	1	0	Yahoo.com
1	260	15775	251	−81	3	1	Yahoo.com
1	250	15775	251	−81	9	3	Yahoo.com
1	315	15775	251	−81	10	9	Yahoo.com
1	390	15775	251	−81	11	10	Yahoo.com
1	475	15775	251	−81	12	11	Yahoo.com
1	445	15775	251	−81	12	12	Yahoo.com
1	445	15775	251	−81	12	12	NaN
1	445	15775	251	−81	12	12	Yahoo.com

표 3-11에서 특이한 점이 하나 있습니다. 거래 날짜가 다름에도 isFraud 변수가 모두 값이 1이라는 점입니다. 이는 지불 거절(Chargeback)이 발생한 이후 모든 거래 내역의 isFraud를 1로 바꾸기 때문에 발생한 것입니다. 실제로 다른 고객에 대해서도 성립하는지 다음 코드를 통해서 살펴보겠습니다.

```
# groupby는 agg와 함께 쓰여서 행들을 집계하는 코드입니다.
# 해당 코드는 card1, addr1, D1n, 세 가지 변수의 값이 동일한 행을 찾아서
# isFraud 값의 평균과 개수를 구하는 코드입니다.
agg = (
    train_trans.groupby(["card1", "addr1", "D1n"])["isFraud"]
```

```
        .agg({"mean", "count"})
        .reset_index()
)

# sort_values는 원하는 변수로 내림차순과 오름차순을 하는 코드입니다.
# 변수가 여러 개 들어오는 경우에는 순서대로 정렬이 진행됩니다.
agg[agg["mean"] == 1].sort_values(by=["count", "mean"], ascending=[False, False]).
head()
```

표 3-12에서 고객의 isFraud에 대한 평균을 의미하는 mean 변수가 1임을 알 수 있습니다.

▼ 표 3-12 card1, addr1, D1n 변수 조합의 개수와 평균값

index	card1	addr1	D1n	count	mean
185362	17188	122.0	−139.0	84	1
146715	13623	498.0	117.0	80	1
92234	9002	272.0	−92.0	78	1
24959	2939	204.0	−137.0	76	1
101019	9749	226.0	−5	60	1

하지만 표 3-13에서 볼 수 있듯이 세 가지 조합으로 만든 고객은 완벽하지 않습니다.

▼ 표 3-13 card1, addr1, D1n 변수 조합으로 고객이 분류되지 않은 경우

index	card1	addr1	D1n	count	mean
137764	12695	325	−342	123	0.731707
98960	9500	330	17	83	0.903614
139449	12839	264	40	59	0.016949
183595	16998	330	−37	58	0.051724
139445	12839	264	36	58	0.017241

300개가 넘는 변수 중에서 수동으로 고객과 연관된 식별 변수를 찾는 것에는 한계가 있습니다. 그래서 FraudSquad 팀은 위 과정을 머신러닝을 통해 수행한다는 전략을 세웠습니다. 먼저 훈련 및 테스트 데이터에 각기 다른 고객 집합이 있다는 성질을 이용했습니다. 그림 3-13의 D1 분포만 보면 알 수 있듯이 훈련 데이터와 테스트 데이터의 일부 고객은 동일하고 일부는 다릅니다(D1의

값이 0인 고객이 테스트 기간에 많으므로, 훈련 데이터에는 없고 테스트 데이터에만 있는 신규 가입자가 많다고 판단할 수 있습니다).

▼ 그림 3-13 시간 추이별 D1 분포

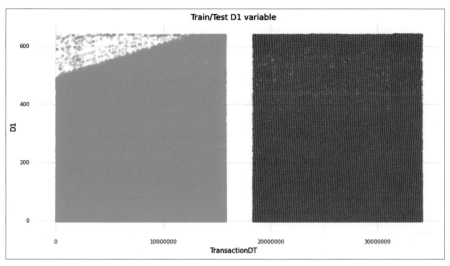

이렇게 다른 고객 집합에 적대적 유효성 검사(Adversarial Validation)를 수행하면 모델 스스로 고객 집합을 잘 분류하도록 학습합니다. 이때 학습에 중요한 피처들은 고객 집합을 구분하는 유의미한 변수가 됩니다. 적대적 유효성 검사는 캐글러들이 데이터 간 분포 차이 및 과적합 가능성을 알기 위해 많이 사용하는 테크닉입니다.

훈련 데이터와 테스트 데이터를 식별하는 변수를 추가하고 해당 변수를 목적 변수로 하는 분류 모델을 생성해서 적용합니다. 모델은 훈련 셋과 테스트 셋이 비슷하면 잘 분류하지 못하고, 비슷하지 않으면 잘 분류합니다. 즉, 데이터 간 분포 차이가 있는지 유무를 검사할 수 있습니다. 이때 학습에 중요한 역할을 한 변수들은 훈련 셋과 테스트 셋을 구분하는 데 영향력이 큰 변수입니다. 즉, 해당 변수는 데이터 간 분포가 다를 가능성이 높다는 이야기입니다. FraudSquad 팀은 적대적 유효성 검사를 훈련 셋과 테스트 셋 간 분포 차이가 아닌 고객 집합 간 차이로 해석했습니다. 그리고 학습을 통해서 고객 집합을 구분하는 데 중요한 역할을 하는 변수들을 추출했습니다.

이에 대한 내용을 코드로 살펴보겠습니다. 먼저 모든 훈련 데이터와 테스트 데이터를 함께 결합한 이후 훈련 셋과 테스트 셋을 구분하는 새 변수 is_this_transaction_in_test_data를 추가합니다. 이후 해당 트랜잭션이 훈련 데이터에 있는지 또는 테스트 데이터에 있는지를 분류하는 모델을 학습합니다. 이때 변수 중요도가 높은 피처들이 고객 집합을 구분하는 중요한 변수가 됩니다.

```python
from sklearn import model_selection

# train_df와 test_df를 결합한 후
# 새 변수 is_this_transaction_in_test_data를 추가합니다.
total_df = pd.concat([train_df, test_df], axis=0, sort=False)
target = total_df["is_this_transaction_in_test_data"].values

# train과 test를 임의로 분할합니다.
train, test = model_selection.train_test_split(
    total_df, test_size=0.33, random_state=42, shuffle=True
)
train_y = train["is_this_transaction_in_test_data"].values
test_y = test["is_this_transaction_in_test_data"].values

# TransactionDT~M columns의 변수를 사용해서 모델을 학습합니다.
features = np.append(
    ["TransactionDT", "TransactionAmt", "ProductCD"],
    card_feature + Dn_feature + C_feature + M_feature,
)
train_ = lgb.Dataset(train[features], label=train_y)
test_ = lgb.Dataset(test[features], label=test_y)

num_round = 50
clf = lgb.train(
    params,
    train_,
    num_round,
    valid_sets=[train_, test_],
    verbose_eval=200,
    early_stopping_rounds=100,
)
```

먼저 TransactionDT~M columns의 변수만 가지고 적대적 유효성 검사를 진행합니다. 해당 변수들만 이용한 이유는 변수의 수가 너무 많고 의미가 많이 달라서 단계별로 진행하기 위함입니다.

▼ 그림 3-14 최초 53개 변수에 대한 적대적 유효성 검사 결과

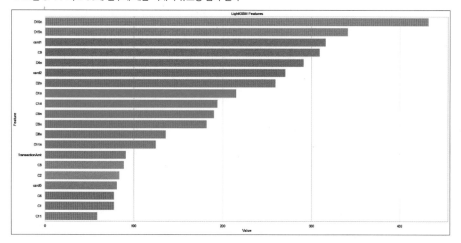

변수 중요도의 결과를 통해서 훈련 셋과 테스트 셋을 구분합니다. 중요한 변수들은 D10n, D15n, card1, C9, D4n, card2, D2n, D1n, C14 등임을 알 수 있습니다. 또한, 이 변수들은 테스트에만 있는 신규 가입자를 구분하는 변수로 해석할 수 있습니다.

마찬가지로 V 변수 339개에 대해서도 같은 작업을 진행한 결과 V126~V136과 V306~V320이 고객을 식별하는 데 중요한 변수임을 파악할 수 있습니다.

▼ 그림 3-15 V 변수에 대한 적대적 유효성 검사 결과

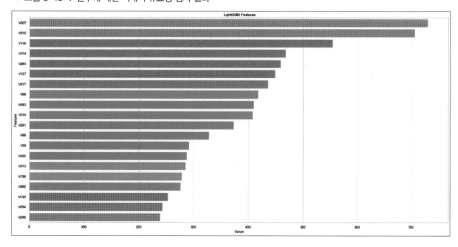

3.4.3 피처 엔지니어링

이제 모델의 성능을 높이기 위해 어떤 방식으로 새로운 변수를 만들었는지 살펴보겠습니다. 대부분의 팀들이 그렇듯, FraudSquad 팀도 일반적인 피처 엔지니어링 과정을 거쳤습니다.

- 아이디어를 기반으로 새로운 변수를 만들고 모델에 추가해서 유효성 검사를 진행합니다.
- 검증 데이터셋의 AUC가 증가하면 변수를 유지하고, 그렇지 않으면 변수를 삭제합니다.
- 추가하는 모든 변수에 대해 위 과정을 거치면서 가장 좋은 파생변수만 남깁니다.

이 과정을 통해 만든 변수 중 의미가 있었던 '시간과 관련한 변수'와 '다양한 인코딩을 통한 변수'에 대해 살펴보겠습니다.

시간과 관련한 변수는 이전 솔루션과 데이터 탐색 부분에서도 이야기했듯이 과거 특정 시점부터의 'Time Delta'이고 TransactionDay에 D 값을 빼줌으로써 더 뚜렷하게 변수의 의미를 파악할 수 있었습니다. 참고로 이때 D9는 시간을 의미하는 변수이므로 따로 TransactionDay를 빼주지 않습니다.

```python
# D 변수들의 정규화 과정
for i in range(1, 16):
    # i가 9이면 시간(hour)을 의미하는 변수이므로 정규화하지 않습니다.
    if i != 9:
        train_trans["D{}n".format(i)] = (
            train_trans["TransactionDay"] - train_trans["D{}".format(i)]
        )
```

이후 범주형 변수의 인코딩 작업을 5가지 방법으로 진행합니다.

1. encode_FE: 먼저 훈련 셋과 테스트 셋을 결합한 다음 빈도 기반 인코딩을 수행

2. encode_LE: 라벨 인코딩을 수행

3. encode_AG: 평균 및 표준편차를 집계하여 변수로 만들기

4. encode_CB: 두 열을 결합

5. encode_AG2: nunique(집합에 대한 원소의 개수를 의미)를 집계하여 변수로 만들기

```python
import gc

# FREQUENCY 인코딩
def encode_FE(df1, df2, cols):
    for col in cols:
        df = pd.concat([df1[col], df2[col]])
        vc = df.value_counts(dropna=True, normalize=True).to_dict()
        vc[-1] = -1
        nm = col + "_FE"
        df1[nm] = df1[col].map(vc)
        df1[nm] = df1[nm].astype("float32")
        df2[nm] = df2[col].map(vc)
        df2[nm] = df2[nm].astype("float32")
        print(nm, ", ", end="")

# LABEL 인코딩
def encode_LE(col, train=X_train, test=X_test, verbose=True):
    df_comb = pd.concat([train[col], test[col]], axis=0)
    df_comb, _ = df_comb.factorize(sort=True)
    nm = col
    if df_comb.max() > 32000:
        train[nm] = df_comb[: len(train)].astype("int32")
        test[nm] = df_comb[len(train) :].astype("int32")
    else:
        train[nm] = df_comb[: len(train)].astype("int16")
        test[nm] = df_comb[len(train) :].astype("int16")
    del df_comb
    x = gc.collect()
    if verbose:
        print(nm, ", ", end="")

# uid를 이용한 평균, 표준편차 집계
def encode_AG(
    main_columns,
    uids,
    aggregations=["mean"],
    train_df=X_train,
    test_df=X_test,
    fillna=True,
    usena=False,
):
    for main_column in main_columns:
```

```
        for col in uids:
            for agg_type in aggregations:
                new_col_name = main_column + "_" + col + "_" + agg_type
                temp_df = pd.concat(
                    [train_df[[col, main_column]], test_df[[col, main_column]]]
                )
                if usena:
                    temp_df.loc[temp_df[main_column] == -1, main_column] = np.nan
                temp_df = (
                    temp_df.groupby([col])[main_column]
                    .agg([agg_type])
                    .reset_index()
                    .rename(columns={agg_type: new_col_name})
                )

                temp_df.index = list(temp_df[col])
                temp_df = temp_df[new_col_name].to_dict()

                train_df[new_col_name] = train_df[col].map(temp_df).astype("float32")
                test_df[new_col_name] = test_df[col].map(temp_df).astype("float32")

                if fillna:
                    train_df[new_col_name].fillna(-1, inplace=True)
                    test_df[new_col_name].fillna(-1, inplace=True)

                print("'" + new_col_name + "'", ", ", end="")


# 두 변수 결합
def encode_CB(col1, col2, df1=X_train, df2=X_test):
    nm = col1 + "_" + col2
    df1[nm] = df1[col1].astype(str) + "_" + df1[col2].astype(str)
    df2[nm] = df2[col1].astype(str) + "_" + df2[col2].astype(str)
    encode_LE(nm, verbose=False)
    print(nm, ", ", end="")


# NUNIQUE 집계
def encode_AG2(main_columns, uids, train_df=X_train, test_df=X_test):
    for main_column in main_columns:
        for col in uids:
            comb = pd.concat(
                [train_df[[col] + [main_column]], test_df[[col] + [main_column]]],
                axis=0,
            )
```

```
            mp = comb.groupby(col)[main_column].agg(["nunique"])["nunique"].to_dict()
            train_df[col + "_" + main_column + "_ct"] = (
                train_df[col].map(mp).astype("float32")
            )
            test_df[col + "_" + main_column + "_ct"] = (
                test_df[col].map(mp).astype("float32")
            )
            print(col + "_" + main_column + "_ct, ", end="")

# 사용 예시
encode_FE(X_train, X_test, ["addr1", "card1", "card2", "card3", "P_emaildomain"])
encode_CB("card1", "addr1")
encode_CB("card1_addr1", "P_emaildomain")
encode_FE(X_train, X_test, ["card1_addr1", "card1_addr1_P_emaildomain"])
```

추가로 데이터 탐색 파트에서 만든 고객 아이디를 통해 파생변수를 만들겠습니다. 고객의 아이디를 의미하는 uid 변수는 card1, addr1, D1n 세 가지로 만듭니다. 하지만 이렇게 만들 경우 앞에서 언급했던 것처럼 card1, addr1, D1n을 가지는 고객들이 겹치는 문제가 있습니다. 이를 막기위해 Id 변수와 v 변수를 추가해 엄격하게 uid를 정의하는 방법도 있지만, 그렇게 하지 않는 이유는 uid 변수에 모델이 과적합될 수 있기 때문입니다. 그림 3-13에서 볼 수 있듯이 실제 테스트 데이터에는 신규 유저가 많습니다. 이를 무시하고 uid 변수를 입력 변수로 활용해서 모델을 만들면테스트에 새로 등장하는 uid에 대해서는 예측의 정확도가 떨어지게 됩니다.

FraudSquad 팀은 위와 같은 점을 고려해서 모델 스스로가 uid를 찾을 수 있도록 설계했습니다. 먼저 위에서 언급한 대로 uid 변수를 최대한 가볍고 대표적인 정보를 토대로 만들어줍니다. 그리고 해당 uid를 모델에 변수로 넣는 것이 아니라 uid를 이용한 집계 변수를 모델에 넣어줍니다.

예를 들어 변수 D4n, D10n, D15n은 특정 시점이므로(D4n = TransactionDay- D4), 특정 시점에 대해 집계된 평균 및 표준편차를 변수로 활용할 수 있습니다. 이렇게 할 경우에 몇 가지 특징이 드러나는데, 예를 들어 D15n의 표준편차는 특정 시점에 대한 편차이므로 동일 유저에 대해서는 값이 똑같을 수밖에 없습니다. 같은 논리로 표준편차가 0이 아니라는 것은 해당 uid에 2명 이상의 고객이 포함됐다는 의미입니다. 그렇게 되면 모델 스스로 트리를 분할해서 정교한 uid를 찾으며 학습할 수 있습니다.

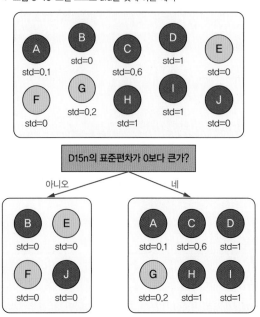

▼ 그림 3-16 모델 스스로 uid를 찾게 하는 예시

3.4.4 피처 선택

이 대회는 변수의 수가 많고 변수 간 상관성이 높았기에 적절하게 변수를 제거하는 게 중요했습니다. FraudSquad 팀은 변수를 선택하기 위해 다음과 같은 다양한 방법을 사용했습니다.

- forward feature selection(using single or groups of features)
- recursive feature elimination(using single or groups of features)
- permutation importance
- adversarial validation
- correlation analysis
- time consistency
- client consistency
- train/test distribution analysis

위 8가지 방법 중 가장 인상 깊었던 time consistency와 correlation analysis에 대해 소개하겠습니다.

time consistency

이 방법은 단일 변수(또는 변수들의 소규모 집합)만 이용해서 첫 번째 달을 학습해 마지막 달을 예측한 방법입니다. 학습과 검증 시 AUC의 차이를 통해 변수가 시간에 일관성 있는지 검증할 수 있게 해줍니다. AUC 값의 차이가 크면 해당 변수의 패턴이 훈련 데이터에만 등장하고 테스트 데이터에는 나타나지 않는다는 의미입니다. 특정 변수에 대해서 time consistency를 검증하는 방법의 코드는 다음과 같습니다.

```python
import datetime

START_DATE = datetime.datetime.strptime("2017-11-30", "%Y-%m-%d")
train_df["DT_M"] = train_df["TransactionDT"].apply(
    lambda x: (START_DATE + datetime.timedelta(seconds=x))
)
train_df["DT_M"] = (train_df["DT_M"].dt.year - 2017) * 12 + train_df["DT_M"].dt.month

# 첫 번째 달을 train으로 마지막 달을 valid로 설정
train = train_df[train_df.DT_M == 12].copy()
valid = train_df[train_df.DT_M == 17].copy()

# 특정 변수에 대해 train, valid의 AUC 기록
lgbm = lgb.LGBMClassifier(
    n_estimators=500, objective="binary", num_leaves=8, learning_rate=0.02
)
h = lgbm.fit(
    train[[col]],
    train.isFraud,
    eval_metric="auc",
    eval_set=[(train[[col]], train.isFraud), (valid[[col]], valid.isFraud)],
    verbose=-1
)
auc_train_df = np.round(h._best_score["valid_0"]["auc"], 4)
auc_val = np.round(h._best_score["valid_1"]["auc"], 4)
```

주어진 모든 변수에 대해 검증한 결과는 표 3-14와 같습니다. 변수 id_38은 auc_train = 0.6081이고, auc_val = 0.3562로 시간에 따른 일관성이 가장 낮습니다. 그 외 D3n부터 D2n까지 특정 변수들의 경우 오버피팅 위험이 큰 변수임을 파악할 수 있습니다.

index	columns	auc_trian	auc_val	auc_diff
0	id_38	0.6081	0.3562	0.2519
1	D3n	0.6006	0.4401	0.1605
2	V10	0.5576	0.7117	0.1541
3	V11	0.5577	0.7116	0.1539
4	D2n	0.6613	0.5215	0.1398

correlation analysis

두 번째 피처 선택 방법으로는 300개가 넘는, 상관성이 높은 V열을 줄이기 위해 사용한 correlation analysis입니다. 앞의 표 3-2에서 볼 수 있듯이 339개의 V 값은 결측치 비율에 의해 각각의 군집으로 나뉩니다. 또한, 결측치 구조가 유사한 군집의 V 변수들 간에는 상관성이 높은 변수들이 있었습니다. 이러한 변수들을 다음과 같은 작업을 통해서 제거했습니다.

1. 군집 중 하나를 선택해서 V 값들의 상관성을 확인합니다. 군집 내에서 상관성이 높은 하위 군집을 찾을 수 있습니다.

2. 상관성이 높은(r > 0.75) 하위 군집들을 생성합니다.

3. 각 하위 군집에서 가장 원소의 개수가 많은 변수를 선택합니다.

이 과정을 V279~V321의 군집으로 살펴보겠습니다.

```python
import matplotlib.pyplot as plt
import seaborn as sns

Vtitle = "V279 - V321"
Vs = nans_groups[12]

def make_corr(Vs, Vtitle=""):
    cols = ["TransactionDT"] + Vsa
    plt.figure(figsize=(15, 15))
    sns.heatmap(
        np.around(train_df[cols].corr(), 2), cmap="RdBu_r", annot=True, center=0.0
    )
```

```
    if Vtitle != "":
        plt.title(Vtitle, fontsize=9)
    else:
        plt.title(Vs[0] + " - " + Vs[-1], fontsize=9)
    plt.show()

make_corr(Vs, Vtitle)
```

▼ 그림 3-17 변수별 상관관계

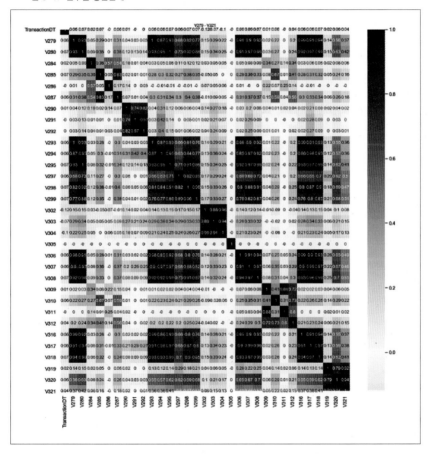

위 상관관계 분포는 V279~V321이라는 군집 내 V원소 간 상관관계입니다. 해당 군집 내에서
는 [279, 280, 293, 294, 295, 298, 299]와 같은 상관성이 높은 하위 군집을 찾을 수 있습니다.
그런 다음 각 하위 블록에서 원소의 개수가 가장 많은 변수를 선택합니다. 예를 들어 [279, 280,
293, 294, 295, 298, 299] 블록은 각각 원소의 개수가 [881, 975, 870, 1286, 928, 94, 50]이

므로, 1286을 가지는 V294 변수만 남기고 나머지 변수들은 지웁니다. 마찬가지로 이에 대한 과정을 [302, 303, 304]와 같은 모든 하위 군집에 대해 진행하면 [294, 284, 285, 286, 291, 297, 303, 305, 307, 309, 310, 320] 변수들만 남게 됩니다. 이 과정을 reduce_group 함수를 통해서 표현하면 다음과 같습니다.

```python
grps = [
    [279, 280, 293, 294, 295, 298, 299],
    [284],
    [285, 287],
    [286],
    [290, 291, 292],
    [297],
    [302, 303, 304],
    [305],
    [306, 307, 308, 316, 317, 318],
    [309, 311],
    [310, 312],
    [319, 320, 321],
]

def reduce_group(grps, c="V"):
    use = []
    for g in grps:
        mx = 0
        vx = g[0]
        for gg in g:
            n = train[c + str(gg)].nunique()
            if n > mx:
                mx = n
                vx = gg
        use.append(vx)
    print("Use these", use)

>>> reduce_group(grps)
Use these [294, 284, 285, 286, 291, 297, 303, 305, 307, 309, 310, 320]
```

앞에서 설명한 1~3번 작업을 모든 V 블록에 대해 진행합니다. 그러면 최종적으로 128개의 V를 얻을 수 있습니다. 이에 대한 상관관계를 그려서 기존과 비교하면 다음과 같습니다(단, 시각화의 편의를 위해서 변수의 20%만 추출했습니다).

❤ 그림 3-18 전처리 이전의 상관관계

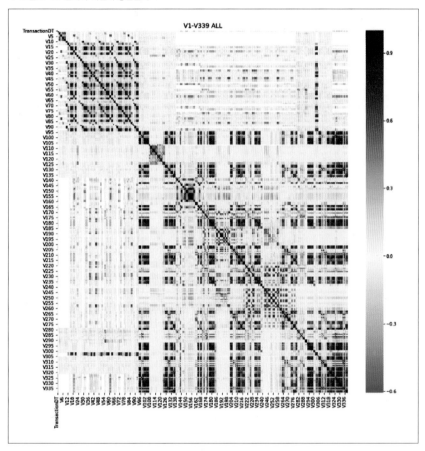

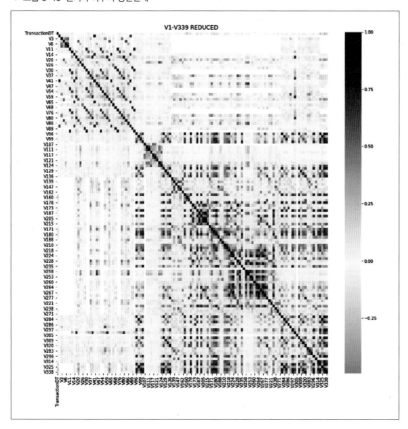

▼ 그림 3-19 전처리 이후의 상관관계

전처리 이전과 이후의 상관관계를 보면 붉은색 부분이 많이 사라진 것을 볼 수 있습니다. 이러면 V 값의 정보는 계속 유지하면서 변수의 수를 줄여 과적합을 방지할 수 있고, 학습 속도도 빨라지게 만들 수 있습니다. 추가로 FraudSquad 팀은 V열들을 지우기 위해 PCA를 적용하는 방법과 평균으로 대체하는 방법들도 도입했다고 합니다.

3.4.5 모델링

마지막으로 모델링 전략을 소개합니다. FraudSquad 팀은 단일한 검증 방법이 아닌 다양한 방법을 사용했습니다. 특히 세 가지 형태의 검증 방법을 적절하게 사용하면서 변수를 사용할지 판단했습니다.

▼ 그림 3-20 FraudSquad 팀의 검증 전략

1 처음 1달로 마지막 1달 예측

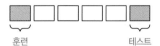

2 처음 2달로 마지막 2달 예측

3 1달씩 뛰면서 예측

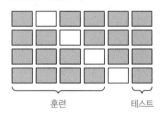

세 가지 검증 결과를 바탕으로 변수의 유효성을 검사하고, 마지막에는 GroupKFold를 사용해서 예측을 진행했습니다. 특히 모델별로 식별/비식별된 고객의 점수를 확인하면서 과적합에 대비했습니다. 최종적으로는 Catboost, LightGBM, Xgboost라는 세 가지 모델을 사용했으며, 모델별로 변수의 조합을 다르게 하여 앙상블 효과를 최대화함으로써 비공개 점수에서 1위를 달성할 수 있었습니다.

KNOW-HOW FROM KAGGLE MEDALISTS

3.5 디스커션

IEEE-CIS Fraud Detection 대회는 정형(Tabular) 데이터를 원 없이 분석해보고, 부스팅(Boosting) 기반의 머신러닝 모델들을 실험해볼 수 있는 좋은 대회였습니다. 대회 중반까지 4위를 유지했지만, 동일 유저 찾기, 최종 비공개 리더보드에서 최종 순위가 뒤틀리는 Shake up 현상 방지에 집중하느라 새로운 실험을 많이 해보지 못했고, 그 결과 대회 최종 순위를 25위로 마무리한 게 아쉽습니다.

❤ 그림 3-21 대회 리더보드

18	▼ 10	conundrum.ai & Evgeny		0.940756	129	2y
19	▲ 10	クソザコちゃうねん		0.940730	208	2y
20	▲ 5	Our AUC says nothing to us		0.940526	112	2y
21	▼ 12	bird and fish		0.940250	201	2y
22	▼ 16	天行健，君子以自強不息：地...		0.940076	276	2y
23	▲ 4	Fraudo Baggins		0.939770	323	2y
24	▼ 5	上地西二旗人民		0.939678	313	2y
25	▼ 1	[ka.kr] boradori		0.939546	376	2y
26	▼ 19	DLMPS		0.939340	275	2y
27	▼ 11	Apple 2		0.939319	116	2y

하지만 좋은 팀원과 매일 아이디어를 공유하고, 실험을 진행하며 성능을 향상시킨 하루하루는 아직도 좋은 추억으로 남아 있습니다. 좋은 피처를 찾는 방법이나 LightGBM, CatBoost 같은 boosting 기반의 모델에 익숙해지고 싶다면 이 대회 커널들의 필사를 추천합니다. 이를 바탕으로 향후 개최되는 정형 데이터 기반 대회에서 좋은 결과를 얻는 데 도움이 되었으면 좋겠습니다.

4^장

Quick, Draw!
Doodle
Recognition

4.1 들어가기 전에

4.1.1 캐글 프로필: 명대우

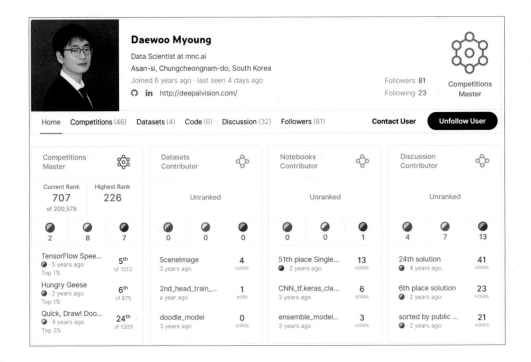

4.1.2 코드

컴페티션 페이지 https://www.kaggle.com/c/quickdraw-doodle-recognition

코드 URL https://www.kaggle.com/code/ttagu99/train-model

4.2 / Overview

Quick, Draw! Doodle Recognition 대회는 2018년 12월 Google Research 팀이 주최했으며, 사람이 제한 시간 20초 내에 《Quick, Draw!》(퀵, 드로!)라는 게임으로 그린 낙서 이미지를 모아서 분류하는 대회입니다.

▼ 그림 4-1 Doodle Recognition 대회

▼ 표 4-1 대회 요약

주제	필기 이미지 인식
유형	Featured
제출 방식	Simple competition
주최	Google Research
총 상금	$25,000
문제 유형	멀티-클래스 분류(Multiclass Classification)
데이터 타입	정형(Tabular), 이미지(Image)
평가 지표	Mean Average Precision
대회 참가 팀	1,316팀
대회 시작 일시	2018년 12월

4.2.1 대회 목적

사람이 20초 이내에 빠르게 그린 낙서를 분류하는 대회입니다. 백문이 불여일견이니 《Quick, Draw!》(퀵, 드로!)라는 게임을 직접 해보기 바랍니다.[1]

게임을 시작하면 20초 내에 그림을 그리라는 지시가 나옵니다. 그림을 그리면 신경망 모델이 어떤 그림인지 맞춥니다. 대회에서는 이 게임에서 발생한 데이터들이 사용됐습니다.

▼ 그림 4-2 퀵 드로 게임

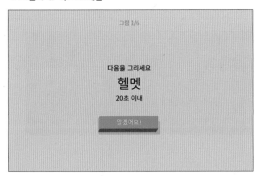

데이터를 좀 더 구체적으로 이해하기 위해 직접 게임을 해봤습니다. 그림을 잘 그리는 편이 아닌데도 모델이 상당히 정확하게 맞췄습니다.

▼ 그림 4-3 게임 완료 화면

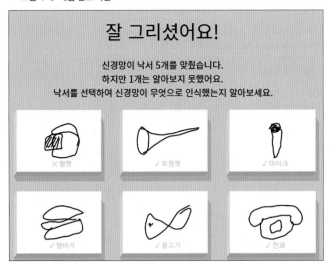

---

1 https://quickdraw.withgoogle.com

캐글 대회에서는 (사람이 확인할 수 있는 데이터라면) 샘플 데이터를 직접 확인해보는 것을 추천합니다. 이미지라면 각 레이블별로 몇 장씩 확인해보고, 음성이라면 들어보고, 동영상이라면 재생해봅니다. 이 과정에서 추후 모델 설계 및 데이터 제너레이터 구현에 대한 아이디어가 떠오를 때가 많습니다.

직접 관련이 있는 애플리케이션으로는 필기 인식(Handwriting Recognition), 문자 인식(OCR: Optical Character Recognition) 등이 있습니다.

4.2.2 평가 지표

이 대회의 평가 지표는 MAP@K(Mean Average Precision at K)입니다. 이 대회에서는 K가 3입니다. 이는 주로 정보 검색 분야에서 많이 쓰는 평가 지표로, 알고리즘이 K개 추천/예측한 값들이 몇 번째 만에 맞춘 것인지 가중치가 반영된 점수입니다.

MAP@K는 테스트 셋들의 AP@K 평균입니다. AP@K가 어떻게 계산되는지 예를 통해 살펴보겠습니다.

정답이 A인 데이터가 있다고 할 때, 테스트 셋 1개 행별 정답은 1개이고, 3개의 값을 제출하며 중복된 값은 제출하지 않습니다. 모델이 3개의 값을 예측할 경우 AP@K 점수가 어떻게 나오는지 보겠습니다.

```
actual = "A"
predicted = ["A", "B", "C"]
apk(actual, predicted, 3)
```

예측한 값 중 첫 번째 인덱스의 값인 A가 정답과 같으므로 점수는 1.0으로 가장 높습니다.

```
predicted = ["B", "A", "C"]
apk(actual, predicted, 3)
```

두 번째 인덱스의 값이 정답과 같을 경우, 점수는 0.5입니다.

```
predicted = ["B", "C", "A"]
apk(actual, predicted, 3)
```

세 번째 인덱스의 값이 정답과 같을 경우, 점수는 0.33입니다.

```
predicted = ["B", "C", "D"]
apk(actual, predicted, 3)
```

예측한 3개의 값이 모두 정답이 아닐 경우, 점수는 0.0입니다. 이와 같이 정답이 A인 4개의 테스트 셋에 대해 각 데이터별로 예측 값을 3개씩 제출했을 경우, 표 4-2와 같습니다.

▼ 표 4-2 AP@K 점수

정답	모델의 예측 값	AP@K 점수
A	A, B, C	1.0
A	B, A, C	0.5
A	B, C, A	0.333
A	B, C, D	0.0

최종 점수인 MAP@K는 각 테스트 셋 행별 AP@K 점수들의 평균입니다. 위 표의 최종 점수인 MAP@K는 AP@K 점수 (1.0+0.5+0.33)÷4입니다. AP@K 계산을 함수로 만들면 다음과 같습니다.

```
# Average Precision K
def apk(actual, predicted, k):
    if actual not in predicted:  # 제출한 값에 정답이 없으면 score는 0
        return 0.0
    for i in range(k):
        if actual in  predicted[:i+1]:  # 제출한 값이 K번째 만에 정답
            return 1.0 / len(predicted[:i+1]) # score
```

대회 평가 지표를 먼저 구현하고 확인하는 이유는,

- 나중에 만들게 될 모델을 검증 셋으로 평가하고,
- 학습 과정 중 조기 정지(Early Stopping) 및 학습률(Learning rate) 조정에 활용하고,
- 모델의 출력 값 후처리 및 앙상블과 같이 최종 제출을 선택할 때도 활용하기 때문입니다.

이 책에서 작성한 전체 코드는 다음 캐글 노트북 링크에서 다운로드할 수 있습니다.

전체 학습 코드 설명: https://www.kaggle.com/ttagu99/train-model

1개 모델 예측(금메달 점수): https://www.kaggle.com/ttagu99/prediction-single-model

4개 모델 앙상블 코드(1등보다 높은 점수): https://www.kaggle.com/ttagu99/ensemble-models-2epoch

이 책의 코드는 대회 종료 후 코드를 정리하며 발견한 오류들을 수정하고 다시 학습한 결과입니다. 대회는 24위로 마무리했지만, 4개 모델 앙상블 코드의 경우 1등 팀 점수보다 높은 점수를 얻을 수 있습니다. 4개 모델 앙상블이 다소 복잡해 보일 수 있지만, 1등 팀이 공개한 솔루션(모델 40여 개를 학습한 뒤 스태킹 모델을 추가 학습)보다 구현 및 학습에서 더 간단합니다.

그럼 시작하겠습니다.

KNOW-HOW FROM KAGGLE MEDALISTS

4.3 / 솔루션

4.3.1 EDA

이 대회에서 제공하는 데이터 중 sample_submissions.csv를 먼저 확인합니다. 예측해야 할 행의 수는 112,199개이며, key_id열이 인덱스이고, 예측 값은 word열에 3개 공백으로 구분하여 제출해야 합니다.

```python
import pandas as pd

sub_df = pd.read_csv(data_path + "sample_submission.csv")
print("test data 수:", len(sub_df))
sub_df.head()
```

	key_id	word
0	9000003627287620	The_Eiffel_Tower airplane donut
1	9000010688666840	The_Eiffel_Tower airplane donut
2	9000023642890120	The_Eiffel_Tower airplane donut

대회에서 제공한 데이터는 raw, simplified 두 종류입니다. country code열은 그림을 그린 사용자의 국가 정보, key_id열은 인덱스, recognized열은 기존 모델의 인식 여부, timestamp열은 그린 시간입니다.

```
train_file_path = data_path + "train_raw/"
eiffel_df = pd.read_csv(train_file_path + "The Eiffel Tower.csv")
eiffel_df.head()
```

▼ 표 4-4 raw 데이터

	country code	drawing	key_id	recognized	timestamp	word
0	GB	[[[16, 33.507999420166016, 44.75699996948242, ...	5027286841556990	TRUE	2017-03-11 14:47	The Eiffel Tower
1	FR	[[[142.64599609375, 141.76100158691406, 141.67...	5716269791707130	TRUE	2017-03-12 22:51	The Eiffel Tower
2	GB	[[[559, 560, 556, 549, 542, 532, 520, 509, 494...	5942899998982140	TRUE	2017-03-29 1:12	The Eiffel Tower
3	US	[[[151, 160, 173, 195, 224, 254, 287, 320, 355...	6226163091374080	TRUE	2017-03-29 16:48	The Eiffel Tower
4	GB	[[[216, 229, 244, 266, 293, 322, 352, 383, 417...	4889008825958400	TRUE	2017-03-04 15:50	The Eiffel Tower

한 가지 주의해야 할 사항이 있습니다. 레이블 이름이 The Eiffel Tower처럼 여러 단어로 구성된 경우 제출 파일인 sample_submission.csv에는 표 4-3과 같이 언더바(_)를 사용했고, 훈련 데이

터인 train_raw.csv, train_simplified.csv에는 표 4-4, 4-5와 같이 공백을 사용했습니다. 따라서 학습한 후 제출 파일을 만들 때는 언더바로 변환하여 제출해야 합니다.

```
train_simple_file_path = data_path + "train_simplified/"
eiffel_simple_df = pd.read_csv(train_simple_file_path + "The Eiffel Tower.csv")
eiffel_simple_df.head()
```

▼ 표 4-5 simplified 데이터

	country code	drawing	key_id	recognized	timestamp	word
0	GB	[[[0, 22, 37, 64, 255], [218, 220, 227, 228, 2...	5027286841556990	TRUE	2017-03-11 14:47	The Eiffel Tower
1	FR	[[[47, 47, 36, 26, 0, 10, 23, 46, 46, 63, 68, ...	5716269791707130	TRUE	2017-03-12 22:51	The Eiffel Tower
2	GB	[[[184, 115, 67, 57, 36, 18], [251, 103, 12, 1...	5942899998982140	TRUE	2017-03-29 1:12	The Eiffel Tower
3	US	[[[0, 187, 177, 132, 105, 79, 38, 19, 11], [24...	6226163091374080	TRUE	2017-03-29 16:48	The Eiffel Tower
4	GB	[[[0, 21, 43, 83, 97, 158, 169, 172], [162, 16...	4889008825958400	TRUE	2017-03-04 15:50	The Eiffel Tower

문자열을 파이썬 리스트로 받기 위해 json.loads 함수를 사용했습니다.

```
import json

raw_images = [json.loads(draw) for draw in eiffel_df.head()["drawing"].values]
simple_images = [json.loads(draw) for draw in eiffel_simple_df.head()["drawing"].values]
```

raw 파일의 drawing열 데이터와 simplified 파일의 drawing열 데이터를 그려서 비교해보면 차이가 있습니다.

```
import matplotlib.pyplot as plt

for index in range(3):
    f, (ax1, ax2) = plt.subplots(ncols=2, nrows=1, figsize=(8, 4))
    for x, y, t in raw_images[index]:
        ax1.plot(x, y, marker=".")
    for x, y in simple_images[index]:
        ax2.plot(x, y, marker=".")
    ax1.set_title("raw drawing")
    ax2.set_title("simplified drawing")
    ax1.invert_yaxis()
    ax2.invert_yaxis()
    ax1.legend(range(len(raw_images[index])))
    ax2.legend(range(len(simple_images[index])))
    plt.show()
```

❤ 그림 4-4 raw drawing과 simplified drawing 비교

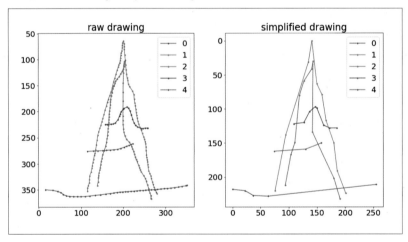

그림 4-4에서 컬러는 획순입니다. raw는 포인트 수가 많은 반면, simplified는 raw 데이터의 포인트에서 같은 방향으로 이동한 부분들을 생략하여 포인트 수가 적습니다. 그 외에도 raw의 X, Y축 범위를 보면 일정하지 않습니다. 그림을 그린 디바이스 창 크기에 따라 좌표가 다르기 때문으로 예상됩니다. simplified drawing열은 256×256으로 전처리되어 있습니다. 또한, 다음과 같이 raw 데이터에는 시간 정보가 있으며, 공식적으로 명시하지는 않았지만 m-sec 단위로 추측됩니다.

```
>>> print("======== 첫 번째 raw drawing의 첫 획 Data 중 5개 Point 정보 ========")
>>> print("x좌표: ", json.loads(eiffel_df["drawing"][0])[0][0][:5])
>>> print("y좌표: ", json.loads(eiffel_df["drawing"][0])[0][1][:5])
>>> print("m-sec: ", json.loads(eiffel_df["drawing"][0])[0][2][:5])

>>> print("======== 첫 번째 Simplified drawing의 첫 획 Data 중 5개 Point 정보
========")
>>> print("x좌표: ", json.loads(eiffel_simple_df["drawing"][0])[0][0][:5])
>>> print("y좌표: ", json.loads(eiffel_simple_df["drawing"][0])[0][1][:5])
======== 첫 번째 raw drawing의 첫 획 Data 중 5개 Point 정보 ========
x좌표:  [16, 33.507999420166016, 44.75699996948242, 52.5620002746582,
58.189998626708984]
y좌표:  [350, 351.0889892578125, 353.135009765625, 355.37799072265625,
359.0950012207031]
m-sec:  [0, 73, 89, 105, 123]

======== 첫 번째 Simplified drawing의 첫 획 Data 중 5개 Point 정보 ========
x좌표:  [0, 22, 37, 64, 255]
y좌표:  [218, 220, 227, 228, 211]
```

데이터 취급 및 쉬운 모델 작성을 위해서는 simplified 데이터를 사용해도 되겠지만, 메달권 점수를 얻는 것이 목표였기에 정보가 많은 raw 데이터를 사용했습니다.

4.3.2 데이터 전처리

학습을 위한 raw 파일들의 용량이 총 204GB입니다. 데이터 컴퓨터 리소스상 모두 로딩하기는 어렵습니다.

```
import os

train_csvs = os.listdir(train_file_path)
>>> print("train_raw 폴더 내 파일 수:", len(train_csvs))
>>> print(train_csvs[:5])
Train_raw 폴더 내 파일 수:340
['airplane.csv', 'alarm colok.csv', 'ambulance.csv', 'angel.csv', 'animal migration.
csv']
```

```
file_size = 0
label_names = []
for csv_file in train_csvs:
    file_size += os.path.getsize(train_file_path + csv_file)
    label_names.append(csv_file.replace(".csv", ""))

>>> print("파일 크기: ", file_size // (1024 * 1024 * 1024), "GB")
파일 크기: 204GB
```

따라서 학습을 위한 데이터를 분할 압축하여 준비했습니다(그림 4-5).

▼ 그림 4-5 데이터 전처리

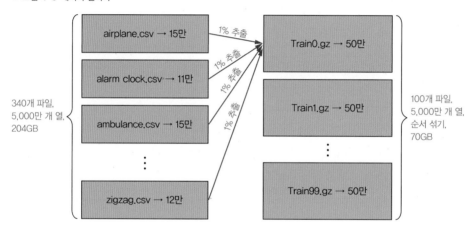

이렇게 변경하는 이유는, 학습 과정에는 레이블별로 데이터를 섞은 뒤 모델의 입력 값으로 줘야하지만, 204GB에 해당하는 파일을 모두 메모리에 로딩하여 순서를 섞은 뒤 입력 데이터로 쓸 수는 없기 때문입니다. 이미지로 미리 변환하지 않은 이유도 5,000만 개 이미지를 저장할 저장 공간이 부족하기 때문입니다. 전체 데이터를 numpy array나 이미지 파일로 저장해 놓으면 약 7TB가 필요할 것으로 예상됩니다. 이 작업은 1회만 수행하면 되고, 변환 작업은 대략 4시간 정도 걸립니다.

```
from tqdm import tqdm

divide_shuffles = 100  # 데이터를 분할할 파일 수
raw_shuffle_data_path = data_path + "shuffle_raw_gzs/"
try:
    os.mkdir(raw_shuffle_data_path)
```

```
    for y, csv_file in enumerate(tqdm(train_csvs)):
        df = pd.read_csv(train_file_path + csv_file, usecols=["drawing", "key_id"])
        df["y"] = y  # 레이블
        # key_id로 데이터 나누기
        df["cv"] = (df.key_id // 10000) % divide_shuffles
        for k in range(divide_shuffles):
            filename = raw_shuffle_data_path + f"train_k{k}.csv"
            chunk = df[df.cv == k]  # 0 ~ 99까지 cv에 번호로 선택
            chunk = chunk.drop(["key_id", "cv"], axis=1)
            if y == 0:
                # 처음이면 파일을 만들고
                chunk.to_csv(filename, index=False)
            else:
                chunk.to_csv(filename, mode="a", header=False, index=False)  # 추가
    for k in tqdm(range(divide_shuffles)):
        filename = raw_shuffle_data_path + f"train_k{k}.csv"
        # 아직까지는 레이블 순서대로 데이터가 만들어져 있음
        df = pd.read_csv(filename)
        # 레이블별 파일의 내용을 섞기 위해 랜덤값 추가
        df["rnd"] = np.random.rand(len(df))
        # 추가된 랜덤값으로 정렬하여 순서 섞기
        df = df.sort_values(by="rnd").drop("rnd", axis=1)
        # ssd 용량이 부족하지 않다면 압축하지 않는 것이 빠름
        df.to_csv(filename.replace(".csv", ".gz"), compression="gzip", index=False)
        os.remove(filename)
except:
    print("shuffled train data 준비는 한 번만 실행합니다.")
    pass
```

4.3.3 데이터 생성

이 대회의 데이터를 단순히 좌표만 연결해 흑백 그림만 그려서 CNN 모델로 학습해도 어느 정도 점수(MAP@3 0.90 이상)는 얻을 수 있습니다. 하지만 더 높은 점수를 얻기 위해 딥러닝 모델에 더 많은 정보를 입력 값으로 제공하도록 데이터 제너레이터(Data Generator)를 만들었습니다.

추가 변수 추출

앞에서 살펴본 것처럼 raw 획의 정보는 X좌표, Y좌표, m-sec(시간) 리스트로 이루어져 있습니다. 여기서 얻을 수 있는 추가 변수로 생각한 것은 다음과 같습니다.

- 획의 순서
- 획의 포인트별 이동 속도
- 획의 포인트별 이동 속도의 변화량
- 획의 방향, 획과 획 사이 공백 시간
- 전체 그림을 그리는 데 걸린 시간과 그림의 시작, 종료 포인트

예를 들어 레이블이 "Smile Face"인 데이터를 한 개 그려보겠습니다(그림 4-6). 총 3획, 포인트 수는 14개, 각 획별 포인트 수는 5, 5, 4개인 데이터입니다. 제공된 데이터는 아니고, 변수를 추가하는 방법을 쉽게 이해할 수 있도록 제가 단순화하여 만든 데이터입니다.

❤ 그림 4-6 Smile Face의 포인트

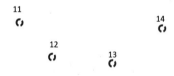

만약 완성된 그림으로만 학습한다면 그림 4-7과 같은 이미지가 될 것입니다.

▼ 그림 4-7 포인트 연결

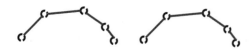

획의 순서는 0번(Red) 채널의 값으로 첫 획을 밝게, 그리고 점점 어두워지도록 표시했습니다. 이와 같은 방식으로 실행해보면 그림 4-8과 같은 그림이 그려집니다.

▼ 그림 4-8 획 순서 추가

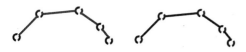

다음으로 획의 포인트별 이동 속도는 포인트와 포인트 사이의 유클리디안 거리에 걸린 시간을 나눴습니다. 즉, 이동 속도가 빠를수록 밝은 값을 가집니다. 채널들을 합치면 컬러 이미지가 나오나 색감 구분이 잘 되지 않아서 그림 4-9처럼 약간 위쪽에 1번(Green) 채널을 표시했습니다.

❤ 그림 4-9 이동 속도 추가

획의 포인트별 이동 속도의 변화량은 다음 순서로 계산합니다.

1. 이전 포인트에서 현재 포인트까지 이동만큼 같은 방향으로 한 번 더 이동한 점, 즉 그림 4-10
   에서 점선의 끝점을 먼저 계산합니다.

2. 점 선의 끝점에서 다음 포인트까지의 거리, 즉 그림 4-10에서 화살표의 길이를 계산합니다.

3. 2번에서 계산된 길이를 다음 포인트까지 걸린 시간으로 나눕니다.

위와 같이 계산된 값을 2번(Blue) 채널에, 이 역시 식별하기 쉽게 약간 아래쪽에 표시했습니다.
이동 방향과 속도가 급변할수록 밝은 값을 갖습니다.

❤ 그림 4-10 속도의 변화량 추가

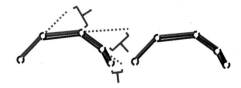

획의 방향은 획의 시작점을 2번(Blue) 채널에 원으로 그려서 표시했습니다. 획과 획 사이의 공백
시간을 밝기 정보로 나타냈는데, 이전 획을 그리고 다음 획을 시작하는 데 걸린 시간이 길수록 더

밝게 표시했습니다. 그리고 전체 그림을 그리는 데 걸린 시간은 마지막 포인트에 1번(Green) 채
널의 밝기 값으로 표시했습니다. 이 정보를 추가하여 완성한 그림이 그림 4-11입니다.

▼ 그림 4-11 획의 방향, 획 사이 공백, 전체 시간, 그림의 시작/종료 포인트 추가

지금까지 설명한 변수를 그림에 추가하는 함수를 구현하면 다음과 같습니다.

```python
import cv2
import numpy as np

def draw_raw_cv2(raw_strokes, size=128, lw=6, last_drop_r=0.0, second_strokes=None):
    ofs = lw * 2  # 완성된 이미지에 테두리 공백
    limit_ett = 20 * 1000  # 최대 시간 20초
    npstrokes = []
    mminfo = {
        "xmin": float("inf"),
        "ymin": float("inf"),
        "xmax": float("-inf"),
        "ymax": float("-inf"),
    }

    # 획 뒤쪽 부분을 삭제하는 데이터 증강
    drop_num = int(np.random.random() * last_drop_r * len(raw_strokes))

    if drop_num > 0:
        raw_strokes = raw_strokes[:-drop_num]

    # 다른 데이터와 섞는 증강 기법
    if second_strokes is not None:
        first_ett = raw_strokes[-1][-1][-1]
```

```python
        end_fist_st_len = len(raw_strokes)
        raw_strokes.extend(second_strokes)

    for t, stroke in enumerate(raw_strokes):
        npstroke = np.array(stroke)
        npstrokes.append(npstroke)
        mminfo["xmin"] = min(mminfo["xmin"], min(npstroke[0]))
        mminfo["xmax"] = max(mminfo["xmax"], max(npstroke[0]))
        mminfo["ymin"] = min(mminfo["ymin"], min(npstroke[1]))
        mminfo["ymax"] = max(mminfo["ymax"], max(npstroke[1]))

    ett = npstrokes[-1][-1][-1]  # 얼마나 빨리 완료하는가 20초 이하
    nimg = np.zeros((size, size, 3), dtype=float)

    # 최소 좌표에 음수가 있는 경우도 있음
    org_width = mminfo["xmax"] - mminfo["xmin"]
    org_height = mminfo["ymax"] - mminfo["ymin"]
    ratio = max(org_width, org_height) / (size - ofs * 2)

    if ratio == 0:
        print("ratio 0 case ? null data ? log for debugging", mminfo)
        return nimg

    pre_st_t = 0
    for t, stroke in enumerate(npstrokes):
        stroke[0] = (stroke[0] - mminfo["xmin"]) / ratio + ofs
        stroke[1] = (stroke[1] - mminfo["ymin"]) / ratio + ofs
        inertia_x = 0
        inertia_y = 0

        if second_strokes is not None and t == end_fist_st_len:
            pre_st_t = 0

        # 각 획의 포인트 반복, 마지막 좌표까지
        for i in range(len(stroke[0]) - 1):
            # 획의 순서를 색으로 표시
            color = min((1.0 - 0.95 * float(t) / len(npstrokes)), 1.0)
            sx = int(stroke[0][i])
            sy = int(stroke[1][i])
            st = stroke[2][i]
            ex = int(stroke[0][i + 1])
            ey = int(stroke[1][i + 1])
```

```python
        et = stroke[2][i + 1]

        # 획의 속도, 비정상 데이터가 있음(et - st가 음수인 경우, et - st가 0인 경우)
        color_v = min(
            (((sx - ex) ** 2 + (sy - ey) ** 2) ** 0.5 / (abs(et - st) + 1) * 5),
            1.0
        )

        if i == 0:
            color_a = 0
        else:  # 획의 속도 변화량, 첫 점은 255
            color_a = min(
                (
                    ((inertia_x - ex) ** 2 + (inertia_y - ey) ** 2) ** 0.5
                    / (abs(et - st) + 1)
                    * 5
                ),
                1.0,
            )

        nimg = cv2.line(nimg, (sx, sy), (ex, ey), (color, color_v, color_a), lw)

        if i == 0:
            color_inter = min((float(st - pre_st_t) * 10 / limit_ett), 1.0)

            # 첫 획의 첫 번째 점 표시
            if t == 0 or (second_strokes is not None and t == end_fist_st_len):
                color_inter = 1.0  # 첫 획의 첫 번째 점 표시

            # 이전 획이 끝나고, 다음 획이 시작될 때까지 걸린 시간
            nimg = cv2.circle(nimg, (sx, sy), lw, (0.0, 0.0, color_inter), -1)

        # 마지막 획에 마지막 점
        if i == len(stroke[0]) - 2 and t == len(raw_strokes) - 1:
            color_end = float(ett) / (limit_ett)  # 종료 시간
            nimg = cv2.circle(nimg, (ex, ey), lw, (0.0, color_end, 0.0), -1)

        # 다른 데이터와 섞는 증강 기법을 사용했을 때,
        # 다른 데이터의 마지막 획에 마지막 점
        if (
            second_strokes is not None
            and i == len(stroke[0]) - 2
```

```
                and t == end_fist_st_len - 1
            ):
                color_end = float(first_ett) / (limit_ett)  # 종료 시간
                nimg = cv2.circle(nimg, (ex, ey), lw, (0.0, color_end, 0.0), -1)

        inertia_x = ex + (ex - sx)
        inertia_y = ey + (ey - sy)
        pre_st_t = et

    return nimg
```

이번에는 위에서 정의한 함수를 이용하여 실제 훈련 데이터를 그려보겠습니다. 전처리 단계에서 생성한 파일 중 하나를 열어서 그려보면 그림 4-12와 같습니다. 레이블은 mug입니다. 사람의 눈으로 미세한 밝기 값까지는 구분할 수 없지만, 하나의 획이 어느 점에서 시작하고 어디에서 끝나고, 어떤 순서로 그려졌으며, 어떤 획을 빨리 그리고, 어떤 획을 천천히 그렸는지 대략 판단할 수 있습니다.

```
train_file0_df = pd.read_csv(raw_shuffle_data_path + "train_k0.gz")
draw_test = draw_raw_cv2(json.loads(train_file0_df.loc[0].drawing), size=128, lw=2)
fig, ax = plt.subplots(figsize=(5, 5))
ax.set_title(label_names[train_file0_df.loc[0].y])
ax.imshow(draw_test)
plt.show()
```

▼ 그림 4-12 mug 데이터 샘플

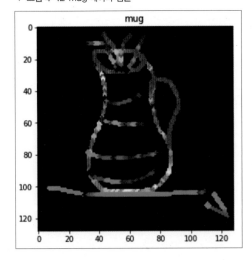

데이터 증강 기법

이미지 분류, 이미지 세분화 대회는 물론 여러 분야의 대회에서 데이터 증강 기법(Data Augmentation)은 점수 향상에 큰 영향을 미칩니다. 따라서 어떤 조합의 증강 기법을 사용하는 것이 좋을지 탐색하고, 다른 사람이 생각하지 못한 창의적인 증강 기법을 찾아 추가하는 데 노력을 많이 기울이게 됩니다.

하지만 이 대회는 데이터 수가 5,000만 개나 되어서 작은 모델을 학습해도 1에포크를 학습하는 데 하루 이상이 소요되므로, 많은 에포크를 반복할 수 없었습니다. 그래서 데이터 증강 기법은 CPU 부하가 늘어나지 않는 방법으로만 최소로 적용했습니다. EDA 및 전처리를 진행하면서 생각한 증강 기법은 다음과 같습니다.

- 획 중 나중에 그려진 획들을 랜덤하게 삭제하기
- 두 종류의 그림을 동시에 그리기

```python
# 증강 기법 결과 점검
draw_test_drop = draw_raw_cv2(
    json.loads(train_file0_df.loc[0].drawing), size=128, lw=2, last_drop_r=0.3
)
draw_test_drop_mix = draw_raw_cv2(
    json.loads(train_file0_df.loc[0].drawing),
    size=128,
    lw=2,
    last_drop_r=0.3,
    second_strokes=json.loads(train_file0_df.loc[100].drawing),
)
fig, ax = plt.subplots(ncols=3, figsize=(15, 5))
ax[0].set_title(label_names[train_file0_df.loc[0].y] + " ▶ orginal")
ax[0].imshow(draw_test)
ax[1].set_title(label_names[train_file0_df.loc[0].y] + " ▶ drop_aug")
ax[1].imshow(draw_test_drop)
ax[2].set_title(
    label_names[train_file0_df.loc[0].y]
    + " ▶ mix "
    + label_names[train_file0_df.loc[100].y]
)
ax[2].imshow(draw_test_drop_mix)
plt.show()
```

획 중 나중에 그려진 획들을 랜덤하게 삭제한 이유는 시간이 부족하면 뒤쪽 획들을 그리지 못한 채 게임이 종료될 것이므로 그 부분 없이도 무엇을 그렸는지 구분할 수 있는 모델이 더 잘 학습된 모델이라고 생각했기 때문입니다.

두 종류의 그림을 동시에 그린 이유는 두 가지가 섞여 있을 때 두 가지 레이블에 대해 예측 확률이 비슷하게 나오는 모델이 더 잘 학습된 모델이기 때문입니다.

앞에서 살펴본 mug 레이블 데이터에 대해 증강 기법을 적용해보겠습니다.

▼ 그림 4-13 Augmentation 결과

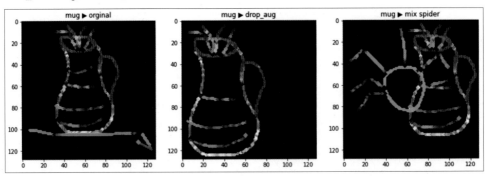

그림 4-13의 가운데 이미지는 마지막 획 두 개가 없어진 결과입니다. 획 두 개가 없어져도 mug 로 인식하는 데는 영향이 없어 보입니다. 마지막 획이 사라지면서 객체의 크기가 조정되는 증강 기법 효과도 있습니다. 이 증강 기법은 CPU 부하를 전혀 늘리지 않습니다.

그림 4-13의 오른쪽 이미지는 spider 레이블 데이터가 섞여 있는 이미지입니다. spider가 섞일 때 개별 그림의 크기가 조정되는 효과가 있습니다. 또 두 이미지를 동시에 그리다 보니 객체의 위치가 달라져서 Random Crop 증강 기법의 효과도 있습니다. 획을 몇 개 더 그리다 보니 CPU 부하가 있지만 Rotate, Shear, Blur 등 보통의 이미지 증강 기법에 비해 부하량은 매우 적습니다.

데이터 제너레이터

데이터를 모델에 넣어주기 위해 데이터 생성 및 전처리, 증강 기법 적용을 담당하는 데이터 제너레이터(Data Generator)를 만들어야 합니다. 이 대회의 데이터 제너레이터는 훈련 데이터 파일 용량이 너무 크기 때문에(약 200GB) 메모리에 한 번에 올려 놓고 모델에 입력 데이터를 공급할 수가 없습니다. 전체 데이터의 열 개수도 너무 많아서(약 5,000만 개) 이미지나 넘파이 배열 파일로 미리 변환(약 7TB)해 놓을 수도 없습니다.

따라서 전처리 과정에서 만들어 놓은 100개 파일을 학습하는 과정에서 하나씩 읽고, 그 파일들의 각 행을 읽어서 모델에 공급하도록 제너레이터를 만들었습니다. 여기서 만들 데이터 제너레이터의 전체 흐름은 그림 4-14와 같습니다.

▼ 그림 4-14 데이터 제너레이터

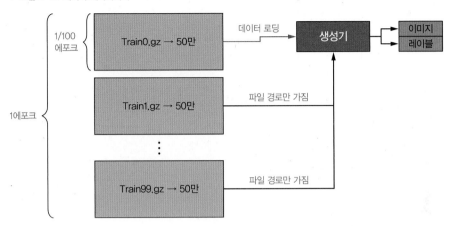

훈련 셋 전체를 1번 학습하는 것을 1에포크라고 부릅니다. 전체 데이터를 학습하는 데 하루가 넘게 걸리기 때문에 많아야 1~2에포크 학습할 수 있을 것으로 예상했습니다. 학습 과정 중에 진행하는 검증 셋 평가와 그 점수를 기준으로 수행할 최고 점수 모델 저장 및 학습률 조절은 1/100에포크를 기준으로 수행합니다. 그림 4-14에서 Train0.gz 파일 데이터 1/100에포크가 끝나면 다음 파일인 Train1.gz를 메모리에 할당하면서 기존 메모리는 해제됩니다. 즉, 주황색 화살표가 1/100에포크마다 한 칸 밑으로 내려가면서 동일 작업을 수행할 것입니다.

획 그리기 과정에서 살펴본 서로 다른 데이터 섞기 증강 기법은 레이블에 절반 정도의 가중치로 섞어서 줍니다. 데이터 증강 기법이 적용된 이미지가 원본보다는 알아보기 어렵기 때문에 레이블 스무딩을 적용합니다. 레이블 스무딩은 데이터의 레이블에 오류가 있는 경우가 빈번할 때, 레이블을 [0, 0, …, 1, 0, 0]으로 주지 않고, [0.01, 0.01, …, 0.9, 0.01]처럼 레이블에 대한 확신을 줄여서 학습하는 방법입니다.

```python
import tensorflow as tf
import numpy as np
import json
from tensorflow.keras.utils import import to_categorical

class DoodelGenerator(tf.keras.utils.Sequence):
```

```python
    def __init__(
        self,
        df_files,
        input_shape,
        batchsize,
        label_num=340,
        lw=3,
        state="Train",
        last_drop_r=0.0,
        mixup_r=0.0,
    ):
        self.df_files = df_files
        self.file_sel = 0   # 파일 리스트 중 현재 학습하는 데 사용할 파일의 인덱스
        self.batchsize = batchsize
        self.input_shape = input_shape
        self.label_num = label_num
        self.lw = lw
        self.state = state
        self.last_drop_r = last_drop_r
        self.mixup_r = mixup_r
        self.on_epoch_end()
        self.len = -(-len(self.df) // self.batchsize)

    def __len__(self):
        return self.len

    def __getitem__(self, index):
        # 배치 크기만큼 인덱스를 선택
        batch_idx = self.idx[index * self.batchsize : (index + 1) * self.batchsize]
        h, w, ch = self.input_shape
        X = np.zeros((len(batch_idx), h, w, ch))
        y = np.zeros((len(batch_idx), self.label_num))
        df = self.df.loc[batch_idx]
        mixup_num = int(self.batchsize * self.mixup_r)
        mixup_df = self.df.loc[np.random.randint(0, len(self.df), size=mixup_num)]
        mixup_strokes = []
        mixup_labels = []
        for raw_strokes, label in mixup_df.values:
            mixup_strokes.append(json.loads(raw_strokes))
            mixup_labels.append(label)

        for i in range(self.batchsize):
```

```
                raw_strokes = json.loads(df.drawing.values[i])
                if i < len(mixup_strokes):
                    X[i, :, :,] = draw_raw_cv2(
                        raw_strokes,
                        size=h,
                        lw=self.lw,
                        last_drop_r=self.last_drop_r,
                        second_strokes=mixup_strokes[i],
                    )
                    if self.state != "Test":
                        ysm_mix = self.smooth_labels(
                            to_categorical(mixup_labels[i], num_classes=self.label_num)
                        )
                        ysm_org = self.smooth_labels(
                            to_categorical(df.y.values[i], num_classes=self.label_num)
                        )
                        y[i, :] = (ysm_mix * 0.5) + (ysm_org * 0.5)
            else:
                X[i, :, :,] = draw_raw_cv2(
                    raw_strokes, size=h, lw=self.lw, last_drop_r=self.last_drop_r
                )
                if self.state != "Test":
                    y[i, :] = to_categorical(
                            df.y.values[i], num_classes=self.label_num
                    )
        if self.state != "Test":
            return X, y
        else:
            return X


    # 현재 로딩되어 있는 파일을 반환하는 함수, 홀드 아웃 셋 검증용
    def get_cur_df(self):
        return self.df


    # 데이터 섞기 증강 기법 사용 시
    def smooth_labels(self, labels, factor=0.1):
        labels *= 1 - factor
        labels += factor / labels.shape[0]
        return labels


    # 인덱스 배열의 길이 연장
    def on_epoch_end(self):
        self.df = pd.read_csv(self.df_files[self.file_sel])
```

```python
        print(
            "current step file : ",
            self.df_files[self.file_sel],
            "state:",
            self.state,
            "df_len:",
            self.df.shape[0],
        )
        self.idx = np.tile(np.arange(len(self.df)), 2)
        if self.state == "Train":
            np.random.shuffle(self.idx)
        # 다음 csv 파일로 순서 교체
        self.file_sel = (self.file_sel + 1) % len(self.df_files)
```

데이터 제너레이터를 만들었으니, 데이터 생성에 결함이 없는지 점검해보겠습니다. 대부분의 딥러닝 대회에서는 데이터 제너레이터를 만들면 데이터가 제대로 생성되는지 항상 점검해야 합니다. 여러 오류를 범하게 되기 때문에 이미지 및 레이블이 원하는 대로 나오는지 반드시 확인해야 합니다.

특히 다음과 같은 오류를 주로 점검합니다. 코드 오류가 아니어서 바로 확인이 안 되고 학습한 후 점수가 낮게 나오고 나서야 확인되기 때문에, 미리 점검하면 시간을 상당히 절약할 수 있습니다.

- 이미지와 레이블이 잘못 연결된 경우
- 훈련 데이터 순서가 랜덤하게 섞이지 않은 경우
- 증강 기법 적용 결과가 실제 데이터에서는 나오지 않을 법한 이미지인 경우

다음은 데이터 제너레이터로부터 25개 1배치 샘플을 받은 후 표시해서 제너레이터가 의도대로 만들어졌는지 확인하는 코드입니다.

```python
import matplotlib.pyplot as plt

df_files = [raw_shuffle_data_path + f"train_k{k}.gz" for k in range(divide_shuffles)]
print("학습을 위해 준비된 파일 수 : ", len(df_files))
input_shape = (128, 128, 3)
gen_data_check = DoodelGenerator(
    df_files,
    input_shape=input_shape,
    batchsize=25,
```

```
        state="DataCheck",
        lw=2,
        last_drop_r=0.2,
        mixup_r=0.1,
)

xx, y = gen_data_check.__getitem__(0)
fig, axs = plt.subplots(5, 5, figsize=(10, 10))
labels = np.argmax(y, axis=1)  # 데이터 제너레이터에서 출력한 레이블
for i in range(25):
    axs[i // 5][i % 5].imshow(xx[i])
    axs[i // 5][i % 5].axis("off")
    axs[i // 5][i % 5].set_title(label_names[labels[i]])
plt.show()
```

그림 4-15에서 좌측 상단의 dishwasher 이미지는 mug 레이블을 가진 데이터에 이미지 섞기 증
강 기법이 적용되어 나온 이미지입니다. 우측 하단의 elbow 레이블을 가진 이미지는 전혀 elbow
처럼 보이지 않습니다. 이럴 경우 혹시나 제너레이터에 오류가 있는지, 파일을 직접 열어 제공 데
이터 레이블 자체에 간혹 오류가 있음을 확인합니다.

▼ 그림 4-15 데이터 제너레이터 샘플

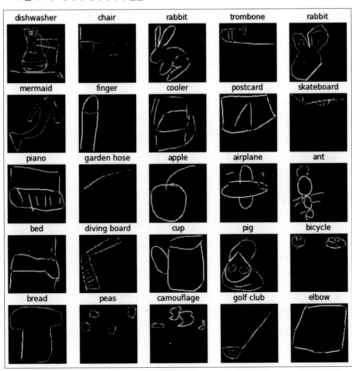

4.3.4 모델링

데이터 전처리 과정을 통해 만들어 놓은 100개 파일 중 한 개를 홀드 아웃 셋으로 사용하고, 나머지 파일을 학습 및 검증에 사용했습니다. 총 4개의 다른 모델을 학습하고, 서로 다른 훈련 셋 및 검증 셋을 사용하여 학습했습니다.

데이터 분할 및 학습

그림 4-16과 같이 100개로 나눈 데이터셋에서 1개는 홀드 아웃 셋으로 만들어 훈련 및 검증 셋을 평가하는 데 전혀 사용하지 않습니다. 홀드 아웃 셋을 따로 빼놓은 이유는 모델 가중 평균 앙상블을 할 때 최적 가중치를 찾는 데 사용하기 위해서입니다. 이런 방식을 홀드 아웃, 또는 OOF(Out of Fold)라고 부릅니다. 훈련 및 검증 셋 평가 과정 중에 한 번도 보여주지 않은 데이터를 사용함으로써 앙상블, 스태킹 모델의 과적합을 방지할 수 있습니다.

학습 모델은 서로 다른 모델을 몇 개 학습했습니다. 이때 사용할 검증 셋을 바꾸고, 훈련 셋도 파일 1개는 바꿨습니다. 이렇게 바꾼 이유는 데이터셋이 작다면(학습하는 데 몇 시간 정도라면) 1개의 모델에 대해서도 교차 검증하는 게 일반적이나 이 대회의 경우 1에포크가 작은 모델도 하루가 걸리기 때문에 4개 모델을 2에포크 정도만 학습하면서 서로 다른 훈련 및 검증 셋을 사용했습니다. 모델도 다르지만 훈련 셋도 약간 다르기 때문에 각 모델이 같은 데이터셋으로 학습하는 것보다 상관도가 적을 것입니다. 앙상블 및 스태킹 모델은 개별 모델이 상관도가 적을 때 높은 점수 이득을 얻을 수 있습니다.

❤️ 그림 4-16 모델 1 학습

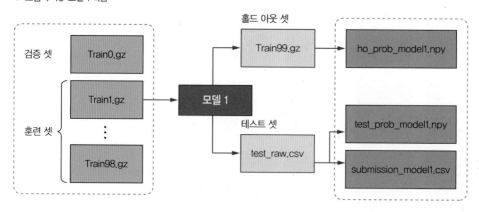

모델을 1에포크 정도만 학습하고 중단해도 리더보드에서 은메달 수준의 점수(0.945)를 얻을 수 있고, 2에포크 학습한 후에는 금메달(0.951) 수준의 점수를 얻습니다. 학습한 가중치는 캐글 코드 링크[2]에 올려져 있으니, 실습할 때 이어서 학습하면 모델 학습 과정을 생략하고 이후 과정을 진행할 수 있습니다.

학습 종료 후에는 그림 4-16과 같이 ho_prop_model1.npy, test_prob_model1.npy, submission_model1.csv, 세 파일을 학습 결과물로 저장합니다. ho_prop_model1.npy 파일은 홀드 아웃 셋을 모델1이 예측해서 나오는 레이블별 확률 값이고, test_prob_model1.npy 파일은 테스트 셋을 예측해서 나오는 레이블별 확률 값입니다. 이 .npy 확장자를 가진 파일 두 개는 가중 평균 앙상블을 위해 만든 파일이고, submission_model1.csv 파일은 최종 제출 파일은 아니지만 모델 1이 얼마나 잘 학습됐는지 리더보드 순위 확인용으로 만든 파일입니다.

모델 하나를 학습한 뒤에는 모델 종류를 변경하고 검증 셋, 훈련 셋을 변경해서 그림 4-17과 같이 학습했습니다. 같은 방식으로 훈련 셋과 검증 셋, 모델 종류를 변경하여 모델 3, 4도 학습했습니다.

❤ 그림 4-17 모델 2 학습

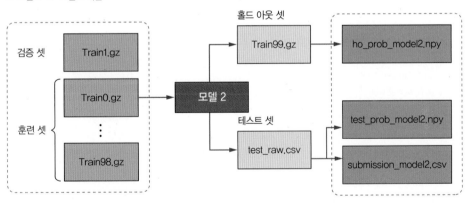

```
train_vals = df_files[:-1]
hold_out_set = df_files[-1:]
print("hold_out_set:", len(hold_out_set), "train_val_set:", len(train_vals))

R_EPOCHS = 2  # 2에포크
EPOCHS = R_EPOCHS * (len(train_vals) - 1)
print("Real Epochs:", R_EPOCHS, "Divide Virtual Epoch:", EPOCHS)
```

---

2 https://www.kaggle.com/ttagu99/doodle-model

기본 모델

build_model 함수는 모델 구조를 만듭니다. 백본(Backbone)이 되는 CNN 모델을 앞에 두고 마지막 출력 값을 Global Average Pooling을 적용한 후에 레이블 수만큼의 유닛을 갖는 Dens 레이어를 연결했습니다. 백본은 EfficientNetB4, B5, B6, B7 총 4개를 사용했습니다. 모델을 이렇게 선택한 데 특별한 이유는 없습니다. 저는 보통 가벼운 모델로 학습한 뒤 제출까지 한 번 진행하고 (파이프라인을 만든다고 함), 그 후 시간 여유가 있을 때 좀 더 큰 모델을 학습하곤 합니다.

```python
# !pip install efficientnet
import efficientnet.tfkeras as efn

def build_model(
    backbone=efn.EfficientNetB0, input_shape=(128, 128, 3), use_imagenet="imagenet"
):
    base_model = backbone(
        input_shape=input_shape, weights=use_imagenet, include_top=False
    )
    x = base_model.output
    x = tf.keras.layers.GlobalAvgPool2D(name="gap")(x)
    predictions = tf.keras.layers.Dense(
        len(label_names), activation="softmax", name="prediction"
    )(x)
    model = tf.keras.Model(inputs=base_model.input, outputs=predictions)
    return model
```

평가 지표 함수 구현

평가 지표 사용을 위해 다음 함수를 만듭니다.

- **mapk 함수**: 학습 종료 후 홀드 아웃 셋에 대해 점수 계산
- **preds2catids 함수**: 제출 파일을 만들 때 상위 3개 레이블 반환
- **top_3_accuracy 함수**: 학습 과정 중 top3 정합성 확인
- **map_at3 함수**: MAP@3 점수 확인

map_at3 함수를 다음 코드와 같이 top_k_categorical_accuracy 함수로 구현한 이유는 굳이 세 예측 값에 대해 Precision을 계산하지 않아도 계산 결과가 같기 때문입니다.

```
# 학습한 후 hold out set을 평가하는 데 사용할 함수
def mapk(actual, predicted, k=3):
    return np.mean([apk(a, p, k) for a, p in zip(actual, predicted)])

# submission을 위해 top3 category로 변환할 함수
def preds2catids(predictions):
    return pd.DataFrame(
        np.argsort(-predictions, axis=1)[:, :3], columns=["a", "b", "c"]
    )

def top_3_accuracy(y_true, y_pred):
    return tf.keras.metrics.top_k_categorical_accuracy(y_true, y_pred, k=3)

def map_at3(y_true, y_pred):  # 학습 과정 중 평가를 위한 함수
    map3 = tf.keras.metrics.top_k_categorical_accuracy(y_true, y_pred, k=1) * 0.5
    map3 += tf.keras.metrics.top_k_categorical_accuracy(y_true, y_pred, k=2) * 0.17
    map3 += tf.keras.metrics.top_k_categorical_accuracy(y_true, y_pred, k=3) * 0.33
    return map3
```

하이퍼 파라미터 설정

모델을 하나만 학습한다면 다음과 같은 코드는 필요 없겠지만, 모델을 4개 학습해야 하므로 학습할 모델에 필요한 하이퍼 파라미터들을 먼저 설정했습니다.

모델에 따라 가능한 배치사이즈, 저장할 이름, 검증 셋 파일 번호를 지정했습니다. 모델의 입력 크기는 128x128, 획의 두께는 2로 통일했는데, 이미지 사이즈와 획의 두께를 서로 다르게 해서 모델을 학습한다면 최종 점수는 더 높을 것으로 예상됩니다.

```
recipes = []
recipes.append(
    {
        "backbone": efn.EfficientNetB0,
        "batch_size": 40,
        "name": "Efb0",
        "val_sel": 4,
        "input_shape": (128, 128, 3),
        "lw": 2,
    }
)
```

```
recipes.append(
    {
        "backbone": efn.EfficientNetB4,
        "batch_size": 40,
        "name": "Efb1",
        "val_sel": 5,
        "input_shape": (128, 128, 3),
        "lw": 2,
    }
)
recipes.append(
    {
        "backbone": efn.EfficientNetB5,
        "batch_size": 28,
        "name": "Efb2",
        "val_sel": 6,
        "input_shape": (128, 128, 3),
        "lw": 2,
    }
)
recipes.append(
    {
        "backbone": efn.EfficientNetB7,
        "batch_size": 28,
        "name": "Efb7",
        "val_sel": 7,
        "input_shape": (128, 128, 3),
        "lw": 2,
    }
)
```

앙상블을 위한 예측 값 저장

모델 1개를 학습한 뒤에는 해당 모델에 대한 홀드 아웃 셋의 레이블별 확률 값과 테스트 셋의 레이블별 확률 값이 필요합니다. 그래서 다음 코드와 같이 학습된 모델로 홀드 아웃 셋과 테스트 셋을 예측한 후 넘파이 배열로 저장하는 함수를 먼저 만들었습니다.

```python
def make_sub(model, test_datagen, holdout_datagen, model_name):
    # 홀드 아웃 셋 레이블 예측 확률 값 저장
    ho = model.predict(holdout_datagen, verbose=1)
    ho_df = holdout_datagen.get_cur_df()
    ho = ho[: len(ho_df)]
    top3 = preds2catids(ho)
    ho_map3 = mapk(ho_df.y, np.array(top3))  # 홀드 아웃 셋의 점수 계산
    np.save(data_path + "output/ho_prob_" + model_name + str(ho_map3) + ".npy", ho)

    # 테스트 셋 레이블 예측 확률 값 저장
    test_predictions = model.predict(test_datagen, verbose=1)
    test_predictions = test_predictions[: len(test_raw_df)]
    top3 = preds2catids(test_predictions)
    id2cat = {k: cat.replace(" ", "_") for k, cat in enumerate(label_names)}
    top3cats = top3.replace(id2cat)
    np.save(
        data_path + "output/test_prob_" + model_name + str(ho_map3) + ".npy",
        test_predictions,
    )

    # 개별 모델의 제출 파일 생성
    sub_df["word"] = top3cats["a"] + " " + top3cats["b"] + " " + top3cats["c"]
    submission = sub_df[["key_id", "word"]]
    submission.to_csv(
        data_path + "output/submission_" + model_name + str(ho_map3) + ".csv",
        index=False,
    )
```

학습하는 메인 코드는 다음과 같습니다. 먼저 정의한 모델에 대해 for 루프를 돌며 학습하고, 학습이 완료된 후에는 홀드 아웃 셋과 테스트 셋의 레이블별 예측 확률 값을 저장합니다. 이때 학습률은 특별히 최적화하지 않고 기본 학습률인 0.001을 사용했습니다. 검증 셋 평가 시마다 MAP@3 점수 값이 증가하면 모델을 저장하고, 1/100에포크 동안 점수가 증가하지 않으면 학습률에 0.5를 곱했습니다. 다른 딥러닝 모델들을 학습해봤다면 학습률 감소가 너무 보수적이라고 느낄 수 있습니다. 하지만 현재 검증 셋을 평가하는 주기가 1/100에포크이기 때문에 오히려 빠르게 감소하게 만든 것입니다.

학습하기 전에 사용할 데이터의 리스트 순서를 한 번 섞는 이유는 1개 모델을 1에포크 학습하는 데 걸리는 시간이 24~48시간이기 때문에, 예기치 않게 학습이 중단될 경우 파일 리스트를 다른 순서로 학습하기 위해서입니다. 같은 순서로 학습하게 될 경우, 일부 파일을 여러 번 학습하게 되어 모델이 과적합하게 됩니다.

```python
import random

strategy = tf.distribute.MirroredStrategy(
    tf.config.experimental.list_logical_devices("GPU")
)
gpus = strategy.num_replicas_in_sync  # 가용 gpu 수
print("use gpus:", gpus)
# 검증 셋의 MAP@3 점수가 1/100에포크 동안 10회 연속 증가하지 않으면
# 학습률 1/2로 감소
reduce_lr = tf.keras.callbacks.ReduceLROnPlateau(
    monitor="val_map_at3",
    factor=0.5,
    verbose=1,
    patience=10,
    cooldown=5,
    min_lr=0.00001,
    min_delta=0.00001,
)

for i, recipe in enumerate(recipes):
    model_name = recipe["name"] + "_val_" + str(recipe["val_sel"])
    best_save_model_file = model_name + ".h5"
    print("best_save_model_file path : ", best_save_model_file)
    check_point = tf.keras.callbacks.ModelCheckpoint(
        monitor="val_map_at3",
        verbose=1,
        filepath=data_path + best_save_model_file,
        save_best_only=True,
        mode="max",
    )

    valid_file = train_vals[recipe["val_sel"]]
    train_files = list(np.delete(train_vals, recipe["val_sel"]))
    # 리스트를 섞음, 중단 후 동일 파일 재학습하여
    # 과적합되는 문제를 완화하기 위함
    random.shuffle(train_files)
```

```python
# 학습 셋만 데이터 증강 적용
train_datagen = DoodelGenerator(
    train_files,
    input_shape=recipe["input_shape"],
    lw=recipe["lw"],
    last_drop_r=0.2,
    mixup_r=0.1,
    batchsize=recipe["batch_size"] * gpus,
    state="Train",
)
valid_datagen = DoodelGenerator(
    [valid_file],
    input_shape=recipe["input_shape"],
    lw=recipe["lw"],
    batchsize=recipe["batch_size"] * gpus,
    state="Valid",
)

with strategy.scope():  # 가용 gpu 수 모두 사용
    model = build_model(
        backbone=recipe["backbone"],
        input_shape=recipe["input_shape"],
        use_imagenet="imagenet",
    )
    model.compile(
        optimizer=tf.keras.optimizers.Adam(learning_rate=0.001 * gpus),
        loss="categorical_crossentropy",
        metrics=[tf.keras.metrics.categorical_accuracy, top_3_accuracy, map_at3],
    )
# 동일 모델 이름의 사전 학습된 가중치가 있다면 로딩 후 재시작
if os.path.exists(data_path + best_save_model_file):
    print("restart train : ", data_path + best_save_model_file)
    model.load_weights(data_path + best_save_model_file)
hist = model.fit(
    train_datagen,
    validation_data=valid_datagen,
    epochs=EPOCHS,
    verbose=1,
    callbacks=[reduce_lr, check_point, OnEpochEnd(train_datagen.on_epoch_end)],
)
# 학습 완료 후 최고 점수 모델 로딩
model.load_weights(data_path + best_save_model_file)
test_datagen = DoodelGenerator(
```

```
            [data_path + "test_raw.csv"],
            input_shape=recipe["input_shape"],
            lw=recipe["lw"],
            batchsize=recipe["batch_size"] * gpus,
            state="Test",
        )
    holdout_datagen = DoodelGenerator(
            hold_out_set,
            input_shape=recipe["input_shape"],
            lw=recipe["lw"],
            batchsize=recipe["batch_size"] * gpus,
            state="Holdout",
        )

    # 홀드 아웃 셋과 테스트 셋의 레이블별 예측 확률 파일 저장
    make_sub(model, test_datagen, holdout_datagen, model_name)
```

위 코드를 수행하면 4개 모델에 대해 각각 홀드 아웃 셋과 테스트 셋의 레이블별 예측 확률 값과 제출 파일이 저장됩니다. 직접 학습하기 어렵다면 다음 링크를 참고해주세요. 2에포크만 학습한 모델들로 추가 학습 없이 개별 모델에 대한 예측 및 제출이 가능하도록 만든 캐글 노트북 링크입니다.

- https://www.kaggle.com/ttagu99/prediction-single-model-2epoch

4.3.5 앙상블

학습한 모델 4개에 대해 각각 홀드 아웃 셋과 테스트 셋의 레이블별 예측 확률 값을 파일로 저장하고, 이 파일들을 사용해서 가중 평균 앙상블을 적용했습니다. 다음 코드는 개별 모델을 학습한 후 저장된 홀드 아웃 셋의 레이블 예측 확률 값과 테스트 셋의 레이블 예측 확률 값 파일을 읽는 함수입니다.

```
import pandas as pd
import numpy as np

outputs = os.listdir(ext_data_path)
hold_out_probs = [ext_data_path + f for f in outputs if f.find("ho_prob") >= 0]
test_out_probs = [ext_data_path + f for f in outputs if f.find("test_prob") >= 0]
```

```python
hold_out_probs = sorted(hold_out_probs)
test_out_probs = sorted(test_out_probs)
ho_df = pd.read_csv(ext_data_path + hold_out_set)
ho_s = []

for prob_path in hold_out_probs:
    ho = np.load(prob_path)
    ho = ho[: len(ho_df)]
    ho_s.append(ho)

targets = ho_df.y.to_numpy()  # 홀드 아웃 셋의 정답
```

CNN 모델 학습 없이 앙상블을 위한 과정만 실습해보고 싶다면 다음 캐글 노트북을 참고해주세요.

- https://www.kaggle.com/ttagu99/ensemble-models-2epoch

앙상블 가중치 최적화

개별 모델 학습을 완료한 후 1D CNN 레이어 1개로 구성된 가중 평균 앙상블 모델을 만들어 최적 가중치를 찾았습니다. 가중 평균 앙상블에 사용할 훈련 데이터는 홀드 아웃 셋의 레이블별 예측 확률 값입니다. 모델 4개를 학습하여 4개 홀드 아웃 셋의 레이블별 예측 확률 값이 있기 때문에 학습하려는 1D CNN 모델의 파라미터 수도 4개입니다.

```python
# 1D CNN 모델
def get_ensemble_wmodel():
    xin = tf.keras.layers.Input((len(label_names), ho_arr.shape[2]))
    x = tf.keras.layers.Convolution1D(
        1, kernel_size=1, activation="linear", use_bias=False
    )(xin)
    x = tf.keras.layers.Reshape(target_shape=(len(label_names),))(x)
    wensemble_model = tf.keras.Model(inputs=xin, outputs=x)
    wensemble_model.compile(optimizer=tf.keras.optimizers.Adam(1), loss="mse")
    return wensemble_model

# 홀드 아웃 셋의 레이블별 예측 확률 값 데이터를 학습
check_point = tf.keras.callbacks.ModelCheckpoint(
    monitor="loss",
    verbose=1,
    filepath="ensemble_w.h5",
```

```
        save_best_only=True,
        mode="min"
    )
wensemble_model = get_ensemble_wmodel()
wensemble_model.fit(
        x=ho_arr,
        y=tf.keras.utils.to_categorical(targets),
        epochs=20,
        batch_size=10000,
        verbose=0,
        callbacks=[check_point],
    )
wensemble_model.load_weights("ensemble_w.h5")
res = np.array(wensemble_model.get_weights()).squeeze()
```

제출

1D CNN 앙상블 모델로 찾은 최적 가중치로 테스트 셋의 레이블별 예측 확률 값들을 가중 평균
하고, 상위 3개를 추출해서 제출 파일을 생성했습니다.

```
def ens_sub(ens_prob, file_name="ens_sub.csv"):
    top3 = preds2catids(ens_prob)
    id2cat = {k: cat.replace(" ", "_") for k, cat in enumerate(label_names)}
    top3cats = top3.replace(id2cat)
    sub_df["word"] = top3cats["a"] + " " + top3cats["b"] + " " + top3cats["c"]
    submission = sub_df[["key_id", "word"]]
    submission.to_csv(data_path + "output/" + file_name, index=False)


ens_prob = np.zeros((len(sub_df), len(label_names)))
for i, prob_path in enumerate(test_out_probs):
    ens_prob += np.load(prob_path) * res["x"][i]


ens_sub(ens_prob)
```

4.4 다른 솔루션 소개

1등 솔루션은 토론 디스커션을 통해 공개됐습니다.[3] 1등 솔루션은 40여 개 CNN 모델을 앙상블하고, 테스트 셋 분포의 데이터 유출을 찾아냈습니다. 카테고리별 예측의 수를 고르게 하면 점수가 올라간다는 것입니다. 거기에 대한 힌트는 테스트 셋의 개수에서 포착했습니다. 테스트 셋이 112,199개이므로 레이블 개수인 340개로 나누면 나머지가 339개로 1개 부족합니다. 이를 토대로 테스트 셋의 레이블 분포가 고르게 있을 것이라 추측한 것입니다.

1등 솔루션은 공개된 코드가 없어 제가 카테고리별 예측 수를 고르게 하는 함수를 다음과 같이 만들었습니다.

```python
from collections import Counter
from operator import itemgetter

def balancing_predictions(
    test_prob,
    factor=0.1,
    minfactor=0.001,
    patient=5,
    permit_cnt=332,
    max_search=10000,
    label_num=340,
):
    maxk = float("inf")
    s_cnt = np.zeros(label_num)
    for i in range(max_search):
        ctop1 = Counter(np.argmax(test_prob, axis=1))
        ctop1 = sorted(ctop1.items(), key=itemgetter(1), reverse=True)
        if maxk > ctop1[0][1]:
            maxk = ctop1[0][1]
        else:
            s_cnt[ctop1[0][0]] += 1
            if np.max(s_cnt) > patient:
                if factor < minfactor:
                    print("stop min factor")
```

---

3 https://www.kaggle.com/c/quickdraw-doodle-recognition/discussion/73738

```
                    break
            s_cnt = np.zeros(label_num)
            factor *= 0.99
            print(
                "reduce factor: ",
                factor,
                ", current max category num: ",
                ctop1[0][1],
            )

    if ctop1[0][1] <= permit_cnt:
        print("idx: ", ctop1[0][0], ", num: ", ctop1[0][1])
        break
    test_prob[:, ctop1[0][0]] *= 1.0 - factor
    return test_prob

# 후 처리 후 제출 파일
bal_ens_prob = balancing_predictions(ens_prob)
ens_sub(bal_ens_prob, "bal_ens_sub.csv")
```

저도 대회가 끝난 후 카테고리별 예측 수를 고르게 하여 제출해봤는데, 이렇게 후처리한 뒤 제출하자 1등 점수(0.95480)보다 높은 점수(0.95485)를 얻을 수 있었습니다.

4.5 디스커션

많은 분이 데이터 사이언스를 공부하면서 자신이 참가하지 않은 과거 캐글 대회의 상위 솔루션을 보고 공부합니다. 저는 부족하더라도 일단 진행 중인 대회에 참가할 것을 권합니다.

데이터에 잘 맞는 상위 솔루션을 읽어보는 것도 좋지만, 직접 참가하면 그 솔루션을 찾는 과정을 배울 수 있기 때문입니다. 또한, 본인의 코드를 리뷰하면서 자신만의 학습 파이프라인을 구축해 놓으면 비슷한 유형의 다음 대회에서 더 적은 노력으로 더 높은 점수를 획득할 수 있습니다.

						Submissions	Late Submission	
19	▲ 5	[ods.ai] n01z3				0.94889	12	4y
20	▼ 5	[attention heads]				0.94851	18	4y
21	▲ 4	[ods.ai] Draw me if you can				0.94826	68	4y
22	▲ 8	[ods.ai] Miras Amir				0.94790	32	4y
23	▼ 5	Dance Revolution				0.94790	30	4y
24	▼ 4	[ka.kr]은주니&YouHan&CheonSeong				0.94777	87	4y
25	▼ 2	un-CV-able				0.94769	51	4y
26	—	RossWightman				0.94748	23	4y
27	▼ 5	Dessin d'Enfant				0.94737	229	4y
28	▼ 1	David.				0.94735	72	4y
29	▲ 3	🏛 Heng CherKeng				0.94713	93	4y

5장

Bengali.AI Handwritten Grapheme Classification

5.1 / 들어가기 전에

5.1.1 캐글 프로필: 이유한

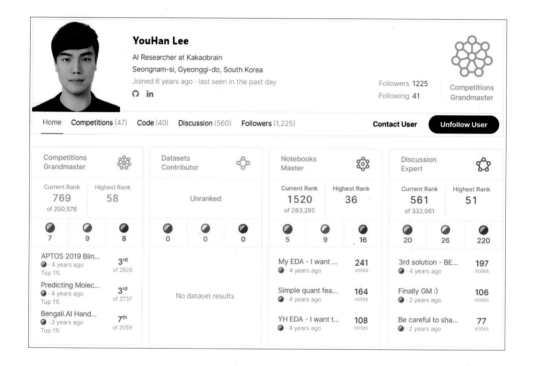

5.1.2 코드

컴페티션 페이지 https://www.kaggle.com/c/bengaliai-cv19

코드 URL https://github.com/qkqkfldis1/kaggle_book_bengaliai

5.2 / Overview

Bengali.AI Handwritten Grapheme Classification 대회는 2019년 12월 Bengali.AI라는 단체에서 주최했으며, 벵골어 글자 이미지를 인식해 맞는 글자로 분류하는 대회입니다.

❤ 그림 5-1 Bengali.AI Handwritten Grapheme Classification

❤ 표 5-1 대회 요약

주제	벵골어 이미지 인식, 분류
대회 유형	Research
제출 방식	Code Competition
주최	Bengali.AI
총 상금	$10,000
문제 유형	이미지 분류(Image Classification)
데이터 타입	이미지(Image)
평가 지표	Macro Average Recall
대회 참가 팀	2,059팀
대회 시작 일시	2019년 12월

5.2.1 대회 목적

이 대회는 벵골어 인식에 대한 인공지능 접근 방식을 한 단계 더 업그레이드하기 위해 치러졌습니다. 벵골어는 방글라데시의 공식 언어이며 인도에서는 두 번째로, 세계에서는 다섯 번째로 많이 사용하는 언어입니다. 사용자가 수억 명인 광범위한 사용 현황을 고려했을 때 벵골어를 광학적으로 인식하는 AI 개발은 비즈니스 및 교육 분야에서 상당히 관심을 가질 만합니다.

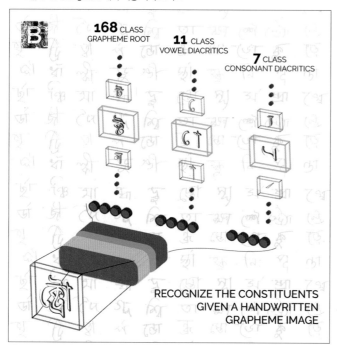

광학 문자 인식은 벵골어에서 특히 어려운 과제입니다. 벵골어는 알파벳 49개(모음 11개와 자음 38개), 발음 가능한 분음 부호 18개, 그리고 악센트가 있습니다. 더 많은 그래프어와 서면 언어 등 복잡성이 추가되면서 영어의 250개 그래파이트 단위와 비교했을 때 13,000개의 다른 그래프 변형이 발생합니다.

벵골어를 연구하는 방글라데시의 비영리 단체인 Bengali.AI는 이 문제를 해결하는 데 주력하고 있습니다. 크라우드 소싱, 메타데이터가 풍부한 데이터 세트를 구축 및 공개하고 연구 경쟁을 위해 공개 소스를 제공합니다. 이러한 작업을 통해 벵골어 기술에 대한 연구를 민주화하고, 가속화하고, 머신러닝 교육을 촉진하는 것이죠.

이 대회에서는 벵골어 손글씨 grapheme의 이미지가 제공되며, 이미지의 세 가지 구성 요소(그래프 루트, 모음 분음 부호, 자음 분음 부호)를 별도로 분류해야 합니다. 특히 컴퓨터 비전(Computer Vision) 대회에서 할 수 있는 수많은 기법이 캐글 디스커션에서 논의되고 노트북으로 공유되었기에 해당 주제를 학습하기 매우 좋은 대회였습니다.

---

1 https://www.kaggle.com/competitions/bengaliai-cv19

5.2.2 평가 지표

대회에 참가할 때는 평가 방법을 반드시 숙지해야 합니다. 모델의 성능을 비교하기 위한 지표이기도 하지만, 특히 딥러닝에서 학습할 때 사용하는 손실 함수(Loss function)에도 영향을 미치기 때문입니다. 손실 함수에 따라 모델의 성능이 많이 달라질 수 있습니다.

이 대회 모델의 평가는 Recall 점수로 측정됩니다. Macro-average score이며, 세 가지 구성 요소에 대해서 2:1:1의 비율로 계산한 가중 평균(Weighted Average)이 최종 점수입니다. 이러한 평가 지표를 기반으로 실제 로스(Loss)값에 대해 2:1:1의 비율을 적용할 수 있습니다.

그리고 평가 지표에 따라 점수를 올리기 위한 앙상블 기법도 달라질 수 있고, 포스트 프로세싱(Post Processing)도 생길 수 있습니다. 그러므로 반드시 평가 지표를 숙지하고, 이에 맞게 대회 전략을 세우기 바랍니다.

5.2.3 데이터 소개

데이터셋은 손으로 쓴 벵골어 문자의 이미지로 이루어져 있습니다. 벵골어 문자(이하 코드와 동일하게 grapheme으로 표기)는 grapheme_root, vowel_diacritic, consonant_diacritic의 세 가지 구성 요소가 결합되어 만들어집니다. 대회는 각 이미지에서 이 세 가지 구성 요소를 각각 분류해내는 작업을 진행합니다.

grapheme은 약 10,000개이고, 그중 약 1,000개가 훈련 셋에 있습니다. 중요한 점은 훈련 셋에 없는 새로운 grapheme이 테스트 셋에 일부 포함된다는 점입니다. 이러한 이슈로 인해 최종 리더보드 순위가 역전되는 Shake up 현상이 제법 많이 일어났습니다.

그럼 본격적으로 데이터셋을 훑어보겠습니다.

```python
import pandas as pd
import numpy as np
import matplotlib.pyplot as plt
import os
```

```
data_dir = "../input/"
files_train = [f"train_image_data_{fid}.parquet" for fid in range(4)]

F = os.path.join(data_dir, files_train[0])

df_train_images = pd.read_parquet(F)
df_train_images.head()
```

이 대회의 데이터셋 이미지는 다른 이미지 대회와 다르게 jpg, png 형식이 아니라 parquet 형식으로 주어졌습니다. 이미지는 1-channel 흑백 이미지이고 가로 236, 세로 137입니다. parquet 파일 안에 각 샘플별로 236*137= 32,332 길이로 픽셀을 펼쳐서 제공했습니다. parquet 파일은 판다스의 read_parquet 메서드를 사용합니다.

```
idx = 0
img = df_train_images.iloc[idx, 1:].values.astype(np.uint8)

plt.imshow(img.reshape(137, 236), cmap="gray")  # HEIGHT, WIDTH 순서
plt.show()
```

훈련 셋은 총 4개의 parquet 파일로 나뉘어 있습니다. 용량이 큰 편이니 일단 첫 번째 parquet 파일을 열어서 이미지를 살펴보겠습니다. 보통 이미지는 0~255 사이 정숫값으로 이루어져 있습니다. 또한, 이미지가 흑백이므로 matplotlib으로 이미지를 출력할 때 컬러맵(colormap, cmap)을 gray로 해줘야 합니다.

유명한 MNIST 데이터셋의 숫자 부분이 흰색(255), 바탕이 검은색(0)인 반면, 이 데이터셋은 글자 부분이 검은색, 바탕이 흰색입니다. 테스트해본 결과 MNIST처럼 흑백을 반전하는 것이 더 좋은 결과를 얻었습니다. 이렇듯 캐글을 포함한 인공지능 프로젝트는 끝없이 실험하고 비교하는 것의 연속입니다. 아주 자그마한 비교부터 큰 비교까지 계속 진행해가며 다양한 결론을 얻어내야 합니다.

위와 같은 이유로 이후 데이터셋에서는 흑백을 반전하여 사용합니다. 반전은 다음과 같이 간단히 할 수 있습니다.

```
idx = 0
img = df_train_images.iloc[idx, 1:].values.astype(np.uint8)
img = 255 - img  # 이미지 색 반전

plt.imshow(img.reshape(137, 236), cmap="gray")  # HEIGHT, WIDTH 순서
plt.show()
```

▼ 그림 5-3 원본 이미지(왼쪽), 흑백 반전 이미지(오른쪽)

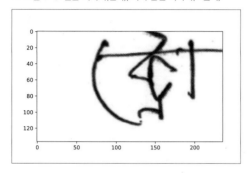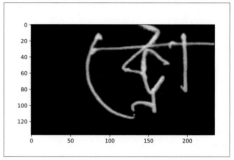

이제부터 본격적인 캐글 프로젝트 파이프라인을 같이 작성해보겠습니다.

KNOW-HOW FROM KAGGLE MEDALISTS

5.3 솔루션 소개

이 대회에서 저는 파이토치(Pytorch)를 사용했습니다. 그럼 검증 전략 설정부터 살펴보겠습니다.

5.3.1 검증 전략 설정

캐글은 훈련 셋과 테스트 셋을 제공하고, 참가자는 훈련 셋으로 모델을 만들고 테스트 셋의 레이블을 예측한 뒤 제출합니다. 즉, 주어진 훈련 셋을 가지고 모델을 만들고 평가해야 합니다. 이때 모델을 평가하는 시스템은 우리가 구축합니다.

만약 공개(Public) 리더보드와 거의 유사하게 따라가는 평가 시스템이 있다면 대회를 풀어가는 데 매우 큰 도움이 됩니다. 사실 이러한 시스템도 실험을 기반으로 정해집니다. 검증 셋을 만들 때 훈련 셋을 임의의 폴드(Fold)로 나누게 되는데, 이때 Random Folding 또는 Stratified Folding 같은 기법을 사용할 수 있습니다.

검증 셋을 만든 뒤 실험하고 난 결과와 리더보드 점수가 일치하게 움직이는지 확인하는 것입니다. 결국 제출한 결과물로 얻은 점수마저도 소중한 정보가 되는 것이지요.

폴드를 만들기 전에 가장 먼저 해야 할 것은 맞추려는 타깃(Target)의 분포를 확인하는 것입니다. 각 타깃의 클래스별 히스토그램을 그려, 총 168개 클래스가 존재하는 grapheme_root의 분포를 한번 살펴보겠습니다(그림 5-4 참고).

```python
df_train = pd.read_csv("../input/train.csv")

plt.figure(figsize=(20, 10))
df_train["grapheme_root"].value_counts().sort_index().plot.bar()

plt.figure(figsize=(20, 10))
df_train["vowel_diacritic"].value_counts().sort_index().plot.bar()

plt.figure(figsize=(20, 10))
df_train["consonant_diacritic"].value_counts().sort_index().plot.bar()
```

▼ 그림 5-4 타깃 변수의 분포

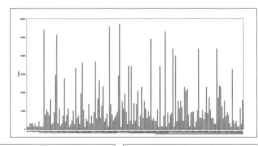

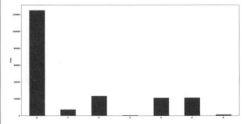

그림을 보면 세 타깃의 클래스별 분산이 균일하지 않습니다. grapheme_root의 경우 클래스가 총 168개이고, 샘플이 매우 적은 클래스도 있습니다. 이런 경우 단순하게 랜덤으로 샘플링한다 해도 클래스의 불균형 때문에 모델이 제대로 학습하기가 어렵습니다. 더 나아가 검증 셋도 불균일 하여 모델의 평가도 신뢰하기 어려울 수 있습니다.

이러한 불균형을 해결할 때는 보통 Stratified folding을 사용합니다. 이 대회는 특히 여러 레이 블이 있는 경우이므로, Multi-label Stratified folding해야 합니다. 이 폴드 기법은 iterative-stratification이라는 라이브러리를 사용하면 쉽게 할 수 있습니다.

다음은 iterative-stratification 라이브러리를 사용해 Multi-label Stratified k-Folding을 진행 하는 코드입니다.

```python
from iterstrat.ml_stratifiers import MultilabelStratifiedKFold

X = df_train[["id", "grapheme_root", "vowel_diacritic", "consonant_diacritic"]].
values[
    :, 0
]
y = df_train[["id", "grapheme_root", "vowel_diacritic", "consonant_diacritic"]].
values[
    :, 1:
]

mskf = MultilabelStratifiedKFold(n_splits=5, random_state=42, shuffle=True)
df_train["fold"] = -1
for i, (trn_idx, vld_idx) in enumerate(mskf.split(X, y)):
    df_train.loc[vld_idx, "fold"] = i
df_train["fold"] = df_train["fold"].astype(int)

df_train.to_csv("../input/df_folds.csv", index=False)
```

사이킷런의 Stratified Folding은 보통 타깃을 한 개만 넣어주는데, 여기서는 여러 개 넣었습니 다. 폴드는 처음에 한 번 만들어두면 실험할 때마다 계속 새로 만들 필요가 없으므로 위 과정을 반 복하지 않도록 폴드를 추가한 판다스 데이터프레임을 csv 파일로 저장해줍니다. 나중에 팀으로 협업할 경우에도 저장한 csv 파일을 팀원과 공유하여 진행하면 일관된 실험 설정을 유지할 수 있 습니다.

5.3.2 학습 전 전처리

캐글은 일정 기간 내에 경쟁하는 최적화 싸움이라고 할 수 있습니다. 모델도 최적화해야 하지만, 프로젝트 진행 방식도 최적화해야 합니다. 그래서 본격적으로 모델을 만들기 앞서 모델을 만들기 위한 전체 비용에 대해 한번 살펴봐야 합니다.

모델 학습에 들어가는 비용은 크게 시간적인 측면과 용량적인 측면이 있습니다. 시간적인 측면에서 모델 학습에 드는 시간을 간략히 표현하면 다음과 같습니다.

전체 학습 시간 = 이미지 처리 시간 + 모델 학습 시간

모델 학습 시간은 본인이 가진 컴퓨터 리소스에 매우 의존하는 항목입니다. 아무래도 비싸고 성능이 좋은 장치로 학습할수록 더 좋겠죠? 이는 코드로 해결할 수 있는 부분은 아니니 제쳐두고, 이미지 처리 시간에 대해 한번 이야기해보겠습니다.

덧붙여 용량적인 측면도 함께 살펴봅시다. 학습은 데이터셋에서 전처리 후 추출한 배치(Batch)를 불러와서 진행하는 것을 반복하는 프로세스입니다. 만약 데이터셋의 크기가 작다면 모두 읽어서 메모리(RAM)에 올린 뒤 읽고 쓰는 방식이 제일 빠릅니다. 하지만 데이터셋의 크기가 커서 메모리에 전부 올리기 힘들 때는 보통 배치를 만들 때마다 이미지를 새로 읽는 방법을 사용합니다.

이 대회에서는 이미지를 parquet 파일로 제공했고, 읽으면 판다스 데이터프레임 형태가 됩니다. 한 개의 샘플을 읽을 때 판다스 데이터프레임보다 넘파이 배열 또는 피클(Pickle)로 되어 있는 파일을 새로 읽는 것이 더 빠릅니다. 제 하드웨어의 경우 피클 이미지 한 개를 불러오는 데 512us가 걸리고, 데이터프레임에서는 18.3ms가 걸렸습니다. 그래서 데이터셋의 각 샘플 이미지를 모두 피클로 따로 저장하여 학습할 때 계속 읽으면서 배치를 만들도록 작업했습니다.

다음은 훈련 셋의 모든 샘플을 피클로 저장하는 코드입니다.

```python
import joblib
from tqdm import tqdm

for fname in files_train:
    F = os.path.join(data_dir, fname)
    df_train_images = pd.read_parquet(F)
    img_ids = df_train_images["image_id"].values
    img_array = df_train_images.iloc[:, 1:].values
    for idx in tqdm(range(len(df_train_images))):
        img_id = img_ids[idx]
```

```
        img = img_array[idx]
        joblib.dump(img, f"../input/train_images/{img_id}.pkl")
```

만약 자신의 로컬 컴퓨터에서 작업한다면 데이터는 하드디스크(HDD)보다 SSD에 넣고, 모델은 하드디스크에 저장하는 것을 추천합니다. SSD가 상대적으로 읽는 속도가 빠르고, 하드디스크가 상대적으로 가격 대비 용량이 크기 때문에 모델 저장에 용이합니다.

5.3.3 데이터셋 만들기

다음으로 모델 학습을 위한 데이터셋을 만들 차례입니다. 모델 학습은 에포크마다 우리가 의도한 데이터를 생성해내고, 이를 배치화해주는 작업을 계속 반복하는 과정입니다. 직접 코드로 구현해도 좋지만, 파이토치에서는 데이터셋 및 데이터로더(DataLoader) 클래스를 사용해 이 과정을 일관성 있는 코드로 구현할 수 있습니다.

코드는 크게 다음과 같이 나눌 수 있습니다. 보통 다음 세 가지 함수만으로도 학습에 필요한 데이터셋을 구현할 수 있습니다.

- **__init__ 함수**: 데이터셋에 쓰이는 변수를 지정함
- **__len__ 함수**: 데이터셋 크기를 나타냄
- **__getitem__ 함수**: 한 개의 샘플을 만드는 과정을 나타냄

구현할 때는 위 함수를 순서대로 차례차례 만든 뒤 합치는 방식을 사용합니다.

그럼 시작해보겠습니다. 가장 먼저 코드에서 학습할 훈련 셋과 검증 셋을 정해야 합니다. 이전 코드에서 폴드를 만들었으므로 현재 코드에서는 0~3번의 폴드를 훈련 셋으로, 4번의 폴드를 검증 셋으로 하겠습니다. 각각에 대한 csv 파일을 가져와야 하므로 다음 코드와 같이 판다스 인덱싱을 사용합니다.

```
df_train = pd.read_csv("../input/train.csv")
df_train["fold"] = pd.read_csv("../input/df_folds.csv")["fold"]

trn_fold = [i for i in range(5) if i not in [4]]
vld_fold = [4]
trn_idx = df_train.loc[df_train["fold"].isin(trn_fold)].index
```

```
vld_idx = df_train.loc[df_train["fold"].isin(vld_fold)].index

trn_df = df_train.loc[trn_idx]
vld_df = df_train.loc[vld_idx]
```

다음으로 이미지를 읽고, 학습에 용이한 형태로 바꿔보겠습니다. 먼저 새로 만든 훈련 셋의 인덱스가 이전 훈련 셋의 인덱스로 되어 있으므로 reset_index()를 사용해 정리합니다. 파이토치 데이터셋은 index를 기반으로 샘플을 추출하기 때문에 꼭 해야 합니다.

그리고 이미지 이름으로 피클 이름을 정했기 때문에, 이미지를 부를 키로 image_id를 img_ids로 미리 저장해둡니다. 이는 연산의 효율성을 위한 목적도 있습니다. 넘파이 배열에서 인덱싱하는 것이 판다스에서 인덱싱하는 것보다 훨씬 빠르기 때문입니다.

이미지를 피클로 저장했으나 (원래 이미지의 형상(Shape)을 유지하지 않고 일자로 늘인 벡터(하나의 길이는 height * width)의 형태로 저장했기 때문에) 나중에 원복을 위해서 원본 이미지의 height, width를 저장해둬야 합니다. 각각 137, 236이니 이를 변수로 지정해줍니다. 그런 다음 예시로 첫 번째 샘플을 가져와 보겠습니다. Index=0으로 하고, 임시 img_id를 가져옵니다. 그리고 joblib으로 피클을 읽은 다음 reshape를 사용해 이미지 형태로 바꿉니다.

이 다음이 매우 중요합니다. 이후에 사전 학습 모델(Pretrained Model)을 사용할 텐데, 보통의 모델은 RGB 3채널을 가진 이미지로 사전 학습이 진행되어 있습니다. 그러므로 모델의 인풋도 3채널이 되어야 하는데, 대회에서 주어진 이미지는 흑백 이미지라 채널에 해당하는 차원(Dimension)이 존재하지 않습니다. 그러므로 먼저 넘파이 함수인 np.newaxis를 사용해 새로 차원을 만들어주고, 3개 채널을 가진 형태로 바꿔주기 위해 데이터의 정보를 3배로 늘려서 각 채널에 넣어줍니다. 이때 np.repeat 함수를 사용해 늘려주면 흑백 이미지를 3채널 형태로 만들 수 있습니다.

다음은 위 과정을 모두 담은 코드입니다. 중요한 부분인 만큼 꼭 여러 번 해보기 바랍니다.

```
csv = trn_df.reset_index()
img_ids = csv["image_id"].values
img_height = 137
img_width = 236

index = 0
img_id = img_ids[index]
img = joblib.load(f"../input/train_images/{img_id}.pkl")
img = img.reshape(img_height, img_width).astype(np.uint8)
```

```
img = 255 - img
img = img[:, :, np.newaxis]
img = np.repeat(img, 3, 2)
plt.imshow(img)
plt.show()
```

다음은 이미지 Transform 파트입니다. 이 대회를 추천하는 가장 큰 이유는 수많은 데이터 증강(Data Augmentation) 기법이 쓰였고, 공유되었기 때문입니다. 모델 성능을 가장 많이 좌지우지하는 것은 바로 데이터입니다. 캐글이든 다른 프로젝트든 주어진 데이터셋을 가지고 하는 것도 좋지만, 더 많은 데이터셋을 확보하는 것이 가장 중요합니다.

데이터 증강은 모델에 일반화(Generalization) 성능 향상을 꾀할 수 있는 가장 기본적이면서도 강력한 방법론입니다. 데이터 증강 기법을 직접 구현하는 것도 좋지만, 이미 구축된 라이브러리를 가져다 쓰는 것이 더 편합니다. 케라스와 파이토치는 내장된 데이터 증강 모듈이 있고, 그 외 albumentations라는 라이브러리도 있습니다. 데이터 증강 기법은 조합에 따라 성능이 많이 달라지므로, 많은 실험을 거쳐 좋은 점수를 내는 조합을 찾아내야 합니다.

▼ 그림 5-5 albumentations 라이브러리 변환 예시[2]

---

2 https://albumentations.ai

다음 코드를 보면 albumentations를 사용해 같은 이미지에 다양한 기법을 적용했습니다. Compose라고 만든 뒤, 다양한 증강 기법을 순서대로 놓습니다. 각각의 함수는 확률 값을 가지고 있어서 특정 확률 이상일 때 적용됩니다. 이러한 조합을 이용하면 동일한 데이터셋을 정말 말 그대로 부풀릴 수가 있습니다.

일반적으로 이미지 데이터를 읽으면 채널의 차원이 뒤에 위치한 channel-last 형태(가로, 세로, 채널)이지만, 파이토치 컨볼루션(Convolution) 레이어는 이미지의 채널이 앞에 위치한 channel-first 형태(채널, 가로, 세로)의 데이터를 입력받습니다. 이 변환에는 ToTensor()라는 함수를 사용합니다.

```python
import albumentations as A
from albumentations.pytorch import ToTensorV2

image_size = 224
train_transform = A.Compose(
    [
        A.RandomResizedCrop(height=image_size, width=image_size),),
        A.ShiftScaleRotate(shift_limit=0.05, scale_limit=0.05, rotate_limit=0.05,
p=0.5),
        A.RGBShift(r_shift_limit=0.05, g_shift_limit=0.05, b_shift_limit=0.05,
p=0.5),
        A.RandomBrightnessContrast(p=0.5),
        A.Normalize(mean=(0.485, 0.456, 0.406), std=(0.229, 0.224, 0.225)),
        ToTensorV2(),
    ]
)

valid_transfrom = albumentations.Compose(
    [
        A.Resize(height=image_size, width=image_size),
        A.Normalize(mean=(0.485, 0.456, 0.406), std=(0.229, 0.224, 0.225)),
        ToTensorV2(),
    ]
)
```

최적의 데이터 증강 함수의 조합은 과연 무엇일까요? 사실 이것도 하이퍼 파라미터라고 할 수 있습니다. 데이터 증강 기법을 어떻게 조합하느냐에 따라 성능이 많이 달라집니다. 많은 실험을 거쳐 좋은 점수를 내는 조합을 찾아내야 합니다.

이제 타깃(Target)을 가져올 차례입니다. 다음 코드처럼 인덱싱을 사용해 가져옵니다. 앞서 설명한 바와 같이 판다스 인덱싱이 아니라 넘파이 인덱싱을 사용합니다.

```python
label_1 = csv.iloc[index].grapheme_root
label_2 = csv.iloc[index].vowel_diacritic
label_3 = csv.iloc[index].consonant_diacritic
```

다음 코드는 모든 과정을 합친 파이토치 데이터셋입니다. 위에서 다뤘던 순서대로 가지런히 정렬되어 있는 것을 볼 수 있습니다.

```python
from torch.utils.data import Dataset

class BengaliDataset(Dataset):
    def __init__(self, csv, img_height, img_width, transform):
        self.csv = csv.reset_index()
        self.img_ids = csv["image_id"].values
        self.img_height = img_height
        self.img_width = img_width
        self.transform = transform

    def __len__(self):
        return len(self.csv)

    def __getitem__(self, index):
        img_id = self.img_ids[index]
        img = joblib.load(f"../input/train_images/{img_id}.pkl")
        img = img.reshape(self.img_height, self.img_width).astype(np.uint8)
        img = 255 - img

        img = img[:, :, np.newaxis]
        img = np.repeat(img, 3, 2)
        if self.transform is not None:
            img = self.transform(image=img)["image"]

        label_1 = self.csv.iloc[index].grapheme_root
        label_2 = self.csv.iloc[index].vowel_diacritic
        label_3 = self.csv.iloc[index].consonant_diacritic

        return img, np.array([label_1, label_2, label_3])
```

이제 위 데이터셋을 기반으로 훈련 데이터셋과 검증 데이터셋을 만들겠습니다.

```
trn_dataset = BengaliDataset(
    csv=trn_df, img_height=137, img_width=236, transform=train_transform
)

vld_dataset = BengaliDataset(
    csv=vld_df, img_height=137, img_width=236, transform=valid_transfrom
)
```

이어서 데이터로더를 만들어야 합니다. 모델을 학습할 때는 배치 단위로 끊어서 학습을 진행합니다. 이때 매번 직접 배치를 만드는데, 이를 쉽게 할 수 있게 도와주는 데이터로더 모듈이 있습니다. 모듈에 들어가는 파라미터를 잠깐 보겠습니다.

먼저 num_workers입니다. 배치를 이루는 각 샘플을 처리할 때, 하나의 CPU 코어(Core)가 작업하는 것보다 가능하면 여러 코어가 동시에 작업하는 것이 훨씬 빠릅니다. 그래서 num_workers의 숫자를 허용되는 한 꼭 늘리는 것을 추천합니다. 물론 과도한 병렬은 오히려 병목 현상을 일으키므로, 적당한 개수로 설정해주면 됩니다. 보통 사용하는 컴퓨터의 전체 CPU 코어 수의 절반에서부터 임의로 설정합니다.

그리고 배치사이즈(batch_size)입니다. 배치사이즈는 학습이 진행되는 속도도 있지만, 모델의 성능을 좌지우지하는 큰 하이퍼 파라미터입니다. 초기에는 GPU를 최대한 꽉꽉 채워서 실험을 빨리 진행하는 것이 더 낫습니다. (뒤에서 이야기하겠지만) 모델 성능에 크게 영향을 미치는 순서대로 실험을 진행하는 것이 효율적이기 때문입니다.

```
from torch.utils.data import DataLoader

trn_loader = DataLoader(trn_dataset, shuffle=True, num_workers=4, batch_size=128)
vld_loader = DataLoader(vld_dataset, shuffle=False, num_workers=4, batch_size=128)
```

5.3.4 학습

이제 모델을 만들고, 학습을 진행하겠습니다. 좋은 모델은 데이터가 가진 정보를 최대한 잘 이끌어 표현하는 모델이라고 할 수 있습니다. 즉, 학습에 기반하여 표현 학습(Representation learning)이 잘 이루어져야 합니다.

데이터에 따라 통상적으로 쓰는 신경망(Neural Network) 구조들이 있습니다. 정형 데이터 (Structured data)는 보통 fully-connected layer, 시퀀스 데이터에 RNN(Recurrent Neural Network) 기반의 모델을 사용하고, 이미지는 보통 CNN(Convolutional Neural Network)을 사용합니다. 이 대회는 이미지를 다루기 때문에 CNN을 사용한 모델을 만들 것입니다.

직접 CNN 모델을 만들어도 좋지만 대회라는 특성상 효율적으로 진행해야 하므로, 이미 성능이 좋다고 알려진 모델을 가져와서 사용해도 됩니다. ResNet, Inception, Efficientnet 등의 모델을 직접 구현하는 것도 바람직하지만, 그렇게 하지 않고 여러 라이브러리에서 가져올 수도 있지요. 파이토치에서 제공하는 Torchvision 라이브러리에서 모델을 가져올 수도 있고, 더 많은 모델을 쓰기 위해 pretrainedmodels, timm 라이브러리를 사용할 수도 있습니다.

그다음 결정해야 할 것은 시작 가중치(Initial weights)입니다. 임의의 숫자로 초기화한 뒤 학습을 진행할 수도 있지만, 보통은 전이 학습(Transfer learning) 기법을 사용해 모델을 학습합니다. 전이 학습은 사전에 다른 데이터셋에서 미리 학습된 가중치(Weight)를 가져와서 새로운 데이터셋에 대해 학습하는 형태를 말합니다. 사람이 경험이 있으면 이를 토대로 새로운 일을 잘 해내듯이, 모델도 이전에 학습했던 것을(Weight) 토대로 새로운 일을 학습하면(Weight Update) 아무런 경험 없이 시작할 때보다 성능이 더 좋습니다.

사전 학습 모델이라는 것도 이미지넷(Image Net)이라는 큰 데이터셋을 미리 전이 학습한 것을 말합니다. 위 라이브러리들은 이미지넷으로 사전에 학습된 모델을 제공해줍니다. 이미지 모델은 이미지 피처를 추출하는 백본(Backbone)과 원하는 작업을 수행하는 헤드(Head)로 나눌 수 있습니다. 이렇게 모델 구조를 두 부분으로 나누는 이유는 각각의 역할이 다르고, 이로 인해 다양한 학습 기법을 적용할 수 있기 때문입니다.

예를 들면 백본을 freeze(학습되지 않게 설정)하고, 작업을 수행하는 헤드만 학습하는 방법이 있습니다. 또는, warm-up 방식이라고 해서 백본을 freeze한 상태에서 간단히 몇 에포크만 학습을 진행하고, 그 후 전체 데이터를 학습하는 방법도 있습니다. 헤드에 해당하는 레이어가 처음에 임의의 값으로 초기화된 상태인 경우 백본이 가진 가중치 값들과 다소 많은 차이가 있을 수 있기 때문에 가능한 방법입니다.

여기서는 ResNet-34를 사용해 실습하겠습니다. Pretrainedmodels 라이브러리를 사용해 이미지넷 가중치로 시작하여 모든 네트워크를 학습하는 방법을 사용할 것입니다. 놀랍게도 위에 적은 수많은 문장이 다음 5줄 코드로 구현됩니다. 라이브러리를 임포트한 뒤, 우리가 쓰려는 모델 이름과 이미지넷 사전 학습을 지정해줍니다. 그 외에는 최종 분류를 위한 Classification 헤드를 붙여주면 끝납니다.

용어를 사용하여 정리하면 사전에 만들어지고 학습된 백본 모델에서 피처를 추출한 뒤에(in_features 크기의 임베딩 벡터) 이를 기반으로 새로운 분류기를 학습하는 것입니다. 분류 문제이므로, 크로스 엔트로피(Cross-entropy) 로스를 사용하고 ReduceLROnPlateau 스케줄러를 사용합니다.

```python
import torch
import torch.nn as nn
import pretrainedmodels

model_name = "resnet34"
model = pretrainedmodels.__dict__[model_name](pretrained="imagenet")
in_features = model.last_linear.in_features
model.last_linear = torch.nn.Linear(in_features, 186)

model = model.cuda()
optimizer = torch.optim.Adam(model.parameters(), lr=0.001)
loss_fn = nn.CrossEntropyLoss()
scheduler = torch.optim.lr_scheduler.ReduceLROnPlateau(
    optimizer, mode="max", verbose=True, patience=7, factor=0.5
)
```

이어서 학습 및 테스트 코드입니다. 자세한 설명은 코드의 주석을 참고해주세요.

```python
from sklearn.metrics import recall_score

best_score = 0.0
for e in range(100):
    train_loss = []
    model.train()

    for inputs, targets in tqdm(trn_loader):
        inputs = inputs.cuda()  # GPU에서의 학습을 위해 cuda tensor로 변환합니다.
        targets = targets.cuda()

        logits = model(inputs)
        # grapheme, vowel, cons 개수가 맞게, logits를 나눠줍니다.
        grapheme = logits[:, :168]
        vowel = logits[:, 168:179]
        cons = logits[:, 179:]
```

```
        loss = (
            loss_fn(grapheme, targets[:, 0])
            + loss_fn(vowel, targets[:, 1])
            + loss_fn(cons, targets[:, 2])
        )

        loss.backward()

        optimizer.step()
        optimizer.zero_grad()
        train_loss.append(loss.item())

val_loss = []
val_true = []
val_pred = []

model.eval()

with torch.no_grad():  # evalution을 위해 gradient를 계산하지 않습니다.
    for inputs, targets in tqdm(vld_loader):
        inputs = inputs.cuda()
        targets = targets.cuda()

        logits = model(inputs)

        grapheme = logits[:, :168]
        vowel = logits[:, 168:179]
        cons = logits[:, 179:]

        loss = (
            loss_fn(grapheme, targets[:, 0])
            + loss_fn(vowel, targets[:, 1])
            + loss_fn(cons, targets[:, 2])
        )

        val_loss.append(loss.item())

        grapheme = grapheme.cpu().argmax(dim=1).data.numpy()
        vowel = vowel.cpu().argmax(dim=1).data.numpy()
        cons = cons.cpu().argmax(dim=1).data.numpy()

        val_true.append(targets.cpu().numpy())
```

```python
            val_pred.append(np.stack([grapheme, vowel, cons], axis=1))

        val_true = np.concatenate(val_true)
        val_pred = np.concatenate(val_pred)

        val_loss = np.mean(val_loss)
        train_loss = np.mean(train_loss)

        score_g = recall_score(val_true[:, 0], val_pred[:, 0], average="macro")
        score_v = recall_score(val_true[:, 1], val_pred[:, 1], average="macro")
        score_c = recall_score(val_true[:, 2], val_pred[:, 2], average="macro")

        final_score = np.average([score_g, score_v, score_c], weights=[2, 1, 1])

        print(
            f"train_loss: {train_loss:.5f}; "
            f"val_loss: {val_loss:.5f}; "
            f"score: {final_score:.5f}"
        )
        print(
            f"score_g: {score_g:.5f}; "
            f"score_v: {score_v: .5f}; "
            f"score_c: {score_c: .5f}"
        )

        if final_score > best_score:
            best_score = final_score

            state_dict = model.cpu().state_dict()
            model = model.cuda()
            torch.save(state_dict, "model.pt")
```

5.3.5 데이터 증강

앞에서 이 대회를 추천하는 이유로 수많은 데이터 증강(Data Augmentation) 기법이 쓰였고, 공유되었기 때문이라고 설명했습니다. 이렇게 많은 데이터 증강 기법이 사용된 이유는 다중 분류이긴 하지만 손글씨 분류라는 매우 기초적인 대회였으므로, 단순히 모델을 바꾸는 것 외에 더 특별한 것이 필요했기 때문입니다.

저희 팀도 데이터 증강 기법에 매우 큰 힘을 쏟았습니다. 많은 참가자가 믹스업(Mixup)과 컷믹스 (Cutmix)를 사용했는데, 이 절에서는 이에 대해 설명하겠습니다. 다음 그림 5-6을 보면 직관적으로 이해하기 쉬울 것입니다.

❤ 그림 5-6 믹스업 처리 예시(왼쪽) / 컷믹스 처리 예시(오른쪽)

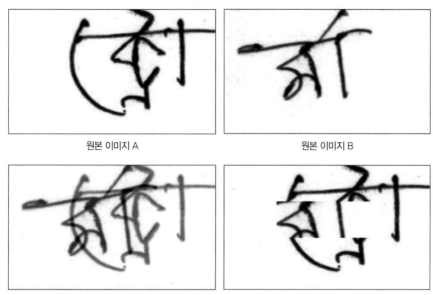

원본 이미지 A   원본 이미지 B

믹스업 처리하여 변환한 이미지   컷믹스 처리하여 변환한 이미지

두 기법 모두 모델의 일반화 성능을 높여, 쓰지 않았을 때보다 더 좋은 성능을 내게 하는 유명한 기법입니다.

- **믹스업**: 말 그대로 두 이미지를 섞어 버리는 기법
- **컷믹스**: 특정한 부분의 사진을 가져와 다른 이미지에 합치는 기법

먼저 컷믹스가 진행되는 순서를 살펴보겠습니다.

1. 임의의 0~1 사이 숫자를 뽑습니다.
2. 섞기 위해, 임의의 인덱스들을 뽑습니다.
3. 잘라낼 영역의 ratio를 구합니다.
4. 잘라낼 영역의 width, height를 구합니다.
5. 잘라낼 영역의 위치를 임의로 뽑습니다.

6. 임의의 여러 이미지들에 대해 방금 정한 영역만큼을 잘라내고, 이 이미지들을 서로 바꾼 다음, 동일한 영역에 덮어씌웁니다.

7. 얻은 inputs에서 logits를 뽑은 뒤, 치환된 비율만큼 크로스 엔트로피 로스를 가져갑니다.

다음은 위 과정을 모두 포함한 코드입니다.

```python
def rand_bbox(size, lam):
    W = size[2]
    H = size[3]
    cut_rat = np.sqrt(1.0 - lam)
    cut_w = np.int(W * cut_rat)
    cut_h = np.int(H * cut_rat)

    # uniform
    cx = np.random.randint(W)
    cy = np.random.randint(H)

    bbx1 = np.clip(cx - cut_w // 2, 0, W)
    bby1 = np.clip(cy - cut_h // 2, 0, H)
    bbx2 = np.clip(cx + cut_w // 2, 0, W)
    bby2 = np.clip(cy + cut_h // 2, 0, H)

    return bbx1, bby1, bbx2, bby2

lam = np.random.beta(1.0, 1.0)
rand_index = torch.randperm(inputs.size()[0])

targets_gra = targets[:, 0]
targets_vow = targets[:, 1]
targets_con = targets[:, 2]

shuffled_targets_gra = targets_gra[rand_index]
shuffled_targets_vow = targets_vow[rand_index]
shuffled_targets_con = targets_con[rand_index]

bbx1, bby1, bbx2, bby2 = rand_bbox(inputs.size(), lam)
inputs[:, :, bbx1:bbx2, bby1:bby2] = inputs[rand_index, :, bbx1:bbx2, bby1:bby2]
lam = 1 - ((bbx2 - bbx1) * (bby2 - bby1) / (inputs.size()[-1] * inputs.size()[-2]))
logits = model(inputs)

grapheme = logits[:, :168]
```

```
vowel = logits[:, 168:179]
cons = logits[:, 179:]

loss1 = loss_fn(grapheme, targets_gra) * lam + loss_fn(
    grapheme, shuffled_targets_gra
) * (1.0 - lam)
loss2 = loss_fn(vowel, targets_vow) * lam + loss_fn(vowel, shuffled_targets_vow) * (
    1.0 - lam
)
loss3 = loss_fn(cons, targets_con) * lam + loss_fn(cons, shuffled_targets_con) * (
    1.0 - lam
)
```

다음으로 믹스업은 말 그대로 섞는 것입니다. 배치 내에서 랜덤하게 이미지를 고른 후, 특정 비례 값만큼 섞으면 됩니다. 믹스업을 진행하는 과정은 다음과 같습니다.

1. 먼저 임의의 숫자 lambda를 뽑습니다.

2. 임의의 인덱스를 뽑습니다.

3. lambda만큼 random index를 사용해 인풋 이미지를 섞어줍니다.

4. 컷믹스와 마찬가지로 크로스 엔트로피를 각각 계산한 후 lambda 비율을 고려해 더해줍니다.

```
# lam: Lambda
lam = np.random.beta(1.0, 1.0)
rand_index = torch.randperm(inputs.size()[0])

shuffled_targets_gra = targets_gra[rand_index]
shuffled_targets_vow = targets_vow[rand_index]
shuffled_targets_con = targets_con[rand_index]

batch_size = inputs.size()[0]
index = torch.randperm(batch_size)

inputs = lam * inputs + (1 - lam) * inputs[index, :]

logits = model(inputs)

grapheme = logits[:, :168]
vowel = logits[:, 168:179]
```

```
cons = logits[:, 179:]

loss1 = loss_fn(grapheme, targets_gra) * lam + loss_fn(
    grapheme, shuffled_targets_gra
) * (1.0 - lam)
loss2 = loss_fn(vowel, targets_vow) * lam + loss_fn(vowel, shuffled_targets_vow) * (
    1.0 - lam
)
loss3 = loss_fn(cons, targets_con) * lam + loss_fn(cons, shuffled_targets_con) * (
    1.0 - lam
)
```

이외에도 augmix, fastaugment, autoaugment 등 수많은 데이터 증강 기법이 있습니다. 이 대회에 많이 공유되어 있으니 꼭 한번 찾아보기 바랍니다.

5.3.6 수도 레이블링

캐글 대회에서 최종 점수에 매우 큰 영향을 끼치는 것으로, 수도 레이블링(Pseudo Labeling)을 빼놓을 수 없습니다. 재차 강조하지만 결국 데이터 학습에 기반한 모델을 만드는 것이므로 데이터가 결과에 가장 큰 영향을 줍니다.

수도 레이블링은 준지도학습(Semi-Superivsed Learning) 방법론 중 하나로, 가지고 있는 훈련 데이터로 학습시킨 모델을 사용해 아직 정답(Label)이 없는 데이터에 적용하여 예측 값을 만들어주고 이를 훈련에 활용함으로써 부족한 데이터셋의 양을 늘리는 것을 말합니다. 실제로 대회뿐 아니라, 학문적으로도 모델의 성능에 매우 강력한 도움을 주고 있습니다. 이미 여러 기관 및 구글, 페이스북 등과 같은 기업에서 각자 구축한 자신들의 데이터셋을 기반으로 수도 레이블링 기법을 사용해 성능을 올려나가고 있습니다.

주어진 데이터셋 내에서 데이터 증강 기법을 적용하는 것 외에, 외부 데이터를 활용한 수도 레이블링 기법도 매우 활발하게 쓰입니다. 단, 참가하는 대회가 어느 수준까지 외부 데이터(External Data)를 허용하는지 대회 Rules 페이지를 꼭 확인해야 합니다.

캐글 대회의 경우 보통 디스커션 포스트가 있습니다(그림 5-7). 사용하고 싶은 데이터가 있다면 여기에 기입해야 합니다. 이러한 디스커션으로부터 상위권 랭커들이 어떤 외부 데이터를 활용하는지 보고 힌트를 얻을 수 있습니다.

▼ 그림 5-7 컴페티션 외부 데이터 포스트

External data disclosure thread

▲
16

Posted in bengaliai-cv19 3 years ago

Post links to your external data sources here before the deadline specified in the rules.

저희 팀은 여러 벵골어를 인터넷에서 가져온 뒤, 여러 폰트를 적용하는 기법을 사용했습니다. 저희 팀의 DrHB가 벵골 글씨에 폰트를 적용하는 코드를 공유했습니다(캐글의 디스커션과 다른 사람의 캐글 노트북을 계속 모니터링하면서 도움이 되는 팁을 얻으세요).

5.3.7 앙상블

앙상블은 다양한 모델을 합쳐 조정된 결과를 얻는, 매우 간단하면서도 강력한 기법입니다. 앙상블의 효과를 극대화하기 위해서는 다양성이 매우 중요한데, 다양성이란 각기 다른 모델의 개수를 의미합니다. 다양한 모델을 만들기 위해 다양한 구조를 가진 모델을 만들면 그만큼 학습과 추론에 많은 시간이 소요되므로, 많은 모델을 개발하는 데는 어려움이 따릅니다.

다행히 앙상블 기법은 같은 모델을 기반으로 여러 에포크로 학습된 모델을 가지고 해볼 수 있습니다. 이 절에서는 대표적인 기법인 SWA(Stochastic Weight Averaging)를 소개하겠습니다. SWA는 2018년 논문인 「Averaging Weights Leads to Wider Optima and Better Generalization」에서 제시된, 효율적인 단일 모델 내 앙상블 기법입니다.

SWA는 학습을 SWA 이전 학습 모델과 이후 학습 모델, 두 가지 phase로 나눕니다. 그리고 합치려는 모델들의 체크포인트를 다 저장한 후 이를 최종적으로 평균을 냅니다(Running Averaging). 이 과정에서 새로 얻은 모델의 가중치에 대해 배치 정규화(Batch Normalization)를 새로 업데이트해줘야 하는데, 파이토치에서 제공하는 유틸 함수를 사용하면 쉽게 구현할 수 있습니다.

▼ 그림 5-8 SWA

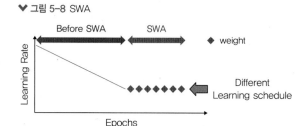

다음 코드는 이를 구현한 것입니다(그림 5-8 참고).

1. 처음 80에포크 학습을 진행하고,

2. 이후부터 SWA를 적용하기 위해 모델 체크포인트들을 저장합니다.

3. 학습이 끝난 뒤 update_bn을 실행하고,

4. 배치 정규화의 활성 통계치(Activation Statistics)를 계산한 뒤,

5. 모델의 파라미터를 업데이트합니다.

6. 이후에 추론을 진행하면 SWA가 진행된 모델로 더 나은 성능의 결과를 얻을 수 있습니다.

```python
from torch.optim.swa_utils import AveragedModel, SWALR
from torch.optim.lr_scheduler import OneCycleLR

epochs = 10
swa_model = AveragedModel(model)
scheduler = OneCycleLR(
                optimizer,
                max_lr=0.001,
                epochs=epochs,
                max_lr=len(trn_loader)
            )
swa_start = 5
swa_scheduler = SWALR(optimizer, swa_lr=0.05)

for e in range(100):
    train_loss = []
    model.train()

    for inputs, targets in tqdm(trn_loader):
        inputs = inputs.cuda()
        targets = targets.cuda()

        logits = model(inputs)
        grapheme = logits[:, :168]
        vowel = logits[:, 168:179]
        cons = logits[:, 179:]

        loss = (
                loss_fn(grapheme, targets[:, 0])
```

```
                + loss_fn(vowel, targets[:, 1])
                + loss_fn(cons, targets[:, 2])
            )

        if epoch > swa_start:
            swa_model.update_parameters(model)
            swa_scheduler.step()
        else:
            scheduler.step()


torch.optim.swa_utils.update_bn(loader, swa_model, 'cuda')
# Use swa_model to make predictions on test data
preds = swa_model(test_input)
```

KNOW-HOW FROM KAGGLE MEDALISTS

5.4 다른 솔루션 소개

5.4.1 1등 솔루션

1등 솔루션은 매우 창의적이고, 논리적인 AI 시스템을 제안했습니다. 한번 살펴보겠습니다.

모델은 총 4개로 이루어져 있습니다.

첫 번째, Seen class classifier로 grapheme의 구성 요소들의 조합(Combination)을 예측하는 모델입니다. Grapheme, consonant, vowel의 모든 조합은 168 * 11 * 8 = 14,784개입니다. 이를 예측하는 모델을 1번이라고 하겠습니다.

두 번째, Out of distribution detection, 즉 seen class와 unseen class를 구분하는 모델입니다. 사실 unseen class를 특정하기가 어렵기 때문에, 여기서는 특별히 zero-shot 형태를 취합니다. 다시 말해 seen class만 학습한 모델을 만든 후, 어떠한 class에도 해당되지 않는 grapheme을 unseen, 하나의 class라도 해당되면 seen으로 두는 것입니다. 해당되는지 아닌지는 각 클래스별로 나오는 confidence score(softmax 확률값)를 사용하여 판단합니다.

세 번째, CycleGAN을 활용합니다. Unseen grapheme의 이미지를 생성하는데, 기존 폰트들은 손글씨와 유사하지 않습니다. 우리가 학습하는 손글씨 이미지와 유사하게 만들기 위해서 CycleGAN을 사용합니다. CycleGAN은 생성 모델인 GAN의 한 종류로, 특정한 스타일을 학습하여 입력 이미지를 그 스타일로 변환해주는 모델입니다. 새로운 grapheme에 대해 손글씨 스타일로 이미지를 생성해 수많은 unseen grapheme image dataset을 생성합니다.

네 번째, unseen class classifier입니다. 첫 번째 모델과 구조 및 역할이 같은데, 다른 점은 학습한 데이터가 세 번째 CycleGAN에서 생성된 이미지라는 점입니다.

Inference 로직이 중요합니다.

1. 먼저 out of distribution 모델로, seen class인지 unseen class인지 판별합니다.

2. 만약 seen class이면 첫 번째 seen class classifier로 클래스를 정합니다.

3. 만약 unseen class이면 unseen class classifier 결과를 가져갑니다.

위 로직으로 제출하고, 월등한 성능을 보이며 1등을 거두었습니다.

5.4.2 2등 솔루션

2등 솔루션에서도 주목할 만한 점이 있습니다. 어떤 점이 특별했는지만 간단히 살펴보겠습니다.

이 팀은 대회에 늦게 참가하여 처음에는 다른 팀들과 유사하게 R, C, V 각각에 대한 세 가지 head를 사용한 분류 문제로 풀었으며 40~50등 수준이었습니다. 하지만 CV-LB 차이가 큰 것을 확인하고, est set에 unseen grapheme이 있다고 생각합니다. 그리고 forum cv score가 매우 높은 것을 보고, top teams는 뭔가 다르게 문제를 풀고 있다고 생각하죠.

즉, different targets, 다시 말해 R, C, V를 예측하는 것이 아니라, grapheme(character)를 예측하는 것을 시도했습니다. grapheme은 R, C, V의 조합입니다. 이렇게 하면 이 세 가지 head를 어떻게 학습시킬지에 대한 고민이 줄어들게 됩니다(learning rate, loss weights, etc.).

문제 치환 후 augmentation mixing이 잘 먹히기 시작하고 Cutout, Cutmix 대신 좀 더 자연스러운 fmix를 사용합니다. 최종적으로 2~3개의 이미지를 50% 확률로, beta=4로 섞었습니다. 이는 무작위로 섞은 게 아니라 당연히 여러 번 실험해보고 얻은 결과일 것입니다. grapheme을 예측한 후 grapheme의 component로 레이블링해서 제출하여 결과적으로 더 높은 등수를 얻습니다.

2등 솔루션에서 눈여겨볼 부분은 Post-processing입니다. 모델은 1,295개 grapheme에 대한 확률을 뱉는데, 각각 grapheme R, C, V 각 컴포넌트 종류별로 grapheme 확률을 다 더해 평균을 냅니다. 즉, C=0을 가지는 grapheme이 300개라면, 300개 grapheme 확률의 평균을 내고 C=1, 2, ⋯, 6까지 동일하게 평균을 낸 뒤 가장 높은 확률을 가진 클래스를 레이블로 정합니다. C=3의 경우 훈련 셋에 네 개의 grapheme만 가지고 있으므로, 이 네 개의 grapheme 확률의 평균이 됩니다. 즉, 가장 높은 점수에 기반해 C를 정합니다. 이런 후처리로 더 높은 점수를 얻을 수 있다는 점은 참고할 만합니다.

5.5 / 디스커션

5.5.1 Tips

실험만이 답이다

끊임없는 실험만이 답입니다. 저 역시 혼자 약 200개 버전을 만들었고, 모든 버전이 조금씩 다른 실험을 하게 했습니다. 실험을 진행할 때 한 가지 팁이 있다면, 꼭 하나의 실험에 하나씩 바꿔야 한다는 점입니다. 즉, 한 가지 가설을 입증하기 위해 한 개의 비교군과 한 개의 대조군을 세워서 실험을 진행해야 합니다. 쓰고 나니 당연한 말이지만, 막상 대회 또는 프로젝트를 진행하다 보면 쉽게 놓치는 부분이기도 합니다. 차곡차곡 실행한 실험에서 얻은 결론을 기반으로 실험을 지속해 가세요. 수많은 결론의 집합체가 솔루션, 즉 메달이 될 것입니다.

이전 대회 솔루션을 계속 구현해라

캐글은 매우 좋은 커뮤니티이자 하나의 큰 공유 플랫폼입니다. 대회가 끝나면 상위 수상자들뿐만 아니라 금, 은, 동메달 등 많은 사람이 자신의 솔루션을 공유합니다. 참가한 대회와 유사한 대회를 찾은 다음, 수상자 솔루션을 참고하거나, 또는 그 이상으로 뜯어보며 체화하는 것을 추천합니다. 이 과정만 해도 1~2주는 걸립니다. 하지만 어느 정도 검증된 수준의 코드들이므로 준수한 베이스라인을 갖추는 데 도움이 될 것입니다. 더 나아가 이전 수상자들의 여러 아이디어를 음미하면서, 다른 유사한 대회에 적합한 아이디어를 추려낼 수도 있습니다.

팀을 잘 만나라

저도 혼자 하려고 했지만, 일하면서 하기에는 시간이 많이 부족하여 팀을 맺게 되었습니다. 캐글은 커뮤니티이기 때문에 서로를 어느 정도 알고 있습니다. 직접 알지는 못하지만 서로 누군지는 알고 있었습니다. 함께 팀을 구성하고 싶은 사람이 있다면 팀 머지를 요청할 수 있습니다.

다른 이들을 추적하라

캐글 대회는 데이터 사이언스를 주제로 한 치열한 레이스입니다. 자신의 레이스에 집중하는 것도 매우 중요한 한편, 다른 이들의 움직임도 늘 주시해야 합니다. 다행히 캐글은 디스커션이라는 장소에서 수많은 사람이 서로 논의하며, 심지어 자신의 대략적인 아이디어 및 성능까지도 공유합니다. 또한, 제출 이력마저도 여러분이 챙겨야 할 정보입니다.

이처럼 디스커션과 노트북에 공유된 것들을 늘 주시하며, 어떤 특정한 시점 리더보드의 변화가 오는지 확인해야 합니다. 다른 팀들의 CV 점수[3]를 항상 확인하고 자신의 CV 점수와 차이가 난다면 다른 접근법이 있을 거라고 생각하면 됩니다. 이런 생각의 전환이 문제를 새롭게 바라볼 수 있게 해주고, 그로 인해 성능이 확연히 올라갈 수 있습니다.

5.5.2 후기

컴퓨터 비전에 쓰이는 다양한 증강 기법을 배우고 직접 사용한 재미있는 대회였습니다. 또한, 창의적인 수도 레이블링을 고민하고 겪어본 대회였습니다. 하지만 seen grapheme, unseen grapheme의 존재를 미처 숙지하지 못하여 더 창의적으로 풀지 못해 아쉬운 대회였습니다.

본업을 따로 하면서 캐글을 한다는 것은 쉽지 않습니다. 시간을 많이 투자하여 계속 디스커션을 모니터링하면서 깊이 파고드는 것이 중요하다는 것을 깊이 깨달았습니다. 혼자 작업한 두 달간, 많은 실험을 하고 무엇보다 저만의 베이스라인 코드를 구축할 수 있었던 대회였습니다. 지금도 그 코드가 제 코드의 기반이 되고 있습니다. 대회에 참가하고 집중할수록 무언가는 남습니다. 처음에는 복잡해 보이겠지만, 끊임없이 반복하고 열정을 기울이며 공부한다면 충분히 해낼 수 있을 것입니다.

---

3 CV란 교차 검증(Cross Validation)을 시도했을 때의 평균 점수를 말합니다. 보통 디스커션에서 자신의 중간 CV 점수를 공개하기도 합니다.

#	△	Team	Members		Score	Entries	Last	Code
1	▲ 1	deoxy			0.9762	93	3y	
2	▼ 1	The Zoo			0.9689	108	3y	
3	—	ChinaAndJapan			0.9645	88	3y	
4	▲ 3	h2o.cv			0.9620	115	3y	
5	▼ 1	Team Dieter			0.9584	104	3y	
6	▲ 72	ইঁদুর এবং ভালুক			0.9557	72	3y	
7	▼ 1	**Learned Magic**			0.9553	313	3y	
8	▼ 3	Qishen Ha			0.9552	90	3y	
9	▲ 4	Weimin Wang			0.9538	54	3y	
10	▲ 114	[kaggler-ja] 4 Days to Bengali			0.9536	17	3y	

6장

SIIM-ACR
Pneumothorax
Segmentation

6.1 들어가기 전에

6.1.1 캐글 프로필: 권순환

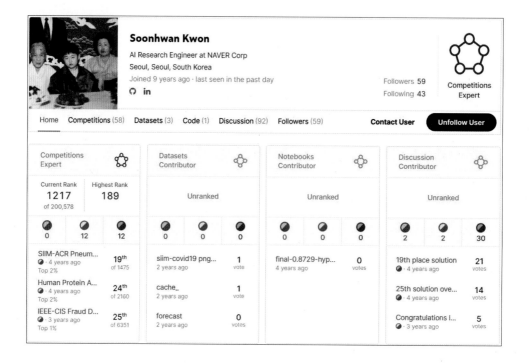

6.1.2 코드

사정상 본 솔루션은 코드 파일을 제공할 수 없어, 본문에서 최대한 설명하려 노력하였습니다. 이 점 양해 부탁드리며, 본문의 내용이 여러분에게 도움이 되면 좋겠습니다.

컴페티션 페이지 https://www.kaggle.com/c/siim-acr-pneumothorax-segmentation

6.2 / Overview

SIIM-ACR Pneumothorax Segmentation 대회는 2019년 9월에 SIIM(Society for Imaging Informatics in Medicine) 의료 영상 관련 단체가 주최했습니다. 사람의 폐 엑스레이 사진에서 기흉(Pneumothorax)으로 의심되는 영역을 예측하는 대회입니다.

❤ 그림 6-1 SIIM-ACR Pneumothorax Segmentation 대회

❤ 표 6-1 대회 요약

주제	기흉 픽셀 단위 검출
유형	Featured
제출 방식	Simple Competition
주최	SIIM, ACR
총 상금	$30,000
문제 유형	의미 단위 분할(Semantic Segmentation)
데이터 타입	이미지(Image)
평가 지표	Mean Dice Coefficient
대회 참가 팀	1,475팀
대회 시작 일시	2019년 9월

6.2.1 대회 목적

의료 영상 분야에서는 매년 새로운 알고리즘을 소개하는 논문이 쏟아지고 있습니다. 그러나 개인 정보가 담겨 있는 의료 데이터 특성상 데이터가 투명하게 공개되기가 어렵기 때문에, 이 분야는 솔루션의 성능을 테스트해보고 성능을 겨룰 수 있는 데이터셋 역시 상당히 적은 편입니다. 그런

면에서 SIIM - ACR(America College of Radiology, 미국영상의학회)에서 주최한 기흉 검출 컴페티션은 의료 데이터(기흉)가 오픈 데이터로 제공되고, 어떤 알고리즘이 가장 좋은 알고리즘인가를 공정하게 겨루었던 좋은 대회였습니다.

기흉은 방사선 전문가가 흉부 X-ray를 보고 진단을 내립니다. AI가 X-ray 영상을 보고 어느 영역에 기흉이 있는지 판단할 수 있다면 의사가 환자의 상태를 파악하는 데 드는 시간을 절약하고, 결과적으로 더 많은 환자를 돌볼 수 있게 될 것입니다. 의료 자원이 부족한 지역 또는 시기(ex. 코로나바이러스감염증-19로 인한 팬데믹 시기)에 필요한 기술이라고 할 수 있습니다(참고로 폐 CT 영상을 통해 코로나바이러스감염증-19 감염 여부를 판별하려는 시도도 컴페티션[1]으로 나오고 있으니 이 대회의 솔루션을 통해 경험을 쌓고 도전해보는 것도 추천합니다).

6.2.2 평가 지표

이 대회의 평가 지표(Evaluation Metric)는 Segmentation 대회에서 가장 흔하게 쓰는 Mean Dice Coefficient입니다. Dice Coefficient를 수식으로 나타내면 다음과 같습니다.

```
>>> from IPython.display import Math
>>> Math(r"\frac{2 * |X \cap Y|}{|X| + |Y|}")
```

$$\frac{2 * |X \cap Y|}{|X| + |Y|}$$

여기서 X는 질병 부위라고 예측한 픽셀 영역, Y는 실제 질병 영역을 의미하며 질병에 해당하는 부위가 둘 다(X, Y) 없으면 값을 1로 간주합니다. 이미지에 대한 Dice Coefficient 값의 평균이 Mean Dice Coefficient입니다.

---

1 https://covid-ct.grand-challenge.org

6.2.3 데이터 소개

데이터는 DICOM 형식으로 되어 있습니다. DICOM은 Digital Imaging and Communications in Medicine의 약자로 의료 이미지를 전송, 저장, 인쇄, 처리, 표시하는 국제 표준입니다. 의료 영상에 대한 메타데이터(Metadata) 및 이미지 데이터가 담겨 있습니다. 우리가 맞춰야 하는 기흉 부위는 (0: 정상 1: 기흉)의 이진(Binary) 형태로 저장되어 있으며, 필요한 정보만 저장하기 위해 RLE(Run Length Encoded) mask(기흉의 환부를 표시)로 주어져 있습니다.

DICOM 파일에는 단순 이미지 정보만이 아니라 의료 목적으로 쓰기 위한 많은 정보가 정의되어 있습니다. DICOM 홈페이지[2]를 참조하면 DICOM에 어떤 다양한 정보가 담겨 있는지 구체적으로 확인할 수 있습니다. 하지만 이 대회에서는 주로 이미지 데이터를 다룰 것이기 때문에 pydicom 라이브러리를 이용하여 DICOM 포맷을 이미지로 변환한 다음 살펴보겠습니다.

```
>>> import pydicom
>>> pydicom.read_file("sample.dcm")

(0008, 0005) Specific Character Set        CS: 'ISO_IR 100'
(0008, 0016) SOP Class UID                 UI: Secondary Capture Image Storage
(0008, 0018) SOP Instance UID              UI: 1.2.276.0.7230010.3.1.4.8323329.
                                               4192.1517875181.642220
(0008, 0020) Study Date                    DA: '19010101'
(0008, 0030) Study Time                    TM: '000000.00'
(0008, 0050) Accession Number              SH: ''
(0008, 0060) Modality                      CS: 'CR'
(0008, 0064) Conversion Type               CS: 'WSD'
(0008, 0090) Referring Physician's Name    PN: ''
(0008, 103e) Series Description            LO: 'view: PA'
(0010, 0010) Patient's Name                PN: 'dd819cc5-6a55-4a26-ab21-
                                               3cb94a852f5e'
(0010, 0020) Patient ID                    LO: 'dd819cc5-6a55-4a26-ab21-
                                               3cb94a852f5e'
(0010, 0030) Patient's Birth Date          DA: ''
(0010, 0040) Patient's Sex                 CS: 'F'
(0010, 1010) Patient's Age                 AS: '61'
(0018, 0015) Body Part Examined            CS: 'CHEST'
(0018, 5101) View Position                 CS: 'PA'
```

---

2 http://dicom.nema.org/dicom/2013/output/chtml/part04/PS3.4.html

```
(0020, 000d) Study Instance UID              UI: 1.2.276.0.7230010.3.1.2.8323329.
                                                 4192.1517875181.642219
(0020, 000e) Series Instance UID             UI: 1.2.276.0.7230010.3.1.3.8323329.
                                                 4192.1517875181.642218
(0020, 0010) Study ID                        SH: ''
(0020, 0011) Series Number                   IS: "1"
(0020, 0013) Instance Number                 IS: "1"
(0020, 0020) Patient Orientation             CS: ''
(0028, 0002) Samples per Pixel               US: 1
(0028, 0004) Photometric Interpretation      CS: 'MONOCHROME2'
(0028, 0010) Rows                            US: 1024
(0028, 0011) Columns                         US: 1024
(0028, 0030) Pixel Spacing                   DS: ['0.168', '0.168']
(0028, 0100) Bits Allocated                  US: 8
(0028, 0101) Bits Stored                     US: 8
(0028, 0102) High Bit                        US: 7
(0028, 0103) Pixel Representation            US: 0
(0028, 2110) Lossy Image Compression         CS: '01'
(0028, 2114) Lossy Image Compression Method  CS: 'ISO_10918_1'
(7fe0, 0010) Pixel Data                      OB: Array of 122974 bytes
```

대회 데이터 중 임의의 데이터를 하나 가져와 열어봤습니다. 앞서 말한 바와 같이 환자의 성별, 나이 등 다양한 메타데이터가 저장된 것을 볼 수 있습니다. 이 중 대회에서 주로 다룰 데이터는 마지막 줄에 기재된 이미지 데이터입니다.

이번에는 pydicom과 matplotlib을 이용하여 저장된 이미지 데이터를 직접 확인해봅시다. 다음 코드를 실행하면 환자의 X-Ray 사진을 볼 수 있습니다.

```python
from matplotlib import pyplot as plt

ds = pydicom.read_file("sample.dcm")
img = ds.pixel_array
plt.imshow(img, cmap=plt.cm.bone)
plt.show()
```

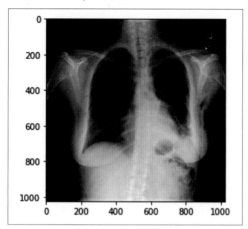

주최측에서 준비해준 RLE 관련 코드를 보면서 기흉 영역 여부를 나타내는 mask가 어떻게 저장되어 있는지 살펴봅시다.

```python
def mask2rle(img, width, height):
    rle = []
    lastColor = 0
    currentPixel = 0
    runStart = -1
    runLength = 0

    for x in range(width):
        for y in range(height):
            currentColor = img[x][y]
            if currentColor != lastColor:
                if currentColor == 255:
                    runStart = currentPixel
                    runLength = 1
                else:
                    rle.append(str(runStart))
                    rle.append(str(runLength))
                    runStart = -1
                    runLength = 0
                    currentPixel = 0
            elif runStart > -1:
                runLength += 1
```

```
            lastColor = currentColor
            currentPixel += 1

    return " ".join(rle)
```

기흉 환부에 대한 정보인 mask는 0 아니면 255로 저장되어 있습니다. 먼저 RLE가 mask에서 어떤 원리로 정보를 효율적으로 저장하는지 알아봅시다.

위 코드의 RLE를 말로 풀어보면 폭(width) 0부터 폭 길이-1까지 높이(height) 방향으로, 오름차순으로 진행하면서 환부(255)를 만나면 해당 픽셀을 runStart, runLength=1로 기록합니다. 이후 정상(0) 픽셀을 만날 때까지 runLength를 1씩 늘려 가다가 정상 픽셀을 만나면 시작점(runStart)과 길이(runLength)를 쌍으로 문자열로 저장합니다. 이를 통해 전체 픽셀 위치를 하나하나 0, 255로 저장할 때보다 적은 용량을 사용하여 저장할 수 있습니다. 극단적인 예로 정상부만 존재할 경우 폭*높이만큼의 mask 정보를 저장해야 하지만, RLE를 사용할 경우 문자열 " "(공백)만 저장하면 됩니다. RLE를 mask로 저장하는 것은 그 반대이며, 코드는 다음과 같습니다.

```python
import numpy as np
import pandas as pd

def rle2mask(rle, width, height):
    mask = np.zeros(width * height)
    array = np.asarray([int(x) for x in rle.split()])
    starts = array[0::2]
    lengths = array[1::2]

    current_position = 0
    for index, start in enumerate(starts):
        current_position += start
        mask[current_position : current_position + lengths[index]] = 255
        current_position += lengths[index]

    return mask.reshape(width, height)
```

그렇다면 이 대회에서 맞추려는 기흉은 위 이미지에서 어떤 부위에 해당할까요? 이 정보는 train-rle.csv 파일에 앞서 말한 RLE로 정의되어 있습니다. 주최 측이 제공해준 rle2mask 함수를 통해 rle를 mask로 변환하여 그림으로 나타내봅시다.

```
df = pd.read_csv("../input/siim-dicom-images/train-rle.csv", header=None, index_
col=0)

def rle2mask(rle, width, height):
    mask = np.zeros(width * height)
    array = np.asarray([int(x) for x in rle.split()])
    starts = array[0::2]
    lengths = array[1::2]

    current_position = 0
    for index, start in enumerate(starts):
        current_position += start
        mask[current_position : current_position + lengths[index]] = 255
        current_position += lengths[index]

    return mask.reshape(width, height)

file_path = "1.2.276.0.7230010.3.1.4.8323329.4461.1517875182.971843.dcm"
ds = pydicom.read_file(file_path)
img = ds.pixel_array
plt.imshow(img, cmap=plt.cm.bone)

mask_all = np.zeros((img.shape[0], img.shape[1]))
masks = df.loc[file_path.replace(".dcm", ""), 1]
if type(masks) != str or (type(masks) == str and masks != "-1"):
    if type(masks) == str:
        masks = [masks]
    else:
        masks = masks.tolist()
    for mask in masks:
        mask_all += rle2mask(mask, img.shape[0], img.shape[1]).T

    plt.imshow(mask_all, alpha=0.3, cmap="Reds")
```

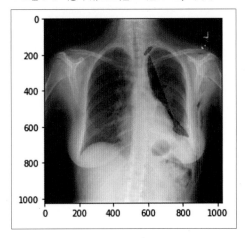

▼ 그림 6-3 기흉 부위(mask)를 표시한 X-Ray 이미지

지금까지 주최 측이 제공해준 데이터를 살펴봤습니다. 이제 그림 6-3에서 빨간색으로 표시된 기흉 영역을 맞추는 Semantic Segmentation 모델을 만들어보겠습니다.

6.3 / 솔루션 소개

6.3.1 Object Detection, Instance/Semantic Segmentation

컴퓨터 비전(Computer Vision) 분야에서 어느 영역에 어떤 사물이 존재하는지 각 객체의 위치를 사각형으로 예측하는 것을 객체 검출(Object Detection)이라고 합니다. 이 대회에서 관심 있는 Image Segmentation은 객체 검출에서 한발 더 나아가 픽셀별로 어느 객체에 속하는지 표시해주는 작업입니다. 이를 세분하면 Instance Segmentation과 Semantic Segmentation, 두 가지로 나눌 수 있습니다.

- **Instance Segmentation**: 어떤 특정한 사물(Instance)이 어느 영역에 존재하는지 표시하는데, 이때 사물의 카테고리(Category)가 같더라도 다른 개체로 표시합니다.
- **Semantic Segmentation**: 특정 사물의 영역을 표시하는데, 사물이 같은 카테고리에 속하는 경우를 분할하지 않고 표시합니다.

이 대회의 목적은 환부를 표시하는 것으로, 그것을 다시 특정 범주로 구분할 필요는 없으므로 Semantic Segmentation에 속한다고 볼 수 있습니다.

▼ 그림 6-4 Image Segmentation의 분류[3]

6.3.2 U-Net

의료 분야 Segmentation task에 가장 많이 쓰는 네트워크는 아마도 U-Net일 것입니다.

U-Net[4]은 인코더-디코더 구조에 스킵 커넥션을 추가한 모델이라고 볼 수 있습니다. 영상 크기를 줄여가며 피처(Feature)를 만들고(Down Sampling), 이를 다시 키우면(Up Sampling) 픽셀 단위의 정보가 사라지게 됩니다. 이를 인코더와 디코더를 스킵 커넥션으로 연결한 뒤 입력 및 인코더의 정보를 넘겨주어 훨씬 고해상도(High Resolution)의 결과물을 얻을 수 있도록 보완한 것이 U-Net입니다. U-Net은 처음부터 의료 분야(ISBI cell tracking challenge 2015)에 쓰일 목적으로 만들어져 알려지기 시작했고, 이후 다양한 분야에서 그 성능을 입증하며 많은 사람의 사랑을 받고 있는 모델입니다.

기본적으로 U-Net은 크게 두 과정으로 구성되어 있습니다.

첫 번째 과정은 압축 과정입니다. 연속 두 번의 3x3 컨볼루션 레이어와 ReLU를 통해 입력 이미지에서 피처를 뽑아냅니다. 그리고 stride 2의 2x2 Max Pooling으로 Down Sampling을 수행하여 해상도를 절반으로 줄입니다.

---

3 https://www.robots.ox.ac.uk/~tvg/publications/2017/CRFMeetCNN4SemanticSegmentation.pdf

4 https://arxiv.org/pdf/1505.04597.pdf

❤ 그림 6-5 U-Net 압축 과정

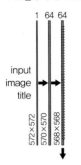

두 번째 과정은 확장 과정입니다. 확장 과정에서는 2x2 Up-Convolution으로 해상도를 올립니다(Up Sampling). Crop을 통해 압축 과정의 결과와 같은 해상도로 자르고, 압축 과정 결과와 피처 축으로 병합, 3x3 컨볼루션 레이어와 ReLU를 거칩니다.

❤ 그림 6-6 U-Net 확장 과정

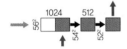

4번의 압축 과정, 4번의 확장 과정을 거치면 다음과 같이 U-Net의 유래가 되는 U자 모양의 네트워크가 구성됩니다.

❤ 그림 6-7 U-Net의 전체 개념도

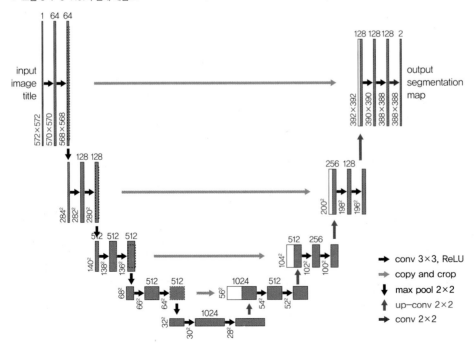

마지막에는 1x1 컨볼루션 레이어를 통해 64개 피처를 class 개수에 맞도록 변환합니다. 원 논문[5]에서 구현할 때 컨볼루션 시 패딩(Padding)을 사용하지 않았기 때문에 572x572 해상도 입력(Input)에 대한 결과를 388x388 해상도로 손실을 보고 확장했습니다.

▼ 그림 6-8 U-Net의 마지막 Layer

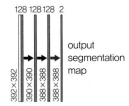

그러나 일반적으로는 컨볼루션 시 패딩을 통해 해상도 손실 없이 원래의 해상도로 돌려 segmentation을 수행합니다. 즉, 원 논문과 달리 572x572 해상도 입력이라면 572x572 해상도 그대로 결과를 얻을 수 있습니다.

6.3.3 하이퍼컬럼

하이퍼컬럼(Hypercolumns) 기법은 「Hypercolumns for Object Segmentation and Fine-grained Localization」(Hariharan et al.) 논문[6]에서 소개된 기법으로, U-Net 같은 모델에서 서로 다른 해상도를 가지는 중간 Feature Map들을 최종 출력(Output) 해상도에 맞추어 Up Sampling한 뒤 Pixel-Wise로 병합하여 결과를 도출하는 방법을 말합니다.

---

5 「U-Net:Convolutional Networks for Biomedical Image Segmentation」, 2015년 의료영상처리학회(MICCAI)에서 발표되었습니다.

6 https://arxiv.org/pdf/1411.5752.pdf

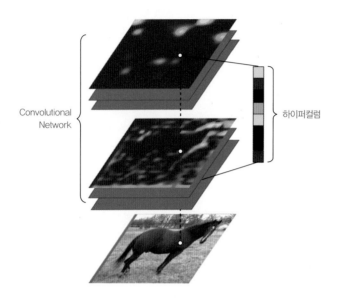

서로 다른 해상도의 Feature Map을 합쳐 결과를 도출하기 때문에 좀 더 스케일(Scale)에 민감하지 않은(Robust) 모델을 만들 수 있고, 결과적으로 모델의 성능을 높여주는 효과가 있습니다. 캐글 대회 중 지진(Seismic) 반사파 데이터를 대상으로 한 TGS Salt Identification Challenge[7] 대회가 있었는데 땅의 깊이가 깊으면 깊을수록 스케일이 커지는 효과가 있어 스케일에 민감하지 않는 모델을 만들 수 있었던 하이퍼컬럼 기법이 상당히 빛을 발했습니다.

이 대회도 같은 맥락으로 볼 수 있습니다. 대부분의 의료 영상 데이터는 사람의 체형에 큰 영향을 받기 때문에 하이퍼컬럼 기법이 유용했습니다. 대회 기간 동안 노트북 그랜드 마스터인 iasoff라는 캐글러가 fast.ai의 Dynamic U-Net 모델과 하이퍼컬럼을 구현하여 공개했습니다. 이 대회에서는 해당 코드를 일부 활용하여 솔루션을 설명하겠습니다.

6.3.4 fast.ai 프레임워크

여러 대회를 진행하다 보면 비슷한 일을 매번 다시 수행하곤 합니다. 이때 유연한 프레임워크(Framework)를 하나 잡고 학습 프로세스 및 파이프라인(Pipeline)을 잘 구축해두면 중복 작업을 피

---

7 https://www.kaggle.com/c/tgs-salt-identification-challenge

하고, 실험을 더 수월하게 할 수 있습니다. 이번 솔루션에서는 이러한 프레임워크 중 하나인 fast.ai[8]에 대해 소개하겠습니다.

fast.ai는 기본 철학이 'Making neural nets uncool again'입니다. 즉, 모든 사람이 쉽게 딥러닝 분야를 다룰 수 있게 하는 것이 목표입니다. 비전 이미지 데이터의 증강 기법은 물론 여러 학습 기법들을 손쉽게 활용할 수 있도록 만들어져 있어 컴퓨터 비전 모델과 관련해 작업할 때 추천하는 프레임워크입니다.

특히 사람들이 많이 사용하는 파이토치의 torchvision 라이브러리는 U-Net 모델을 지원하지 않는데, fast.ai는 기본으로 제공합니다. 이 대회에서는 fast.ai에서 제공하는 기본 모델을 U-Net 모델로 활용할 것입니다.

fast.ai는 파이토치를 설치한 후 다음과 같은 명령어로 설치할 수 있습니다. 캐글 노트북에는 미리 설치되어 있으니 따로 설치할 필요는 없습니다.

```
!pip install fastai
```

fast.ai를 잠시 살펴볼 겸 예제로 (The Cambridge-driving Labeled Video Database(CamVid)를 줄여놓은) CAMVID_TINY 데이터셋을 가지고 간단한 Segmentation 모델을 학습해보겠습니다.

```
from fastai.data.external import untar_data, URLs
from fastai.vision.all import *

path = untar_data(URLs.CAMVID_TINY, force_download=True)
```

위와 같이 URLs.{DATASET_NAME}과 untar_data의 조합으로 간편하게 데이터셋을 내려받을 수 있습니다. 정의된 데이터셋은 CIFAR10, MNIST, CAMVID 등 영상 분류, 자연어 처리, Image Segmentation, 음성 분류, 의료 영상(URLs.SIIM_SMALL로 이 대회의 Sample 데이터셋도 있습니다) 등 50여 가지를 지원합니다.[9]

---

8 https://github.com/fastai/fastai

9 목록은 다음 URL에서 확인할 수 있습니다.
   https://github.com/fastai/fastai/blob/master/fastai/data/external.py

```
dls = SegmentationDataLoaders.from_label_func(
    path,
    bs=8,
    fnames=get_image_files(path / "images"),
    label_func=lambda o: path / "labels" / f"{o.stem}_P{o.suffix}",
    codes=np.loadtxt(path / "codes.txt", dtype=str),
)
```

이제 모델에 넣을 데이터를 만들어줄 데이터 제너레이터를 정의해야 합니다.

- Segmentation: 미리 정의된 SegmentationDataLoader를 사용하여 영상과 해당 정답 (Label)을 읽을 수 있습니다.

- label_func: stem은 이름 규칙, suffix는 확장자를 말합니다.

- codes: Label mapping이 정의된 파일을 지정해줍니다. 다음과 같은 내용이 들어 있습니다.

```
Animal
Archway
Bicyclist
...
Void
Wall
```

다음은 모델을 정의해줄 차례입니다. U-Net은 이미 정의되어 있기 때문에 unet_learner({data_ loader}, {model})과 같이 간편하게 불러 사용할 수 있습니다.

```
learn = unet_learner(dls, resnet34)
```

학습 또한 간단히 learn.finetune({n_epoch})를 실행하여 진행합니다.

```
learn.fine_tune(8)
```

모델의 예측 결과를 쉽게 확인할 수 있는 show_results 같은 함수도 제공합니다.

```
learn.show_results(max_n=2, figsize=(10, 10))
```

❤ 그림 6-10 CAMVID_TINY 학습 결과

6.3.5 손실 함수 정의

모델 구조(Model Architecture)가 정해졌다면 가장 중요한 것은 모델 최적화를 진행할 손실 함수 (Loss function)를 정하는 것입니다. 가장 보편적인 Segmentation 작업의 손실 함수는 크로스 엔 트로피(Cross Entropy, CE)입니다(아래 수식 참고). 이 대회는 정상/비정상의 이진 분류 문제이므로 이진 크로스 엔트로피(Binary Cross Entropy, BCE)를 사용합니다.

```
>>> Math(r"CE(p,\hat{p})=-(plog(\hat{p})+(1-p)log(1-\hat{p}))")
```

$$CE(p, \hat{p}) = -(plog(\hat{p}) + (1 - p)log(1 - \hat{p}))$$

컴페티션에서 가장 중요한 것은 컴페티션의 평가 지표에 맞춰 모델을 최적화하는 것입니다. 따라 서 최적화를 수행하는 목표 손실 함수를 평가 지표와 밀접하게 연동하는 것이 가장 중요합니다. 평가 지표와 손실 함수가 같은 목표를 바라봐야 컴페티션에서 원하는 목적에 적합한 모델을 학습 시킬 수 있습니다.

가장 좋은 것은 대회의 평가 지표인 dice coefficient를 손실 함수로 구현하여 넣어주는 것입니다. 어떻게 하면 dice coefficient를 손실 함수로 넣어줄 수 있을까요?

일단 dice coefficient는 크면 클수록 모델의 성능이 좋아지므로 최소화를 목적으로 하는 손실 함수에는 적합하지 않습니다. 따라서 1-dice를 취해 손실 함수로 사용할 수 있도록 변경해줍니다.

또한, 본래 thresholding을 정상 또는 기흉으로 분류하여(예를 들어 모델의 예측 확률이 0.5보다 크면 기흉, 작으면 정상) dice coefficient를 구하는 것과는 다르게 예측한 결과의 확률값을 직접 넣습니다. 이렇게 확률값을 직접 넣는 방법을 Soft dice loss라고 합니다. 이를 코드로 구현하면 다음과 같습니다.

```python
def soft_dice_criterion(logit, truth, weight=[0.5, 0.5]):
    batch_size = len(logit)
    probability = torch.sigmoid(logit)
    p = probability.view(batch_size, -1)
    t = truth.view(batch_size, -1)
    w = truth.detach()
    w = w * (weight[1] - weight[0]) + weight[0]
    p = w * (p * 2 - 1)  # convert to [0,1] --> [-1,1]
    t = w * (t * 2 - 1)

    intersection = (p * t).sum(-1)
    union = (p * p).sum(-1) + (t * t).sum(-1)
    dice = 1 - 2 * intersection / union

    loss = dice
    return loss

def criterion_pixel(logit_pixel, truth_pixel):
    batch_size = len(logit_pixel)
    logit = logit_pixel.view(batch_size, -1)
    truth = truth_pixel.view(batch_size, -1).float()
    assert logit.shape == truth.shape

    loss = soft_dice_criterion(logit, truth)
    loss1 = loss.mean()

    logit = logit_pixel.view(-1)
    truth = truth_pixel.view(-1).float()
    assert logit.shape == truth.shape
```

```
loss = F.binary_cross_entropy_with_logits(logit, truth, reduction="none")
loss2 = loss.mean()
loss = (loss1 + loss2) / 2
return loss
```

위 구현 코드를 좀 더 설명하면 soft dice loss는 초기에 크게 불안정하므로 손실 함수를 안정적인 BCE와 반반 더해줍니다. 즉, BCE * 0.5 + soft dice loss * 0.5와 같이 정의해줍니다. BCE와 soft dice loss를 합쳐 정의해주면 초기 불안정성이 BCE를 통해 해결되고, 동시에 평가 지표인 dice coefficient도 고려할 수 있습니다. 이를 통해 더 높은 mean dice coefficient를 달성할 수 있습니다.

참고로 제가 예시로 든 1:1 비율 역시 정답은 아니므로 이를 탐색해보는 것도 좋은 솔루션 탐색 시도가 될 수 있습니다.

6.3.6 Cyclic Learning Rates

Cyclic Learning Rates(CLR)는 「Cyclic Learning Rates for Training Neural Networks'(Leslie N. Smith et al.)」논문[10]에서 소개된 learning rate scheduling 방법으로 캐글을 비롯해 실무에서 널리 쓰는 방법입니다.

여기서 Cycle은 학습률(Learning rate)을 하한값에서 상한값으로 증가시킨 후 다시 하한값으로 감소시키는 과정을 반복하는 것을 말합니다. 증감 과정을 하나의 이터레이션(Iteration)으로 정의하며 step size는 그 반이 됩니다.

▼ 그림 6-11 Cyclic Learning Rates

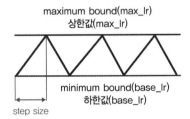

footnote:

10 https://arxiv.org/pdf/1506.01186.pdf

CLR이 실무에서 사랑받는 이유는 학습률을 진동시키는 CLR 방법이 saddle point에서 벗어날 수 있도록 도와주기 때문입니다. 딥러닝 모델을 학습시킬 때 기울기(Gradient)가 너무 작아져 학습이 느려지는 경우가 발생합니다. 이를 안장 모양과 같은 구간에 빠졌다고 하여 saddle point에 빠졌다고 표현합니다. 단순히 학습률을 감소시키는 일반적인 스케줄링 방법을 사용할 경우 해당 구간을 벗어나기 어렵습니다. 작은 기울기에 작은 학습률이 곱해질 경우 모델의 변화가 작아 학습이 더디게 진행되기 때문입니다. 이때 CLR 방법으로 해결할 수 있습니다.

다음 코드는 fast.ai의 CLR 구현체입니다. fast.ai에서는 fit_one_cycle 함수를 통해 이미 구현된 CLR을 손쉽게 사용할 수 있습니다.

```python
# fast.ai의 cyclic learning rates 구현체
# https://github.com/fastai/fastai/blob/master/fastai/callbacks/one_cycle.py
class OneCycleScheduler(LearnerCallback):
    """
    Manage 1-Cycle style training as outlined in Leslie Smith>s
    [paper](https://arxiv.org/pdf/1803.09820.pdf).
    """

    def __init__(
        self,
        learn: Learner,
        lr_max: float,
        moms: Floats = (0.95, 0.85),
        div_factor: float = 25.0,
        pct_start: float = 0.3,
        final_div: float = None,
        tot_epochs: int = None,
        start_epoch: int = None,
    ):
        super().__init__(learn)
        self.lr_max, self.div_factor, self.pct_start, self.final_div = (
            lr_max,
            div_factor,
            pct_start,
            final_div,
        )
        if self.final_div is None:
            self.final_div = div_factor * 1e4
        self.moms = tuple(listify(moms, 2))
        if is_listy(self.lr_max):
```

```
        self.lr_max = np.array(self.lr_max)
    self.start_epoch, self.tot_epochs = start_epoch, tot_epochs

def steps(self, *steps_cfg: StartOptEnd):
    "Build anneal schedule for all of the parameters."
    return [
        Scheduler(step, n_iter, func=func)
        for (step, (n_iter, func)) in zip(steps_cfg, self.phases)
    ]

def on_train_begin(self, n_epochs: int, epoch: int, **kwargs: Any) -> None:
    "Initialize our optimization params based on our annealing schedule."
    res = {"epoch": self.start_epoch} if self.start_epoch is not None else None
    self.start_epoch = ifnone(self.start_epoch, epoch)
    self.tot_epochs = ifnone(self.tot_epochs, n_epochs)
    n = len(self.learn.data.train_dl) * self.tot_epochs
    a1 = int(n * self.pct_start)
    a2 = n - a1
    self.phases = ((a1, annealing_cos), (a2, annealing_cos))
    low_lr = self.lr_max / self.div_factor
    self.lr_scheds = self.steps(
        (low_lr, self.lr_max), (self.lr_max, self.lr_max / self.final_div)
    )
    self.mom_scheds = self.steps(self.moms, (self.moms[1], self.moms[0]))
    self.opt = self.learn.opt
    self.opt.lr, self.opt.mom = self.lr_scheds[0].start, self.mom_scheds[0].start
    self.idx_s = 0
    return res

def jump_to_epoch(self, epoch: int) -> None:
    for _ in range(len(self.learn.data.train_dl) * epoch):
        self.on_batch_end(True)

def on_batch_end(self, train, **kwargs: Any) -> None:
    "Take one step forward on the annealing schedule for the optim params."
    if train:
        if self.idx_s >= len(self.lr_scheds):
            return {"stop_training": True, "stop_epoch": True}
        self.opt.lr = self.lr_scheds[self.idx_s].step()
        self.opt.mom = self.mom_scheds[self.idx_s].step()
        # when the current schedule is complete we move onto the next
        # schedule. (in 1-cycle there are two schedules)
```

```
        if self.lr_scheds[self.idx_s].is_done:
            self.idx_s += 1

    def on_epoch_end(self, epoch, **kwargs: Any) -> None:
        "Tell Learner to stop if the cycle is finished."
        if epoch > self.tot_epochs:
            return {"stop_training": True}
```

스탠포드 주관의 DAWN Bench[11]는 End-to-End 딥러닝 모델을 학습하는 데 투입된 비용 대비 정확도를 다루는 Benchmark입니다. fast.ai의 CLR을 사용한 모델은 Training Cost 부문(CIFAR10 데이터의 94% 테스트 셋 정확도를 얼마나 적은 비용으로 달성할 수 있는지에 대한 부문)에서 $0.26으로 5등을 차지했습니다. 이것으로 CLR 알고리즘이 얼마나 비용 대비 효율적인지를 확인할 수 있으며, 자원 제약이 심한 참가자들이 왜 CLR 알고리즘을 써야 하는지 또한 설명이 됩니다.

6.3.7 데이터 증강

데이터 증강 기법은 적은 양의 훈련 데이터에 인위적인 변형을 가해 새로운 훈련 데이터를 확보하는 것을 말합니다(5.3.5절 참고). 예를 들어 이미지를 회전하거나 밝기를 조정하거나 잘라내는 등의 처리를 통해 데이터를 추가로 확보하여 학습시킴으로써 더 일반화된 모델을 만드는 데 도움이 될 수 있습니다.

```
from sklearn.model_selection import KFold

def get_data(fold):
    kf = KFold(n_splits=nfolds, shuffle=True, random_state=SEED)
    print(list(kf.split(list(range(len(Path(TRAIN).ls()))))))
    valid_idx = list(kf.split(list(range(len(Path(TRAIN).ls())))))[fold][1]

    # Create databunch
    data = (SegmentationItemList.from_folder(TRAIN)
            .split_by_idx(valid_idx)
            .label_from_func(
                    lambda x : str(x).replace('train', 'masks'), classes=[0,1]
```

---

11 https://dawn.cs.stanford.edu/benchmark

```
            )
            .add_test(test_paths, label=None)
            .transform(get_transforms(), size=sz, tfm_y=True)
            .databunch(path=Path('.'), bs=bs)
            .normalize(stats))
    return data
```

.transform fast.ai의 get_transforms() 함수를 활용합니다.

```
# fast.ai get_transform 함수
def get_transforms(
    do_flip: bool = True,
    flip_vert: bool = False,
    max_rotate: float = 10.0,
    max_zoom: float = 1.1,
    max_lighting: float = 0.2,
    max_warp: float = 0.2,
    p_affine: float = 0.75,
    p_lighting: float = 0.75,
    xtra_tfms: Optional[Collection[Transform]] = None,
) -> Collection[Transform]:
    ...
```

get_transform 함수에는 이미지 데이터에 활용할 수 있는 증강 기법이 이미 많이 구비되어 있습니다. 가로/세로 방향의 반전, 회전, 확대, 밝기 조정, 왜곡 등 다양한 옵션을 p_affine, p_lighting 등 어느 정도의 확률로 데이터 증강을 적용할지 정할 수 있습니다. 예를 들면 get_transforms(do_flip=True, max_rotate=10.0, p_affine=0.75)로 transform에 넘겨주면 가로 방향의 flip, max_rotate를 75% 확률로 적용합니다. get_tranforms()라고 arguments 없이 선언할 경우, 위 코드에 나와 있는 대로 default로 정의되어 있는 기법들이 적용됩니다.

6.3.8 경량화의 중요성

요즘 Code Competition에 해당하는 컴페티션은 Code Requirements에 코드의 실행 조건을 명시하고 있습니다. 주최하는 기업이 원하는 장비 환경 안에서 정해진 시간 안에 테스트 셋에 대한 코드가 수행되어야 유효한 제출로 인정합니다.

Dicom에 담긴 CT 이미지 크기는 1024x1024입니다. 24GB 메모리를 가진 GPU로 ResNet34 Dynamic U-Net 모델을 학습할 경우 배치사이즈를 2 이상 할당할 수 없을 정도입니다. 따라서 알고리즘 작성 외에도 경량화 스킬, 즉 NVIDIA APEX 같은 최적화 라이브러리를 활용하여 학습 속도를 빠르게 하고, 멀티 GPU로 코드가 돌아갈 수 있도록 코드 변환 작업을 하는 것도 상당히 중요한 부분입니다.

6.3.9 전체 정리

앞서 설명한 기술을 모두 활용하여 솔루션을 구성했습니다.

모델

모델은 ResNet34를 백본으로 하는 U-Net에 하이퍼컬럼을 접목시켜 다양한 스케일에 강한 모델을 구축했습니다. 카카오 브레인 김일두 님의 도움으로 Efficient-Net B7 백본을 도입해 기존 ResNet34 모델과 앙상블하여 좀 더 성능을 끌어올릴 수 있었습니다. 또한, ResNet34 백본의 경우 일반 U-Net과, U-Net에 Self-Attention을 적용한 모델을 구현하여 앙상블했습니다.

손실 함수

손실 함수는 BCE와 Soft Dice Loss를 섞는 방법을 사용했습니다. 학습 시 마지막 레이어의 max learning rate를 낮추어 가면서(lr/2, lr/2, lr/4, lr/8, lr/16) Cyclic Learning rate Scheduler 의 학습을 진행하는 방법이 유효했습니다.

데이터 증강

또한, Horizontal TTA를 사용하여 성능을 향상시켰습니다. TTA(Test Time Augmentation) 기법은 학습할 때 데이터를 늘리는 것이 아니라, 테스트 셋으로 모델을 평가할 때 데이터 증강 기법을 사용해 모델 성능을 향상하는 방법을 말합니다. 이 대회에서는 원본 영상에 대한 예측 말고도 수평 반전(Horizontal flip)한 영상에 대한 예측 결과를 다시 수평 반전한 결과를 원본 영상의 예측 결과와 병합하여 성능을 높였습니다(이 방법은 1등 솔루션에서도 사용하고 있습니다).

```
# Prediction with flip TTA
def pred_with_flip(
    learn: fastai.basic_train.Learner,
    ds_type: fastai.basic_data.DatasetType = DatasetType.Valid,
):
    # get prediction
    kf = KFold(n_splits=nfolds, shuffle=True, random_state=SEED)
    valid_idx = list(kf.split(list(range(len(Path(TRAIN).ls())))))[fold][1]

    preds, ys = learn.get_preds(ds_type, n_batch=len(valid_idx))
    preds = torch.sigmoid(preds)
    # add fiip to dataset and get prediction
    learn.data.dl(ds_type).dl.dataset.tfms.append(flip_lr())
    preds_lr, ys = learn.get_preds(ds_type, n_batch=len(valid_idx))
    del learn.data.dl(ds_type).dl.dataset.tfms[-1]
    preds_lr = torch.sigmoid(preds_lr)
    ys = ys.squeeze()
    preds = 0.5 * (preds + torch.flip(preds_lr, [-1]))
    del preds_lr
    gc.collect()
    torch.cuda.empty_cache()
    return preds, ys

pt, _ = pred_with_flip(learn, DatasetType.Test)
```

후처리

추가로 후처리를 도입했는데, 기흉 환부의 연결성에 기반해 하나의 면을 이루는 평균 확률이 일정 Threshold인 0.35보다 낮으면 해당 cell을 버리는 것입니다. 이렇게 적용하니 공개 리더보드 점수가 0.8658에서 0.8729까지 오르는 효과를 보았습니다. 저의 솔루션은 최종 0.8568을 기록해 최종 19위로 은메달을 획득했습니다. 후처리 코드는 다음과 같습니다.

```
import cv2

sz = 1024
noise_th_multiplier = 42.5
noise_th = (
    noise_th_multiplier * (sz / 128.0) ** 2
)  # threshold for the number of predicted pixels
```

```python
best_thr = 0.21
cell_prob_thr = 0.35
preds_t = (preds_test > best_thr).long().numpy()
rles = []
all_probs = []
num_ommitted = 0
total_areas = []
for i, p in enumerate(preds_t):
    if p.sum() > 0:
        pred_image = preds_test[i].numpy().T
        im = PIL.Image.fromarray((p.T * 255).astype(np.uint8)).resize((1024, 1024))
        im = np.asarray(im)
        num_component, component = cv2.connectedComponents(im)
        cell_prob_thr = cell_prob_thr

        im_temp = np.zeros((1024, 1024), np.float32)
        num = 0
        p_sums = []
        cell_probs = []
        for c in range(1, num_component):
            p = component == c
            each_probs = np.mean(pred_image[p])
            cell_probs.append(each_probs)

            print("cell probs {}".format(each_probs))
            if each_probs > cell_prob_thr:
                im_temp[p] = 255
                num += 1
            else:
                print("drop {}".format(p.sum()))
        all_probs.append(cell_probs)
        if num == 0:
            rles.append("-1")
            num_ommitted = +1
        else:
            total_area = np.sum(im_temp) / 255
            total_areas.append(total_area)
            rles.append(mask2rle(im_temp, 1024, 1024))

    else:
        rles.append("-1")

print("ommited - rles", num_ommitted)
```

6.4 다른 솔루션 소개

1등은 카자흐스탄의 데이터 사이언티스트 Aimoldin Anuar입니다. 이번이 첫 Image Segmentation 대회였다고 하는데, 1등 솔루션을 한번 살펴보겠습니다.

6.4.1 Model

모델은 다음 세 모델을 앙상블하여 사용했습니다.

1. AlbuNet: 이미지넷을 학습한 ResNet34 Encoder를 사전 학습 모델로 활용한 U-Net 모델

2. ResNet50: ResNet50을 백본으로 하는 U-Net 모델

3. scSEUnet: ResNeXt는 ResNet 대비 cardinality(채널을 몇 개의 그룹으로 분할)를 도입, 당시 ILSVRC 2016 대회 2등을 달성한 모델. SE-ResNeXt는 ResNeXt의 변형으로 spatial and channel squeeze & excitation(scSE) 모듈을 도입, 채널축과 공간축의 global information을 통해 feature map을 재조정함으로써, 성능을 높인 모델. 이러한 SE-ResNeXt-50 백본을 U-Net 모델에 도입

▼ 그림 6-12 일반 ResNet 블록(좌), cardinality=32를 적용한 ResNeXt 블록(우)

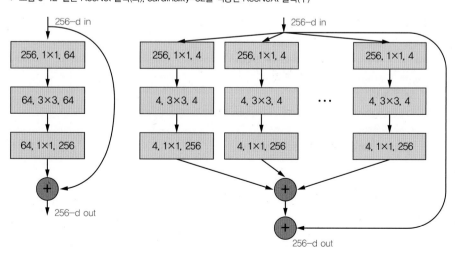

다음은 1등 솔루션의 SCSE Module의 구현체입니다.

```python
class SCSEModule(nn.Module):
    # according to https://arxiv.org/pdf/1808.08127.pdf concat is better
    def __init__(self, channels, reduction=16, mode="concat"):
        super(SCSEModule, self).__init__()
        self.avg_pool = nn.AdaptiveAvgPool2d(1)
        self.fc1 = nn.Conv2d(
                        channels, channels // reduction, kernel_size=1, padding=0
                    )
        self.relu = nn.ReLU(inplace=True)
        self.fc2 = nn.Conv2d(
                        channels // reduction, channels, kernel_size=1, padding=0
                    )
        self.sigmoid = nn.Sigmoid()
        self.spatial_se = nn.Sequential(
            nn.Conv2d(channels, 1, kernel_size=1, stride=1, padding=0, bias=False),
            nn.Sigmoid(),
        )
        self.mode = mode

    def forward(self, x):
        module_input = x
        x = self.avg_pool(x)
        x = self.fc1(x)
        x = self.relu(x)
        x = self.fc2(x)
        chn_se = self.sigmoid(x)
        chn_se = chn_se * module_input
        spa_se = self.spatial_se(module_input)
        spa_se = module_input * spa_se
        if self.mode == "concat":
            return torch.cat([chn_se, spa_se], dim=1)
        elif self.mode == "maxout":
            return torch.max(chn_se, spa_se)
        else:
            return chn_se + spa_se
```

6.4.2 Fast Prototyping(Uptrain)

컴페티션 참가자가 소유한 GPU 장비의 중요성이 점점 커지고 있고, 장비와 등수의 상관관계(Correlation)가 높은 것도 사실입니다. 비전(Vision), 자연어 처리(NLP) 분야의 딥러닝 모델이 발전하면 할수록 학습해야 할 파라미터(Parametr) 수가 더 많은 모델이 나와 기존 SOTA(State Of The Art) 모델을 갱신하는 경우가 많은 데다 의료 분야의 MRI, CT, 조직 슬라이드 영상처럼 이미지 해상도가 상상을 초월하는 크기(조직 슬라이드의 경우 영상 하나의 사이즈가 3~5GB)인 분야도 있기 때문입니다. 그러나 꼭 장비가 가장 좋은 사람이 1등을 하는 것은 아닙니다.

SIIM-ACR 기흉 검출 컴페티션에서 1등을 한 Aimoldin Anuar는 딥러닝 전용 장비 치고는 성능이 낮은 GPU(GTX 1080ti) 하나로 모든 실험을 수행했습니다. 가장 눈여겨볼 만한 점은 512x512로 먼저 학습하고, 1024x1024로 영상 크기를 늘려 학습을 수행했다는 점입니다(Uptrain). 1024x1024 영상을 입력 데이터로 사용할 경우 실제 학습 시간은 하루 이상 걸립니다. 따라서 512x512로 학습한 뒤 그중에서 더 좋은 모델을 선택하여 1024x1024로 학습할 경우, 시간 면이나 학습 안정성 면에서 상당한 이득을 볼 수 있습니다. 요즘 컴페티션에서는 이처럼 학습 시간 측면에서 영리하게 설계하는 사람들이 1등을 차지하는 것을 흔히 볼 수 있습니다.

6.4.3 Combo loss

1등의 비장의 무기는 위에서 소개한 Fast Prototyping 방법 외에도 하나 더 있습니다. Combo loss라는 무기입니다. 앞서 소개한 BCE + Dice Loss에서 한발 더 나아가 Focal Loss를 섞은 것입니다.

Focal loss는 Cross Entropy를 개선한 손실 함수로, 어렵거나 오분류율이 높은 케이스에 더 큰 가중치를 주어 클래스 불균형(Imbalance) 문제를 해결하기 위한 방법입니다. 또한, BCE, Dice, Focal loss 각각에 적용한 가중치(Weight)도 모델별로 적용(ResNet34 백본 U-Net은 3:1:4, ResNet50 백본의 경우 2:1:2)하는 등 다양한 튜닝을 시도하여 더 높은 점수를 얻고자 했습니다.

다음은 1등 솔루션의 2차원 Focal Loss 구현체입니다.

```python
class FocalLoss2d(nn.Module):
    def __init__(self, gamma=2, ignore_index=255):
        super().__init__()
        self.gamma = gamma
```

```
        self.ignore_index = ignore_index

    def forward(self, outputs, targets):
        outputs = outputs.contiguous()
        targets = targets.contiguous()
        eps = 1e-8
        non_ignored = targets.view(-1) != self.ignore_index
        targets = targets.view(-1)[non_ignored].float()
        outputs = outputs.view(-1)[non_ignored]
        outputs = torch.clamp(outputs, eps, 1.0 - eps)
        targets = torch.clamp(targets, eps, 1.0 - eps)
        pt = (1 - targets) * (1 - outputs) + targets * outputs
        return (-((1.0 - pt) ** self.gamma) * torch.log(pt)).mean()
```

6.4.4 세 개의 임곗값 활용

마지막으로 최종 mask를 얻기 위한 후처리를 수행할 때 세 개의 임곗값을 활용했습니다.

1. 먼저 top score 임곗값이라는 특정 확률값 이상의 값을 가지는 mask만 걸러냅니다.

2. 위 결과를 통해 정해진 pixel 수 이상의 mask를 가지는 이미지만 걸러냅니다.

3. 걸러진 이미지들을 가지고 top score 임곗값보다는 작은 bottom score 임곗값으로 이진화 합니다.

이를 참고해 서브미션을 골라 최종 비공개 리더보드에서 0.8679를 달성했다고 합니다.

6.5 디스커션

캐글 대회를 진행하다 보면 매직 피처(Magic Feature, 공개 리더보드 점수를 크게 향상해주는 Key-피처)라는 글이 많이 보입니다. 이러한 피처를 알고 있다면 큰 도움이 되겠지만, 1등 솔루션 으로 가는 길이 한 가지만 있는 것은 아닙니다. 특히 Stage 2에 숨겨진 테스트 셋이 있는 경우 대회 주최자의 의도로 훈련 데이터와 분포가 상당히 다른 경우도 많으므로, 이러한 피처로 인해 오히려 점수가 하락할 수 있다는 것을 항상 염두에 두어야 합니다.

다시 말해 매직 피처는 자칫 양날의 검이 될 수 있습니다. 캐글에 도전한다면 이러한 피처를 그저 맹목적으로 따르기보다는 자신의 판단으로 사용 여부를 결정하는 것이 좋습니다. 그렇게 자신만의 솔루션을 만들어 가기를 권합니다.

또한, SIIM-ACR Pneumothorax Segmentation 대회의 1등 솔루션의 캐글러처럼 장비가 빈약하더라도 다윗과 골리앗의 상황처럼 영리한 다윗이 이기는 게 현재 컴페티션 상황이니, 자신 있게 도전하기를 응원합니다.

❤️ 그림 6-13 대회 당시 리더보드

							Submissions	Late Submission	
11	▲ 39	[ods.ai] Dies Irae					0.8614	16	3y
12	▲ 129	[LPIXEL.ai] fam_saku_4nin					0.8612	4	3y
13	▲ 98	srednelb					0.8608	2	3y
14	▲ 103	EGN					0.8589	8	3y
15	▲ 13	Alexandr Kislinskiy					0.8580	2	3y
16	▲ 13	[ods.ai] ResNet34 strikes back					0.8574	6	3y
17	▲ 34	---					0.8570	2	3y
18	▲ 14	x3					0.8570	20	3y
19	▲ 34	[kakr] avengers!					0.8568	7	3y
20	▲ 87	EFAI					0.8566	2	3y
21	▲ 10	DavidGbodiOdaibo					0.8563	2	3y
22	▲ 117	[ods.ai] 11111 good team is all you need					0.8557	6	3y
23	▲ 93	MadAi Technologies					0.8554	3	3y
24	▲ 20	Guanshuo Xu					0.8552	2	3y
25	▲ 18	Alexandre Cadrin-Chênevert					0.8548	2	3y
26	▲ 36	x0×0w1					0.8543	2	3y

7^장

Jigsaw Unintended Bias in Toxicity Classification

7.1 들어가기 전에

7.1.1 캐글 프로필: 김태진

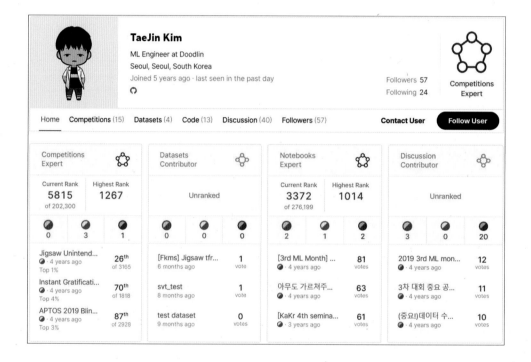

7.1.2 코드

7장 솔루션의 예제 코드는 효율적인 TPU 사용을 위해, 솔루션을 구성하는 과정을 구분하여 여러 노트북으로 제작했으니 다음 링크를 참고하기 바랍니다.

컴페티션 페이지 https://www.kaggle.com/c/jigsaw-unintended-bias-in-toxicity-classification

코드 URL

- EDA: https://www.kaggle.com/code/fulrose/fkms-eda
- 전처리: https://www.kaggle.com/code/fulrose/fkms-preprocessing

- 데이터 생성(TFRecord): https://www.kaggle.com/code/fulrose/fkms-data-generation
- 학습(텐서플로, TPU): https://www.kaggle.com/code/fulrose/fkms-bert-training
- 결과 추론: https://www.kaggle.com/code/fulrose/fkms-inference

7.2 / Overview

Jigsaw Unintended Bias in Toxicity Classification 대회는 2019년 7월 Jigsaw/Conversation AI라는 AI 팀에서 주최했습니다. 사람 간에 주고받는 텍스트 메시지에 담긴 악성(Toxicity, 예를 들어 욕설, 비난, 외설적인 표현 등)의 정도를 예측하는 대회입니다.

▼ 그림 7-1 Jigsaw Unintended Bias In Toxicity Classification

▼ 표 7-1 대회 요약

주제	문장의 악성(Toxicity) 예측
유형	Featured
제출 방식	Code Competition
주최	Jigsaw/Conversation AI
총 상금	$65,000
문제 유형	이진 분류(Binary Classification)
데이터 타입	자연어 텍스트(Text)
평가 지표	Customized AUC
대회 참가 팀	3,165팀
대회 시작 일시	2019년 7월

7.2.1 대회 목적

현대에는 개개인이 사는 지역, 나라와 관계없이 온라인 커뮤니케이션을 통해 많은 정보를 접하고, 전달합니다. 정보 형태도 다양하지만 요즘은 특히 SNS와 커뮤니티의 발달로 이른바 '댓글'이라 부르는 비교적 짧은 글의 형태가 주류를 이루고 있습니다. 그런데 댓글 중에는 욕설, 음담패설, 협박 등 보는 사람이 불편하거나 혐오감을 가질 수 있는 것도 있습니다. 심지어 그 정도가 너무 심한 나머지 상대에게 심한 정신적 고통을 주는 경우도 허다합니다. 이런 글을 악성 댓글 또는 악플이라고 표현합니다.

머신러닝을 활용하여 주어진 글의 악성이 어느 정도인지 자동으로 파악하려는 연구와 노력이 많이 있었습니다. 이 과정에서 머신러닝이 가진 특성 때문에 정답이 의도하지 않은, 다른 답을 내는 경우가 있음을 발견했습니다. 예를 들어 gay라는 단어를 사용한 임의의 문장이 하나 있다고 생각해봅시다. 수많은 문장을 생각할 수 있지만 일반적으로 gay라는 단어가 들어간 문장은 좋은 문장이 아닐 것 같은 느낌이 듭니다. 데이터 또한 현실에서 일어날 수 있는 경우의 일부를 수집한 결과이기 때문에, 해당 단어를 포함한 문장은 악성일 확률이 그렇지 않은 경우보다 더 높을 것으로 예상됩니다. 그렇다면 관련 데이터를 잘 학습시켜서 문장이 얼마만큼 악성을 가졌는지 예측하는 머신러닝 모델을 만들고, 그 문장의 악성을 예측하면 대체로 어떤 답이 나오게 될까요?

Yesterday, I walked past the gay bar.

위 문장은 gay라는 단어를 썼지만, 근처에 있던 장소를 지나간 것일 뿐, 누군가를 혐오하거나, 헐뜯는 말이라고 보기는 힘듭니다. 이처럼 같은 단어를 사용하더라도 문맥상 그 의미가 누군가에게 나쁜 영향을 끼칠 수도, 끼치지 않을 수도 있습니다.

본래 머신러닝 모델은 데이터를 기반으로 학습하고, 결과를 예측할 때는 최대한 가능성이 높은 답(Maximum Likelihood Estimation)을 내리게 됩니다. 만약 데이터셋에 위와 같은 단어를 포함한 문장들이 악성일 경우가 그렇지 않은 경우보다 훨씬 많다면 모델은 이러한 경우에 올바른 답을 내지 못할 수도 있습니다.

주최 측의 연구팀은 텍스트 내에 사람의 정체성(Identity)과 관련한 언급이 있을 때(예를 들면 남성, 여성, 흑인, 무슬림, 성소수자를 지칭하는 단어 등), 이러한 편향된 의미 전달이 특히 두드러지게 일어난다는 것을 발견했습니다. 그래서 Jigsaw Unintended Bias in Toxicity Classification 대회의 최종 목표는 다음 두 가지입니다.

- 텍스트 자체의 악성을 잘 예측하는 것
- 정체성과 관련한 언급이 있는 텍스트에 대해 의도치 않은 편향된 오답을 내는 경우를 최소화하는 솔루션을 만드는 것

7.2.2 평가 지표

이 대회는 예측의 편향(Bias)을 잘 구분하기 위해 특정 정체성에 치우쳐 잘못 예측한 것들에 페널티를 줘야 했기 때문에, 조금 특별한 평가 방법을 사용했습니다. 다른 대회와는 다르게 특이하고 복잡한 구조로 만들어져 있으므로 유심히 살펴볼 필요가 있습니다.

측정 항목은 크게 두 가지입니다.

- **Overall AUC**: 모델의 악성 여부 예측에 대한 일반적인 AUC[1] 점수를 측정합니다. 다른 대회와 비슷한 평가 항목으로 모델의 전체 성능을 평가합니다.
- **Bias AUC**: 다음 세 가지 세부 항목의 기하 평균으로 계산됩니다.
  - Subgroup AUC
  - BPSN(Background Positive Subgroup Negative)
  - BNSP(Background Negative Subgroup Positive)

이 세부 항목을 이해하기 위해서는 먼저 Subgroup과 Background의 개념이 무엇을 뜻하는지 알아야 합니다. 주최 측은 데이터에서 악성과 관련될 소지가 있는 정체성의 그룹을 추려냈습니다. 추려낸 정체성과 관련한 단어 및 언급이 있는 텍스트를 Subgroup으로 정의합니다. 그 외 정체성과 관련한 단어 및 언급을 찾아볼 수 없는 텍스트를 모두 Background라고 정의합니다.

- **Subgroup AUC**: Subgroup에 속하는 텍스트들만 뽑은 뒤 AUC를 계산한 것을 말합니다. 다시 말해, 정체성에 관한 단어가 언급되더라도 악성을 잘 구분할 수 있는지를 판단하는 것입니다.

BPSN과 BNSP는 텍스트 내 정체성에 대한 언급이 악성에 어떤 방향으로 영향을 주는지 알아보기 위한 지표입니다.

---

1 AUC에 대한 설명은 2장 Instant Gratification의 평가 지표를 참고하기 바랍니다.

- **BPSN**: 정체성 언급이 없는(Backgroud) 데이터에 악성(Positive)인 경우와 정체성 언급이 있는(Subgroup) 데이터에 악성이 아닌(Negative) 경우를 모아 이에 대한 AUC를 계산하는 것입니다. 이 수치가 낮다는 것은, 정체성을 의미하는 단어의 포함이 악성을 높이는 데 영향이 매우 크다는 것을 의미합니다.

- **BNSP**: 정체성 언급이 없는(Backgroud) 데이터에 악성이 아닌(Negative) 경우와 정체성 언급이 있는(Subgroup) 데이터에 악성(Positive)인 경우를 모아 이에 대한 AUC를 계산하는 것입니다. 이 수치가 낮다는 것은, 정체성의 포함이 오히려 악성을 떨어트리는 데 영향을 준다는 것을 의미합니다(잘 이해가 안 된다면 그림 7-2를 참고하기 바랍니다).

최종 점수는 Overall AUC와 Bias AUC의 가중합으로 계산됩니다. 총 4종류의 AUC가 각각 0.25씩 곱해지고, 이를 모두 합산하는 방식입니다. 꽤 복잡한 방식으로 계산되기 때문에 한 번에 이해하기 쉽지 않을 것입니다. 주최 측에서 관련 논문과 평가 방식에 대한 샘플 코드를 대회 페이지의 Overview 〉 Evaluation에 추가해 놓았으니 참고하면 좋겠습니다.

Note ≡ **Subgroup에 따른 평가 방식 적용**

주최 측에서는 복잡한 평가 방식에 대해 계산 과정이 담긴 노트북[2]을 제공합니다. 간단한 딥러닝 모델을 구성하고 데이터를 학습한 뒤, 위에서 소개한 평가 방식을 적용한 예시가 담겨 있습니다. 그림 7-2는 간단한 딥러닝 모델의 추론 결과를 평가 지표와 Subgroup별로 나타낸 것입니다.

▼ 그림 7-2 Subgroup에 따른 평가 방식 적용 예시

	bnsp_auc	bpsn_auc	subgroup	subgroup_auc	subgroup_size
6	0.960970	0.747399	black	0.800943	3025
7	0.961173	0.757097	white	0.806505	5047
2	0.956972	0.771142	homosexual_gay_or_lesbian	0.806888	2210
5	0.953894	0.802245	muslim	0.829797	4202
1	0.935772	0.868028	female	0.864950	10804
8	0.956977	0.834996	psychiatric_or_mental_illness	0.868650	954
4	0.940793	0.853562	jewish	0.871105	1570
0	0.949669	0.854961	male	0.879031	8898
3	0.929157	0.906609	christian	0.902127	8004

그림의 결과를 간단히 살펴보면 정체성 그룹이 흑인(black)인 경우 다른 것에 비해 BPSN 값이 낮게 나오고 있습니다. 즉, 이 정체성에 해당하는 단어가 포함된 텍스트가 다른 것들에 비해 악성을 높일 수 있는 소지가 있다는 뜻입니다. 기독교 신자(christian)의 경우는 반대로, BNSP 값이 비교적 낮은데, 해당 단어를 포함한 텍스트는 다른 정체성에 비해 악성을 낮게 만들 수 있다는 의미로 해석할 수 있습니다.

---

2 https://www.kaggle.com/code/dborkan/benchmark-kernel/notebook

7.2.3 데이터 소개

데이터셋을 들여다보기에 앞서, 주최 측이 데이터 파일과 함께 제공한 설명을 찬찬히 읽어보는 것이 중요합니다. 이 설명에는 주어진 데이터가 어떤 파일로 구성되어 있고, 파일 형식은 무엇인지 표면적으로 드러나는 정보는 물론이고, 파일이 담고 있는 의미, 파일을 구성하는 피처(Feature)가 각각 어떠한 의미를 지니는지, 그 수치의 의미가 무엇인지 등의 의미적인 정보와 결과물을 제출할 때 사용하는 제출(Submission)에 대한 정보가 들어 있습니다. 주최 측이 생각하는 데이터의 전반적인 내용이기 때문에 이 내용을 반드시 먼저 정독하는 것이 좋습니다.

이번 대회에 주어진 데이터셋은 Civil Comments[3]라는 온라인 논평 플랫폼에서 발생한 약 200만 개의 댓글 데이터를 가지고 데이터의 악성(Toxcity)을 직접 레이블하여 만들었습니다. Civil Comments는 크라우드 소싱을 활용한 커뮤니티 관리 툴을 이용해, 사람들이 올린 댓글을 토대로 소셜 네트워크 속 사람들의 반응(댓글, 평가 등)을 모아 놓은 플랫폼입니다(현재는 서비스되지 않습니다).

데이터는 기본적으로 댓글의 본문인 comment_text와 댓글의 악성 정도를 수치로 나타낸 target(타깃, 정답)이 있습니다. 거기다 악성의 타입을 6가지 속성으로 나누어서 각 속성별 수치를 나타낸 subtype 타깃이 있습니다.

▼ 그림 7-3 데이터 샘플(6개의 속성)

	id	target	comment_text	severe_toxicity	obscene	threat	insult	identity_attack	sexual_explicit
44188	295745	0.993733	Kill all the niggers and pedophiles!	0.534819	0.349582	0.951950	0.776462	0.951253	0.057799
1341396	5754942	0.973936	BURN THIS DOG RAPING WHITE NIGER ALIVE\nTIME for THESE NIGER LOVERS to DIE for THEIR CAUSE\nKILL THEM ALL REAL SLOW	0.569070	0.596872	0.892268	0.887055	0.917463	0.130321
1679044	6180251	0.990396	DOGS---- \nEAT\nSHIT\nSLEEP\nBARK\n\nNIGERS\nEAT \nSHIT\nSLEEP\nRAPE\nMURDER\nSTEAL\n\nDOGS and NIGERS---PAST TIME to EXTERMINATE the	0.591236	0.972389	0.819928	0.971789	0.909964	0.701080

그림 7-3을 보면 target 값과 6개의 추가 특성은 [0, 1]의 실수 범위를 가집니다. 0으로 갈수록 깨끗한 글이고, 1에 가까울수록 악성의 정도가 심한 글입니다. 실제 검증 셋을 가지고 평가(Evaluation)할 때 target 값은 target >= 0.5를 기준으로 1, 그 외의 값은 0으로 변경한 후 계산됩니다.

---

3 https://www.drupal.org/project/civilcomments

▼ 그림 7-4 데이터 샘플(Identity 타깃)

	id	target	comment_text	male	female	homosexual_gay_or_lesbian	christian	jewish
1497709	5953456	0.0	Have you ever read IMMORTALE DEI? Of course the United States, and every nation state, should confess the Catholic faith.	0.0	0.0	0.0	0.833333	0.0
1646723	6140372	0.4	All the women now coming forward regarding Weinstein are showing that career and money are more important than a bit of sexual abuse - especially the successful Hollywood types. They've made their money being silent...now they are pretending to be brave by calling him out.	0.0	1.0	0.0	0.000000	0.0

뿐만 아니라 그림 7-4와 같이 주어진 텍스트에서 대상의 정체성(Identity)이 언급된 피처도 있습니다. 정체성에 대한 정보는 대회 페이지의 Data에 더 자세한 설명이 예시와 함께 기록되어 있습니다. 단, 한 가지 유의해야 할 점은 정체성에 관한 열(Column)은 총 24개 피처로 이루어져 있지만 실제 테스트 데이터에 분포하는 것은 9개이고, 테스트 데이터 중 약 5백 개 행만이 실제 점수 계산에 이용된다는 점입니다. 이 또한 Data 페이지에 잘 설명되어 있습니다.

마지막으로 각 텍스트별로 메타데이터가 있습니다. 메타데이터는 생성일자, 평점, 댓글이 달렸던 원문 ID 등과 같이 데이터의 주제와 관련한 의미를 담고 있다기보다는, 데이터로서의 속성을 나타낸 것이라고 생각하면 됩니다. 이 솔루션에서 해당 피처를 다루지는 않지만, 혹여 생각나는 아이디어가 있다면 분석에 한번 활용해보는 것도 좋습니다.

주어진 파일은 총 3개입니다.

- train.csv: 고유 아이디와 댓글 텍스트, 타깃 레이블, 갖가지 서브 타입으로 이루어진 훈련(Training)을 위한 데이터
- test.csv: 고유 아이디와 타깃을 예측해야 할 텍스트 데이터로만 이루어진 테스트 셋
- sample_submission.csv: 이 대회의 답안지 역할

Note ≡ **정답 데이터셋**

현재 Jigsaw 대회 데이터셋에는 소개한 데이터셋뿐만 아니라 다음과 같은 정답 데이터셋이 추가로 포함되어 있습니다. 대회가 2019년 7월에 종료된 이후, 다른 사람들이 추후 연구에 활용할 수 있도록 주최 측에서 정답 레이블을 오픈한 것입니다. 처음이라면 다음 파일은 없는 것으로 생각하고 공부합시다!

test_public_expanded.csv

test_private_expanded.csv

toxicity_individual_annotations.csv

identity_individual_annotations.csv

7.3 / EDA

앞서 Overview와 데이터 소개에서는 표면적으로 알 수 있는 데이터의 특성을 알아봤습니다. 하지만 이것만으로는 데이터가 가진 디테일한 특성을 모두 확인할 수 없습니다. EDA(Exploratory Data Analysis) 즉, 탐색적 데이터 분석은 데이터를 하나하나 뜯어보면서 주어진 데이터의 통계적 특성을 알아보고, 데이터의 품질(Quality)을 체크하고, 데이터 Description을 읽었을 때 생긴 호기심과 궁금증을 검증해보는 단계라고 할 수 있습니다. 말하자면 데이터를 세세한 부분까지 이해하는 과정인 것이죠.

EDA 과정에서 발생한 결과가 데이터 분석에 직접 사용되지 않을 수 있지만, 여기서 알게 된 경험과 인사이트가 전처리 과정, 모델을 설계하고 학습하는 과정에 간접적으로도 영향을 끼치기 때문에, 많은 캐글러가 본격적인 작업에 앞서 꼭 거치는 단계입니다.

데이터 로드 및 기본 정보 체크

본격적인 데이터 탐험을 위해 캐글 노트북 위에서 데이터를 로드하고 데이터셋의 행이 몇 개인지, 피처가 몇 개인지 등 기본 구조를 체크해봅시다. 컴페티션 페이지에서 노트북을 생성하면 대회 데이터셋은 자동으로 연결됩니다.

```python
import numpy as np
import pandas as pd
import os
import seaborn as sns
import matplotlib.pyplot as plt
import warnings

warnings.filterwarnings(action="ignore")

DATA_PATH = "/kaggle/input/jigsaw-unintended-bias-in-toxicity-classification/"

>>> print(f"DATA_PATH 디렉터리 내 파일: ")
>>> print("\n".join(f_name for f_name in os.listdir(DATA_PATH)))
DATA_PATH 디렉터리 내 파일:
sample_submission.csv
```

```
test.csv
train.csv
...
```

노트북에 연결된 컴페티션 데이터셋의 위치를 확인하여 필요한 데이터셋을 로드합니다.

```
df_train = pd.read_csv(DATA_PATH + "train.csv")
df_test = pd.read_csv(DATA_PATH + "test.csv")

>>> print(f"Train 셋 데이터 크기 : {df_train.shape}")
>>> print(f"Test 셋 데이터 크기 : {df_test.shape}")
Train 셋 데이터 크기 : (1804874, 45)
Test 셋 데이터 크기 : (97320, 2)
```

Description에서 본 대로 훈련 셋은 180만 정도의 꽤 많은 행과 45개 서브 피처를 가지고 있습니다. 검증 셋은 훈련 셋에 비해 비교적 행이 적고 서브 피처는 없습니다.

Raw 데이터 간단히 훑어보기

누구나 데이터를 처음 접하면 자연스럽게 하는 행동이 있습니다. 그냥 무작정 눈으로 살펴보는 것이죠. 정말 간단한 행동이지만 모든 분석 과정의 시작이 되는, 데이터에 대한 호기심을 가장 많이 불러일으킬 수 있는 과정입니다.

```
# 텍스트 데이터를 표시할 때 생략이 없도록 설정
pd.set_option("display.max_colwidth", -1)

df_train.head(10)[["id", "target", "comment_text"]]   # 데이터셋의 처음 10개
df_train.sample(10)[["id", "target", "comment_text"]]  # 데이터셋 행 중 10개 랜덤 샘플
```

판다스 라이브러리로 데이터를 로드한 후 head 함수로 처음 n개의 데이터를 확인하고, sample 함수로 데이터에 존재하는 다양한 케이스를 랜덤으로 확인합니다. 그 옆에 함께 보고 싶은 열을 선택해서 같이 확인할 수 있습니다. 처음 데이터를 확인하기 위해 가장 보편적으로 쓰는 방법입니다.

이러한 방법으로 텍스트와 그 타깃값을 눈으로 보면서 텍스트와 타깃값 사이에 어떠한 연관성이 있는지 살펴볼 수 있고 텍스트에 특수문자, 이모티콘 URL, 또는 생각하지 못한 이상한 글자는 없는지 등 데이터의 품질을 체크할 수 있습니다. 이를 토대로 앞으로 분석을 진행할 태스크를 어떻게 진행해야 할지 미리 계획을 세울 수도 있습니다.

Note ≡ **데이터 파악**

그림 7-5는 데이터 샘플을 몇 개 추출한 것입니다.

▼ 그림 7-5 데이터 파악을 위한 데이터 샘플 확인

	id	target	comment_text
21840	268847	0.000000	Yep! Logan's Run! I remember it well. If you're over 30, you have to go! Maybe we should think like that again? Vietnam did make a huge divide in this country. We certainly didn't get thanked for our service every time we got off a bus or Airplane. If I wasn't married with children, it would have been easy to just stay over seas.
450886	796481	0.844828	??? You are the idiot calling me a legend. You could not be more stupid and sound more stupid than that.
193837	478396	0.613333	Lumping El Trumpo and his followers as porn trolls, gives porn a bad reputation.\n\nhttp://www.nbcnews.com/politics/2016-election/poll-persistent-partisan-divide-over-birther-question-n627446
189820	473261	0.000000	You clearly don't understand how the government is supposed to work.
35272	284989	0.000000	A little south of Valdez. Get Drunk, and get Elected! The Tar Baby's in Anchorage, and Juneau require it.\n\nhttp://www.evostc.state.ak.us/index.cfm?FA=status.lingering
222614	515241	0.000000	Kealii, I saw the pictures posted online. This is very concerning & alarming. Things can only change if we participate in the upcoming election.
496686	852714	0.000000	http://hubpages.com/technology/What-People-Think-When-You-Type-in-All-Caps
345666	666216	0.000000	The RCMP have been breaking the law for years and as to violating ATIP they are even worse than CBC who have a deplorable track record. This despicable behavior will only continue unless people start losing their jobs, but sadly that isn't going to happen
367633	693200	0.166667	Ignorance of scripture reigns as always. It is fact that Old Testament Saints were rewarded for their faith by material blessings, and punished for their disobedience. That is one big difference in the age of Grace.
270909	574179	0.000000	Really? AK owns 103/375 million acres. Sounds like you want to make this WHOLE great state into a park/zoo. No thank you.

처음에 데이터를 이해하기 어렵다면 위와 같이 바닐라 데이터를 출력해 하나하나 살펴보면서 생각해보는 것을 추천합니다. comment_text의 길이가 엄청 다양하게 분포한다는 점, 알 수 없는 영어 문자와 URL이 보인다는 점 등 이러한 요소를 캐치하고 알아뒀다가 나중에 어떻게 처리할지 고민하고 적용해보는 것이죠.

사람마다 스타일이 다르기 때문에 가장 먼저 눈에 띄는 요소 또한 다를 수 있습니다. 본인의 스타일대로, 먼저 떠오르는 호기심대로 데이터를 바라본다면 분석이 한층 더 재미있을 겁니다.

데이터셋 구성 체크

훈련 셋에 들어 있는 수많은 피처가 어떻게 분포해 있는지 체크해보겠습니다. 해당 피처들은 기본적으로 주어지는 id와 comment_text를 제외하고는 훈련 셋에만 존재하는 열(Columns)이며, 각 열은 주어진 텍스트에 대한 추가 정보를 가지고 있습니다. 훈련 셋의 열이 너무 많으니 Description의 내용을 토대로 몇 가지 범주로 나눠보겠습니다(표 7-2 참고).

```
main_cols = ["id", "target", "comment_text"]
sub_target_cols = [
    "severe_toxicity", "obscene",
    "threat","insult",
    "identity_attack", "sexual_explicit",
]
identity_cols = [
    "male", "female",
    "homosexual_gay_or_lesbian",
    "christian", "jewish",
    "muslim", "black",
    "white", "psychiatric_or_mental_illness",
]
metadata_cols = [
    "created_date", "publication_id",
    "parent_id", "article_id",
    "rating", "funny",
    "wow", "sad",
    "likes", "disagree",
    "identity_annotator_count",
    "toxicity_annotator_count",
]
unused_identity = [
    col
    for col in df_train.columns
    if col not in main_cols + sub_target_cols + identity_cols + metadata_cols
]
```

▼ 표 7-2 데이터셋의 열 설명[4]

종류	설명
main_cols	데이터의 기본적인 피처, ID, Comment_text, target(정답)으로 구성
sub_target_cols	main_cols에 존재하는 정답 레이블 외에 추가적인 subtype target
metadata_cols	메타데이터 피처(생성 날짜, 출처 문서 ID 등)
identity_cols	identity 피처 가운데 실제 평가에 반영되는 것들(Subgroups)
unused_identity	실제 평가에 사용되지 않는 identity[4]

---

4 컴페티션 페이지의 Data 탭을 보면 실제 점수 계산에 사용되는 Identity 피처는 총 9개이고, 나머지는 계산에 활용하지 않는다고 명시되어 있습니다.

정답 분포 확인

컴페티션의 궁극적인 목표는 가장 높은 점수를 올리는 것입니다. 주어진 평가 방법에 따라 점수를 책정할 때 사용되는 것은 검증 셋으로 추론한 정답 레이블(target)입니다. 일반적으로 검증 셋은 훈련 셋의 샘플링으로 만들어지므로, 훈련 셋과 검증 셋은 비슷한 분포를 지닙니다. 그렇기에 훈련 셋의 각 피처가 어떻게 분포해 있는지 한번 체크해보는 것이 좋습니다(그림 7-6 참고).

가장 먼저 정답 레이블인 타깃(target)의 분포를 살펴보겠습니다.

```
df_train_main = df_train[main_cols]
df_train_main["target_binary"] = df_train_main["target"].map(
    lambda x: 1 if x > 0.5 else 0
)
>>> print(df_train_main["target"].describe())
count    1.804874e+06
mean     1.030173e-01
std      1.970757e-01
min      0.000000e+00
25%      0.000000e+00
50%      0.000000e+00
75%      1.666667e-01
max      1.000000e+00
```

```
fig, (ax1, ax2) = plt.subplots(1, 2, figsize=(15, 7))
sns.countplot(x="target_binary", data=df_train_main, ax=ax1)
sns.kdeplot(df_train_main.loc[df_train_main["target"] > 0, "target"], ax=ax2)
ax2.set_ylabel("ratio[%]")
ax2.set_xlabel("Toxcity")
plt.show()
```

Description에서 설명했듯이 검증 셋의 타깃은 0.5를 기준으로 0 또는 1로 변환되어 있으니, 훈련 셋도 마찬가지 방법으로 변환하여 살펴보면 그림 7-6의 왼쪽 그래프처럼 나타납니다. 훈련 셋의 타깃은 절반 이상이 0이기 때문에 타깃 레이블의 전체 분포를 그리면 너무 0에 치우쳐진 그래프가 나와 보기 불편합니다. 그래서 조금이라도 타깃 수치가 있는 것의 분포를 따로 살펴보면 그림 7-6의 오른쪽 그래프와 같이 나옵니다.

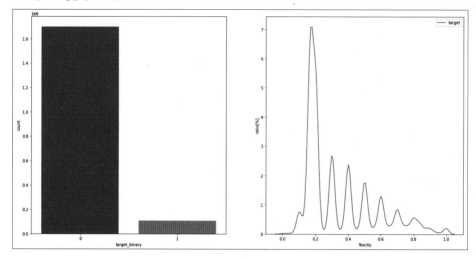

그래프를 보면 1에 가까워질수록 수치가 감소합니다. 또한, 특정 값에서 타깃의 분포가 두드러진 양상을 보입니다. 추측해보면 댓글을 평가하는 과정에서 여러 방법으로 악성 점수를 매겼을 겁니다. 보통 설문지에서 어떤 질문에 대한 평가 점수를 매길 때 1~5 사이에서 선택하는 형태가 대부분이고, 그것이 0~1 사이로 정규화(Normalization) 작업을 거친다면 위와 같은 형태의 분포가 만들어질 것입니다.

데이터 레이블은 꽤 심한 불균형(Unbalanced) 분포를 이루고 있고, 어느 정도 악성을 가진 텍스트는 생각보다 그 분포가 크지 않습니다. 그렇지만 주어진 데이터의 기본 샘플 수가 엄청 많아서 비록 불균형이긴 하지만 양성(Positive, Label=1) 개수가 10만 개 정도 있는 것은 그나마 다행스러운 일입니다.

> **Note ≡ 데이터 엔지니어링 작업 병행**
>
> 훈련 데이터의 행 수는 총 180만 개이고, 테스트 데이터까지 합하면 총 200만 개로 일반적인 컴페티션 데이터치고는 상당히 많은 수로 구성되어 있습니다. 데이터 Description 탭을 보면 csv 형태로 주어지는 데이터의 용량이 그렇게 크지 않아 보이나, csv 데이터를 읽어서 판다스 데이터프레임으로 변환하게 되면 갑자기 메모리를 많이 잡아먹는 것을 확인할 수 있습니다.
>
> 이러한 일이 발생하는 이유는 각각의 행별로 40여 개의 수치형(Numerical) 피처가 있는데 이를 데이터로 로드할 때, 각각 64비트 타입으로 자동 변환되면서 용량이 커지기 때문입니다. 메모리가 많이 있다면 상관없지만, 앞으로 진행해야 할 분석 태스크는 용량이 크고 높은 차원의 데이터를 가공해야 하므로, 필요 없는 피처는 메모리에서 삭제하거나, 적절한 데이터 타입으로 변환하는 등의 데이터 엔지니어링 작업을 적절히 병행하는 것이 좋습니다.

워드 클라우드

텍스트 데이터를 다루다 보면 수많은 데이터를 한눈에 확인하기가 쉽지 않습니다. 이 대회의 데이터는 많은 수의 텍스트 데이터와 텍스트의 특징을 나타내는 열로 구성되어 있습니다. 각 텍스트의 특징을 나타내는 열을 활용해서 특징별로 텍스트를 묶은 뒤에 집합이 어떤 단어로 구성되어 있는지 한눈에 볼 수 있다면, 데이터를 이해하는 데 도움이 많이 될 것입니다.

간단한 방법으로 이를 쉽게 만들어주는 라이브러리가 바로 워드 클라우드입니다. 워드 클라우드는 텍스트 데이터가 어떤 단어를 많이 사용하는지 한눈에 보여줍니다.

```python
from wordcloud import WordCloud
import nltk
from nltk.corpus import stopwords

stop_words = stopwords.words("english")

>>> print(stop_words[:10])
['i', 'me', 'my', 'myself', 'we', 'our', 'ours', 'ourselves', 'you', "you're"]
```

워드 클라우드를 사용할 때는 특정 텍스트 집합을 잘 표현할 수 있는 단어들만 간추리고 싶기 때문에 보통 텍스트의 불용어(Stopwords) 집합을 제거한 뒤 사용합니다. 텍스트에 공통적으로 빈번하게 등장하는 단어들을 제거하지 않으면 우리가 원하는 의미 있는 단어들을 확인할 수 없기 때문입니다.

> Note ≡ **불용어(Stopwords)[5]란?**
>
> 텍스트 분석에 의미적으로 굳이 있을 필요가 없는, 예를 들면 a, the 같은 관사나 대명사 같은 단어를 말합니다. 자주 등장하는 단어들이지만 내포하는 의미가 거의 없기 때문에 일반적으로 메모리 절감을 위해 제거하는 편입니다.

```python
def generate_word_cloud(col_name, min_score=0.5):
    text_list = df_train.loc[df_train[col_name] > min_score, "comment_text"].tolist()
    texts = " ".join(text_list).lower()
    wc = WordCloud(
        max_font_size=100,
        max_words=100,
        background_color="white",
        stopwords=stop_words
```

---

5 https://en.wikipedia.org/wiki/Stop_words

```
    ).generate(texts)
    fig, ax = plt.subplots(1, 1, figsize=(10, 10))
    ax.set_title(f"{col_name}", fontsize=20)
    ax.imshow(wc, interpolation="bilinear")
    ax.axis("off")
    plt.show()

generate_word_cloud("target", min_score=0.7)  # 텍스트가 많아서 score 조절
generate_word_cloud("severe_toxicity")
generate_word_cloud("obscene")
generate_word_cloud("threat")
generate_word_cloud("insult")
generate_word_cloud("identity_attack")
generate_word_cloud("sexual_explicit")
```

그림 7-7과 같이 기입한 열 이름에 따라 comment_text에 많이 분포하는 단어를 한눈에 확인할 수 있습니다. 확실히 열별로 관련한 단어들이 잘 나타나 있습니다. 같은 방법으로 Identity 열도 확인해볼 수 있습니다.

▼ 그림 7-7 워드 클라우드 결과 예시

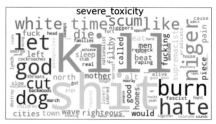

텍스트 통계량

마지막으로 텍스트를 이루는 성분에 대한 통계량을 확인해보겠습니다. 예를 들어 문장에서 불용어는 몇 개인지, 대문자는 몇 개인지, 단어는 몇 개인지 등 텍스트에 대한 통계량을 계산해볼 수 있습니다(그림 7-8 참고).

- num_words: 단어 개수

- num_unique_words: 고유 단어 개수

- num_chars: 문자 개수

- num_stopwords: 불용어 개수

- num_punctuation: 문장부호 개수

- num_words_upper: 모든 문자가 대문자인 단어 개수(ex. HAPPY)

- num_words_title: 타이틀 형식의 단어 개수

- mean_word_length: 단어의 문자 개수 평균

```python
import string

# text statistic
# number of words in the text
df_train["num_words"] = df_train["comment_text"].apply(
    lambda sen: len(str(sen).split())
)
df_test["num_words"] = df_test["comment_text"].apply(
    lambda sen: len(str(sen).split())
)


# number of unique words in the text
df_train["num_unique_words"] = df_train["comment_text"].apply(
    lambda sen: len(set(str(sen).split()))
)
df_test["num_unique_words"] = df_test["comment_text"].apply(
    lambda sen: len(set(str(sen).split()))
)


# number of characters in the text
df_train["num_chars"] = df_train["comment_text"].apply(len)
df_test["num_chars"] = df_test["comment_text"].apply(len)


# number of stopwords
df_train["num_stopwords"] = df_train["comment_text"].apply(
    lambda sen: len([w for w in str(sen).lower().split() if w in stop_words])
)
df_test["num_stopwords"] = df_test["comment_text"].apply(
    lambda sen: len([w for w in str(sen).lower().split() if w in stop_words])
)
```

```python
# number of punctuations in the text
df_train["num_punctuations"] = df_train["comment_text"].apply(
    lambda x: len([c for c in str(x) if c in string.punctuation])
)
df_test["num_punctuations"] = df_test["comment_text"].apply(
    lambda x: len([c for c in str(x) if c in string.punctuation])
)

# number of title case words in the text
df_train["num_words_upper"] = df_train["comment_text"].apply(
    lambda x: len([w for w in str(x).split() if w.isupper()])
)
df_test["num_words_upper"] = df_test["comment_text"].apply(
    lambda x: len([w for w in str(x).split() if w.isupper()])
)

# number of title case words in the text
df_train["num_words_title"] = df_train["comment_text"].apply(
    lambda x: len([w for w in str(x).split() if w.istitle()])
)
df_test["num_words_title"] = df_test["comment_text"].apply(
    lambda x: len([w for w in str(x).split() if w.istitle()])
)

# average length of the words in the text
df_train["mean_word_len"] = df_train["comment_text"].apply(
    lambda x: np.mean([len(w) for w in str(x).split()])
)
df_test["mean_word_len"] = df_test["comment_text"].apply(
    lambda x: np.mean([len(w) for w in str(x).split()])
)

df_train.describe()
```

▼ 그림 7-8 텍스트 통계량 결과

	num_words	num_unique_words	num_chars	num_stopwords	num_punctuations	num_words_upper	num_words_title	mean_word_len
count	1804874.0000	1804874.0000	1804874.0000	1804874.0000	1804874.0000	1804874.0000	1804874.0000	1804874.0000
mean	51.2769	41.1802	297.2343	23.2785	9.8567	1.2112	5.9285	4.9960
std	46.1781	32.7566	269.1966	21.6813	10.0576	2.4954	5.9591	3.9582
min	1.0000	1.0000	1.0000	0.0000	0.0000	0.0000	0.0000	1.0000
25%	16.0000	16.0000	94.0000	7.0000	3.0000	0.0000	2.0000	4.3793
50%	35.0000	31.0000	202.0000	16.0000	7.0000	1.0000	4.0000	4.7143
75%	72.0000	58.0000	414.0000	33.0000	13.0000	2.0000	8.0000	5.0968
max	317.0000	213.0000	1906.0000	143.0000	653.0000	198.0000	132.0000	999.0000

통계량을 확인하면 데이터 이해도를 높이는 측면에서도 좋을 뿐 아니라 텍스트 전처리를 해야 할 때 많은 힌트가 됩니다. 특히 텍스트의 단어 개수인 num_words 통계량은 모델 학습에 사용할 데이터와 모델 구조에 영향을 주기 때문에 중요합니다. 모델 학습을 할 때, 보통 여러 데이터를 묶어 배치 단위로 학습합니다. 이때 하나의 배치 내 데이터는 길이가 모두 같아야 하는데, 텍스트 데이터의 길이가 모두 제각각이므로 이를 고정하기 위한 최대 길이 값을 설정해야 합니다. 길이가 짧은 텍스트의 비어 있는 부분을 0으로 채워 고정된 길이로 만들 수 있는데, 이 작업을 패딩(Padding)이라고 합니다. 이때 고정 길이 값을 너무 크게 설정하면 짧은 텍스트의 나머지 부분을 의미 없는 값으로 채워 넣어야 하므로 계산 효율이 떨어지고, 반대로 너무 작게 설정하면 텍스트 정보가 잘립니다. 적절한 값을 설정해야 하는데, 보통 텍스트의 단어 개수로 이를 파악합니다(그림 7-9 참고).

```python
plt.figure(figsize=(14, 4))
sns.distplot(df_train["num_words"], bins=100)
plt.show()
```

num_words의 분포를 확인하면 그림 7-9와 같이 나타납니다. 그래프를 보면 약 200부터 수가 급격하게 줄어드는 걸 볼 수 있습니다. 적절한 길이 값을 설정할 때 이를 활용할 수 있습니다.

▼ 그림 7-9 num_words 텍스트 통계량

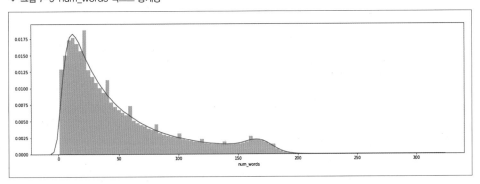

Note ≡ **토큰의 길이**

참고로 앞서 이야기한 길이 값은 텍스트를 토큰화(Tokenization)하는 방식에 따라 조금씩 달라질 수 있습니다. 일반적으로 텍스트 데이터는 그 자체를 모델 학습에 사용하기보다는, 어떤 특정 id 값을 가진 토큰으로 치환한 뒤에 사용하는 편입니다. 이때 치환 방식을 띄어쓰기로 구분된 단어 단위로 할 수도 있고, 글자 단위로 할 수도 있고, 또는 사전에 형태소 분석을 거친 뒤 의미 단위의 토큰으로 쪼개서 사용할 수도 있습니다. 이 중 어떤 것을 선택하느냐에 따라 텍스트를 표현할 수 있는 토큰의 길이가 달라지므로, 각 방법에 맞는 길이를 찾아야 합니다. 앞서 소개한 num_words는 띄어쓰기로 텍스트를 구분한 토큰화와 같다고 볼 수 있습니다.

7.4 솔루션 소개(텐서플로, TPU)

이 절에서는 텐서플로를 활용한 솔루션을 소개합니다.

- 텐서플로 및 케라스 사용법
- TPU 사용을 위해 필요한 전처리 및 데이터 처리
- TPU 가속기를 활용해 모델을 학습하는 과정

특히 TPU 활용을 집중적으로 다룰 것이라, 이 솔루션에서는 텍스트와 정답을 제외한 다른 피처들(sub_targets, identity 등)은 고려하지 않습니다. 손실 함수 및 평가 함수 또한 따로 커스텀하지 않고 이미 구현되어 있는 함수를 사용합니다. 이 속성들은 다음에 소개할 솔루션(7.5절 Ours)에서 다룰 것이므로 이를 참고하면 좋겠습니다.

7.4.1 전처리

EDA를 통해 알고 싶었던 내용을 어느 정도 충족했다면, 이제는 데이터 학습의 바로 전 단계인 전처리(Preprocessing)를 할 차례입니다. EDA 과정에서 사용하지 않기로 결정된 피처를 제거하거나, NULL 값 및 비어 있는 값(Empty)을 없애거나, 텍스트 내부의 필요 없는 특수문자 따위를 제거하는 등 모델 학습을 진행하는 데 걸림돌이 되는 부분을 사전에 제거하여 깨끗하게 만드는 단계입니다. 특히 이 대회의 데이터는 사람이 작성한 댓글을 추출한 데이터라서 형식과 내용이 천차만별이므로, 주어진 데이터를 원하는 대로 전처리하는 방법을 숙지해야 합니다.

텍스트 데이터를 머신러닝 모델에 적용할 때는 텍스트의 길이도 중요합니다. 텍스트가 너무 긴 경우 모델 학습을 위해 만든 데이터셋의 용량이 커질 뿐 아니라, 학습 시간에도 꽤 많은 영향을 주기 때문에, 가능한 한 필요 없는 단어나 구문을 지우는 것이 바람직합니다. EDA에서 raw 데이터를 찬찬히 살펴봤을 때 전처리해야 할 몇 가지 후보군을 보았을 겁니다. 그때 생각했던 것을 바탕으로 모델 학습 전에 데이터를 깨끗하게 만드는 작업을 거치겠습니다. 다음에 나오는 예시는 제가 EDA를 바탕으로 지웠으면 하는 것들을 나열한 것입니다. 따라서 사람마다 이 과정은 달라질 수 있습니다.

한 가지 더, 전처리는 EDA 과정과 분리하는 것이 좋습니다. EDA 도중 자신도 모르는 사이 데이터에 어떤 변화를 줄 수도 있기 때문입니다. 이로 인해 재현하기 어려워질 수 있으므로, 전처리할 데이터를 새로 불러오거나 아예 캐글 노트북을 새로 만들어서 분리하는 것을 추천합니다.

URL

인터넷 댓글이라 글 내부에 다른 사이트와 연결된 URL이 있는 경우를 많이 볼 수 있습니다. 댓글 데이터는 글쓴이가 자신의 의사를 짤막한 글로 표현하는 것입니다. 따라서 URL 형태의 텍스트는 글쓴이 표현의 시퀀스에 포함되거나 앞뒤 단어와의 연결성을 고려해야 할 요소로 보기 어렵습니다. 이를 제거하겠습니다.

```python
import re

df_train = pd.read_csv(DATA_PATH + "train.csv")  # 전처리를 위해 다시 로드

# URL 제거 정규식 패턴
url_pattern = r"https?://\S+|www\.\S+"

# URL을 포함하는 케이스 찾기
index_has_url = df_train["comment_text"].str.contains(url_pattern)
text_has_url = df_train.loc[index_has_url, "comment_text"]

# 샘플 테스트
sample = text_has_url.iloc[14]

>>> print(f"Sample:\n {sample}\n")
>>> print(f"Remove URL:\n {re.sub(url_pattern, '', sample)}")
Sample:
 https://en.wikipedia.org/wiki/John_Williams, born 1932. Other movie credits include
Jaws, ET, Indiana Jones (several), Jurassic Park, Schindler>s List.  Doesn>t get
much better than that.  As for SW release date https://en.wikipedia.org/wiki/Star_
Wars_%28film%29.

Remove URL:
  born 1932. Other movie credits include Jaws, ET, Indiana Jones (several), Jurassic
Park, Schindler>s List.  Doesn>t get much better than that.  As for SW release date
```

unidecode

이 라이브러리는 주어진 텍스트의 유니코드 문자를 모두 ASCII 문자 형태로 변환해줍니다. 우리 눈에는 똑같은 영어 단어로 보이지만 실제로는 범용적으로 쓰는 영어 코드가 아닐 수 있습니다. 특히 댓글 데이터에는 사람들의 창의적인 문자 사용 형태가 보이기도 합니다.

```python
import unidecode

# unicode 변환
decode_text = df_train["comment_text"].map(unidecode.unidecode)

# 변환된 케이스 찾기
index_has_unicode = df_train["comment_text"] != decode_text
text_has_unicode = df_train.loc[index_has_unicode, "comment_text"]

# 샘플 테스트
sample = text_has_unicode.loc[[1684233, 1045553]]

>>> for row in sample:
>>>     print(f"original:\n {row}")
>>>     print("\n")
>>>     print(f"unidecode:\n {unidecode.unidecode(row)}\n")
>>>     print("--------------------------------\n")
original:
 T h e   g o v e r n m e n t   l i e d   t o   u s !
-

 I n  2 0 0 8  m a n y  o f  u s  m a d e  d e c i s i o n s  b a s e d  o n  e c o
n o m i c  f a c t o r s  t o  n o t  b u y  a  h o u s e  w h i c h  t u r n e d  o
u t  t o  b e  a n  u n f o r t u n a t e  f i n a n c i a l  d e c i s i o n .  W h
a t  w e  d i d n ' t  k n o w  t h a t  t h e  g o v e r n m e n t  u s e d  o u r
m o n e y  t o  b a i l  o u t  t h e  b a n k  f o r
(중략)


unidecode:
 The government lied to us!
-

 In 2008 many of us made decisions based on economic factors to not buy a house which
turned out to be an unfortunate financial decision. What we didn>t know that the
government used our money to bail out the bank for
(중략)
```

```
-----------------------------

original:
 캐나다 Canada
- Justin Trudeau -
(중략)
--쥐스탱 트뤼도 (Justin Trudeau) --
캐나다에서 대마초와 마리화나, 마약을 금지해야 합니다.
의약품에 이런 성분이 들어갈 때에는 반드시 허가된 제품을 사용해야 합니다.

unidecode:
 kaenada Canada
- Justin Trudeau -
(중략)
--jwiseutaeng teurwido (Justin Trudeau) --
kaenadaeseo daemacowa marihwana, mayageul geumjihaeya habnida.
yiyagpume ireon seongbuni deuleogal ddaeeneun bandeusi heogadoen jepumeul sayonghaeya
habnida.

-----------------------------
```

위 예시처럼 비슷한 영어 단어지만 다른 코드를 가지고 있는 문자를 범용적인 ASCII 문자로 변환해주고, 특수한 이모티콘을 없애버리거나 다른 특수문자로 바꿔버립니다. 이 변환 과정 후에 원래 우리에게 친숙했던 문자를 가지고 또 다른 작업을 할 수 있는 것이지요.

현재 솔루션에 적용한 전처리는 가짓수도 많지 않고 꽤 간단하지만, 이외에도 전처리 방법은 정말 다양합니다. 다른 사람이 올린 캐글 노트북을 탐험해보면 EDA로 얻은 인사이트를 바탕으로 텍스트에 적용한 전처리 방법이 많이 공유되어 있습니다. 모든 상황에서 필수적인 전처리는 없습니다. 데이터의 형태와 데이터가 만들어진 배경에 따라서 적용해야 할 방법이 다를 수 있기 때문에 다양하게 경험해보는 것이 중요합니다.

전처리 순서

전처리할 때 신경 써야 하는 부분 중 하나가 바로 전처리 순서입니다. 무심코 적용한 전처리가 다른 전처리와 범위가 겹쳐서 원했던 결과가 나오지 않거나 잘못 적용될 가능성이 있기 때문입니다. 예를 들면 데이터셋은 영어 문장이 기본이지만, unidecode의 마지막 예시를 보면 특이하게 한글 문장도 있습니다. 이를 unidecode로 해석하면 한글을 소리 나는 대로 변환해버립니다. 뿐만 아니라, 만약 unidecode로 변환하기 전에 특수문자를 모두 소거하는 전처리를 적용하면 이 글자들은 모두 사라져버립니다. 이렇게 변환되는 것이 옳은지 한번 따져볼 필요가 있습니다. 만약 이 과정으로 데이터 품질이 나빠질 것 같다면 과정을 처리하기 전에 해당하는 문자를 제거하는 것도 좋은 방법입니다.

이렇듯 전처리를 적용할 때 각각의 전처리 방법이 다른 전처리에 영향을 끼칠 수 있기 때문에 좋은 전처리를 위해서는 여러 번 시행착오를 거쳐야 합니다. 이번 솔루션에서는 다음 함수의 순서로 전처리를 진행합니다.

```python
# 전처리 함수
def preprocess(df):
    url_pattern = r"https?://\S+|www\.\S+"
    df["comment_text"] = df["comment_text"].str.replace(url_pattern, " ")

    # apply unidecode
    df["comment_text"] = df["comment_text"].map(unidecode.unidecode)

    # apply lower
    df["comment_text"] = df["comment_text"].str.lower()

    return df
```

다음 단계에서는 학습에 사용할 모델을 소개할 텐데요. 자연어 처리는 보통 모델 학습 전에 텍스트 데이터를 토큰이라는 단위로 쪼갠 다음 모델에 입력 값으로 넣습니다. 이 작업이 어떤 방식이냐에 따라 전처리의 영향력이 조금 달라질 수 있습니다.

7.4.2 모델

데이터 확인과 더불어 전처리도 어느 정도 끝났으니, 이제 데이터셋을 스펀지처럼 빨아들일 모델을 구성해볼 차례입니다. 데이터를 분석하면서 얻은 인사이트를 토대로 어떤 종류의 모델을 선정하는 것이 좋을지, 모델 성능과는 별개로 내가 가진 컴퓨팅 리소스에 적절한 모델은 무엇인지 알아보고 가장 적절한 모델을 베이스로 시작해보는 것이지요.

물론 이 과정에서 추가로 데이터를 더 작업해야 하는 경우가 생길 수도 있고, 어느 정도 성능이 나오지 않는다면 모델을 바꿀 수도 있습니다. 또 다양한 모델과 앙상블해볼 수도 있지요. 여러 가지를 시도해보면서 주어진 데이터를 입력으로, 내가 원하는 답을 가장 잘 표현해줄 수 있는 모델을 만드는 것입니다.

단어 수준 임베딩 기반 모델의 한계

머신러닝 기술이 발전함에 따라 컴퓨터에게 자연어를 이해시키는 알고리즘도 점차 발전했습니다. 단어의 출현 빈도로 문장, 문서의 유사성을 판단하는 TF-IDF 방식에서 문장을 구성하는 단어가 의미 있는 방향을 가지는 Word2Vec 등 다양한 알고리즘이 만들어졌죠.

하지만 이러한 단어 수준 임베딩 기반 모델에서는 앞서 Overview에서도 살펴봤듯이 같은 단어 이지만 문맥에 따라서 그 의미가 바뀔 수 있는 경우 정확도가 많이 취약했습니다. 그렇다면 문맥에 따라 의미가 달라지는 문장은 어떻게 구분해야 할까요?

BERT

자연어 처리 세계는 이 논문[6]이 나오기 전과 후로 나뉜다고 해도 과언이 아닐 정도로, BERT (Bidirectional Encoder Representations from Transformers)는 굉장한 센세이션을 일으킨 모델입니다. 자연어 처리 관련 벤치마크 테스트에서 이전에 다른 모델이 달성했던 성능을 훨씬 웃도는 SOTA(State-of-the-art)를 달성함과 동시에 모델이 가진 엄청난 파라미터 수와 사전 학습(Pre-training) 시간이 화제가 되었습니다.

이 논문이 소개되고 얼마 되지 않아 Toxic 컴페티션에 개최돼서 많은 참가자가 BERT 학습을 위해 애를 썼습니다. 실제로 메달권에 들어가기 위해서는 BERT를 무조건 사용해야 했을 정도로 엄청난 성능을 자랑했습니다.

BERT 모델이 엄청난 성능을 낼 수 있었던 이유는 Word2Vec이나 Glove 같은 단어 수준 임베딩을 넘어서 트랜스포머 인코더 구조를 활용한 문장 수준의 임베딩을 사용했기 때문입니다. 문장 수준 임베딩에서는 문장의 문맥을 고려하여 같은 단어라 할지라도 속한 문장에 따라 다른 의미를 가질 수 있도록 학습이 가능합니다. 따라서 BERT는 앞서 Overview에서 언급한 Unintended Bias를 줄여야 하는 이 대회의 주제를 잘 풀어낼 수 있는 잠재력을 가지고 있는 모델입니다.

---

6 「BERT: Pre-training of Deep Bidirectional Transformers for Language Understanding」

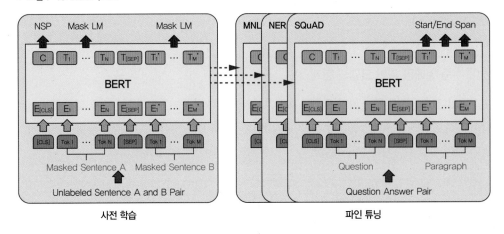

BERT가 가진 또 하나의 장점은 논문의 제목에서도 알 수 있듯이, 사전 학습을 활용할 수 있도록 설계된 모델이라는 것입니다. 사전 학습(Pre-training)이란, 대용량 데이터가 가지고 있는 많은 정보를 딥러닝 모델에 미리 학습시킨 뒤, 학습된 모델을 다른 작업에 재사용할 수 있도록 구성하는 것을 말합니다. 지금까지 자연어 처리가 어려웠던 이유 중 하나는 데이터의 다양성을 주어진 훈련 셋만으로 모델에 충분히 학습시키기 힘들다는 점입니다.

'언어(Language)'에는 오랜 시간 사람들의 커뮤니케이션에 사용되고, 새롭게 만들어지고, 다듬어진 역사가 깃들어 있습니다. 이 과정에서 생겨난 수많은 표현과 그것을 활용하는 경우의 수는 셀 수 없이 많습니다. 이 데이터를 모두 딥러닝 모델에 학습시키는 것은 웬만한 시간과 자원으로는 어려울뿐더러, 모든 데이터를 매번 새롭게 모든 데이터를 학습시키는 것은 상당히 비효율적입니다. 이때 사전 학습을 활용할 수 있다면 매번 대용량의 데이터를 학습시키지 않아도 데이터가 가진 언어의 다양성을 모델에 머금게 할 수 있고, 이로 인해 적절한 데이터만으로도 충분히 높은 성능을 낼수 있게 됩니다. 이를 파인 튜닝(Fine-tuning)이라고 합니다. BERT의 저자는 논문 발표와 동시에 방대한 양의 텍스트 데이터를 사전 학습시킨 모델(Pretrained Model)을 같이 공개했습니다. 이로 인해 많은 사람이 BERT의 사전 학습 모델을 활용할 수 있었고 높은 수준의 결과를 내게 되었습니다.

BERT가 발표된 이후, 많은 연구가 이루어져 이에 파생된 다양한 자연어 처리 모델이 만들어졌습니다. 이렇게 만들어진 다양한 모델의 구조와 사전 학습 모델을 편리하게 활용할 수 있는 라이브러리가 필요한데, 대표적으로 가장 많이 쓰는 것이 허깅 페이스(Hugging Face)에서 만든 transformers[7] 라이브러리입니다. transformers 라이브러리는 자연어 처리와 관련한 거의 모든

---

7 https://github.com/huggingface/transformers

모델을 편하게 불러오고 사용할 수 있게 구성되어 있습니다. 이 솔루션의 학습 프로세스에 사용할 BERT-base 모델은 물론이고, 지금까지 알려진 다양한 자연어 처리 관련 모델과 사전 학습 모델을 손쉽게 불러올 수 있습니다. 이 라이브러리는 캐글 노트북에 기본으로 설치되어 있기 때문에 따로 설치할 필요 없이 사용할 수 있습니다.

7.4.3 토큰화

머신러닝 또는 딥러닝 모델은 숫자 형태가 아닌 데이터를 입력 데이터로 사용할 수 없기 때문에 텍스트 데이터를 숫자 형태로 치환해준 다음, 입력으로 넣어줘야 합니다. 이 과정에서 주어진 문장을 어떤 방식을 사용해 숫자로 변환할 것인지 결정해야 합니다. 이때 주어진 구문을 임의의 단위로 쪼개서 표현할 수 있는데 그 단위를 일컬어 토큰(Token)이라고 하고, 그 과정을 토큰화(Tokenization)라고 합니다. 토큰의 단위를 정하는 방식은 매우 다양한데 단어를 토큰으로 만들 수도 있고, 글자 하나하나를 토큰으로 만들 수도 있습니다.

BERT는 기본적으로 WPM(Word Piece Model)이라고 하는 비지도학습 기반 모델을 이용해 주어진 구문을 해석합니다. 이 방법으로 텍스트가 어떻게 쪼개질지 예시와 함께 살펴보겠습니다. 주어진 구문을 여러 토큰으로 쪼갰다면 모델 학습의 입력으로 들어갈 수 있도록 각 토큰에 맞는 임의의 번호로 변환하여 하나의 숫자 배열이 되도록 만들어야 합니다. 허깅 페이스가 제공하는 라이브러리를 이용해서 BERT에서 사용하는 vocab 파일을 다운로드하고, vocab 파일을 토대로 토크나이저를 구성합니다. 간단한 샘플 문장에 토크나이저를 적용하면 다음 형태로 나타납니다.

```
from transformers import BertTokenizerFast

tokenizer = BertTokenizerFast.from_pretrained("bert-base-uncased")

# 샘플 테스트
sample_sentence = df_train["comment_text"].loc[3441]

vocabs = tokenizer.tokenize(sample_sentence, add_special_tokens=True)
tokens = tokenizer.encode(sample_sentence)

>>> print(f"Sample sentence: \n{sample_sentence}\n")
>>> print(f"Vocabs of samples: \n{vocabs}\n")
>>> print(f"Token_ids of samples: \n{tokens}\n")
Sample sentence:
```

```
this is typical of environmental regulation in oregon. we mistake the willful absence
of data collection for evidence of no harmful conditions.

Vocabs of samples:
['[CLS]', 'this', 'is', 'typical', 'of', 'environmental', 'regulation', 'in',
'oregon', '.', 'we', 'mistake', 'the', 'will', '##ful', 'absence', 'of', 'data',
'collection', 'for', 'evidence', 'of', 'no', 'harmful', 'conditions', '.', '[SEP]']

Token_ids of samples:
[101, 2023, 2003, 5171, 1997, 4483, 7816, 1999, 5392, 1012, 2057, 6707, 1996, 2097,
3993, 6438, 1997, 2951, 3074, 2005, 3350, 1997, 2053, 17631, 3785, 1012, 102]
```

문장을 토큰화하면 1차적으로 vocab 파일을 참조해서 문장을 여러 단어로 쪼갭니다. willful의
경우 will, ##ful로 쪼개지는데, 의미를 가지는 단어와 형용사 어미를 나눠서 표현한 것입니다. 이
렇게 변경된 토큰과 이 토큰에 해당하는 숫자를 vocab 파일에서 찾아서 변환하면 맨 아래처럼
(token_ids of samples) 표현되고, 이 숫자(id)들이 실제로 BERT 모델의 입력(Input)으로 들어
갑니다.

토큰화가 끝나면 모델 학습으로 넘어갈 차례인데, 아직 한 단계가 더 남아 있습니다. 주어진 데이
터의 텍스트 길이가 다양하므로 토큰화된 데이터의 길이도 그에 따라 다양할 것인데, 이를 어떻게
모델에 입력으로 넣어줘야 할지 고민하는 단계입니다. 이를 결정하기 위해 토큰 개수의 통계량을
먼저 살펴보겠습니다. 훈련 셋은 개수가 많아 테스트 셋으로 확인하겠습니다(그림 7-11 참고).

```python
import seaborn as sns
import matplotlib.pyplot as plt

df_test = pd.read_csv(DATA_PATH + "test.csv")
df_test = preprocess(df_test)

test_token_length = tokenizer(
    text=df_test["comment_text"].tolist(), return_length=True
).length

plt.figure(figsize=(20, 6))
sns.distplot(test_token_length, bins=100)
plt.xticks(np.arange(0, 400, 50))
plt.show()
```

그림 7-11은 토큰 개수의 통계량을 시각화한 것입니다. 대체로 토큰 개수가 짧고, 양은 적지만 최대 400개에 가까운 토큰을 가진 텍스트도 있습니다. 여기서 텍스트 토큰 길이를 최대 얼마로 설정해야 할지 결정해야 합니다. 앞서 EDA의 텍스트 통계량에서도 한번 설명했듯이 이를 어떻게 설정하느냐에 따라 학습과 추론 성능 및 정보량 손실에 영향을 줄 수 있습니다. 이번 텐서플로 솔루션에서는 최대 길이(MAX_LEN)를 220으로 설정했습니다.

❤ 그림 7-11 토큰화한 텍스트의 길이 통계량

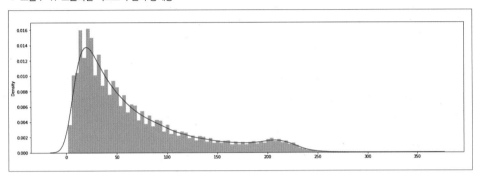

Note ≣ **텍스트 시퀀스 데이터 구성 방법**

모델 학습을 위한 텍스트 시퀀스(Sequence) 데이터를 구성하는 방법은 크게 두 가지입니다.

1. 모든 텍스트 토큰 데이터를 고정된 길이(MAX_LEN)로 통일한다.

2. 텍스트 토큰 데이터를 가변적으로 설정해두고 딥러닝 학습 시 각 배치(Batch)마다 같은 길이를 가지도록 처리 로직을 추가한다.

1번은 별다른 로직을 추가하지 않고도 할 수 있는 가장 간단한 방법입니다. 하지만 이 방법의 가장 큰 단점은 무의미한 패딩 토큰이 많아져 계산 효율을 떨어트릴 수 있다는 것입니다. 특히 텍스트 데이터 같이 토큰 길이가 매우 다양할 수 있는 데이터라면 더욱 영향이 큽니다.

2번은 모든 텍스트를 같은 길이로 만드는 것이 아니라, 모델 학습 시 배치 데이터 단위로 최대 길이를 설정하는 방법입니다. 데이터셋에서 배치사이즈만큼 추출했을 때 그 안의 텍스트 토큰들의 최대 길이는 전체와 비교했을 때 짧아질 수 있습니다. 그만큼 계산 효율을 높일 수 있습니다. 단, 아주 최악의 상황을 가정해서 각 배치마다 길이가 긴 텍스트가 하나라도 포함된다면, 그 배치는 사실상 1번과 달라질 게 없기는 합니다. 이럴 때 해결 방법은 텍스트의 학습 순서를 토큰 길이에 따라 정렬하면 됩니다. 이 상태에서 배치가 만들어지면 배치마다 가장 짧은 길이를 적용할 수 있겠지요. 이렇게 적용했을 때 가장 높은 효율을 자랑하지만 여기서 끝이 아닙니다. 학습할 때 데이터의 순서를 섞는 셔플(Shuffle)을 적용하기가 까다로워진다는 점도 문제입니다. 그래서 보통 배치 단위의 셔플을 하는 형태로 만들어 사용하는 방법을 사용합니다.

2번 방법이 가장 효율적이지만 꽤 복잡하고, 구현해야 할 것도 있어서 이번 솔루션은 설명의 편의를 위해 1번 방법을 사용합니다. 기회가 된다면 2번 방법으로도 한번 만들어보면 좋을 듯합니다.

7.4.4 TPU

최근 발표되는 딥러닝 모델은 서로 경쟁이라도 하듯 엄청난 수의 파라미터를 보유하고 있습니다. 모델이 학습해야 할 파라미터 수가 많을수록 모델의 크기가 커지고, 학습하는 데 시간이 많이 소요됩니다. 이 솔루션에서 다뤄볼 BERT 모델도 처음 세상에 알려졌을 때 성능도 큰 이슈였지만, 모델이 가진 엄청난 수의 파라미터도 화제가 되었습니다. BERT가 나오기 전에는 그런 파라미터를 가진 모델이 거의 존재하지 않았으니까요. 보통 사람이 가질 수 있는 일반적인 GPU 리소스, 또는 무료로 사용할 수 있는 GPU(Google Colab 또는 캐글 노트북)만으로는 BERT 모델을 원하는 대로 활용하는 데 많은 어려움이 따릅니다. 모델을 로드하는 것조차 버거울뿐더러, 가진 방법을 동원해 겨우 학습할 수 있도록 만들었다고 해도 언제 학습이 끝날지 알 수 없습니다. 고가의 컴퓨팅 리소스가 없다면 이렇게 큰 모델은 돌려보는 것조차 할 수 없는 것일까요? 여기 한 줄기 빛이 되어줄 대안이 있습니다. 바로 TPU입니다.

TPU(Tensor Process Unit: 텐서 처리 장치)는 구글에서 개발된 딥러닝 전용 연산 장치로 v3-8 기준 420테라플롭스(TFLOPS: 초당 1조 번 부동소수 연산)라는 엄청난 연산 능력과 더불어 총 128GB라는 웬만한 데이터는 다 넣을 수 있을 정도의 메모리를 가지고 있습니다. 이런 어마어마한 장치를 캐글 노트북에서 일정 제한 조건으로 무료로 사용할 수 있습니다.

▼ 그림 7-12 TPU

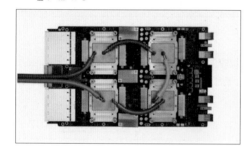 

TPU의 정식 명칭은 'Cloud TPU'입니다. 딱히 중요한 차이는 없는 것처럼 보이지만, 이 장치에 클라우드(Cloud)란 단어가 붙은 이유를 이해할 수 있으면 TPU에 대해 어느 정도 이해했다고 봐도 될 정도입니다. 클라우드라는 특성이 TPU의 학습 프로세스를 구성하고 설명하는 데 가장 중요하기 때문입니다.

클라우드 컴퓨팅(Cloud Computing)이란 간단히 말해 인터넷을 통해 컴퓨팅 리소스를 제공받아 사용하는 것을 말합니다. 마치 캐글 노트북처럼 말입니다. 이와 같이 Cloud TPU도 네트워크를 통해 딥러닝 연산을 위한 리소스를 제공받습니다.

아직 무슨 차이인지 잘 모르겠다면 딥러닝 학습에 많이 사용하는 GPU가 연결된 컴퓨터를 예로 들어 비교해보겠습니다. 일반적으로 딥러닝 연산을 위해서는 서버 컴퓨터에 GPU가 연결되어 있어야 합니다. 이 GPU는 메인보드의 PCI 슬롯을 통해 컴퓨터의 메인 메모리와 GPU의 메모리 간 데이터를 주고받으면서 모델의 가중치를 업데이트하며 딥러닝 학습을 하게 됩니다. 여기서 해당 GPU는 컴퓨터에 '물리적'으로 연결된 상태인 것입니다.

그렇다면 물리적으로 연결된 상태가 아니라 GPU가 네트워크 클라우드 위에 있다고 생각해봅시다. 그럼 GPU는 임의의 IP를 가지게 되고 컴퓨터로부터 머신러닝 모델 구조 코드와 데이터셋을 네트워크를 통해 주고받으면서 딥러닝 학습을 하게 될 것입니다.

▼ 그림 7-13 Cloud TPU 학습 구조도[8]

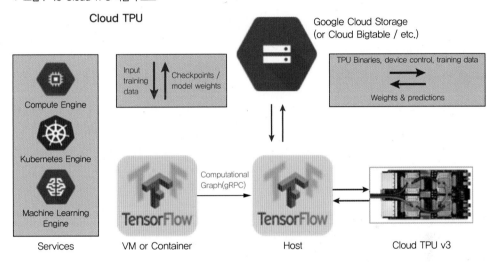

이렇게 연산장치가 클라우드 위에 있으면 다음과 같은 이점이 있습니다.

- 학습에 사용할 데이터셋이 반드시 컴퓨터 내부 디스크에 있을 필요가 없다. 효율적으로 사용 및 관리할 수 있는 클라우드 스토리지에 저장한 채 사용할 수 있다.
- TPU를 작동시킬 때 필요한 컴퓨터는 엄청 좋은 성능일 필요가 없다.

이러한 학습 구조의 장점은 캐글 노트북과 같이 비교적 낮은 컴퓨팅 환경에서 머신러닝 학습해야 하는 경우에 더더욱 빛을 발합니다.

---

8 https://cloud.google.com/tpu/docs/system-architecture-tpu-vm

하지만 TPU를 효율적으로 사용하기 위해서는 TFRecord라는 조금 특수한 형태의 데이터셋이 필요합니다. 그래서 학습에 사용할 데이터를 TFRecord 데이터 형태로 변환하는 작업이 우선 되어야 합니다. 이 프로세스가 캐글 플랫폼에서 어떻게 이루어지는지에 대해서는 다음 절에서 알아보겠습니다.

> **Note** ≡ **Google Colab TPU**
>
> 구글 코랩에서도 TPU를 무료로 제공합니다. 혹시 코랩에 TPU가 있다는 사실을 알고 있지만 어떻게 사용하는지 몰라 제대로 활용하지 못했다면, 앞의 내용을 읽으면서 이제껏 코랩의 TPU가 제대로 동작하지 않은 이유에 대해 조금 이해가 되었을까요? 코랩의 TPU 또한 세션이 시작할 때 임의의 Private IP가 부여되는데, 이것이 코랩에 할당된 구글 클라우드 내부에 있는 TPU의 네트워크 주소가 됩니다.
>
> 코랩을 포함해서 무료로 사용할 수 있는 TPU는 사용 시간에 제한이 있습니다. 하지만 워낙 고성능의 장치라 웬만한 학습은 빠른 시간 안에 해결할 수 있어서 충분히 이용 가치가 높습니다.
>
> - 캐글: TPU 버전이 v3로 고정. 주 30시간 제한
> - 코랩: TPU 버전(v2 or v3)이 랜덤으로 할당됨. 무료 버전, 유료 구독(PRO) 버전에 따라 시간 배정 알고리즘이 다름. 시간 제한을 공시하지는 않았으나 PRO 버전이 무료 버전에 비해 더 오래 할당받을 수 있는 것으로 알려짐

7.4.5 TFRecord

TFRecord는 텐서플로에서 지원하는 데이터셋 형태 중 하나로 이진(Binary) 데이터 형태로 저장된다는 특징이 있습니다. 간단히 설명하면, 컴퓨터상에 있는 모든 데이터는 본디 0, 1로 이루어진 이진 데이터로 구성되어 있습니다. 이진 표현식은 보통 사람이 읽기가 어려우므로 우리가 일반적으로 보는 데이터는 이해하기 쉬운 형태인 정수(Int), 부동소수(Float), 텍스트(String), 이미지(Image) 등의 형태로 표현되어 나타납니다. 다만 컴퓨터 입장에서는 0, 1로 표시된 형태가 더 친숙하기 때문에 계산 효율을 위해 이진 데이터 형태로 저장해두기 위한 목적으로 TFRecord 형태를 사용한다고 이해하면 됩니다.

텐서플로는 TPU에 넣을 데이터 포맷을 이 TFRecord 형태로 사용할 것을 권장하고 있습니다.[9] 아무래도 TPU 같이 빠른 속도의 연산 장치는 그에 걸맞은 빠른 데이터 프로세싱이 필요하기 때문이 아닐까 생각합니다. 계산기의 성능이 아무리 빨라도, 숫자를 누르는 손이 느리면 계산이 느려질 수밖에 없는 것처럼요.

---

9 https://www.tensorflow.org/guide/tpu?hl=ko

> Note ☰ **TFRecord 형태의 전처리**
>
> TFRecord 형태가 항상 장점만 있는 것은 아닙니다. 아무래도 이진 데이터 형태로 미리 변환하다 보니 학습 프로세스 도중 일반적으로 사용하는 전처리를 적용하는 것이 쉽지 않다는 단점이 있습니다. 사용할 수 있는 전처리는 텐서플로에서 제공하는 API에 한해서만 가능합니다.
>
> 한 가지 방법은, 한 번에 해도 되는 전처리는 TFRecord를 생성하기 전에 일괄 적용하는 것입니다. 하지만 이 방법 또한 학습 상황에 따라 다이나믹하게 전처리를 적용하는 것은 불가능합니다. 또 다른 방법으로는 텐서플로 API를 활용해 전처리 코드를 직접 설계하는 것입니다. 이 때문에 TPU를 활용하는 컴페티션에서는 참가한 캐글러들이 텐서플로 API로 여러 전처리 코드를 구현하려고 노력하는 모습을 종종 볼 수 있습니다.

다음은 주어진 데이터셋을 TFRecord로 변환하는 과정을 나타낸 코드입니다. TFRecord 변환 과정은 TPU 학습과는 별개로 진행하는 것이 좋습니다. 그래서 새로 캐글 노트북을 생성해 TFRecord를 만들 것을 권장합니다. 이후 만들어진 TFRecord 데이터를 학습 노트북에 불러와 모델 학습을 진행할 것입니다.

```python
import math, os
import unidecode

import tensorflow as tf
import numpy as np
import pandas as pd
import transformers
from tqdm.auto import tqdm

def _bytes_feature(value):
    """Returns a bytes_list from a string / byte."""
    if isinstance(value, type(tf.constant(0))):
        value = value.numpy()  # BytesList won't unpack a string from an EagerTensor.
    return tf.train.Feature(bytes_list=tf.train.BytesList(value=[value]))

def _float_feature(value):
    """Returns a float_list from a float / double."""
    return tf.train.Feature(float_list=tf.train.FloatList(value=[value]))

def _float_array_feature(value):
    """Returns a float_list from a float / double."""  # FloatList가 리스트 형태인 경우
    return tf.train.Feature(float_list=tf.train.FloatList(value=value.reshape(-1)))

def serialize_train_example(input_ids, attention_mask, label):
    feature = {
```

```
            "input_ids": _bytes_feature(input_ids),
            "attention_mask": _bytes_feature(attention_mask),
            "label": _float_array_feature(label),
        }
    example_proto = tf.train.Example(features=tf.train.Features(feature=feature))
    return example_proto.SerializeToString()

def serialize_test_example(input_ids, attention_mask):
    feature = {
        "input_ids": _bytes_feature(input_ids),
        "attention_mask": _bytes_feature(attention_mask),
    }
    example_proto = tf.train.Example(features=tf.train.Features(feature=feature))
    return example_proto.SerializeToString()
```

위 함수들은 TFRecord 변환을 위해 데이터를 이진 데이터 형태로 바꿔주는 함수입니다. 다음 TFRecordGenerator에서 위 함수를 사용해 텍스트를 이진 데이터로 변환합니다.

```
class TFRecordGenerator:
    def __init__(
        self,
        dataset_type,
        texts,
        tokenizer,
        labels=None,
        max_len=220,
        chunk_size=100000,
        f_name="train.tfrecord",
        out_path="/kaggle/working",
    ):

        # Set parameters
        self.dataset_type = str(dataset_type).upper()
        self.texts = texts
        self.labels = labels
        self.tokenizer = tokenizer
        self.max_len = max_len
        self.chunk_size = chunk_size
        self.tfrecord_file_path = os.path.join(out_path, f_name)
        self.data_size = len(self.texts)
```

```python
        self._check_data()

    def _check_data(self):
        if self.dataset_type not in ("TRAIN", "TEST"):
            raise Exception("Dataset type is not valid: 'TRAIN' or 'TEST'")

        if self.dataset_type == "TRAIN":
            if len(self.labels) == 0:
                raise Exception("Label are not found for TRAIN SET")

            if len(self.texts) != len(self.labels):
                raise Exception("Texts and labels are different size.")

        elif self.dataset_type == "TEST":
            self.labels = None

        print(f"Generate {self.dataset_type} SET")
        print(f"output text shape: ({self.data_size}, {self.max_len})")

    def _encode(self, text_chunk):
        encoding_texts = self.tokenizer(
            text_chunk.tolist(),
            return_token_type_ids=False,
            return_attention_mask=True,
            padding="max_length",
            max_length=self.max_len,
            truncation=True,
        )

        # token_id의 숫자 범위가 0~65535 이내이므로 용량 절감을 위해 uint16 타입 적용
        input_ids = np.asarray(encoding_texts["input_ids"], dtype=np.uint16)
        attention_mask = np.asarray(encoding_texts["attention_mask"], dtype=np.bool_)
        return input_ids, attention_mask

    def _get_chunk(self):
        for i in range(0, self.data_size, self.chunk_size):
            text_chunk = self.texts[i : i + self.chunk_size]
            encoded_data = self._encode(text_chunk)

            if self.dataset_type == "TRAIN":
                label_chunk = self.labels[i : i + self.chunk_size]
            else:
```

```
                label_chunk = None

            yield (encoded_data, label_chunk)

    def make_tfrecord(self):
        with tf.io.TFRecordWriter(self.tfrecord_file_path) as writer:
            for encoded_data, label_chunk in tqdm(self._get_chunk()):
                input_ids, attention_mask = encoded_data
                chunk_size = len(input_ids)

                for i in range(chunk_size):
                    if self.dataset_type == "TRAIN":
                        sample = serialize_train_example(
                            input_ids[i].tobytes(),
                            attention_mask[i].tobytes(),
                            label_chunk[i],
                        )
                    else:
                        sample = serialize_test_example(
                            input_ids[i].tobytes(), attention_mask[i].tobytes()
                        )
                    writer.write(sample)
```

TFRecordGenerator는 텍스트 데이터를 TFRecord 데이터로 변환하고 저장하는 기능을 합니다. TFRecord를 만들기 전에 텍스트를 토큰으로 바꿔줄 토크나이저를 구성해야 합니다.

```
from transformers import BertTokenizerFast

tokenizer = BertTokenizerFast.from_pretrained("bert-base-uncased")
save_path = "./bert_base_uncased/"
os.makedirs(save_path, exist_ok=True)
tokenizer.save_pretrained(save_path)
```

위 코드와 같이 굳이 토크나이저의 정보를 저장해두는 이유는 위 코드를 실행하려면 인터넷이 필요하기 때문입니다. 같은 토크나이저를 서브미션 노트북에도 사용해야 하는데, Code Competition은 서브미션 노트북에 인터넷을 사용할 수 없습니다. 그러므로 토크나이저 정보를 미리 저장해두고, 서브미션 노트북에 캐글 데이터셋으로 추가해 사용할 계획입니다.

이제 TFRecordGenerator를 구성하고 데이터를 변환하겠습니다. 데이터셋에 전처리를 적용한 다음 TFRecordGenerator를 선언하고 TFRecord 파일을 생성합니다. 내부에서 텍스트 토큰화와 TFRecord 변환 과정을 거치게 됩니다.

```python
def preprocess(df):
    url_pattern = r"https?://\S+|www\.\S+"
    df["comment_text"] = df["comment_text"].str.replace(url_pattern, " ")

    # apply unidecode
    df["comment_text"] = df["comment_text"].map(unidecode.unidecode)

    # apply lowercase
    df["comment_text"] = df["comment_text"].str.lower()

    return df

DATA_PATH = "../input/jigsaw-unintended-bias-in-toxicity-classification/"
df_train = pd.read_csv(DATA_PATH + "train.csv")
df_test = pd.read_csv(DATA_PATH + "test.csv")

df_train = preprocess(df_train)
df_test = preprocess(df_test)

train_tfrec = TFRecordGenerator(
    dataset_type="TRAIN",
    texts=df_train["comment_text"].values,
    labels=df_train["target"].values,
    tokenizer=tokenizer,
    max_len=220,
    chunk_size=250000,
    f_name="train.tfrecord",
    out_path="/kaggle/working/",
)
train_tfrec.make_tfrecord()

test_tfrec = TFRecordGenerator(
    dataset_type="TEST",
    texts=df_test["comment_text"].values,
    tokenizer=tokenizer,
    max_len=220,
    chunk_size=100000,
```

```
    f_name="test.tfrecord",
    out_path="/kaggle/working/",
)
test_tfrec.make_tfrecord()
```

테스트 TFRecord는 정답(labels)이 없이 만들어지므로 'labels'를 따로 넣지 않습니다. 테스트 셋
의 TFRecord는 사실 꼭 만들어야 할 필요는 없지만 혹시 몰라 코드를 추가해뒀습니다. 그 이유
는 조금 뒤에 차근차근 소개하겠습니다.

7.4.6 학습 with TPU

이제 TPU를 사용해 BERT 모델을 학습시켜보겠습니다. TPU 학습을 위해서는 다음 순서로 프로
세스를 진행해야 하며, 이 작업을 할 때는 캐글 노트북 생성과 캐글 데이터셋 생성에 관한 사전 지
식이 있어야 합니다. 관련 내용은 1장에서 자세히 설명하고 있으니, 같이 참고하면 좋겠습니다.

1. 데이터 전처리 후 TFRecord 파일로 변환

TPU에 데이터를 효율적으로 전달하기 위해 전처리된 데이터셋을 미리 TFRecord 파일로 변환
해 놓습니다(7.4.5절 참고). 이때 데이터 전처리를 위한 노트북을 따로 만드는 것이 좋습니다. 왜
냐하면 만들어진 TFRecord를 TPU에 사용하기 위해 거쳐야 하는 단계가 있는데 노트북이 하나
라면 이 과정이 매우 귀찮아지기 때문입니다. 또한, TPU는 제한 시간이 있기 때문에 제한 시간이
없는 CPU 노트북에서 데이터를 만들고, 만들어진 데이터를 TPU 커널에 연결하는 방식으로 진행
하는 것이 더 효율적이고 시간도 아낄 수 있습니다.

2. TFRecord 파일을 나의 캐글 데이터셋으로 등록

여기서 '캐글 데이터셋'이란 대회 전용 데이터셋이 아닌 스스로가 직접 만든 데이터셋을 말합니다.
1번에서 만든 TFRecord 생성 노트북이 실행 및 저장(Save & Run All)이 완료되면 해당 노트북의
Output에 TFRecord 데이터가 만들어질 것입니다. 이것으로 그림 7-14와 같이 새로운 캐글 데
이터셋으로 생성해봅시다.

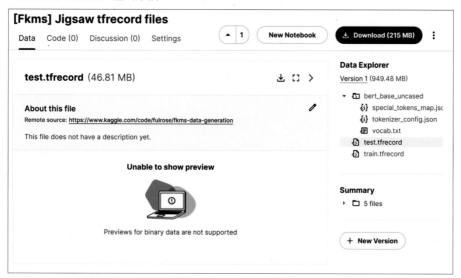

참고로 캐글 데이터셋은 특별히 문제가 되지 않는다면 공개(Public)로 만드는 것이 좋습니다. 데이터셋을 TPU로 학습시킬 때 데이터셋이 자신만 확인 가능한 비공개(Private) 상태라면 TPU가 데이터셋에 접근할 수 없어서 에러가 발생하기 때문입니다.

3. TPU 학습 전용 노트북 생성 후 생성한 TFRecord 데이터셋 Add

이제 TPU를 사용하기 위한 노트북을 생성하고 내 데이터셋을 추가합니다. 캐글 노트북에서 Add Data를 누르고 Your Datasets 필터를 클릭하면 방금 만든 내 데이터셋을 쉽게 찾을 수 있습니다. + 버튼을 눌러 노트북에 데이터셋을 추가하면 이제 노트북에서 데이터셋을 사용할 수 있습니다.

▼ 그림 7-15 TFRecord 데이터셋 찾기

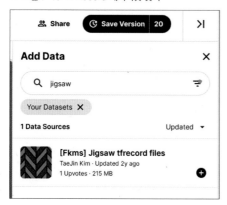

4. 추가한 데이터셋의 GCS 경로를 불러온 후 tf.Dataset으로 변환

앞서 TPU의 특징에서 데이터셋은 반드시 로컬 디스크에 있을 필요가 없고, 더 효율적인 클라우드 스토리지에 저장해 사용할 수 있다고 설명했습니다.[10] 사실 캐글 플랫폼의 모든 클라우드 컴퓨터 및 스토리지는 구글 클라우드를 사용하고 있습니다. 따라서 모든 캐글 데이터셋은 구글 클라우드 스토리지(GCS)[11]로 관리되고 있습니다. 방금 전에 추가한 TFRecord 데이터셋 또한 구글 클라우드 스토리지에 있으므로 해당 경로(gs://..)를 쉽게 불러올 수 있습니다.

```
from kaggle_datasets import KaggleDatasets

GCS_DS_PATH = KaggleDatasets().get_gcs_path("fkms-jigsaw-tfrecord-files")

>>> print(GCS_DS_PATH)
>>> !gsutil ls $GCS_DS_PATH # Private 데이터셋인 경우 접근 불가
gs://kds-ed81506de...
gs://kds-ed81506de.../test.tfrecord
gs://kds-ed81506de.../train.tfrecord
gs://kds-ed81506de.../bert_base_uncased/
```

> **Note** ≡ **비공개 데이터셋의 TPU 사용**
>
> TPU에 사용할 TFRecord를 담은 캐글 데이터셋은 웬만하면 공개로 하는 것이 좋다고 설명했습니다. 하지만 부득이하게 반드시 비공개(Private)로 해야 한다면 방법이 아예 없지는 않습니다. 학습하기 전, 내 데이터셋의 권한을 TPU에 양도하는 인증 절차를 추가하면 됩니다.[12]
>
> 하지만 이 방법은 한 가지 단점이 있습니다. 비공개 데이터셋(Private Dataset)으로 TPU 학습은 가능하지만, 위와 같이 GCS 경로의 데이터를 노트북에서 직접 확인하려고 하면 권한 문제로 에러가 발생합니다. 좀 불편하겠죠? 따라서 특별한 이유가 없다면 공개 데이터셋으로 적용할 것을 권장합니다.

텐서플로에서는 GCS에 있는 TFRecord 파일을 손쉽게 TFRecordDataset으로 구성할 수 있습니다. TFRecord 파일을 생성할 때는 전처리 및 토큰화한 텍스트를 이진 데이터로 변환하여 저장했습니다. 딥러닝 모델 학습을 위해서는 주어진 데이터를 만들 때 사용했던 형태(format)와 그에 대한 정보(데이터 타입, 데이터 차원 등)를 같이 전달해 학습에 활용할 수 있도록 합니다. read_

---

10 사실 공식적으로는 클라우드 스토리지를 사용하는 것을 더 권장하는 편입니다. TPU 서비스 제공자 입장에서는 데이터와 TPU가 모두 같은 클라우드 안에 있는 것이 관리에 더 효율적이기 때문입니다.

11 https://cloud.google.com/storage?hl=ko

12 다음 링크에서 'Private Datasets with TPUs' 항목 참고(https://www.kaggle.com/docs/tpu)

labeled_tfrecord 함수에서 그 역할을 하며, 이를 사용해 모델 학습에 사용할 텐서플로 데이터셋을 구성합니다.

```python
def read_labeled_tfrecord(example, max_len=220):
    LABELED_TFREC_FORMAT = {
        # tf.string means bytestring
        "input_ids": tf.io.FixedLenFeature([], tf.string),
        "attention_mask": tf.io.FixedLenFeature([], tf.string),
        # shape [] means single element
        "label": tf.io.FixedLenFeature([], tf.float32),
    }
    example = tf.io.parse_single_example(example, LABELED_TFREC_FORMAT)
    input_ids = tf.io.decode_raw(example["input_ids"], tf.uint16)
    input_ids = tf.cast(input_ids, tf.int32)
    input_ids = tf.reshape(input_ids, [max_len])

    attention_mask = tf.io.decode_raw(example["attention_mask"], tf.bool)
    attention_mask = tf.cast(attention_mask, tf.int32)
    attention_mask = tf.reshape(attention_mask, [max_len])
    label = example["label"]

    return (input_ids, attention_mask), label


AUTO = tf.data.experimental.AUTOTUNE
BATCH_SIZE = 512
NUM_TRAIN = 1804874
STEPS_PER_EPOCH = NUM_TRAIN // BATCH_SIZE
MAX_LEN = 220


tfrec_path = os.path.join(GCS_DS_PATH, "train.tfrecord")


dataset = tf.data.TFRecordDataset(tfrec_path, num_parallel_reads=AUTO)
dataset = dataset.map(
    lambda x: read_labeled_tfrecord(x, MAX_LEN), num_parallel_calls=AUTO
)
dataset = dataset.repeat()
dataset = dataset.shuffle(2048)
dataset = dataset.batch(BATCH_SIZE)
dataset = dataset.prefetch(AUTO)
>>> dataset
<PrefetchDataset shapes: (((None, 220), (None, 220)), (None,)),
types: ((tf.int32, tf.int32), tf.float32)>
```

한 가지 재미있는 부분은 학습이 시작되기 전까지는 스토리지에 있는 데이터셋의 경로와 메타데이터만 전달될 뿐, 캐글 노트북(컴퓨팅 인스턴스)의 메모리나 디스크를 전혀 점유하지 않는다는 점입니다. 실제로 TFRecord 파일을 불러오고, 'tf.data.TFRecordDataset'을 구성할 때 캐글 노트북의 세션 현황을 보면 메모리 변화가 거의 나타나지 않습니다. 이는 모델 학습이 시작될 때도 마찬가지입니다. 학습이 시작되면 구글 클라우드 스토리지에서 TFRecord 데이터가 TPU로 직접 전송되는 것이지요. 이러한 이유 때문에 캐글 노트북의, 보통의 컴퓨팅 리소스로도 충분히 TPU 학습할 수 있습니다.

다시 한번 정리하면, 캐글 데이터셋으로 만들어진 TFRecord 파일은 GCS에 저장되어 있고 이 경로를 가지고 텐서플로 데이터셋(TFRecordDataset)으로 만듭니다. Cloud TPU는 '캐글 노트북'을 거치지 않고(중요), 곧바로 TFRecordDataset과 연결되어 학습을 진행할 것입니다.

여기까지 읽고 이렇게 데이터셋을 구성하는 것과 앞서 설명한 Cloud TPU의 동작 과정 사이에 연결점이 머릿속에서 그려진다면 내용을 제대로 이해한 것입니다. 혹시 무슨 말인지 잘 모르겠다면 해당 부분을 다시 읽고 오는 걸 추천합니다.

5. TPU 연결 및 사용 설정

이제 노트북에 TPU를 연결하고, TPU를 사용하기 위해 간단히 설정해줄 차례입니다. 노트북의 오른쪽 Settings 부분의 'Accelerator'에서 TPU를 선택하고, TPU를 연결합니다. 그 즉시 노트북 세션이 재시작되고 TPU가 연결됐음을 확인할 수 있습니다.

```python
# TPU 사용 가능 확인 및 Strategy 설정
try:
    # TPU detection. No parameters necessary if TPU_NAME environment variable is set.
    # On Kaggle this is always the case.
    tpu = (
        tf.distribute.cluster_resolver.TPUClusterResolver()
    )
    print("Running on TPU ", tpu.master())
except ValueError:
    tpu = None

if tpu:
    tf.config.experimental_connect_to_cluster(tpu)
    tf.tpu.experimental.initialize_tpu_system(tpu)
    strategy = tf.distribute.experimental.TPUStrategy(tpu)
else:
```

```
    strategy = (
        tf.distribute.get_strategy()
    ) # default distribution strategy in Tensorflow. Works on CPU and single GPU.

>>> print("REPLICAS: ", strategy.num_replicas_in_sync)
Running on TPU  grpc://10.0.0.2:8470
REPLICAS:  8
```

위 코드를 통해 TPU가 제대로 연결됐는지 확인할 수 있습니다. TPU의 네트워크 주소 경로와 TPU 코어 개수가 제대로 나타난다면 성공입니다. TPU를 확인했다면 TPU 사용을 위한 'strategy'를 만듭니다. 'strategy'를 사용하면 텐서플로나 tf.keras로 만들어진 모델을 TPU 학습이 가능하도록 바꿀 수 있습니다.

Note ≡ **TPU 사용 시 주의 사항**

TPU 연결을 시도할 때 다음과 같은 주의 사항을 볼 수 있습니다.

❤ 그림 7-16 TPU 사용 시 주의 사항

요약하면, TPU를 올바르게 사용하기 위해서는 문서(Documentation)를 한번 숙지하는 것이 좋고, TPU는 구글 클라우드 스토리지(GCS)의 데이터를 읽기 때문에 인터넷 옵션이 자동으로 켜지게 된다는 뜻입니다. 만약 인터넷 사용이 금지된 대회의 경우, 사용하지 못할 수 있기 때문에 꼭 확인하라는 의미입니다.

6. transformers-BERT 모델 로드 후 TPU strategy 적용 및 학습, Weight 저장

transformers 라이브러리에서 BERT 모델 구조를 선언하고 from_pretrained() 함수를 통해 사전 학습 가중치(Weight)를 다운로드합니다. 이때 TPU를 사용해야 하기 때문에 앞서 TPU를 구성할 때 만들었던 strategy를 with strategy.score() 형태로 적용한 채로 모델 레이어를 구성해야 합니다.

```python
from tensorflow.python.keras.layers import Dense, Input, Dropout
from tensorflow.python.keras.optimizers import Adam
from tensorflow.python.keras.models import Model
from tqdm.auto import tqdm

def build_model(transformer_layer, loss="binary_crossentropy", max_len=220):
    input_ids = Input(shape=(max_len,), dtype=tf.int32, name="input_ids")
    attention_mask = Input(shape=(max_len,), dtype=tf.int32, name="attention_mask")

    sequence_output = transformer_layer([input_ids, attention_mask])
    hidden_state = sequence_output["last_hidden_state"]
    cls_token = hidden_state[:, 0, :]  # cls_token은 첫 번째

    x = Dropout(0.35)(cls_token)
    out = Dense(1, activation="sigmoid")(x)

    model = Model(inputs=[input_ids, attention_mask], outputs=out)
    model.compile(
            Adam(learning_rate=3e-5), loss=loss, metrics=[tf.keras.metrics.AUC()]
    )

    return model

with strategy.scope():
    transformer_layer = transformers.TFBertModel.from_pretrained("bert-base-uncased")
    model = build_model(transformer_layer, max_len=MAX_LEN)

>>> model.summary()
Model: "model_1"
```

Layer (type)	Output Shape	Param #
input_word_ids (InputLayer)	[(None, 220)]	0
tf_bert_model_1 (TFBertModel	((None, 220, 768), (None,	109482240
tf_op_layer_strided_slice_1	[(None, 768)]	0
dropout_75 (Dropout)	(None, 768)	0
dense_1 (Dense)	(None, 1)	769

```
Total params: 109,483,009
```

```
Trainable params: 109,483,009
Non-trainable params: 0
```

이제 학습을 실행하는 일만 남았습니다.

```
train_history = model.fit(
    dataset,
    steps_per_epoch=STEPS_PER_EPOCH,
    epochs=2
)

model.save_weights("jigsaw_bert.h5")
transformers.BertConfig.from_pretrained("bert-base-uncased").to_json_file(
    "config.json"
)
```

학습이 완료되면 학습된 가중치와 모델의 configuration을 저장합니다. 학습된 가중치는 나중에 만들 서브미션 노트북으로 불러와서 테스트 데이터 예측에 사용합니다. 여기서 configuration을 같이 저장하는 이유는 서브미션 노트북에서는 인터넷 접근이 불가능하기 때문에 BERT 모델의 configuration을 다운로드할 수 없기 때문입니다.

> Note ≡ **model.save() 에러**
>
> 모델 구조와 설정, 추가로 구성한 레이어까지 한 번에 저장하려면 model.save() 함수를 사용하면 되는데, 위 예제에서는 굳이 model.save_weights() 함수를 사용했습니다. 그 이유는 transformers 라이브러리를 통해 로드된 TF 모델(정확히는 tf.keras)에 모델의 전체 구조를 저장할 때 필요한 configuration이 포함되어 있지 않아 model.save()를 실행할 때 에러가 발생하기 때문입니다. 따라서 저장할 때는 모델 가중치만 저장하는 save_weights()를 사용하고, 나중에 추론할 때는 모델 구조를 다시 불러와서 가중치를 모델에 입히는 방식으로 진행해야 합니다.[13]

7. 노트북 Commit

나만의 모델 학습 노트북이 완성됐다면 Save Version(Commit) 버튼을 눌러 노트북을 실행합니다. 그럼 내가 만든 코드가 즉시 캐글 플랫폼 내부에서 실행되고 모든 작업이 완료되면 실행 결과

---

13 다음 링크는 허깅 페이스 공식 깃허브 리포지터리에서 제기된 해당 문제와 관련한 이슈입니다.
  https://github.com/huggingface/transformers/issues/4444

와 제출 파일이 표시됩니다. BERT-base 기준, 입력 데이터 차원(N, 220)일 때 1에포크 학습에 약 25분 남짓 소요됩니다. 이 과정에서 만들어진 모델 가중치 파일은 결과 제출을 위한 추론에 활용됩니다.

▼ 그림 7-17 TPU로 BERT를 학습한 로그

```
Epoch 1/2
3525/3525 [==============================] - 1469s 395ms/step - loss: 0.2328 - auc: 0.8493
Epoch 2/2
3525/3525 [==============================] - 1392s 395ms/step - loss: 0.2191 - auc: 0.8788
```

7.4.7 서브미션 노트북 만들기

Jigsaw 대회는 Code Competition이므로 결과를 제출하려면 서브미션 노트북이 별개로 필요합니다. 제출을 위해 노트북을 새로 만들고 이전 단계에서 학습된 모델을 불러와 주어진 테스트 셋에 대한 정답을 추론하는 코드를 만들 것입니다.

먼저 그림 7-18과 같이 Jigsaw 데이터와 이제껏 만들었던 TFRecord 데이터셋, 그리고 TPU로 학습시킨 BERT 모델의 가중치를 불러옵니다. 학습한 BERT 모델의 가중치는 앞서 TPU 학습에 사용한 캐글 노트북의 Output을 캐글 데이터셋으로 먼저 생성한 뒤 이를 추가하여 사용할 수 있습니다.

▼ 그림 7-18 서브미션 노트북에 데이터 추가

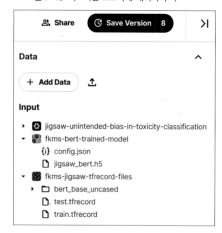

```python
import math, os
import json
import unidecode

import tensorflow as tf
import numpy as np
import pandas as pd
from tqdm.auto import tqdm

import transformers
from transformers import BertConfig
from transformers import BertTokenizerFast

def preprocess(df):
    url_pattern = r"https?://\S+|www\.\S+"
    df["comment_text"] = df["comment_text"].str.replace(url_pattern, " ")

    # apply unidecode
    df["comment_text"] = df["comment_text"].map(unidecode.unidecode)

    # apply unidecode
    df["comment_text"] = df["comment_text"].str.lower()

    return df

DATA_PATH = "../input/jigsaw-unintended-bias-in-toxicity-classification"
TFRECORD_PATH = "../input/fkms-jigsaw-tfrecord-files/"
TOKENIZER_PATH = os.path.join(TFRECORD_PATH, "bert_base_uncased")
BATCH_SIZE = 64
MAX_LEN = 220

df_test = pd.read_csv(os.path.join(DATA_PATH, "test.csv"))
df_test = preprocess(df_test)

tokenizer = BertTokenizerFast(os.path.join(TOKENIZER_PATH, "vocab.txt"))
encoding_texts = tokenizer(
    df_test["comment_text"].tolist(),
    return_token_type_ids=False,
    return_attention_mask=True,
    padding="max_length",
    max_length=MAX_LEN,
    truncation=True,
```

```
    return_tensors="tf",
)

AUTO = tf.data.experimental.AUTOTUNE
dataset = tf.data.Dataset.from_tensor_slices(dict(encoding_texts))
dataset = dataset.batch(BATCH_SIZE)
dataset = dataset.prefetch(AUTO)
dataset
```

단, 여기서 주의할 점은 캐글 데이터셋으로 만들지 않고 TPU 학습 노트북의 Output을 곧바로 'Add Data'로 추가하는 방법을 사용하는 경우, 이 노트북은 Code Competition의 서브미션 노트북으로 활용할 수 없다는 것입니다.

Code Competition의 서브미션 노트북은 반드시 인터넷 접근을 해제해야 하고, CPU 또는 GPU로 실행돼야 합니다. CPU 환경으로 실행하면 생각보다 추론 시간이 오래 걸리므로 웬만하면 GPU로 실행하는 것을 추천합니다(약 12분 소요). 뿐만 아니라, 일반적으로 Code Competition을 제출하면 새로운 테스트 셋으로 데이터가 바뀌어 계산되기 때문에 미리 전처리해두거나, 미리 만들어둔 테스트 TFRecord를 사용할 수 없습니다.

그러므로 컴페티션 테스트 셋을 그대로 가져와 전처리 및 토큰화 과정을 다시 진행해야 합니다. 앞서 TFRecord 데이터셋을 추가한 이유는 훈련 셋에 사용한 토큰화 정보가 필요하기 때문입니다. 따라서 컴페티션 데이터셋의 test.csv를 가져와 똑같이 전처리와 토큰화를 진행하고 텐서플로 데이터셋으로 생성합니다. 이때 추론 과정에는 dataset.repeat()과 dataset.shuffle()을 넣지 않습니다. 테스트 전체를 한 번만 하면 되고 섞이지 않아야 하기 때문입니다.

> Note ≡ **미리 전처리해둔 테스트 데이터로 제출**
>
> 사실 일반적인 Code Competition은 앞서 설명한 이유로 미리 전처리한 테스트 셋을 사용할 수 없습니다. 하지만 Jigsaw 대회는 예외로 미리 전처리해둔 테스트 데이터로도 제출해볼 수 있습니다. 그 이유는 7.4.8절의 마지막 부분에 Note로 설명하고 있는 '2단계 컴페티션'과 관련이 있습니다.
>
> 다음 코드는 TFRecord 파일로 만들어진 테스트 셋을 텐서플로 데이터셋으로 만드는 코드입니다. TFRecord 파일을 만들 때 테스트 셋 또한 변환하는 코드를 추가해뒀으므로, 그대로 따라 했다면 test.tfrecord도 만들어져 있을 것입니다. 현재 솔루션에는 사용하지 않지만 이 코드로도 똑같이 모델 추론이 가능합니다. 혹시라도 필요한 경우가 있을 수 있어 추가합니다.

```python
# 추가 코드: 테스트 tfrecord tf.data 변환
def read_non_labeled_tfrecord(example, max_len=220):
    NON_LABELED_TFREC_FORMAT = {
        # tf.string means bytestring
        "input_ids": tf.io.FixedLenFeature([], tf.string),
        "attention_mask": tf.io.FixedLenFeature([], tf.string),
    }
    example = tf.io.parse_single_example(example, NON_LABELED_TFREC_FORMAT)
    input_ids = tf.io.decode_raw(example["input_ids"], tf.uint16)
    input_ids = tf.cast(input_ids, tf.int32)
    input_ids = tf.reshape(input_ids, [max_len])

    attention_mask = tf.io.decode_raw(example["attention_mask"], tf.bool)
    attention_mask = tf.cast(attention_mask, tf.int32)
    attention_mask = tf.reshape(attention_mask, [max_len])

    return input_ids, attention_mask

AUTO = tf.data.experimental.AUTOTUNE
BATCH_SIZE = 64
MAX_LEN = 220


TFRECORD_PATH = "../input/fkms-jigsaw-tfrecord-files/"
tfrec_path = os.path.join(TFRECORD_PATH, "test.tfrecord")

dataset = tf.data.TFRecordDataset(tfrec_path, num_parallel_reads=AUTO)
dataset = dataset.map(
    lambda x: read_non_labeled_tfrecord(x, MAX_LEN), num_parallel_calls=AUTO
)
dataset = dataset.batch(BATCH_SIZE)
dataset = dataset.prefetch(AUTO)

>>> dataset
<PrefetchDataset shapes: {input_ids: (None, 220), attention_mask: (None, 220)},
types: {input_ids: tf.int32, attention_mask: tf.int32}>
```

이제 학습에 사용한 모델 구조를 다시 불러오고 추론을 진행하겠습니다.

```python
from tensorflow.python.keras.layers import Dense, Input, Dropout
from tensorflow.python.keras.optimizers import Adam
from tensorflow.python.keras.models import Model
from sklearn.metrics import roc_auc_score


def build_model(transformer_layer, loss="binary_crossentropy", max_len=None):
    input_ids = Input(shape=(max_len,), dtype=tf.int32, name="input_ids")
    attention_mask = Input(shape=(max_len,), dtype=tf.int32, name="attention_mask")

    sequence_output = transformer_layer([input_ids, attention_mask])
    hidden_state = sequence_output["last_hidden_state"]
    cls_token = hidden_state[:, 0, :]  # cls_token은 첫 번째

    x = Dropout(0.35)(cls_token)
    out = Dense(1, activation="sigmoid")(x)

    model = Model(inputs=[input_ids, attention_mask], outputs=out)
    model.compile(
            Adam(learning_rate=3e-5), loss=loss, metrics=[tf.keras.metrics.AUC()]
    )

    return model


MODEL_PATH = "../input/fkms-bert-trained-model"
with open(os.path.join(MODEL_PATH, "config.json"), "r") as cj:
    config = json.load(cj)


bert_config = BertConfig(**config)

transformer_layer = transformers.TFBertModel(bert_config)
model = build_model(transformer_layer, max_len=MAX_LEN)
model.load_weights(os.path.join(MODEL_PATH, "jigsaw_bert.h5"))
model.summary()
```

모델 학습 시 저장했던 Configuration 파일을 가져와서 BERT 모델의 베이스 구조를 구성하고, 학습 때 사용했던 모델 구조를 그대로 불러와 빌드합니다. 그다음 학습된 가중치를 가져와 모델에 로드합니다. 이로써 테스트 데이터 추론을 위한 모든 준비가 끝났습니다.

```
result = model.predict(dataset, verbose=1)

import pandas as pd

submission = pd.read_csv(os.path.join(DATA_PATH, "sample_submission.csv"))
submission["prediction"] = result
submission.to_csv("submission.csv", index=False)
```

이제 제출물을 만들기 위해 준비된 모델에 테스트 데이터를 넣어야 합니다. 학습할 때는 STEPS_PER_EPOCH(에포크 당 스텝)를 명시했지만, 예측할 때는 굳이 넣어주지 않아도 데이터셋이 끝나면 알아서 종료됩니다. 테스트 데이터 약 10만 개의 정답을 예측하고 나면 이제 마지막으로 제출 파일에 덮어쓰는 것만 남았습니다.

sample_submission.csv 파일을 불러와 prediction 열에 예측 결과를 저장합니다. 테스트 TFRecord는 순서 섞임 없이 출력되도록 만들었기 때문에 result의 순서는 submission과 동일합니다. 여기서 주의할 점이 있습니다. 제출물을 csv로 저장할 때 반드시 index=false를 넣어야 합니다. 그렇지 않으면 행 번호가 함께 저장되기 때문에 제출할 때 문제가 됩니다.

이제 모든 준비가 끝났으면 **Save Version**을 눌러 노트북의 버전을 생성합니다.

7.4.8 결과 제출

서브미션 노트북이 정상적으로 실행된 후 해당 버전이 만들어졌다면, 이제 드디어 컴페티션 제출을 시도해볼 수 있습니다. 컴페티션 메인 페이지에서 'Late Submission'이라는 제출 버튼을 누르면 그림 7-19와 같은 제출 화면이 나타납니다. 여기서 방금 만든 서브미션 노트북과 정상적으로 완료한 버전을 선택합니다.

▼ 그림 7-19 컴페티션 제출

만약 노트북 인터넷 연결을 해제하지 않았거나, 파일 이름이 submission.csv가 아닌 다른 이름으로 되어 있는 등 룰을 어긴 경우 Submit 버튼이 비활성화되어 누를 수 없습니다. 이 경우 이전으로 다시 돌아가서 잘못한 것이 무엇인지 확인합니다. 이제 제출을 눌러 점수를 확인해봅시다.

▼ 그림 7-20 Submissions 탭에서 확인한 제출 점수

와우! Private 점수 기준 0.94124가 나왔습니다. 지금까지 TPU와 텐서플로를 활용해서 BERT 모델을 학습하고 제출까지 해봤습니다.

하지만 여기서 끝이 아닙니다. 아직 모델은 1개밖에 쓰지 않았고, 주어진 많은 피처들을 사용하지 않았으니까요. 다른 성격의 다양한 모델을 앙상블하거나 주어진 피처를 더 활용한다면, 점수가 올라갈 여지는 충분히 있습니다. 최근에 나온 성능이 높은 모델을 사용하거나 데이터의 다양한 피처를 활용해보는 것도 추천합니다.

Note ☰ **2단계 컴페티션**

이 대회의 이상한 점을 혹시 발견했나요? 바로 공개 점수(Public Score)가 모두 0점으로 표시된다는 것입니다. 이렇게 된 배경을 이해하기 위해서는 대회가 처음 개최됐던 당시로 돌아가야 합니다.

Jigsaw 대회는 2단계 컴페티션(2-Stage Competition)으로 개최됐습니다. 본래 컴페티션은 정답이 없는 테스트 셋을 공개한 뒤 이 중 랜덤하게 일부를 공개(Public), 나머지를 비공개(Private)로 구성하는 것이 일반적입니다. 그에 비해 2단계 컴페티션은 대회에 사용할 테스트 셋을 2개 만들어두고 하나는 참가자에게 공개하고, 다른 하나는 데이터의 피처조차도 절대 볼 수 없도록 공개하지 않습니다.

여기까지는 Code Competition의 룰과 동일합니다. 그런데 대회가 개최됐을 당시에는 Code Competition의 룰이 지금처럼 깔끔하게 정착되기 전이었기 때문에 약간의 시행착오가 있었습니다. 당시 컴페티션이 끝난 후에 캐글 운영팀에서는 제출된 노트북을 모두 일괄적으로 비공개 데이터셋으로 교체하고 재계산하는 과정을 거쳐야 했습니다. 그렇다 보니 캐글러들은 자신의 순위와 상금이 적용되는 점수를 컴페티션이 끝난 즉시가 아닌, 1주일이나 기다리고서야 정확한 점수를 알 수 있었습니다. 제출과 동시에 컴퓨터 내부에서 비공개 테스트 셋까지 계산되는 현재의 Code Competition과는 매우 대조적입니다.

다시 돌아와서, 당시 2단계 계산 과정이 따로 필요했던 사실과 현재의 Code Competition 같이 룰이 정착되지 않았던 것으로 미루어볼 때, Jigsaw 컴페티션의 상태는 최근에 만들어진 Code Competition처럼 제출 프로세스가 제대로 구성되지 않았던 것으로 생각해볼 수 있습니다. 그 증거로, 지금까지 학습과 추론을 시도했던 테스트 셋(test. csv)은 사실 대회 당시 사용했던 공개 테스트 셋이 아니라 비공개 테스트 셋입니다. 이는 test.csv의 ID 값을 보면 알 수 있습니다. 대회가 끝난 뒤에 정답으로 제공된 test_private_expanded.csv 파일의 ID 순서와 일치하는 것을 확인할 수 있습니다. 제출 시 비공개 점수(Private Score)가 찍히는 것은 이러한 이유 때문입니다. 뿐만 아니라, 서브미션 계산 속도가 도저히 처음부터 재계산된다고 볼 수 없을 정도로 빠릅니다. 자연스럽게 비공개 데이터셋을 추론하도록 만들어 놓고 실제 제출 시에는 재계산 과정 없이 평가 함수 계산만 수행해서 결과를 내놓는 형태로 만들어져 있는 것입니다.

정리하면, 현재 Jigaw 컴페티션은 Code Competition으로 되어 있기는 하나 실제로는 test.csv가 편의상 비공개 테스트 셋으로 대체됐고, 제출 시 재계산 없이 점수만 계산돼서 출력하는 형태라고 요약할 수 있습니다. 그렇다 보니 공개 점수는 나오지 않는 것입니다. 7.4.7절에서 언급한, 미리 전처리한 test.tfrecord로도 제출할 수 있는 이유 역시 재계산하지 않기 때문입니다.

KNOW-HOW FROM KAGGLE MEDALISTS

7.5 솔루션 소개(Ours)

여기서부터는 저와 저희 팀이 Toxic 컴페티션에서 사용한 솔루션을 소개하겠습니다. 이 솔루션으로 Public 리더보드에서 10위, Private 리더보드에서 최종 26위를 달성했습니다. 이 솔루션과 이 다음에 소개할 솔루션(2nd Prize)은 각 프로세스를 간단히 요약, 정리하는 관점으로 설명하기 때문에, 앞의 텐서플로 솔루션처럼 모든 과정과 코드를 하나하나 자세히 풀어서 설명하지는 않고, 솔루션에 사용된 모델 각각의 전체 학습 코드도 따로 제공하지 않습니다. 따라서 이 솔루션들은 어떤 과정으로 문제를 접근했는지 참고하는 정도로만 봐주시길 바랍니다.

모델 선택

솔루션에 사용한 모델은 다음과 같이 구성했습니다.

- 2 * LSTM
- 4 * BERT-base
- 1 * GPT2

사용한 모델의 종류는 LSTM, BERT, GPT2 이렇게 세 종류입니다. 최적의 결과를 찾기 위해 같은 아키텍처 모델이라도 배치사이즈, 학습률(Learning-rate), 손실 함수 가중치(Loss weight) 등의 하이퍼 파라미터를 다르게 부여하면서 실험했습니다. 그렇게 만들어진 여러 체크포인트 가운데, 리더보드 점수와 훈련 때 측정한 Overall 및 Subgroup, BPSN, BNSP AUC 등의 평가 지표(Metric)를 종합적으로 비교한 후 적절한 것을 골라 앙상블을 시도했습니다.

당시 벤치마크 성능이 우수했던 트랜스포머 계열 모델(BERT, GPT2)뿐만 아니라, 트랜스포머 논문이 나오기 이전에 일반적으로 텍스트 모델에 사용한 LSTM 모델을 일부 채택해 사용했습니다. 트랜스포머 계열의 모델은 파라미터 수가 많아 추론 시간이 오래 걸리므로 무작정 모델 수를 늘릴 수 없었고, 같은 구조의 모델은 비슷한 답을 낼 가능성이 있으므로 앙상블할 때는 다양한 아키텍처의 모델을 사용하는 것이 효과를 높이는 데 유리하기 때문입니다.

전처리

먼저 LSTM 모델에 필요한 전처리 과정을 소개합니다. 앞서 트랜스포머 계열의 모델에서 의미 단위의 토큰 임베딩을 사용했던 것처럼 LSTM 모델에도 입력 텍스트를 치환하기 위한 임베딩이 필요합니다. 저희 팀은 사전 학습된 단어 임베딩을 가져와 이를 활용했으며, 실험을 통해 Glove[14]와 FastText[15]라는 두 가지 임베딩을 혼합해 사용하는 것으로 최종 선택했습니다.

---

14 https://nlp.stanford.edu/projects/glove
15 https://fasttext.cc/docs/en/english-vectors.html

사전 학습 임베딩을 사용하기 전에, 사용할 임베딩이 주어진 텍스트 데이터를 얼마나 잘 커버하는 지 체크하는 것이 좋습니다. 임베딩에 포함되지 않는 단어, 즉 OOV(Out of vocabulary)의 경우는 임베딩 변환 시 생략되므로, 만약 이 커버리지가 높지 않다면 해당 임베딩은 사용을 재고해볼 필 요가 있습니다.

다음 코드는 Glove 임베딩을 가져와 커버리지를 체크하는 과정의 일부입니다.

```python
import pickle
import operator
from tqdm.auto import tqdm

# load embeddings
def load_embeddings(path):
    with open(path, "rb") as f:
        emb_arr = pickle.load(f)
    return emb_arr


def build_vocab_counter(sentences, verbose=True):
    """
    :param sentences: list of list of words
    :return: dictionary of words and their count
    """
    vocab_counter = {}
    for sentence in tqdm(sentences, disable=(not verbose)):
        for word in sentence:
            try:
                vocab_counter[word] += 1
            except KeyError:
                vocab_counter[word] = 1
    return vocab_counter


def check_coverage(vocab_counter, embeddings_index):
    hit = {}
    oov = {}
    sum_hits = 0
    sum_oovs = 0

    for word, cnt in tqdm(vocab_counter.items()):
        try:
```

```
                hit[word] = embeddings_index[word]
                sum_hits += cnt

            except:
                oov[word] = vocab_counter[word]
                sum_oovs += cnt

        print(
          "Found embeddings for {:.2%} of vocab".format(len(hit) / len(vocab_counter)))
        print(
          "Found embeddings for  {:.2%} of all text".format(
              sum_hits / (sum_hits + sum_oovs)
          )
        )
        sorted_oov = sorted(oov.items(), key=operator.itemgetter(1))[::-1]

        return sorted_oov

GLOVE_EMBEDDING_PATH = (
    "../input/pickled-glove840b300d-for-10sec-loading/glove.840B.300d.pkl"
)
glove_embeddings = load_embeddings(GLOVE_EMBEDDING_PATH)

vocab_counter = build_vocab_counter(
    df_train["comment_text"].map(lambda x: x.split()).tolist()
)
oov = check_coverage(vocab_counter, glove_embeddings)
oov[:10] # 임베딩에 포함되지 않는 상위 10개의 단어
```

아무런 전처리를 하지 않았을 때, 입력 텍스트의 중복을 제외한 단어 집합(vocab) 가운데
15.82%만이 해당 임베딩에 유효한 것으로 나타났습니다(중복을 포함한 경우는 89.63%). 임베딩
에서 벗어난 단어를 조사해보니 구두점, 특히 축약어(Contraction) 형태를 변환하지 못하는 경우가
가장 두드러지게 나타납니다(그림 7-21 참고).

이를 간단히 nltk 라이브러리의 word_tokenize 함수를 활용해서 임베딩 값을 쓸 수 있도록 변환해
보겠습니다.

```
from nltk.tokenize import word_tokenize

vocab_counter = build_vocab_counter(
    df_train["comment_text"].map(lambda x: word_tokenize(x)).tolist()
)

oov = check_coverage(vocab_counter, glove_embeddings)
oov[:10]  # 임베딩에 포함되지 않는 상위 10개의 단어
```

위 함수를 사용하면 다음과 같은 예시의 형태로 문장 텍스트가 단어로 분리됩니다.

"Don't be afraid!" → "Do", "n't", "be", "afraid", "!"

쪼개진 단어들은 모두 glove_embeddings 딕셔너리에 포함되어 있습니다. 전처리에 이를 적용
한 후 다시 커버리지를 구하면 그림 7-22와 같이 나타납니다. 이전과 비교했을 때, 중복을 제외한
단어 집합이 43.30%로 상승했습니다. 이후 oov 형태를 참고해서 필요한 전처리를 추가해가면 됩
니다. 이처럼 적절한 전처리를 적용하여 사용할 임베딩 모델이 주어진 텍스트를 최대한 많이 커버
할수록 입력 텍스트의 정보의 손실을 줄일 수 있습니다.

❤ 그림 7-21 사전 학습 워드 임베딩의 텍스트 커버리지(전처리 적용 전)

```
Found embeddings for 15.82% of vocab
Found embeddings for  89.63% of all text
[("isn't", 39964),
 ("That's", 37640),
 ("won't", 29397),
 ("he's", 24353),
 ("Trump's", 23453),
 ("aren't", 20528),
 ("wouldn't", 19544),
 ('Yes,', 19043),
 ('that,', 18283),
 ("wasn't", 18153)]
```

❤ 그림 7-22 축약어 형태를 전처리한 후 텍스트 커버리지

```
Found embeddings for 43.30% of vocab
Found embeddings for  99.22% of all text
[('..', 20916),
 ('//www.youtube.com/watch', 4888),
 ('.and', 2918),
 ('tRump', 2495),
 ("gov't", 2212),
 ('.I', 1998),
 ('alt-right', 1871),
 ('Brexit', 1652),
 ('..and', 1538),
 ('anti-Trump', 1421)]
```

모델 구조

먼저 LSTM 모델의 경우 Glove와 Fasttext(Crawl)의 사전 학습 워드 임베딩을 각각 불러온 뒤[16] 이를 병합하여 사용했습니다. 그리고 LSTM을 학습시킬 때 임베딩 부분의 가중치가 변경되지 않도록 required_grad = False로 설정합니다. LSTM 모델 구조는 다음 코드와 같습니다.

입력 데이터가 두 개의 LSTM 층을 통과한 뒤 그 결과 벡터의 최댓값 풀링(Max pool)과 평균값 풀링(Mean pool)을 각각 구합니다. 두 개의 풀링 벡터를 병합(Concatenate)한 다음, 층을 더 쌓기 위해 은닉층과 활성화 함수(Linear + Relu)를 통과시키고 레이어를 통과하기 전 정보가 더해지도록 잔차 연결(Skip connection)의 형태를 구성합니다. 마지막으로 악성 여부를 나타내는 타깃(Label)과 더불어 서브 타깃(Subtype targets)에 대한 에러도 계산할 수 있도록 총 두 가지 출력을 만들어냅니다.

```python
import torch
import torch.nn as nn
import torch.nn.functional as F


# 하이퍼 파라미터
HIDDEN_SIZE = 128
DENSE_HIDDEN_UNITS = 4 * HIDDEN_SIZE
MAX_LEN = 220
EMBED_SIZE = 300
BATCH_SIZE = 512
NB_EPOCHS = 4
LEARNING_RATE = 0.001

CRAWL_EMBEDDING_PATH = (
    "../input/pickled-crawl300d2m/pickled-crawl300d2m/crawl-300d-2M.pkl"
)
AGLOVE_EMBEDDING_PATH = (
    "../input/pickled-glove840b300d/pickled-glove840b300d/glove.840B.300d.pkl"
)

def build_matrix(word_index, path):
    embedding_index = load_embeddings(path)
    embedding_matrix = np.zeros((len(word_index) + 1, EMBED_SIZE))
```

---

16 사전 학습 임베딩은 모델을 다운로드해 캐글 데이터셋으로 생성한 후 추가한 것입니다.

```python
    unknown_words = []

    for word, i in word_index.items():
        try:
            embedding_matrix[i] = embedding_index[word]
        except KeyError:
            try:
                embedding_matrix[i] = embedding_index[word.lower()]
            except KeyError:
                try:
                    embedding_matrix[i] = embedding_index[word.title()]
                except KeyError:
                    unknown_words.append(word)

    return embedding_matrix, unknown_words

class SpatialDropout(nn.Dropout2d):
    def forward(self, x):
        x = x.unsqueeze(2)  # (N, T, 1, K)
        x = x.permute(0, 3, 2, 1)  # (N, K, 1, T)
        x = super(SpatialDropout, self).forward(
            x
        )  # (N, K, 1, T), some features are masked
        x = x.permute(0, 3, 2, 1)  # (N, T, 1, K)
        x = x.squeeze(2)  # (N, T, K)
        return x

class Embedding(nn.Module):
    def __init__(self, embedding_matrix):
        super(Embedding, self).__init__()

        self.embedding = nn.Embedding(embedding_matrix.shape[0], EMBED_SIZE * 2)
        self.embedding.weight = nn.Parameter(
            torch.tensor(embedding_matrix, dtype=torch.float32)
        )
        self.embedding.weight.requires_grad = False
        self.embedding_dropout = SpatialDropout(0.3)

    def forward(self, x):
        x = self.embedding(x)
        x = self.embedding_dropout(x)
        return x
```

```python
class Encoder(nn.Module):
    def __init__(self, num_sub_targets):
        super(Encoder, self).__init__()

        self.lstm_1 = nn.LSTM(
            EMBED_SIZE * 2, HIDDEN_SIZE, bidirectional=True, batch_first=True
        )
        self.lstm_2 = nn.LSTM(
            HIDDEN_SIZE * 2, HIDDEN_SIZE, bidirectional=True, batch_first=True
        )

        self.linear1 = nn.Linear(DENSE_HIDDEN_UNITS, DENSE_HIDDEN_UNITS)
        self.linear2 = nn.Linear(DENSE_HIDDEN_UNITS, DENSE_HIDDEN_UNITS)

        self.linear_out = nn.Linear(DENSE_HIDDEN_UNITS, 1)
        self.linear_sub_out = nn.Linear(DENSE_HIDDEN_UNITS, num_sub_targets)

    def forward(self, x):
        x, _ = self.lstm_1(x)
        x, _ = self.lstm_2(x)

        avg_pooled_x = torch.mean(x, 1)
        max_pooled_x, _ = torch.max(x, 1)

        h_conc = torch.cat((max_pooled_x, avg_pooled_x), 1)

        h_conc_linear1 = F.relu(self.linear1(h_conc))
        h_conc_linear2 = F.relu(self.linear2(h_conc))

        hidden = h_conc + h_conc_linear1 + h_conc_linear2

        result = self.linear_out(hidden)
        sub_result = self.linear_sub_out(hidden)
        out = torch.cat([result, sub_result], 1)

        return out

class Model_LSTM(nn.Module):
    def __init__(self, embedding_matrix, num_sub_targets):
        super(Model, self).__init__()
        self.embedding = Embedding(embedding_matrix)
        self.encoder = Encoder(num_sub_targets)
```

```
    def forward(self, x):
        x = self.embedding(x)
        out = self.encoder(x)
        return out

crawl_matrix, unknown_words_crawl = build_matrix(
    tokenizer.word_index, CRAWL_EMBEDDING_PATH
)
glove_matrix, unknown_words_glove = build_matrix(
    tokenizer.word_index, GLOVE_EMBEDDING_PATH
)

>>> print("n unknown words (crawl): ", len(unknown_words_crawl))
>>> print("n unknown words (glove): ", len(unknown_words_glove))
n unknown words (crawl):  140854
n unknown words (glove):  143012

embedding_matrix = np.concatenate([crawl_matrix, glove_matrix], axis=-1)
>>> print(embedding_matrix.shape)
(416731, 600)

num_sub_targets = 6 # 사용할 타깃 레이블의 수(Overall, subtypes)
lstm_model = Model_LSTM(embedding_matrix, num_sub_targets)
```

BERT와 GPT2 모델은 사전 학습된 모델을 가져와 사용했기 때문에 논문에 표시된 기본 구조를 따랐습니다. BERT와 GPT2 모델의 학습 코드는 따로 설명하지 않고 생략합니다.

손실 함수 설계

이 컴페티션은 다른 것에 비해 평가 방식이 조금 복잡합니다. 평가 방식에서 나타내는 수치의 의미를 잘 이해해서, 이를 모델 학습에 녹여낼 수 있다면 더 좋은 결과를 낼 수 있습니다. 앞서 7.2.2절에서 평가 방식을 구성하는 여러 지표에 대해 설명한 적이 있습니다. 여기서 Subgroup에 따른 평가 지표의 차이와 그 의미에 대해 소개했습니다(그림 7-2 참조). 이를 보면 다른 Bias 지표들에 비해 유독 BPSN과 Subgroup이 성능이 낮음을 알 수 있었습니다. 이 현상은 저희 팀이 사용했던 모델 구조에서도 동일하게 나타났습니다.

이러한 문제를 개선하고자, BPSN과 Subgroup에 해당하는 데이터에 대해 손실(Loss) 함수가 조금 더 높은 가중치로 에러를 부여할 수 있도록 조절했습니다. 이를 위해 손실 함수에 적용할 가중치 벡터를 만들어야 합니다. 이 가중치 벡터의 값으로 특정 데이터에 에러에 대한 영향력을 조절할 수 있습니다. 먼저 Subgroup을 가진 데이터의 인덱스를 찾습니다. 그다음, 정답이 양성(Positive: 1)인 인덱스와 Subgroup 인덱스로 BPSN의 인덱스를 구합니다. 이제 원하는 데이터의 위치를 찾았으니 각 평가 지표별 가중치(W_a)를 적용하여 손실 함수에 적용할 가중치(subgroup_bpsn_weight)를 생성하고 이를 손실 함수에 적용합니다.

그 외에 성능 향상을 위해 손실 함수를 커스텀하여 사용했습니다. 먼저 Subgroup에 해당하는 Identity 피처 가운데 일부를 제외했습니다. 여러 모델을 실험했을 때 모든 Subgroup에 대하여 BPSN 수치가 항상 낮지는 않았습니다. 저희 팀에서 만든 모델의 상위 3개 피처(male, female, christian)의 경우는 비교적 좋은 성능을 내고 있었으므로 가중치를 주지 않는 것을 선택했습니다.

마지막으로 실험을 통해서 여러 손실 함수를 만들어보고 이를 합산한 결과를 사용했습니다. 이 컴페티션의 정답은 0 또는 1의 값이 아닌 0과 1 사이의 값입니다. 이 말인즉슨, 이 데이터셋은 어떤 텍스트가 명확하게 악성이다 아니다를 표현하지 않고, 악성의 정도를 수치로 나타내고 있다는 뜻입니다. 손실 함수를 디자인할 때 이 부분을 한번 고려해보는 것이 좋습니다.

한 가지 예를 들자면, 0.49의 악성을 가진 텍스트에 대해 정답을 0으로 할 수도 있고, 0.49로 할 수도 있습니다. 0.51의 악성을 가진 텍스트는 정답을 1로 할 수도 있고 0.51로도 할 수 있습니다. 전자를 보통 Hard-label, 후자를 Soft-label이라고 칭합니다. 이 컴페티션의 도메인에서 어떤 선택이 과연 옳은지 한번 고민해보는 것이 실험을 확장하는 데 도움이 많이 됩니다. 저희 팀은 기본적으로 Soft-label을 적용하고, 앞서 구한 가중치를 적용한 손실 함수에는 Hard-label을 적용한 뒤 이를 합산해서 계산될 수 있도록 했습니다.

그 외에 Subtype 타깃 또한 별도로 손실 함수를 구성해 총 3개의 손실 함수를 더한 것을 최종 에러로 계산합니다.

```
FINAL_LOSS_WEIGHT = 1.2 # 최종 loss의 영향력 조절
W_a = 0.25  # 각 submetrics의 가중치

NEW_IDENTITY_COLUMNS = [
    "homosexual_gay_or_lesbian",
    "jewish",
    "muslim",
    "black",
    "white",
```

```
        "psychiatric_or_mental_illness",
]

# Overall
overall = np.ones((len(df_train),))

# Bias
any_subgroup_binary = (
    df_train[NEW_IDENTITY_COLUMNS].fillna(0).values >= 0.5
).any(axis=1)
positive_binary = df_train["target"].values >= 0.5

bpsn_binary = (
    (~any_subgroup_binary & positive_binary)
    | (any_subgroup_binary & ~positive_binary)
)

# bnsp에는 가중치를 추가하지 않는다.
subgroup_bpsn_weight = (
    (overall * W_a)
    + (any_subgroup_binary.astype(int) * W_a)
    + (bpsn_binary.astype(int) * W_a)
) * FINAL_LOSS_WEIGHT

# subgroup_bpsn_weight를 배치마다 적용하기 위해 targets에 병합
# preds 인덱스 순서: y_pred(확률값), y_sub(subtypes)
# targets 인덱스 순서: y_true(확률값), y_sub(subtypes), subgroup_bpsn_weight
def loss_func(preds, targets):
    # general auc를 위한 original loss(확률)
    bce_loss_original = nn.BCEWithLogitsLoss()(
        preds[:, :1], targets[:, :1]
    )
    # subgroup과 bpsn에 가중치를 반영한 weighted loss(binary)
    targets_binary = (targets[:, :1] >= 0.5).to(preds.dtype)
    bce_loss_weighted = nn.BCEWithLogitsLoss(weight=targets[:, -1:])(
        preds[:, :1], targets_binary
    )
    # subtype attribute들을 활용한 loss
    bce_loss_sub = nn.BCEWithLogitsLoss()(preds[:, 2:], targets[:, 2:-1])

    return bce_loss_weighted + bce_loss_original + bce_loss_sub
```

앙상블

앞서 선택한 여러 학습된 모델에 테스트 데이터를 넣고 출력된 결과를 앙상블하여 최종 결과에 반영합니다. 이때 앙상블하는 방법은 여러 가지가 있으나, 저희 팀은 성능이 좋은 모델이 더 높은 가중치를 가지도록 설정하고 싶었습니다. 먼저 각각의 학습된 모델을 단일 모델로 제출해서 리더보드 점수를 측정합니다. 이 리더보드 점수순으로 가중치를 임의로 조절하여 설정했습니다.

또한, 각각의 출력 결과를 제곱하여 사용했습니다. 모델을 하나만 사용하는 경우, 수치를 제곱한다고 해서 그 결과가 바뀌지는 않지만 앙상블의 경우에는 조금 다릅니다. 각각의 모델은 데이터를 입력으로 넣으면 악성(Toxicity)의 정도를 [0, 1] 사이의 확률로 출력합니다. 이 [0, 1] 사이의 값을 제곱하면 중간값인 0.5에 가까워질수록 제곱하기 이전 값과 비교해서 상대적으로 값의 비중이 줄어듭니다.[17] 따라서 애매하게 확률을 출력하는 경우에 대해 조금 규제를 준 것이라고 보면 됩니다. 실제 실험 결과, 이를 적용했을 때 리더보드 점수가 약간 향상됐습니다.

```python
# meta는 각 모델의 출력 결과를 담은 DataFrame입니다.
final_preds = (
    (meta.bert_94560 ** 2) * 0.4 # 각 모델의 가중치는 높은 순으로 임의로 설정
    + (meta.bert_94501 ** 2) * 0.15
    + (meta.bert_94427 ** 2) * 0.13
    + (meta.gpt2_941 ** 2) * 0.12
    + (meta.lstm_939 ** 2) * 0.1
    + (meta.bert_939 ** 2) * 0.1
)
submission.prediction = final_preds
submission.to_csv("submission.csv", index=False)
```

---

17 혹시 이해하기 어렵다면 y=x와 y=x² 그래프를 그리고, [0, 1]의 범위의 그래프 형태를 확인해보세요.

7.6 솔루션 소개(2nd Prize)

이 대회에서는 주목할 만한 솔루션들이 많습니다. 그중에서 2등을 한 Limerobot 님의 솔루션[18]을 소개하겠습니다.

모델 선택

Limerobot 님은 다음 모델을 사용했습니다.

- BERT-base-uncased, BERT-base-cased, BERT-large-uncased, BERT-large-cased
- OpenGPT, OpenGPT2-small, OpenGPT2-medium
- XLNet-large-cased

다른 솔루션과 다른 점은 바로 위와 같이 더 크고 다양한 모델을 활용했다는 점입니다. 사실상 이 정도 규모의 모델을 학습하는 건 거의 불가능에 가깝습니다. 그러므로 선택한 모델 자체에 집중하기보다는 다른 부분에서 어떤 차별점을 가지고 있는지 확인해보겠습니다.

서브 클래스 타깃

이 솔루션 내용 중 가장 색다르면서도 재미있는 부분으로, 주어진 정답 값을 0~1 사이의 값이 아닌 11개의 서브 클래스로 변환해 사용한 것입니다. 데이터셋의 정답이 각 클래스에 해당하는 숫자 사이에 있을 경우 해당 클래스를 적용합니다. 다만, 이렇게 하면 테스트 데이터의 정답을 구할 때 0~1의 확률이 나오지 않으므로 모델의 출력인 길이 11의 벡터와 각 클래스에 해당하는 값을 요소별(Element-wise)로 곱한 뒤 그 합을 예측값으로 사용합니다.

```
cls_vals = [1.0, 0.9, 0.8, 0.7, 0.6, 0.5, 0.4, 0.3, 0.2, 0.1, 0.0]
for cls, v in enumerate(cls_vals):
    if target >= v:
        target = cls

# 11개 클래스의 확률 분포
```

---

18 https://www.kaggle.com/competitions/jigsaw-unintended-bias-in-toxicity-classification/discussion/100661

```
toxic_logits = toxic_logits[0] # (N, 11)
y_pred = sum([p*v for p, v in zip(toxic_logits, cls_vals)])
```

디스커션 댓글을 읽어보면 Limerobot 님은 과거에 진행됐던 Taxi Trajectory Prediction이라는
컴페티션 솔루션에서 영감을 받았다고 합니다. Data Description을 보면, 어떤 방법으로 텍스
트를 라벨링했는지 나와 있습니다. 총 10명의 사람이 주어진 텍스트의 악성의 정도를 총 4단계의
범주로 평가한 뒤 이를 합산하여 0~1의 값으로 만든 것입니다. 앞서 EDA에서 확인했던 정답 분
포 그래프를 보면 깔끔하게 연속적이라기보다는 유독 특정 값에 분포가 몰려 있는 것을 볼 수 있
습니다(그림 7-6 참고). 위와 같은 라벨링 방식에 따라 발생한 현상으로 보이며, 이 솔루션과 같이
서브 클래스 관점으로 생각해볼 수도 있겠다는 생각이 들었습니다.

손실 함수 설계

손실 함수에서는 마찬가지로 Subgroup과 BPSN에 좀 더 가중치를 두었습니다.

```
identity_columns = [
    "male", "female",
    "homosexual_gay_or_lesbian",
    "christian", "jewish",
    "muslim", "black",
    "white",
    "psychiatric_or_mental_illness",
]

subgroup_bool = (train_df[subgroups].fillna(0) >= 0.5).sum(axis=1) > 0
positive_bool = train_df["target"] >= 0.5

# Overall
weights = np.ones(len(train_df)) * 0.25

# Backgroud Positive and Subgroup Negative
weights[
    ((~subgroup_bool) & (positive_bool)) | ((subgroup_bool) & (~positive_bool))
] += 0.25

# Subgroup
weights[(subgroup_bool)] += 0.25
```

```
# toxic_logits size: (batch_size x 11)
# ident_logits size: (batch_size x 9)
toxic_logits, ident_logits = model(input_ids, segment_ids, input_mask)
toxic_loss = (
    F.cross_entropy(toxic_logits, toxic_target, reduction="none") * weight
).mean()
ident_loss = F.binary_cross_entropy_with_logits(ident_logits, ident_target)
loss = 0.75 * toxic_loss + 0.25 * ident_loss
```

앞서 서브 클래스 타깃을 적용하기 위해 toxic_logits에는 11개 서브 클래스에 대한 크로스 엔트로피 함수를 적용했습니다. 또한, Subgroup에 해당하는 ident_logits에는 이진 크로스 엔트로피 함수를 적용하고 있습니다.

앙상블

앙상블의 경우 저희 팀의 방식과 비슷하지만, 다른 점은 각 모델의 결과에 적용한 제곱수를 2 외에 여러 수치를 실험해본 것입니다.

```
p = 3.5
bert-base-cased**p * 0.25 +
bert-base-uncased**p * 0.25 +
bert-large-cased**p * 1.0 +
bert-large-uncased**p * 1.0 +
opengpt2**p * 1.0 +
opengpt2-medium**p * 2.0 +
openai-gpt**p *0.5 +
xlnet-large**p *1.0
```

7.7 디스커션

지금까지 TPU를 활용한 BERT 학습 방법과 저희 팀의 솔루션과 상위 팀의 솔루션을 같이 살펴 봤습니다. 컴페티션이 끝난 뒤 저희 팀의 솔루션과 상위 팀의 솔루션을 비교해본 결과, 공통점은 BERT, GPT2 등의 트랜스포머 기반 모델을 사용했다는 점과 손실 함수를 컴페티션의 평가 방법에 따라 적절히 수정했다는 점이었습니다.

대회에서 좋은 등수를 기록하기 위해서는 앞서 접근 전략에 설명했듯이 최신 모델이 무엇인지 인지하고, 코드를 대회에 맞게 활용해야 합니다. 또 많은 EDA와 캐글의 디스커션 채널을 통해 다양한 아이디어를 떠올리고 체계적으로 실험할 수 있어야 합니다. 마지막으로 앞서 실험했던 많은 모델을 앙상블해 모델 다양성을 확보해야 합니다.

Toxic 컴페티션은 BERT 논문이 나온 이후로 처음으로 캐글에서 진행된 자연어 처리 컴페티션입니다. 이전에는 RNN 기반의 모델이 거의 대부분이었으나 BERT가 기존의 RNN 계열의 모델을 뛰어넘는 엄청난 성능을 낸다는 것을 알게 된 사람들은 BERT 모델 학습을 시도하기 위해 많은 노력을 기울였습니다.

하지만 BERT는 처음 등장할 때부터 엄청난 파라미터 수와 학습 시간으로 유명했습니다. 이때는 아직 캐글에서 TPU를 지원하지 않았던 시기였고, 대부분의 사람들은 어마어마한 크기의 모델을 학습할 수 있는 컴퓨터 자원을 가지고 있지 않았습니다. 그래서 퍼블릭 리더보드에서는 BERT를 학습할 수 있는 사람과 하지 못하는 사람으로 나뉘어 랭킹이 매겨지는 듯했습니다.

저희도 처음부터 BERT를 학습할 수 있는 리소스가 충분하지는 않았습니다. 방법을 찾던 도중, 코랩에서 TPU를 무료로 제공한다는 것을 알게 되었고 많은 시행착오를 거쳐 대회에 활용할 수 있을 정도로 환경을 구성하기에 이르렀습니다. 코랩뿐만 아니라 구글에서 서비스하는 클라우드 플랫폼 (GCP)에 남아 있는 무료 크레딧까지 동원해 가면서 학습을 진행했습니다. 이렇게 해서 대회 중간에 은메달권(상위 5%) 안에 들어갈 수 있었습니다.

이후 대회를 진행하고 있는 상위권의 다른 사람들과 연락을 취하여 최종적으로 5명이 한 팀으로 구성됐습니다. 다 같이 밤을 새가면서 노력한 끝에 공개 리더보드에서 최종 10위를 달성할 수 있었으나, 비공개 리더보드에서 아쉽게 26위로 떨어졌습니다. 매우 아쉬웠지만, 덕분에 많은 분을 알게 되고, 무엇보다도 스스로 많은 것을 배울 수 있었던 대회였습니다.

▼ 그림 7-23 대회 당시 공개 리더보드

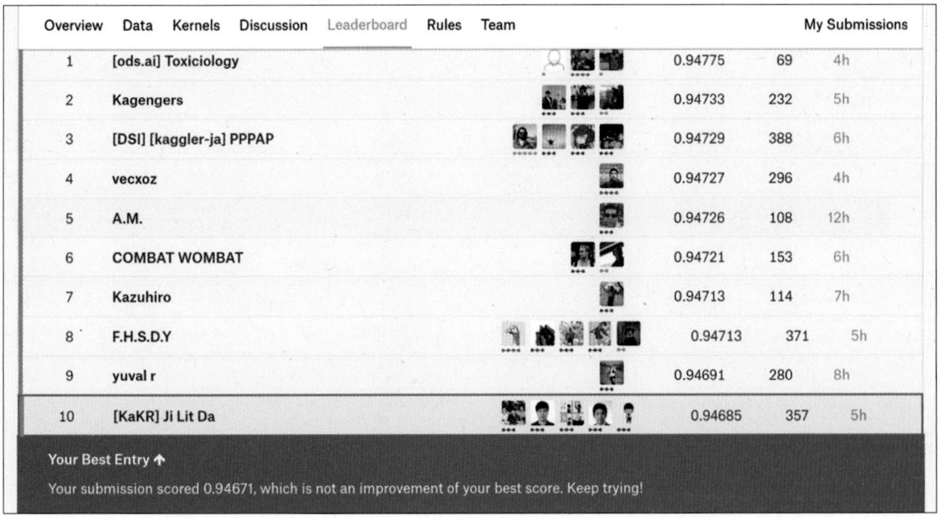

	Overview	Data	Kernels	Discussion	Leaderboard	Rules	Team			My Submissions
1	[ods.ai] Toxiciology							0.94775	69	4h
2	Kagengers							0.94733	232	5h
3	[DSI] [kaggler-ja] PPPAP							0.94729	388	6h
4	vecxoz							0.94727	296	4h
5	A.M.							0.94726	108	12h
6	COMBAT WOMBAT							0.94721	153	6h
7	Kazuhiro							0.94713	114	7h
8	F.H.S.D.Y							0.94713	371	5h
9	yuval r							0.94691	280	8h
10	[KaKR] Ji Lit Da							0.94685	357	5h

Your Best Entry ↑
Your submission scored 0.94671, which is not an improvement of your best score. Keep trying!

8장

캐글 노트북
작성을 위한 팁

8.1 들어가기 전에

8.1.1 캐글 프로필: 안수빈

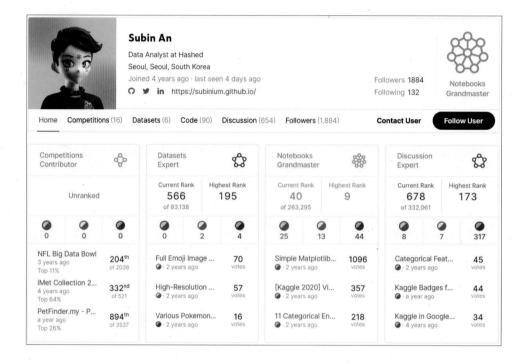

8.1.2 코드

참고 노트북

- URL https://www.kaggle.com/code/subinium/simple-matplotlib-visualization-tips

8.1.3 8장에 대하여

이 장은 부록으로 캐글 노트북 메달에 가까워질 수 있도록, 좋은 캐글 노트북을 작성하는 팁을 다뤄보고자 합니다.

노트북(Notebook)은 코드, 글, 시각화 자료를 포함한 콘텐츠입니다. 사람들에게 도움이 될 만한 정보이거나 이목을 끌 만한 콘텐츠일수록, 또는 전하고 싶은 정보, 인사이트, 스토리를 잘 풀어낸 콘텐츠일수록 좋은 노트북으로 여겨집니다. 캐글러들은 좋은 노트북에 Upvote로 감사를 표시하며, 작성자는 이 Upvote 숫자로 메달을 획득할 수 있습니다.

우선 특정 유형의 캐글러를 목표 독자로 구성하여 노트북을 작성하는 것이 중요합니다. 캐글러를 유형별로 구분하고 유형별로 추천할 수 있는 노트북 형식은 다음과 같습니다.

- **데이터 분석을 공부하는 사용자**

  : 튜토리얼, EDA 데이터 분석

- **대회에 참가하여 메달이나 상금을 획득하는 것이 목표인 사용자**

  : 모델링을 위한 데이터 분석, 대회별 파이프라인, 효과적인 피처 엔지니어링

- **오픈 데이터셋을 찾기 위한 사용자**

  : 전처리 방법

- **소통 등 커뮤니티에 참가하려는 사용자**

  : 사회적 이슈 데이터 기반 분석(ex. 코로나 데이터셋 분석 등)

캐글에서 제공하는 다양한 데이터셋의 분석 또는 대회에 대한 모든 설명을 하나의 노트북에 담는 것은 어렵습니다. 데이터 분석의 범위도 명확하지 않고, 데이터를 다루는 개인 역량도 한계가 있기 때문입니다. 개인이 만들 수 있는 적절한 분량으로 노트북을 만드는 게 좋고, 노트북의 주제를 정하고 만드는 게 좋습니다. 주제를 정하면 구도를 잡고 내용을 채우는 게 수월하고, 본인이 해당 분야에 대한 개념이나 테크닉을 정리하는 데도 도움이 될 것입니다.

KNOW-HOW FROM KAGGLE MEDALISTS

8.2 각 타입별 노트북과 작성 팁

캐글은 컴페티션이 중심이 되어 돌아가는 플랫폼으로, 만들어지는 자료의 대부분이 컴페티션의 진행과 맞닿아 있습니다.

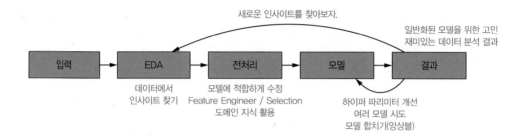

이 과정에서 다음과 같은 노트북들이 만들어질 수 있습니다.

- **EDA**: 데이터를 여러 방면으로 조작하며 인사이트를 탐색하는 과정
- **전처리**: 데이터를 모델에 넣기 전에 진행하는 전처리 과정
- **파이프라인**: 데이터의 입력부터 출력까지 과정을 연결하는 코드
- **고득점 노트북**: 대회 중간 또는 끝난 후에 리더보드 상위권 노트북
- **튜토리얼**: 특정 주제를 연습할 수 있게 만들어둔 튜토리얼
- **My First Notebook**: 캐글 신규 진입자가 만드는 노트북

각각에 대해 간단히 살펴보겠습니다.

8.2.1 EDA

주어진 데이터를 실험하며 인사이트를 얻기 위해 다양한 방법으로 살피는 내용을 EDA (Exploratory Data Analysis, 탐색적 데이터 분석)라고 합니다. 캐글 대회나 데이터셋에서 노트북을 만든다면 다음 내용을 살펴봐야 합니다.

- **대회(또는 데이터셋) 주제**: 환경, 의료, 자동차 등의 주제
- **대회(또는 데이터셋) 목적**: 데이터에서 예측하는 값과 측정 방법
- **대회 기간**: 대회 기간과 이 대회에 투자할 수 있는 시간
- **진행된 내용**: 이전에 공유된 캐글 디스커션을 탐색하여 팔로업(Follow-up)

위 내용을 확인한 뒤 데이터를 살펴봅니다. 대회 시작뿐만 아니라 마지막 제출까지 데이터를 살피며 향후 방향을 계속 고민해야 합니다. 데이터에 따라 사용하는 전처리 방법, 알고리즘 등이 다양하므로 데이터를 아는 것이 항상 최우선이기 때문입니다.

EDA는 대회에 참가할 때 필수 과정이며, 참가자 입장에서는 초기 진입 장벽을 낮춰주는 역할을 합니다. 여러 데이터셋에서 EDA를 연습하다 보면 자신만의 노하우가 생깁니다. 대회마다 빠르게 EDA를 작성하여 노트북 마스터/그랜드마스터가 된 분들도 있습니다.

노트북 작성 팁

EDA 노트북으로 메달을 따기 위해서는 독자(노트북을 읽는 사람)가 여러분이 의도한 흐름을 따라갈 수 있도록 작성해야 합니다. 다음은 이해를 돕기 위한 몇 가지 방법론입니다.

대회 소개

대회나 데이터셋의 설명이 명확한 예도 있지만 필요한 배경지식이나 전문 용어에 대한 설명이 자세하지 않은 대회도 많습니다. 이런 경우에는 디스커션에서 운영진에게 문의하거나, 구글에 검색하여 해당 정보를 찾아야 합니다. 대회 내용과 관련한 정보만 정리하더라도 유용한 노트북을 만들 수 있습니다.

데이터 통계 정보

EDA의 기본은 정보의 통계적인 분석으로, 대표적인 통곗값들과 다양한 표현 방법론을 익혀야 합니다. 정형데이터는 다음과 같은 통곗값 예시가 있습니다. 각 값과 관계에 대해 시각화로 나타낼 수도 있고, 값만으로 나타낼 수도 있습니다(기본적인 통계 시각화나 분석은 pandas-profiling이나 sweetviz의 auto-eda 툴 등을 활용할 수 있습니다).

- 데이터의 결측치 비율
- 데이터의 평균, 표준편차, 중앙값, 사분위 값
- 피처 간 상관관계

데이터에서 개별 피처의 통계 정보를 살펴보는 것은 단순해 보이지만, 둘 이상의 피처를 분석하다 보면 여러 가지를 고민하게 됩니다. 단순하게 N개 피처의 분포를 살펴보면 총 N개의 결과가 필요하고, 두 피처의 관계를 살펴보기 위해서는 조합상 $N*(N-1)/2$개의 분석 결과가 필요합니다. 이런 식으로 동시에 여러 피처를 보려면 결과가 기하급수적으로 필요합니다.

수백 수천 개의 분석을 살피고 그중에서 의미가 있는 분석, 의미가 없는 분석을 구분하여 보여준다면 대회 진입자와 대회 참가자에게 도움이 됩니다.

분석별 설명

초심자와 전문가의 EDA는 많이 다릅니다. 가장 큰 차이는 설명입니다. 초심자 EDA는 큰 주제를 제목으로 관련 시각화 코드와 시각화 결과만 있는 경우가 많습니다. 설명은 자신이 아니라 독자가 기준임을 항상 기억해야 합니다. 글이 아닌 그래프에 담을 수 있는 정보는 한정적입니다. 제목, 레이블, 주석 등을 추가할 수 있지만 여전히 부족합니다. 자신이 만든 결과에 대한 목적, 방법, 결과 등을 간단히 설명하여 부족한 정보를 글로 제시해야 합니다.

목차

EDA 노트북은 정답이 있는 게 아니므로 탐색하는 과정이 길어질 수 있습니다. 글과 코드를 한 번에 작성하는 것보다는 노트북 환경에 맞게 셀 단위로, 주제별로 글을 나눠주는 것이 좋습니다.

기본적으로 H2 태그로 글을 구분해 작성하는 것이 좋습니다. H2 태그(그 외 큰 단위(H2 tag, ##))로 큰 범위를 나눠주면 캐글 사이트 내 노트북 오른쪽에서 목차를 볼 수 있기 때문입니다. 더 자세한 목차를 추가하고 싶다면 글의 앞부분에 작성하는 것을 추천합니다.

▼ 그림 8-2 목차 예시

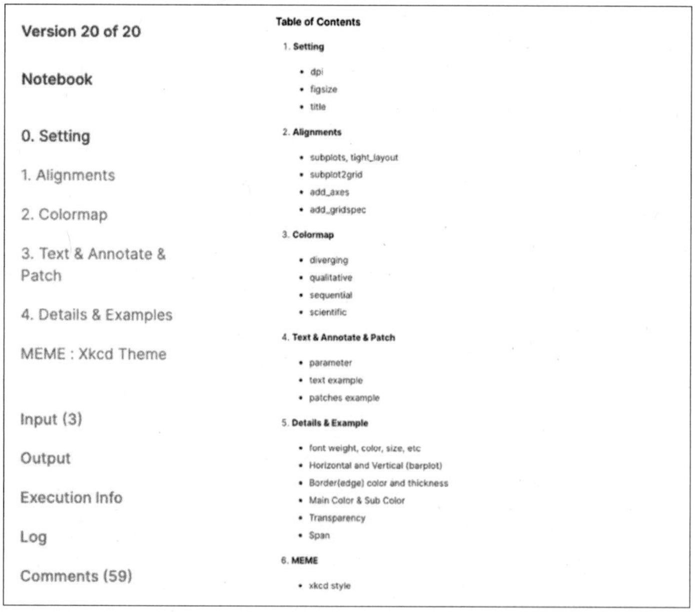

시각 자료

사진이나 그래프 등 시각 자료는 노트북의 첫인상입니다. 글과 코드로만 내용을 채우는 것보다 시각 자료를 활용하면 가독성도 높아지고 독자가 글을 읽는 부담도 줄어듭니다. 시각화에 대한 구체적인 내용은 다음 절에서 더 자세하게 설명하겠습니다.

8.2.2 전처리

전처리(Preprocessing) 과정은 데이터셋에 따라 다양합니다. 데이터셋의 분포와 스케일, 모델별 시간과 비용, 특성 공학 등에 따라 방법이 다양하고, 대회에 따라 그 범위도 다양합니다. 전처리는 대회에서 필수 과정입니다. 전처리 정보는 대회마다 신규 진입자에게 필요한 정보이므로 전처리 노트북의 수요는 매우 많습니다. 특히 전처리는 도메인 지식을 많이 요구하기에 해당 데이터셋과 관련한 지식이 있다면 노트북을 만들 때 도움이 됩니다.

세상의 모든 정보를 데이터로 나타낼 수 있는 만큼 캐글에서 열리는 대회의 데이터 종류도 다양합니다. 크게 테이블 형식으로 표현할 수 있는 정형데이터와 그렇지 못한 비정형데이터(ex. 이미지, 텍스트, 오디오)로 나눌 수 있습니다.

정형데이터는 데이터셋이 .csv 파일로 제공되어 이를 판다스 라이브러리로 쉽게 입력받을 수 있습니다.

비정형데이터는 입력 형태부터 달라서 정형데이터 대회보다 진입 장벽이 높습니다. 비정형데이터 데이터셋은 개별 파일로 존재하거나 파일 구조가 복잡하여 glob 라이브러리 등을 사용하여 입력받아야 하는 등 입력받기 위해 프로그래밍 스킬을 요구합니다. EDA를 위한 출력도 어렵습니다. 예를 들어 이미지와 오디오는 다음과 같은 방법으로 출력할 수 있습니다.

- **이미지**: 시각화 라이브러리(ex. matplotlib)로 이미지 포맷으로 출력
- **오디오**: 신호 처리 라이브러리(ex. librosa)로 호출한 후 IPython.Audio 등으로 출력

노트북 작성 팁

전처리는 대회별로 다양하기에 몇 가지 예시를 소개하겠습니다. 전처리가 완료된 데이터가 모델 성능을 바로 높여준다는 보장은 없지만, 여러 방법을 시도해볼 수 있다는 장점이 있습니다.

OOM(Out of Memory)을 막기 위한 데이터 전처리(조건문을 이용한 데이터 형변환)[1]

캐글 기본 노트북의 경우 CPU의 RAM 메모리는 30GB, GPU의 RAM 메모리는 13GB입니다. 하지만 모델에 따라 메모리가 많이 필요한 경우 이 메모리를 초과하여 노트북 실행에 오류가 생길 수 있습니다. 그렇기에 자료형의 범위에 따라 작은 자료형으로 치환하는 전처리를 사용하여 데이터의 용량을 줄이는 방법이 있습니다.

텍스트 전처리

캐글에는 전처리되어 있지 않은 텍스트 피처가 많으므로 이를 적절하게 전처리해야 합니다. TF-IDF, Word2Vec 등 텍스트를 수치화하기 위한 다양한 방법론이 있습니다. 다양한 전처리가 있으니 캐글의 텍스트 전처리 캐글 노트북[2]으로 살펴보는 것을 추천합니다.

8.2.3 파이프라인

파이프라인(Pipeline)은 데이터 입력부터 최종 제출까지 연결되는 과정을 의미합니다. 파이프라인 과정에는 입력, EDA, 전처리, 머신러닝 모델, 제출용 포맷에 맞추는 출력 과정까지 포함됩니다. 캐글에서는 대회 제출을 위한 하나의 과정을 통칭하기도 합니다.

주최 측은 바로 참가할 수 있고 점수 기준을 제공하기 위한 베이스라인(Baseline)을 만들어 공유하지만 여전히 설명이 부족한 경우가 많습니다. 그리고 각 사용자는 대회에 참가하기 위한 자신의 베이스라인이 필요합니다. 그렇기에 사용자가 커스텀하기 쉽게 파이프라인으로 만들어 제공하면 많은 참가자에게 도움이 됩니다.

파이프라인 노트북은 초보자가 간단한 파라미터 변경, 전처리 방법 변경 등을 실험하며 대회를 점진적으로 접근할 수 있는 좋은 자료입니다. 파이프라인에 EDA를 포함할 필요는 없으나 파이프라인의 신뢰도를 위해 함께 작성하기도 합니다.

노트북 작성 팁

일반적으로 정형데이터 대회에서는 부스팅(Boosting), 선형 회귀(Linear Regression) 등을 하거나, 딥러닝을 활용해 CNN, RNN 등 간단한 모델을 만들 수 있습니다. 또 최근 텍스트 데이터 대회에는

---

1 https://www.kaggle.com/gemartin/load-data-reduce-memory-usage

2 https://www.kaggle.com/theoviel/improve-your-score-with-some-text-preprocessing

사전 훈련 모델(Pretrained model)을 사용하는 파이프라인이 많이 공유되고 있습니다. 인기 있는 모델(ex. XGBoost, LightGBM)로 파이프라인을 만들거나 같은 형식의 데이터 형태를 사용하는 모델들로 벤치마크를 만들 수도 있습니다.

캐글 환경에서만 모델을 돌릴 수 있는 대회라면 코드가 실행되는 시간도 함께 제공하면 좋습니다. 노트북 환경에서 사용하는 매직 키워드인 %%time을 사용합니다. 다음 부분을 함께 고려하면서 파이프라인을 만들면 자신도 활용할 수 있습니다.

- 파이프라인 요소별로 셀 정리: 환경변수, 모델 클래스, 결과 시각화 등 기능별로 구성
- 하이퍼 파라미터 정리: 여러 실험 시 쉬운 조작 가능
- 결과를 보장하기 위한 랜덤 시드 고정

8.2.4 고득점 노트북

캐글은 경쟁을 통해 데이터 분석 및 데이터 사이언스 지식을 쌓는 커뮤니티로 캐글러들의 가장 핵심 목표는 컴페티션 메달입니다. 대회별 리더보드에서 점수순으로 서로를 비교하며 더 높은 순위를 가기 위해 노력합니다. 그래서 메달을 받을 수 있는 노트북은 공개되지 않습니다. 다른 참가자의 솔루션이 개선되어 자신보다 높은 순위를 차지하면 자신의 순위가 낮아지기 때문입니다. 즉, 다르게 해석하면 대회 참가자들에게 리더보드 상위권 노트북, 메달권에 가까운 노트북은 매우 매력적인 자료입니다.

대회가 끝난 이후에도 높은 성적을 거둔 노트북은 수요가 많습니다. 대회는 계속 개최될 것이고 전문가의 인사이트를 통해 다음 대회에서 좋은 성적을 도모할 수 있기 때문입니다. 종종 본인의 대회 노하우를 전부 공개하기 어려운 경우에는 전체 코드가 담긴 노트북이 아닌 디스커션으로 방법론만 공개하기도 합니다.

노트북 작성 팁

컴페티션 메달을 노리는 참가자 입장에서는 노트북을 공유하는 것이 내키지 않을 수 있습니다. 하지만 대회가 진행될수록 메달권 점수의 분포는 점점 상향 평준화됩니다. 대회 초반에 자신이 금/은메달에 포함되는 점수가 아니라면 노트북 메달을 먼저 노리는 것도 하나의 방법입니다(그러나 대회에 따라 받을 수 있었던 컴페티션 메달을 받지 못할 수도 있으므로 신중히 공유해야 합니다).

대회 중간에 공개된 노트북 중 가장 높은 점수를 가진 노트북은 리더보드의 새로운 베이스라인을 만듭니다. 따라서 대회 기간이 얼마 남지 않은 시점에 공유하면 자신이 메달을 못 받을 수 있으므로 대회의 마감 날짜(Deadline)에서 좀 떨어진 시점에 공유하는 것을 추천합니다. 보통 한 달 정도를 마지노선으로 생각해 공개하는 것이 좋습니다.

8.2.5 튜토리얼

튜토리얼은 특정 알고리즘이나 테크닉 등 하나의 지식을 전달하기 위해 만들어진 일련의 절차입니다. 알고리즘이나 테크닉에는 입력, EDA, 모델 등 다양한 내용이 포함될 수 있습니다.

여기서 다음과 같은 의문이 들 수도 있습니다.

**이미 수많은 튜토리얼이 있고, 공식 사이트도 튜토리얼을 제공하는데
과연 튜토리얼이 필요할까?**

네, 필요합니다. 온라인 영상이나 책처럼 같은 주제라도 서술한 방식 등에 따라 선호하는 정도가 다르기 때문입니다.

캐글에 맞게 넘파이, 판다스, 사이킷런 등 데이터 사이언스에서 사용하는 라이브러리를 효율적으로 사용하는 방법을 튜토리얼로 작성할 수 있습니다. 이런 라이브러리는 캐글뿐만 아니라 깃허브 리포지터리, 블로그, 다른 머신러닝 사이트 등에도 튜토리얼이 많이 있습니다. 그럼 어떤 튜토리얼이 필요할까요? 주제를 잡을 수 있도록 필요에 맞는 네 가지 튜토리얼을 소개합니다.

- **라이브러리**는 기능 추가/삭제, 속도 향상, 에러 수정, 인자 변경 등 다양한 방식으로 업데이트가 있습니다. 업데이트에 따라 최신 튜토리얼을 작성한다면 같은 내용이라도 더 사용성이 높은 튜토리얼을 만들 수 있습니다. 아직 튜토리얼 자료가 부족한 라이브러리의 튜토리얼을 만드는 것도 좋은 방법입니다.
- **All-in-One 스타일**의 튜토리얼을, 많은 정보를 모아서 만들 수 있습니다. 최근 캐글에서 많이 보이는 numpy 101 예제, pandas 101 예제, 텍스트 전처리 top 10 등 많은 예제를 모아 만든 노트북이 그 예입니다. 이러한 노트북은 공부용 및 레퍼런스용으로 수요가 많습니다.
- **알고리즘에 대한 친절한 설명**도 필요합니다. 캐글은 데이터 사이언스를 공부하는 사람을 위한 공간이지만 모든 사람이 전공자는 아닙니다. 전공자라도 모든 알고리즘의 세부 내용까지 다 알 수는 없습니다. 알고리즘과 모델에 대한 이론적인 배경을 제공한다면 심층 공부에 도움이 되는 튜토리얼을 만들 수 있습니다.

- **기존 튜토리얼을 다른 데이터셋에 적용**하는 노트북도 수요가 있습니다. 예로 앙상블 테크닉은 타이타닉 생존자 예측 데이터셋에만 하더라도 튜토리얼이 많습니다. 하지만 분류 문제가 아닌 회귀 문제이거나, 피처 형태가 다양해지는 차이점이 있을 때 이를 적용하기 어려워하는 사용자가 많습니다. 다양한 데이터셋에 비슷한 테크닉을 수정하여 사용하는 튜토리얼을 만들면 도움을 줄 수 있습니다.

노트북 작성 팁

일반적인 튜토리얼은 현재 진행 중인 대회와 거리가 멀어 수요가 적을 수 있습니다. 그렇기에 주제와 독자에 대한 고민이 선행되어 확실한 콘셉트를 잡고 체계적으로 작성하는 것이 중요합니다.

- **주제:** 광범위한 '라이브러리 튜토리얼(Library Tutorial)'보다 '[라이브러리] 생산성 향상을 위한 기술 Top 10([Libarary] Top 10 skills to improve your productivity)'과 같이 정확한 목적을 제시하고 양을 한정하면 더 효과적입니다. 흥미로운 제목과 주제로 튜토리얼의 초기 진입 장벽을 낮춰주는 것도 중요합니다.
- **대상 독자의 범위:** 독자의 배경지식을 고려해 관심이 있는 독자를 생각하며 튜토리얼을 만들면 좋습니다. 현재 열리고 있는 대회 데이터로 튜토리얼을 만드는 것도 방법입니다. 예를 들면 'OO소리 분류 대회'라면 그 데이터셋으로 '음성 데이터 전처리 튜토리얼'을 만드는 것입니다. 이런 고민을 통해 대회와 데이터에 대한 통찰력을 얻을 수 있습니다.

8.2.6 My First Notebook

아직 캐글에 입문한 지 얼마 되지 않은 이가 메달을 따는 방법은 'My First Notebook!!' 등의 첫 노트북을 만드는 것입니다. 대다수 캐글러는 캐글 입문자에게 박하지 않습니다. 오히려 Keep Going! 등의 댓글을 남겨주며 격려합니다.

많은 사람이 성취한 경험을 발판 삼아 앞으로 나아갑니다. 아직 캐글을 시작하지 않았다면 초심자라는 이름으로 앞에서 설명한 5가지 케이스로 노트북을 공개해볼 것을 추천합니다. 시작부터 금메달을 받기는 어려울 수 있지만 은메달, 동메달을 노리며 메달의 성취감을 느껴보면 좋습니다.

노트북 작성 팁

입문자라고 해서 내용이 없어서는 안 됩니다. 자신의 성장을 위해서라도 완성된 커널을 만들기 위해 노력해야 합니다. 지금까지 이야기한 콘셉트 중에서 해보고 싶은 주제로 진행해보세요.

시작 단계에서는 튜토리얼과 파이프라인을 만들어보는 걸 추천합니다. 튜토리얼을 만들 때 최대한 라이브러리나 프레임워크 구조를 고민하여 파이프라인을 만들면 대회에 직접 참가할 때 빠르게 성장할 수 있습니다.

8.3 좋은 노트북을 위한 가이드라인

이 절에서는 총 여섯 가지 주제로 노트북 메달을 위한 팁을 소개하겠습니다. 제가 만든 캐글 노트북[3]에서 콘텐츠를 가져왔는데, 차근차근 보면서 직접 따라 해보세요.

8.3.1 시각화

코드와 성능이 좋더라도 단순히 수치만 나열해서는 정보가 잘 전달되지 않습니다. 목적에 따라, 라이브러리에 따라 적절한 그리고 원하는 시각화를 수행합니다.

- matplotlib: 가장 기본적인 시각화 라이브러리
- seaborn: matplotlib 기반 라이브러리로 통계 시각화에 유용
- plotly, bokeh, altair: Interactive Visualization 및 더 다양한 시각화 가능
- networkx, igraph: 네트워크 및 관계 시각화
- folium, geopandas, gmaps: 지리 및 지도 데이터 시각화
- SHAP, LIME: 모델의 Interpretable을 위한 시각화

이외에도 누락 값을 위한 시각화 라이브러리 missingno, 트리맵 시각화 라이브러리 squarify 등 목적에 따른 시각화 라이브러리는 다양합니다. 시각화의 기본 틀이 갖춰지면 미적인 요소와 가독성 등을 고려해 계속 수정할 수 있습니다. 간단하지만 퀄리티를 높일 수 있는 테크닉을 몇 가지 소개합니다.

---

3 https://www.kaggle.com/code/subinium/simple-matplotlib-visualization-tips

컬러 팔레트

데이터에 따라 색을 조합하면 시각화에 의미를 부여할 수 있고, 더 많은 정보를 담을 수 있습니다. 이런 색 조합을 컬러 팔레트(Color palette) 또는 컬러맵(Colormap)이라고 합니다. 컬러 팔레트는 용도와 종류에 따라 크게 세 가지가 있습니다.

(1) Qualitative palettes

독립된 색상으로 구성된 팔레트로 주로 범주형 변수에 사용됩니다. 최대 10개 색상으로 구성하는 것이 좋고, 그보다 많고 작은 범주는 기타로 묶어 분류하는 것이 좋습니다. 색상이 반복되면 혼동을 줄 수 있으니 최대한 겹치지 않는 것이 좋습니다. 채도와 명도보다는 색상으로 변화를 주는 것이 좋습니다.

❤ 그림 8-3 Qualitative Colormaps

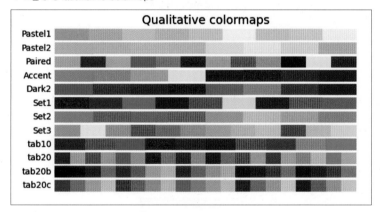

(2) Sequential palettes

숫자나 정렬된 값을 가지는 변수에 적절한 palette입니다. 어두운 배경에서는 밝은 값이, 밝은 배경에서는 어두운 값이 큰 값을 나타냅니다. 색상은 단일 색조를 사용하는 것이 좋습니다.

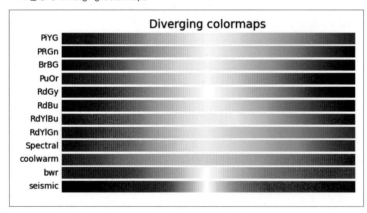

(3) Diverging palettes

가운데 값이 0인 경우 적절합니다. 보통 중앙값(0)에 밝은 값이 할당되고, 양 끝으로 갈수록 색이 진해지며 음수 또는 양수임을 확인할 수 있습니다. 양쪽의 색상이 대비되는 게 좋습니다.

❤ 그림 8-5 Diverging Colormaps

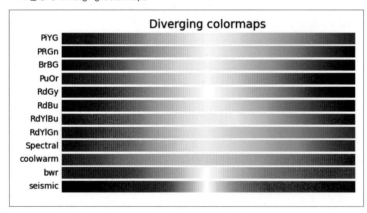

이외에도 다음 내용을 고려합니다.

- 불필요한 색을 지우고 필요한 내용 강조
- 유사한 내용의 차트는 색상의 통일성 유지

- 색상의 의미 활용(정당의 색, 브랜드 컬러 등)
- 색맹 고려

텍스트

시각화에서 텍스트는 필수 요소입니다. 그래픽 요소만으로는 모든 정보를 제공할 수 없기 때문입니다. 제목, 축, 범례, 주석을 활용하여 부족한 정보를 텍스트로 채워줍니다.

▼ 그림 8-6 제목, 축, 범례, 주석을 포함한 시각화 예시

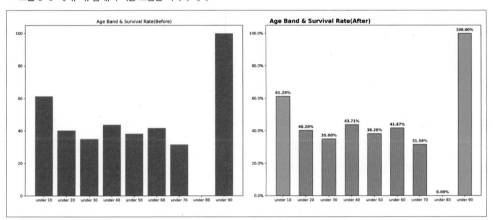

8.3.2 재사용성

프로그래밍에서 재사용성(Reusability)은 매우 중요하고, 책 10권으로도 부족할 정도로 방법론이 다양합니다. 여기서는 캐글 노트북에서 최소한의 노력으로 재사용성을 높일 수 있는 방법을 이야기해보겠습니다.

버전 및 환경 변수 설정

오픈 소스를 활용할 때 가장 많이 발생하는 문제는 라이브러리 버전과 경로입니다. 라이브러리 버전은 다음과 같이 버전을 노트북 상위에서 알립니다.

```
import numpy as np
import pandas as pd
import matplotlib.pyplot as plt
```

```
print(f'numpy version : {np.version}')
print(f'pandas version : {pd.version}')
print(f'matplotlib version : {plt.version}')
```

환경에 따라 변할 수 있는 PATH 정보도 미리 선언하면 좋습니다. 그러면 PATH를 사용할 때 다음과 같이 할 수 있습니다. 그 외에도 다양한 하이퍼 파라미터가 있으니 자신의 개발 방식에 맞게 설정해주면 됩니다.

```
PATH = '/root' # 경로
n_epochs = 1000 # 반복 횟수
TEST = True # Test 여부
seed = 42
```

머신러닝 및 딥러닝은 내부 랜덤 함수를 이용하여 기본 가중치를 초기화하곤 합니다. 이런 경우 랜덤 시드를 사용하면 랜덤 값들이 매번 달라져 결과를 보장할 수 없습니다. 그렇기에 시드를 하이퍼 파라미터로 설정하여 랜덤을 사용하는 함수에 시드로 전달하는 것을 추천합니다.

함수와 클래스

함수나 클래스를 만들어 객체지향 프로그래밍의 장점을 최대한 활용합니다. 한 셀이 한 페이지를 넘어가지 않는 선에서 함수와 클래스를 선언하고, 이를 재사용하여 깔끔한 노트북을 만드세요.

이외에도 가독성이나 깔끔한 코드 작성이 궁금하다면 PEP 8 등의 규격, 클린 코드(Clean Code) 등의 키워드로 공부하는 것을 추천합니다.

8.3.3 가독성

노트북은 파일을 분리하여 관리하지 않고, 코드가 셀 단위로 나열되어 있습니다. 내용이 길어지면 가독성(Readability)이 떨어지고, 내용에 따라 서버에서 로딩되는 속도가 느리기도 합니다. 코드의 가독성을 높여 재사용성 높은 코드를 작성해야 합니다. 여기서는 텍스트의 가독성을 어떻게 높일 수 있는지 살펴보겠습니다. 가독성의 핵심은 분류와 강조입니다.

표기법과 명명법

표기법과 명명법만 통일해도 가독성이 높은 노트북을 완성할 수 있습니다. 프로그래밍 변수 표기법은 클린 코드의 기초이기도 합니다. 대표적인 변수 표기법은 다음과 같습니다.

- **카멜 표기법**(camelCase): 첫 단어를 제외하고 단어별 첫 글자를 대문자로 표기. 나머지는 소문자
- **스네이크 표기법**(snake_case): 모든 글자를 소문자로 표기. _로 띄어쓰기
- **파스칼 표기법**(PascalCase): 모든 단어의 첫 글자를 대문자로 표기. 나머지는 소문자

HTML

마크다운(Markdown)은 노트북에서 텍스트를 작성할 때 생산성을 높여주지만, 제공하는 기능이 다른 텍스트 에디터보다 부족합니다. 부족한 기능은 웹 개발에 사용하는 HTML과 CSS로 작성할 수 있습니다.

이미지

기본 이미지는 대회 관련 공식 홈페이지 등을 활용해도 좋습니다. 파이썬이나 R로 그릴 수 있는 그림도 있지만, 인포그래픽 또는 해당 목적에 맞는 이미지는 외부에서 불러오면 좋습니다. 저작권에 문제없는 이미지나 애니메이션은 언스플래쉬(unsplash.com), 플랫아이콘(flaticon.com) 등을 활용합니다.

분량

캐글 내 노트북 환경에서는 Input 또는 Output을 바로 출력할지 말지 설정할 수 있습니다. 여기서 Input은 작성한 코드, Output은 결과로 나오는 텍스트 또는 시각화를 의미합니다. 캐글 노트북의 수정 모드(Edit Mode)에서 좌측 상단의 **View > Hide cell from viewers**를 클릭하여 설정할 수 있습니다.

에러 메시지

조금 다른 이야기지만 가독성을 해치는 요소 중 하나는 필요 없는 에러 메시지입니다. 디버깅 및 프로그래밍에서는 필수 요소지만 가독성을 해칠 수 있으니 다음 코드로 에러 메시지를 무시합니

다. 단, 개발 및 대회를 진행할 때는 에러 메시지를 꼭 주의해서 읽고, 전체 공유에만 사용하는 것을 추천합니다.

```
import warnings
warnings.filterwarnings('ignore')
```

8.3.4 SEO

앞에서 이야기한 내용으로 좋은 노트북을 만들기만 하면 다른 사람이 잘 읽어줄까요? 절대 그렇지 않습니다. 사이트에서 노트북이 보이는 곳은 한정적이기 때문에 노트북이 노출되기 위해서는 좀 더 노력해야 합니다. 노출되지 않는 노트북은 없는 노트북이나 마찬가지입니다. 사용자가 캐글 노트북을 검색하는 경로에 맞춰 노트북 검색 키워드를 최적화(SEO, Search Engine Optimization)해 봅시다.

캐글 사이트에서 노출

캐글 사이트 내에서 노트북이 보이는 공간은 메인 페이지, 노트북 페이지, 대회별 노트북, 데이터셋별 노트북으로 총 4개입니다. 메인 페이지의 경우 랜덤하게 띄워줍니다. 노트북 페이지는 트렌딩(Trending)이라 하여 최근 인기 있는 노트북을 보여주며, View More를 클릭하면 리스트를 볼 수 있습니다. 대회별과 데이터셋별 노트북은 각 대회와 데이터셋 사이트에서 리스트로 볼 수 있습니다.

노트북 리스트는 다양한 기준으로 정렬하여 볼 수 있습니다.

- Hotness
- Most Votes
- Best Score (just competition)
- Most Comments
- Recently Created
- Recently Run
- Relevance

기본적으로는 Hotness로 정렬되어 있습니다. Hotness는 시간 대비 조회수, 업보트 수, 댓글 수, 업데이트 정도 등에 의해 정렬됩니다. 조회수나 업보트 수가 많아질수록 상위권에 오랜 시간 유지할 수 있고, 유지 시간이 길수록 높은 메달을 받을 가능성이 커집니다. 물론 정확한 알고리즘은 캐글에서 공개하지 않았기에 원하는 대로 노출이 잘 되는 리스트 상위권에 위치하기는 어렵습니다. 사용자들이 관심이 있는 제목(ex. 대회에 반드시 해야 하는 전처리) 등으로 노트북으로 만든다면 조회수는 높아질 수 있습니다. 하지만 결론적으로 노트북 내용이 좋아야 업보트를 받을 수 있으니 콘텐츠의 퀄리티를 항상 신경 써야 합니다.

캐글 내에서 검색

다른 사람이 특정 주제로 검색했을 때 자신의 커널이 검색 결과로 나온다면 꾸준한 업보트를 기대할 수 있습니다. 캐글에서는 두 가지 메타데이터를 통해 검색할 수 있습니다.

- 제목
- 태그

즉, 노트북 내용 중 핵심적인 키워드를 제목과 태그에 요약해야 합니다. 제목은 프레임워크, 모델 또는 알고리즘을 중심으로 작성하며, 제목의 디테일과 태그에 대표적인 키워드를 활용합니다.

제목

많은 사람을 노트북으로 유입시키기 위해서는 제목이 중요합니다. 대회/데이터셋에 매칭되는 주제나 흥미로운 제목으로 호기심을 유도해야 합니다.

제목에 다음 내용을 포함해 더 많은 독자를 유도할 수 있습니다.

- **노트북의 목적**: EDA, Baseline, Tutorial, Pipeline, Tutorial, etc
- **프레임워크**: PyTorch, Tensorflow, Keras, etc
- **모델명**: LightGBM, XGBoost, U-Net, etc
- **디테일**: Simple, Beginner, Starter, Scratch, etc

제목을 좀 더 눈에 띄게 만들기 위해 이모지(emoji) 등을 활용하는 것도 좋습니다. 이모지피디아 (https://emojipedia.org) 등의 사이트를 활용할 수 있습니다. 포털 사이트에서 'XXX emoji'와 같이 검색하면 다양한 사이트가 나오고, 사용하는 컴퓨터 환경(Mac OS 등)에 따라 쉽게 작성할 수도 있습니다.

그리고 위 내용을 포함할 때, 괄호([])를 활용하면 노트북의 가장 큰 주제를 부각하고, 자신만의 형식을 만들어 더 체계적으로 관리할 수 있습니다. 예를 들어 타이타닉 컴페티션의 초보자를 위한 파이프라인을 만들었다고 하면 '[Titanic] Pipeline & EDA for Beginners'와 같이 작성할 수 있습니다.

태그

태그의 유형은 위에서 언급한 제목의 유형과 매우 유사하며 미리 고정된 태그 중에 선택하면 됩니다. 태그에 따른 노트북 추천이 있긴 하지만, 일반적으로 노트북의 제목을 통해 검색하므로 크게 효과는 없을 수 있습니다. 하지만 해당 노트북이 관리된 노트북임을 강조할 수 있고, 제목에서 다 담지 못한 내용을 많이 담을 수 있기에 적절하게 활용하면 좋습니다.

포털 사이트에서 관련 내용 검색

포털 사이트에서 머신러닝 및 딥러닝 내용을 찾다 보면 캐글 노트북이 검색되기도 합니다. 이렇게 사용자가 노트북을 확인하고 캐글에 유입될 수 있습니다. 하지만 캐글의 노트북 랭킹에 반영되는 것은 캐글에 로그인한 사용자(Contributor 이상)의 업보트이기 때문에 이 자체가 자신의 랭킹에 직접 반영되지는 않습니다. 하지만 잠재적 사용자를 생각한다면 좋은 경로입니다.

8.3.5 홍보

내용이 좋아도 초기 독자가 없다면 쉽게 묻힐 수 있습니다. 홍보(Marketing)는 다음과 같은 방법으로 할 수 있습니다.

- 캐글 디스커션에 노트북과 함께 자신의 아이디어를 공유
- 다른 노트북 중 자신의 커널과 유사하거나 다른 견해를 찾아 소통
- 데이터 사이언스를 지향하는 다양한 데이터 분석 커뮤니티에 자신의 노트북을 소개
- 캐글 메시지, 링크드인 메시지 등으로 연락

정답이 있는 게 아니므로 다음 주의 사항을 생각하면서 진행하면 됩니다. 하지만 자신의 자료를 홍보하는 행위를 불편해하거나, 실제로 홍보 방법에 따라 불편하게 보는 시각도 있습니다. 홍보할 때 주의할 점에 대해서도 알아보겠습니다.

주의 사항

최근에는 캐글 내에 무분별한 홍보에 대한 주의 사항도 올라왔으니 이를 지키지 않는다면 캐글 운영진에 의해 차단 조치가 있을 수 있습니다.

- 무조건적인 업보트 요청은 잘못된 방법입니다. 성장을 위해서라도 이런 홍보는 하지 않는 것이 좋습니다.
- 홍보성 공유가 아니라 최대한 완성본을 만들고 피드백을 얻겠다는 목표로 공유할 때 성장할 수 있습니다.

다른 사람과 소통하며 자신의 노트북에서 보완할 부분을 찾습니다. 또한, 다른 좋은 노트북에 업보트합니다. 다른 사람을 업보트하지 않고 나만 업보트를 받고 싶다는 건 욕심입니다. 모두가 윈윈(Win-win)할 수 있는 커뮤니티를 만들기 위해 노력해야 합니다.

지속적인 관리

완성본만 공개(Public)로 공유해야 할까요? 저는 전체 흐름과 틀만 먼저 완성한 후 공개로 전환해 공유하고 계속 업데이트하는 방향을 추천합니다. 이유는 세 가지입니다.

첫째, 완성된 콘텐츠를 만들기는 어렵습니다. 노트북에는 시각화, 텍스트 등 다양한 요소가 필요합니다. 특히 완성된 시각화를 만드는 건 어렵습니다. 적절한 텍스트, 적절한 비율, 적절한 색 조합 등 콘텐츠를 완성하기 위해 수없이 수정해야 합니다. 만약 같은 주제라면 먼저 데모를 만드는 노트북에 관심이 몰릴 것이고, 결국 완성한 후에는 아무도 보지 않는 노트북이 될 수도 있습니다.

둘째, 틀린 내용이 있을 수 있습니다. 해석상 오류가 있을 수 있고, 주석으로 처리했던 코드를 포함해 돌리는 실수도 합니다. 노트북을 미리 공개한다면 여러분이 찾지 못한 실수나 오류를 다른 캐글러가 댓글로 언급해줄 수 있습니다. 이러한 과정을 통해 계속 업데이트하면서 여러 내용을 수정하여 더 깔끔하고 완성된 노트북을 만들 수 있습니다.

셋째, 최근 실행(Recently Run)은 Hotness에 영향을 주어 노트북의 노출 확률이 높아집니다. 노트북에 대해 접근성이 좋아져 해당 코드를 살펴볼 수 있는 사람이 많아지면 업보트를 받을 확률도 높아지고, 결론적으로는 메달을 받을 확률도 높아집니다. 물론 추천 알고리즘을 악용하여 Hotness 순위에 오래 있는 사용자의 경우에는 캐글 운영진에서 엄격히 막고 있으니 주의하기 바랍니다.

지속해서 관리하는 꾸준한 과정을 통해 노트북 메달을 받을 가능성이 높아집니다. 지속해서 관리해야 하는 부분은 다음과 같습니다.

데이터셋 & 라이브러리 업데이트

데이터셋 정보가 업데이트되며 에러가 발생할 수 있습니다. 예시로 데이터셋의 기존 경로 포맷이 변경되면서 많은 혼란이 있었고 이에 대한 디스커션이 많았습니다. 데이터가 추가되어 하드코딩한 내용에 에러가 생기는 경우도 있습니다.

라이브러리가 업데이트되는 경우에도 문제가 발생합니다. 대부분 라이브러리가 업데이트된 이후 일부 코드에 에러가 빈번하게 발생합니다. 라이브러리나 데이터셋 자체가 변경되면 자신의 코드에서 에러가 나는 부분을 수정하여 완성된 노트북으로 유지하면 좋습니다.

시각화

위에서 언급한 것처럼 처음 만들 때부터 완성된 시각화를 만들기는 어렵습니다. 데이터에 대한 지속적인 EDA와 함께 그에 따른 정보를 추가해주면 좋습니다.

변경 기록

노트북의 업데이트 전후 내용에 차이가 크다면 변경 사항을 수기로 작성하여 버전에 따른 차이점을 적어주면 좋습니다. 버전을 작성하는 방법은 다양합니다. 댓글로 적어둘 수도 있고, 노트북의 시작이나 끝에 적어줄 수도 있습니다. 원하는 방법대로 작성하면 됩니다.

댓글

노트북에 따라 댓글이 달리면 꼭 대댓글을 남기고 업보트로 답하는 것이 좋습니다. 질문이 들어온 내용은 독자가 이해하기 모호한 부분일 수 있고, 그런 부분을 수정하면서 노트북의 완성도가 높아집니다. 댓글이 많은 노트북은 노출도 많아지고, 결론적으로 독자가 유입되고 메달을 받을 수 있는 가능성도 커집니다.

8.3.6 출처

노트북은 하나의 창작물입니다. 노트북을 만들 때 모든 내용을 자신의 창작으로 작성하면 좋지만, 분야가 넓은 만큼 여러 자료를 참고하게 됩니다. 자신이 쓰지 않은 노트북, 블로그, 책은 모두 다른 사람의 지적 재산입니다. 출처와 관련한 이슈로 커뮤니티에서 사용자의 평판이 매우 낮아지는 사례도 있었습니다. 노트북을 만들면서 참고하는 내용은 최대한 노트북에 출처를 추가하여 논란의 여지를 줄이는 것이 좋습니다. 주의해야 할 출처는 크게 두 가지입니다.

논문 및 이론적 근거

어떤 모델이나 테크닉을 사용할 때 새로 적용하는 방법론은 사용 과정에서 논리적으로 비약이 있거나 잘못 사용할 수 있습니다. 다른 사용자가 이에 대한 내용을 체크할 수 있도록 출처를 밝히는 것이 좋습니다.

블로그/캐글 노트북

개인의 지적 재산이라는 점도 중요하지만, 더 중요한 것은 같은 주제일 경우 노트북의 업보트를 훔치는 행위가 될 수 있다는 것입니다. 특히나 다른 캐글 노트북의 코드를 그대로 사용하거나 인용하고 싶다면 반드시 원저자의 허락을 받아야 합니다.

KNOW-HOW FROM KAGGLE MEDALISTS

8.4 맺음말

캐글은 보물 창고라고 해도 무방한 공간입니다. 누군가는 머신러닝 스킬 습득을, 누군가는 상금 획득을, 누군가는 개발 실력 향상을 목표로 할 수 있습니다. 그 모든 것을 이룰 수 있는 공간이 캐글입니다.

공들여 만든 노트북이 메달을 못 딸 수도 있습니다만, 여러 방법을 시도하고 캐글 사용자의 니즈와 자신의 장점을 찾다 보면 어느 순간 메달 수와 캐글 계정 색이 바뀌어 있을 겁니다.

캐글은 꼭 컴페티션만을 위한 공간이 아닙니다. 제가 노트북 마스터가 되기 위해 노력한 이유 중 하나는 여러 방면에서 캐글을 활용할 수 있다는 점을 이야기하고 싶었기 때문입니다. 자신이 원하는 가치를 캐글에서 얻을 수 있기를 바랍니다.